TAO DES JEET KUNE DO

Bruce Lee

Dieses Buch ist dem freien, kreativen Kampfsportler gewidmet:
„Erforsche deine eigene Erfahrung; nimm auf, was nützlich ist, weise ab, was unnütz ist und füge hinzu, was im Wesentlichen dein Eigenes ist."

TAO DES JEET KUNE DO

Elmar Verlag – 2013
Übersetzung: James ter Beek und Mareike Viebahn
Redaktion: James ter Beek – 2013

ISBN 978 90389 2415 1

Dislaimer: Elmar Publishers has performed due diligence with regard to contacting the appropriate copyright holders. If you feel this statement is in error, contact Elmar Publishers in the Netherlands.

Einleitung

Die meisten Menschen kennen Bruce Lee nur von seinen Filmen und sehen ihn nur als Schauspieler, aber er war auch ein Kampfkünstler, Autor und Philosoph. Er begann sein Kampfkunsttraining in Hong Kong, als er 13 Jahre alt war. Ein Freund stellte ihn Yip Man vor, Großmeister im Wing Chun Kung Fu. Fünf Jahre trainierte Bruce sehr hart, meistens vier bis sechs Stunden pro Tag. Was er lernte, probierte er auf der Straße aus, und dadurch bekam er immer wieder Probleme. Seine Eltern beschlossen daher, ihn 1959 nach Amerika zu schicken. Dort machte er den High School Abschluss und studierte an der Washington University in Seattle, WA, Philosophie. In seiner freien Zeit gab er einer kleinen Gruppe Studenten Kung Fu Unterricht. Einer dieser Studenten war Linda Emery, die er 1964 heiratete. Bruce eröffnete drei Kung Fu Schulen: in Oakland, Seattle und Los Angeles. Er war sehr fasziniert von Kampfkunst und allem, was damit zusammenhing und sammelte mehr als 2000 Bücher.

Während einer Kung Fu Demonstration, die er 1964 bei den „First International Karate Championships" gab, wurde er von Jay Sebring bemerkt, einem Friseur von Berühmtheiten in Hollywood. Sebring erzählte William Dozier, einem Filmproduzenten, über Bruce, und dies führte zu einer Rolle in der Fernsehserie *The Green Hornet*. In dieser Serie konnte Bruce sein Kung Fu einem großen Publikum zeigen. Er wollte jedoch mehr und war ganz versessen auf die Hauptrolle in der Fernsehserie *The Warrior*, später umbenannt in *Kung Fu*. Durch seinen Auftritt in *The Green Hornet* schien es, als ob Bruce tatsächlich die Hauptrolle bekommen sollte, aber die Produzenten überlegten es sich im letzten Moment anders und gaben die Rolle an den Schauspieler David Carradine. Enttäuscht kehrte Bruce zurück nach Hong Kong, und dort wurde er, durch seinen Auftritt in *The Green Hornet*, mit offenen Armen empfangen. Er unterschrieb einen Vertrag für zwei Filme, *The Big Boss* und *Fist of Fury*. Beide Filme wurden Kassenschlager und haben alle Rekorde gebrochen. Er schrieb selbst das Skript für seinen dritten Film *The Way of the Dragon*, spielte darin die Hauptrolle und produzierte den Film. Der Erfolg von Bruce wurde auch in Amerika bemerkt und er bekam von Warner Brothers das Angebot, einen Film zu machen. Enter the Dragon, die erste Koproduktion einer amerikanischen und einer chinesischen Filmgesellschaft, wurde sein Meisterwerk. Kurz vor dem Erscheinen des Filmes 1973 starb Bruce Lee mit 32 Jahren, auf dem Höhepunkt seiner Karriere. Er hinterließ der Welt vier Filme (plus 20 Minuten von einem noch zu produzierenden fünften Film) und die von ihm entwickelte Kampfkunst Jeet Kune Do.

1975, zwei Jahre nach dem Tod von Bruce, wurde die erste Ausgabe des *Tao of Jeet Kune Do* herausgegeben. Bruce hat an einem Buch gearbeitet, in dem er seine Ideen über Kampfkunst veröffentlichen wollte. Es sollte eine siebenteilige Enzyklopädie werden, wofür er sich schon einen Titel ausgedacht hatte, *The Tao of Jeet Kune Do*. Seine enorme Anzahl von Aufzeichnungen und Notizen, zusammen mehr als 6000 Seiten, bildeten die Basis für das Buch. Als seine Frau Linda nach seinem Tod beschloss, das Buch doch noch herauszugeben, stand sie vor der beinah unmöglichen Aufgabe, alles geschriebene Material zu ordnen. Mit der Hilfe von Gilbert Johnson, der die Redaktion des Buches übernommen hatte, und den Schülern von Bruce, ist schließlich *The Tao of Jeet Kune Do* entstanden. Das Buch wurde inzwischen in 11 Sprachen übersetzt und weltweit wurden mehr als 1 Million Exemplare verkauft!

Jetzt gibt es endlich auch eine erneuerte deutsche Ausgabe, und ich weiß sicher, dass dieses Buch vielen Kampfkünstlern weiterhelfen wird. Meine eigene Reise begann 1993, als ich telefonischen Kontakt mit Ted Wong hatte. Ted wurde von vielen als der begabteste Schüler von Bruce angesehen. Bruce wählte ihn als Sparringpartner und er wohnte praktisch bei Bruce Lee im Haus. Er gab Bruce damit die Gelegenheit, mit unzähligen Techniken zu experimentieren. Viele Neuerungen, die

TAO DES JEET KUNE DO

Bruce Lee für das Jeet Kune Do einführte entstanden direkt aus den Trainingsstunden mit Ted. Es war nicht immer einfach, der Sparringpartner von Bruce Lee zu sein. Ted sparrte mit Bruce zu der Zeit, als Bruce auf der Höhe seines körperlichen Könnens war. Auch das Festhalten von Pratzen und das Gegenhalten des Sandsackes verursachten ständig blaue Flecken und Verstauchungen! 1995 kam Ted auf Einladung von mir und meinem Trainingspartner George zum ersten Mal nach Holland für ein Jeet Kune Do Seminar. In den Jahren danach folgten noch viele Seminare, und George und ich reisten jedes Jahr nach Amerika, um dort zu trainieren. Unser Einsatz wurde 2004 mit einem Zertifikat zum Jeet Kune Do Lehrer von Ted belohnt. Dies war eine besondere Ehre für uns, da Ted weltweit nur eine kleine Anzahl zertifizierter Lehrer hatte

Es hat ziemlich lange gedauert, bis ich das Tao of Jeet Kune Do übersetzen konnte. Die originale Fassung im Englischen ist nämlich sehr schwierig zu lesen und noch schwieriger zu übersetzen! In der vorliegenden Übersetzung habe ich die originalen Jeet Kune Do Ausdrücke gebraucht, anstelle sie ins Deutsche zu übersetzen. Es ließ sich dadurch nicht vermeiden, dass an manchen Stellen die Übersetzung etwas ungewöhnlich klingt. Die Ausdrücke sind kursiv gedruckt und werden im Anhang am Ende des Buches erklärt.

Bei der Herstellung der Übersetzung hatte ich Hilfe von Marten und Peper Hofstede, Ruud Rutten, Ralph Müller, Arno und Maria Lipinski, und Richard Torres, meinem älterer Bruder in Jeet Kune Do. Hierfür meinen herzlichen Dank!

JAMES TER BEEK, SEPTEMBER 2013

Einleitung (1975)

Linda Lee

Mein Ehemann Bruce sah sich selbst immer an erster Stelle als Kampfkünstler und danach erst als Schauspieler. Im Alter von 13 Jahren begann Bruce, Unterricht zu nehmen in Wing Chun Kung Fu zum Zweck der Selbstverteidigung. Während der folgenden 19 Jahre transformierte er sein Wissen in eine Wissenschaft, Kunst, Philosophie und eine Art zu leben. Er trainierte seinen Körper durch Übung. Er trainierte seinen Geist durch Lesen und Reflektion, und er zeichnete seine Gedanken und Ideen konstant auf während dieser 19 Jahre. Die Seiten dieses Buches repräsentieren einen Blick in sein Lebenswerk.

In seiner lebenslangen Suche nach Selbsterkenntnis und persönlicher Expressivität studierte, analysierte und veränderte Bruce ständig alle verfügbare relevante Information. Seine Hauptquelle war seine persönliche Bibliothek, die aus mehr als 2000 Büchern bestand, die alle Formen von Körpertraining, Kampfkünsten, Kampftechniken, Verteidigung und verwandte Themen zum Inhalt hatte. 1970 verletzte Bruce sich ziemlich schwer an seinem Rücken. Seine Ärzte befahlen ihm, das Training in der Kampfkunst zu stoppen und im Bett zu bleiben, damit sein Rücken heilen konnte. Dies war wahrscheinlich die schwierigste und niederschmetterndste Zeit in seinem Leben. Er lag sechs Monate nahezu still auf seinem Rücken im Bett, aber seinen Gedankenstrom konnte er nicht stoppen – dieses Buch ist das Resultat davon. Der größte Teil, der hier geschrieben steht, datiert aus dieser Zeit, aber viele lose Aufzeichnungen wurden vorher und auch später gemacht. Bruce' persönliche Aufzeichnungen zeigen, dass er vor allem von den Werken von Edwin L. Haislet, Julio Martinez Castello, Hugo und James Castello und Roger Crosnier beeindruckt war. Viele von Bruce' eigenen Theorien sind direkt mit ihren Theorien verbunden.

Bruce hat beschlossen, dieses Buch 1971 fertigzustellen, aber wurde durch seine Filmarbeit davon abgehalten. Er fragte sich auch, ob es ratsam sei, sein Buch zu veröffentlichen, da er dachte, dass es zu falschen Zwecken benutzt werden könnte. Er wollte nicht, dass es ein „Kampfkunst für Dummies" oder „Lerne Kung-Fu in 10 einfachen Lektionen" würde. Er beabsichtigte, dass es die Wiedergabe sein sollte von dem was er dachte, ein Leitfaden, und keine Instruktionen. Wenn es in diesem Licht betrachtet oder gelesen wird, kann man sich vieler Dinge bewusst werden, die auf diesen Seiten angeschnitten sind. Du wirst wahrscheinlich viele Fragen haben, worauf du die Antworten in dir selbst suchen musst. Wenn du dieses Buch gelesen hast, wirst du Bruce besser kennen, aber hoffentlich auch dich selbst. Öffne nun deinen Geist und lies, verstehe und erfahre, und wenn du den Punkt des Verstehens erreicht hast, lege dieses Buch weg. Du wirst sehen, dass der Inhalt der Seiten am besten geeignet ist, Ordnung zu schaffen.

Gilbert L. Johnson

In den Händen eines einzelnen Mannes klingt in der sorgfältigen Ordnung von einfachen Dingen eine unverkennbare Harmonie durch. Bruce Lee's effektives Zusammenbringen von Kampfkünsten hat diese Qualität, die in seinen Kampfbewegungen am deutlichsten war. Als er sich wegen einer Rückenverletzung einige Monate nicht bewegen konnte, griff er zum Stift. Und er schrieb so, wie er sprach, so wie er sich bewegte: direkt und ehrlich.

Genau wie beim Hören von Musik fügt das Verstehen der Elemente etwas Besonderes zu am Klang. Darum waren Linda Lee und ich so frei, um in der Einleitung von diesem Buch zu erklären, wie alles begonnen hat.

Das *Tao des Jeet Kune Do* begann eigentlich, bevor Bruce geboren wurde. Der klassische Wing

Chun Stil, womit Bruce begonnen hatte, ist 400 Jahre vor seiner Zeit entwickelt worden. Die circa zweitausend Bücher, die er besaß, und die unzählbaren Bücher, die er gelesen hatte, beschrieben die individuellen „Entdeckungen" von tausenden von Männern vor ihm. Dies Buch enthält nichts Neues: es gibt keine Geheimnisse. Bruce sagte immer: „ Es ist nichts Besonderes." Und das war es auch nicht.

Bruce' besondere Fähigkeit, sein persönlicher Schlüssel, war, dass er sich selbst kannte und sein Vermögen, die Dinge zu wählen, die gut für ihn waren, und dass er diese Dinge in Bewegung und Sprache umsetzen konnte. In der Philosophie von Konfuzius, Spinoza, Krishnamurti und anderen hat er eine Art und Weise gefunden, seine Konzepte zu organisieren, und damit begann er das Buch seines WEGES.

Leider war das Buch nur teilweise fertiggestellt, als er starb. Obwohl das Material für sieben Bücher gereicht hätte, ergab es nur eines. Zwischen großen Blöcken von Notizen befanden sich nicht-nummerierte Seiten leeren Papiers, jede mit einem einfachen Titel darüber. Manchmal schrieb er introspektiv, sich selbst Fragen stellend. Öfter schrieb er auch an seinen unsichtbaren Studenten, den Leser. Wenn er schnell schrieb, ging das zu Lasten seines Sprachgebrauchs, und wenn er sich die Zeit nahm zu schreiben, war er redegewandt.

Ein Teil des Materials war zusammenhängend und hatte den natürlichen Verlauf eines klar umgrenzten Gesprächs. Andere Teile waren Einfälle und unvollständige Ideen, die schnell aufgeschrieben wurden, sobald sie in Bruce' Kopf aufkamen. Diese waren über das ganze Werk verbreitet. Außer den sieben gebundenen Teilen machte Bruce Aufzeichnungen während der ganzen Entwicklung seines Jeet Kune Do, und hinterließ diese in Stapeln und auch in Schubladen unter seinem übrigen Besitz. Einige Aufzeichnungen waren veraltet, andere stammten aus früherer Zeit und waren wertvoll für dieses Buch.

Mit Hilfe seiner Frau Linda habe ich alles Material gesammelt, alles genau durchgelesen und indexiert. Danach habe ich versucht, die verstreuten Ideen in zusammenhängende Abschnitte zusammenzufügen. Das meiste Material blieb unverändert. Die Zeichnungen und Skizzen hat Bruce selbst gemacht.

Die Organisation des Buches wäre nicht gelungen ohne die Geduld und Aufmerksamkeit von Danny Inosanto, seinem Assistent-Lehrer und seinen fortgeschrittenen Schülern. Sie waren diejenigen, die mein achtjähriges Training der Kampfkünste erweiterten und vertieften, und die mit ihrem Wissen die Theorien in die Praxis umsetzten. Dafür bin ich ihnen als Redakteur dieses Buches dankbar, und auch als Kampfkünstler.

Es muss noch gesagt werden, dass das *Tao des Jeet Kune Do* nicht vollständig ist. Bruce' Kunst veränderte jeden Tag. Innerhalb der *Five Ways of Attack*, zum Beispiel, begann er ursprünglich mit einer Kategorie *hand immobilization*. Später fand er das zu eingeschränkt, da Immobilisationen auch angewendet werden können auf Beine, Arme und den Kopf. Es war eine einfache Beobachtung, die die Einschränkungen sehen ließ vom Aufkleben eines Etikettes auf jedes Konzept. Das *Tao des Jeet Kune Do* hat kein wirkliches Ende. Stattdessen dient es als Anfang. Es hat keinen Stil, kein bestimmtes Niveau, obwohl es am einfachsten zu verstehen ist für diejenigen, die ihre Waffen kennen. Wahrscheinlich gibt es für jede Behauptung im Buch eine Ausnahme – kein einziges Buch wird ein komplettes Bild der Kampfkünste geben können. Dies ist einfach eine Arbeit, das die Richtung von Bruce' Studien beschreibt. Die Untersuchungen sind nicht fertig; die Fragen, einige einfache, einige komplexe, sind unbeantwortet geblieben, um den Schüler selbst forschen zu lassen. Genauso wurden Zeichnungen oft nicht erklärt und können nur einen vagen Eindruck vermitteln. Wenn sie allerdings zu Fragen anleiten, dich auf eine Idee bringen, dann sind sie von Nutzen.

Hoffentlich wird dieses Buch für alle Kampfkünstler als eine Quelle von Ideen gebraucht, Ideen, die dann weiter entwickelt werden sollten. Es ist unvermeidbar und bedauerlich, dass das Buch auch eine Explosion von „Jeet Kune Do" Schulen hervorbringen wird mit Menschen an der Spitze,

EINLEITUNG

die vor allem den Ruf des Namens „Jeet Kune Do" kennen, aber nur sehr wenig von der Bewegung. Pass auf vor solchen Schulen! Wenn ihre Lehrer die letzte, wichtigste Zeile dieses Buches verpasst haben, ist die Chance groß, dass sie nichts von dem Buch verstanden haben.

Selbst die Organisation des Buches bedeutet nichts. Es gibt keine wirklichen Grenzen zwischen Schnelligkeit und Kraft, oder zwischen Präzision und Treten, oder zwischen Schlägen und Reichweite; jedes Element der Kampfbewegung hat Einfluss auf die Elemente drum herum. Die Einteilung, die ich gemacht habe, dient nur dazu, das Lesen zu vereinfachen – nimm sie nicht zu ernst. Benutze einen Bleistift, wenn du liest und verweise nach den Kapiteln und Absätzen, die miteinander in Verbindung stehen. Du siehst, Jeet Kune Do hat keine deutlichen Regeln oder Grenzen – nur die, die du dir selbst auferlegst.

TAO DES JEET KUNE DO

Die Kampfsportarten, inklusiv Boxen

Die Kampfsportarten basieren auf Verstehen, harter Arbeit und das vollständige Erfassen der Fähigkeiten. Krafttraining und der Gebrauch von Kraft sind einfach, aber ein vollständiges Verstehen aller Fähigkeiten der Kampfsportarten ist sehr schwierig zu erreichen. Um zu dieser Einsicht zu kommen, muss man alle natürlichen Bewegungen in allen lebenden Wesen studieren. Von selbst versteht man dann die Kampfsportarten von anderen. Du kannst das Timing und die schwachen Punkte studieren. Wenn du nur diese zwei Elemente kennst, bist du in der Lage, deinen Gegner ziemlich einfach niederzuschlagen.

Der Kern der Kampfsportarten liegt im Verstehen der Techniken

Um Techniken verstehen zu können, musst du lernen, dass sie viel komprimierte Bewegungen enthalten. Dies könnte ziemlich merkwürdig aussehen. Wenn du mit dem Lernen der Techniken beginnst, wirst du merken, dass es nicht von selbst geht. Das kommt dadurch, dass eine gute Technik Veränderungen, viel Abwechslung und Schnelligkeit mit sich bringt. Es kann ein System von Gegenstücken sein, so wie das Konzept von Gott und dem Teufel. Wer hat wirklich die Kontrolle, wenn alles ganz schnell geht. Wechseln sie blitzschnell von einem zum anderen? Die Chinesen glauben es. Um das Herz der Kampfsportarten zu einem Teil deines eigenen Herzens werden zu lassen, ist vollständige Beherrschung und der Gebrauch eines eigenen Stiles notwendig. Wenn du das erreichst, wirst du dahinter kommen, dass es keine Grenzen gibt.

Vorsorgemaßnahmen für Körpertechniken

Einige Kampfsportarten sind sehr populär, echte Publikumsanzieher, da sie schön und geschmeidig aussehen. Aber pass auf! Diese Kampfsportarten sind wie Wein, der mit Wasser verdünnt ist. Ein verdünnter Wein ist kein echter Wein, kein guter Wein und nicht mehr echt. Einige Kampfsportarten sehen nicht so gut aus, aber man weiß, dass sie Kraft haben, einen Geruch, einen echter Geschmack. Diese Kampfsportarten sind genau wie Oliven. Ihr Geschmack kann stark sein und süß-bitter. Der Geschmack bleibt hängen. Man entwickelt einen Geschmack für Oliven. Für verdünnten Wein hat noch niemand einen Geschmack entwickelt.

EINLEITUNG

Angeeignetes und natürliches Talent

Einige Menschen sind mit einem guten Körperbau geboren, einem Gefühl für Schnelligkeit und großem Ausdauervermögen. Das ist prima. Aber bei den Kampfsportarten ist alles, was man lernt, angeeignet. Das Erlernen einer Kampfsportart kann man vergleichen mit dem Erfahren des Buddhismus. Das Gefühl dafür kommt von Herzen. Man hat die Überzeugung, dasjenige zu bekommen, wovon man weiß, dass man es braucht. Wenn es ein Teil von einem wird, weiß man, dass man es hat. Es gelingt einem. Man wird es wahrscheinlich nie alles vollständig verstehen, aber man bleibt damit beschäftigt. Und in dem Maße, in dem man Fortschritte macht, lernt man die wirkliche Natur des einfachen Weges kennen. Vielleicht schließt man sich an bei einem Tempel oder einer Schule. Man lebt nach dem einfachen Weg der Natur. Man wird ein Leben erfahren, das man nie gekannt hat.

Inhaltsverzeichnis

Widmung — 2
Einleitung — 3
Einleitung (1975) — 5

LEERE DEINEN GEIST — 15
Über Zen — 16
Kunst der Seele — 18
Jeet Kune Do — 19
Organisierte Verzweiflung — 22
Die Fakten des Jeet Kune Do — 28
Die formlose Form — 29

VORBEREITUNGEN — 31
Training — 32
Aufwärmen — 33
On-guard Position — 35
  Der Kopf — 38
  Vorderer Arm und vordere Hand — 38
  Hinterer Arm und hintere Hand — 39
  Der Oberkörper — 39
  Der Stand — 39
Progressive Waffenschemata — 41
  Acht Grundverteidigungspositionen — 43
Einzelne Zielgebiete — 46

QUALITÄTEN — 48
Koordination — 49
Präzision — 51
Kraft — 51
Ausdauer — 52
Gleichgewicht — 52
Körpergefühl — 55
Gute Form — 56
Visuelle Wahrnehmung — 59
Schnelligkeit — 61
Timing — 64
  Reaktionszeit — 64
  Bewegungszeit — 65
  Broken Rhythm — 66
  Rhythmus — 68
  Tempo — 68
  Stop-hit — 69
  Counter-time — 70
Einstellung — 72

INHALTSVERZEICHNIS

WAFFEN	**74**
Waffengrundlagen	75
Der Gebrauch der Leads	76
Täuschungsmanöver ausführen	76
Herauslocken des Gegners	77
In den Nahkampf gehen	77
Kleine Person gegen große Person	77
Einzelne Waffen von Jeet Kune Do	79
Handtechniken	79
Ellenbogentechniken	80
Beintechniken	80
Etc	81
Schlagen	87
Straight Lead	87
Der ungreifbare Lead	92
Der Lead zum Körper	95
Durchziehen	95
Verteidigung gegen einen Straight Lead	96
Lead Jab	97
Lead Finger Jab	98
Straight Rear Thrust zum Körper	99
Rear Cross	100
Rear Cross in Rechts-Vorwärtsstellung	102
Hook Punch	103
Lead Hook Punch	103
Hook Punch mit der hinteren Hand	106
Shovel Hook Punch	106
Corkscrew Hook Punch	108
Palm Hook	109
Uppercut	109
Kombinationsschläge	112
Fußtritte	113
Beispiele von Fußtritten mit dem Lead	121
Shin/Knee Kicks	124
Grappling	131
VORBEREITUNGEN	**145**
Täuschungsmanöver	146
Ausführung	148
Parries	149
Manipulationen	155
Beat	155
Bind	156
Croise	156
Envelopment	156
Pressure	157

BEWEGLICHKEIT — 158

- Abstand — 159
  - Abstand während des Angriffs — 160
  - Abstand während der Verteidigung — 161
- Fußarbeit — 161
  - Forward Shuffle — 166
  - Backward Shuffle — 166
  - Quick Advance — 167
  - Step Forward und Step Back — 167
  - Circling Right — 167
  - Circling Left — 167
  - Step In/Step Out — 168
  - Quick Retreat — 168
  - Sidestepping — 169
- Ausweichtechniken — 172
  - Slipping — 172
  - Ducking — 174
  - Snap back — 174
  - Rolling — 175
  - Sliding Roll — 175
  - Body Sway (Bob and Weave) — 175

ANGREIFEN — 179

- Angreifen! — 180
- Vorbereitung des Angriffs — 183
- Simple Attack — 184
- Compound Attack — 187
  - Kombinationen mit Fußtritten — 189
- Counterattack — 190
  - Counterattacks mit rechtem lead gegen einen rechten straight lead — 195
  - Counterattacks mit der hinteren Hand (links) gegen einen rechten straight lead — 196
  - Counterattacks mit Lead (rechts) gegen einen linken cross — 197
  - Counterattacks mit der hinteren Hand (links) gegen einen linken cross — 197
- Riposte — 199
- Erneuter Angriff — 201
- Taktiken — 203
- Five Ways of Attack — 210
  - Simple Angle Attack — 211
  - Immobilization Attack — 212
  - Progressive Indirect Attack — 212
  - Attack by Combination — 214
  - Attack by Drawing — 216

JEET KUNE DO — 217

- Kreis ohne Umfang — 218
- Es ist nur ein Name — 222

INHALTSVERZEICHNIS

Nachwort   226
Geschichte des Jeet Kune Do   227
Anmerkungen   231
Anmerkungen des Übersetzers   244
Verweisungen   251
Erklärende Wörterliste   252

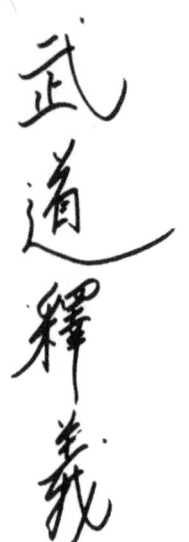

In einer Seele, die völlig frei ist
Von Gedanken und Emotionen,
Findet selbst der Tiger keinen Raum,
Um seine erbarmungslosen Klauen hineinzuschlagen.

Ein und dieselbe Brise weht
Über die Kiefer auf dem Berg
Und über die Eiche im Tal;
Und warum lassen sie dann ein anderes Geräusch hören?

Kein denken, keine reflektieren,
Vollkommene Leere;
Doch bewegt etwas darin,
seinen eigenen Kurs folgend.

Das Auge sieht es,
Aber keine Hand kann es fassen –
Der Mond im Strom.

Wolken und Nebel,
Sind Transformationen zwischen Himmel und Erde;
Über ihnen scheinen Sonne und Mond ewig.

Der Sieg ist für denjenigen,
Der selbst vor dem Kampf
nicht an sich selbst denkt,
verweilend in dem leeren Geist des Großen Ursprunges.

A Taoist Priest

LEERE DEINEN GEIST

Wenn du dich bewegst, sei wie Wasser.
Wenn du dich nicht bewegst, sei wie ein Spiegel.
Reagiere wie ein Echo.

ÜBER ZEN

Die Aufklärung in den Kampfsportarten zu erzielen bedeutet das Ausschalten von allem, was die Aufmerksamkeit ablenkt von „der wahren Kenntnis", „dem echten Leben". Gleichzeitig bedeutet es *unbegrenztes Wachstum* und tatsächlich, dass der Schwerpunkt nicht zu liegen kommt auf der Entwicklung des gesonderten Bestandteiles, der aufgeht in das Ganze, sondern auf das Ganze, das den gesonderten Bestandteil hineingeht und vereinigt.

•••

Die Art und Weise, das *Karma* zu übersteigen, liegt in dem richtigen Gebrauch von Geist und Willen. Die Einheit allen Lebens ist eine Wahrheit, die nur dann vollständig realisiert werden kann, wenn falsche Denkbilder von einem abgesonderten Ich, dessen Schicksal getrennt vom Ganzen angesehen werden kann, für immer vernichtet werden.

•••

Leere ist dasjenige, was genau zwischen diesem und jenem steht. Sie ist allumfassend, hat keinen Gegenpol – sie schließt nichts aus und ist gegen nichts. Sie ist eine lebende Leere, da alle Formen daraus entstehen und, wer die Leere verwirklicht, wird gefüllt mit Leben und Kraft und der Liebe von allem, was lebt.

•••

Verwandlung in eine hölzerne Puppe: die hat kein Ego, denkt nichts, greift nichts und ist nicht klebrig. Lass den Körper und die Gliedmaßen selbst ihren Weg gehen, in Übereinstimmung mit der Disziplin, die sie erfahren haben.

•••

Wenn nichts in dir starr bleibt, wird die Welt um dich herum sich von selbst dir offenbaren. Sei wie Wasser, wenn du dich bewegst. Sei wie ein Spiegel, wenn du still stehst. Reagiere wie ein Echo.

•••

Das Nichts kann nicht definiert werden; das weichste Ding kann nicht festgelegt werden.

•••

Ich bewege mich und ich bewege mich überhaupt nicht. Ich bin wie der Mond unter den Wellen, die ewig durchrollen. Es ist nicht „ich tue das", sondern es ist eher eine innerliche Verwirklichung, dass „dies durch mich geschieht", oder „es tut dies für mich". Das Bewusstsein des Selbst ist die größte Behinderung für die richtige Ausführung aller körperlichen Aktionen.

•••

Die Lokalisation des Geistes bedeutet seine Erstarrung. Wenn der Geist aufhört, frei zu fließen, so wie es nötig ist, ist es nicht mehr der Geist als solcher.

•••

Das Unbewegliche ist die Konzentration von Energie auf einen bestimmten Focus, genauso wie auf der Achse eines Rades, anstelle der Verteilung über verstreute Aktivitäten.

•••

Die Hauptsache ist eher die Handlung davon als die erreichten Resultate. Es gibt keinen Akteur, sondern Aktion; es gibt keine Person, die etwas erfährt, sondern die Erfahrung.

•••

Etwas zu sehen ohne dass es durch deine persönlichen Vorzüge oder Wünsche beeinflusst ist, bedeutet es zu sehen in seiner eigenen, sauberen Einfachheit.

•••

Kunst erreicht ihren Höhepunkt, wenn sie ohne Selbstbewusstsein ist. Jemand ist wirklich frei in dem Moment, in dem er sich keine weiteren Sorgen mehr macht über den Eindruck, den er hinterlässt oder hinterlassen wird.

•••

> **Das Bewusstsein des Selbst ist die größte Behinderung für die richtige Ausführung aller körperlichen Aktionen.**

LEERE DEINEN GEIST

Die perfekte Art und Weise ist nur schwierig für diejenigen, die wählerisch sind. Habe keine Vorzüge, dann wird alles deutlich sein. Mach einen haarbreiten Unterschied und Himmel und Erde werden voneinander getrennt sein; wenn du willst, dass die Wahrheit dir deutlich vor Augen steht, sei dann niemals für oder gegen etwas. Der Streit zwischen „Für" und „Gegen" ist die schlimmste Erkrankung für den Geist.

•••

Weisheit bedeutet nicht zu versuchen, das Gute vom Schlechten loszureißen, sondern darin mitzugehen, genau wie ein Korken, der sich selbst anpasst an die Berge und Täler der Wellen.

•••

Geb dich selbst hin an die Krankheit, bleibe dabei, leiste ihr Gesellschaft – dies ist die Art und Weise, um davon loszukommen.

•••

Eine Behauptung ist nur Zen, wenn es selbst eine Handlung ist und keinen Verband hat mit dem, was darin behauptet wird.

•••

Im Buddhismus gibt es keinen Platz, um sich Mühe zu geben. Sei normal und nicht speziell. Iss dein Essen, lass deine Eingeweide arbeiten, gib Wasser weiter, und wenn du müde bist, lege dich dann hin. Der Unwissende wird mich auslachen, aber der Weise wird es verstehen.

•••

Veranker nichts in bezug auf dich selbst. Gehe schnell vorbei, genauso wie die nicht-existierenden und sei still wie Reinheit. Die, die gewinnen, verlieren. Gehe anderen nicht voraus, folge ihnen immer.

•••

Renne nicht weg; kümmer dich nicht darum. Suche nicht, denn es wird kommen, wenn du es am wenigsten erwartest.

•••

Gib auf zu denken, so als ob du es nicht aufgibst. Beobachte Techniken so, als ob du sie nicht beobachtest.

•••

Festumrissenen Unterricht gibt es nicht. Das einzige, was ich besorgen kann, ist eine geeignete Medizin für eine spezifische Erkrankung.

•••

Der achtfache Weg des Buddhismus

Die acht Forderungen, das Leiden auszuschließen durch falsche Werte zu korrigieren und wahrliche Einsicht in die Bedeutung des Lebens zu geben, sind wie folgt aufgeführt:

1. *Richtigen Sichtweisen (verstehen):* du musst deutlich sehen, was verkehrt ist.
2. *Richtiges Ziel (streben):* beschließe, geheilt zu werden.
3. *Richtige Sprache:* Sprich so, als ob du danach strebst, geheilt zu werden.
4. *Richtiges Verhalten:* du musst handeln.
5. *Richtige Berufung:* deine Existenzmöglichkeiten dürfen nicht mit deiner Therapie aufeinanderstoßen.
6. *Richtige Anstrengung:* die Therapie muss vorausgehen mit einer „Schnelligkeit, die sich selbst aufrecht erhält", die kritische Schnelligkeit, die angehalten werden kann.
7. *Richtiges Bewusstsein (Kontrolle über Gedanken):* du musst es andauernd fühlen und andauernd dran denken.
8. *Richtige Konzentration(Meditation):* lerne nachzudenken mit tiefen Geist.

Festumrissenen Unterricht gibt es nicht. Das einzige, was ich besorgen kann, ist eine geeignete Medizin für eine spezifische Erkrankung.

KUNST DER SEELE

Das Ziel der Kunst ist es, eine innere Vision in die Welt zu projizieren, um in ästhetischer Kreation die tiefsten psychischen und persönlichen Erfahrungen eines Menschen zu verkünden. Das Ziel ist es, die Erfahrungen begreiflich und allgemein erkennbar zu machen innerhalb des ganzen Rahmens einer idealen Welt.

•••

Kunst enthüllt sich selbst in dem psychischen Verständnis für das innere Wesen von Dingen und gibt Form an die Verbindung zwischen Mensch und dem *Nichts*, mit dem Charakter des Absoluten.

•••

Kunst ist ein Lebensausdruck und steht sowohl über Zeit als auch über Raum. Wir müssen unsere eigene Seele mit Hilfe von Kunst gebrauchen, um der Natur oder der Welt eine neue Form und eine neue Bedeutung zu geben.

•••

Die Ausdruckskraft eines Künstlers ist das Sichtbarmachen seiner Seele, seine Ausbildung, als auch das Ausstellen seiner "inneren Ruhe". Hinter jeder Bewegung wird die Musik seiner Seele sichtbar gemacht. Sonst ist jede Bewegung leer, und eine leere Bewegung ist genau wie ein leeres Wort – bedeutungslos.

•••

> „Ungekünstelte" Kunst ist ein kunstsinniger Prozess im Künstler; es bedeutet „Kunst in der Seele".

Schalte „verhüllenden" Sprachgebrauch aus und funktioniere von deiner Basis aus.

•••

Kunst ist nie Verzierung, Verschönerung; es ist an Stelle davon eine Arbeit von Erleichterung. Mit anderen Worten: Kunst ist eine Technik, um Freiheit zu erlangen.

•••

Kunst fragt um eine vollständige Beherrschung der Techniken, entwickelt durch Reflexion in der Seele.

•••

„Ungekünstelte" Kunst ist ein kunstsinniger Prozess im Künstler; es bedeutet *„Kunst in der Seele"*. Alle verschiedenen Bewegungen von allen Werkzeugen zusammen bedeuten einen Schritt auf dem Weg zur absoluten ästhetischen Welt der Seele.

•••

Kreation in der Kunst ist die psychische Entfaltung der Persönlichkeit, die seine Wurzeln im *Nichts* hat. Die Folge davon ist eine Vertiefung der persönlichen Dimension der Seele.

•••

Ungekünstelte Kunst ist die Kunst der Seele in Ruhe, wie das Mondlicht widergespiegelt in einem tiefen See. Das allerletzte Ziel des Künstlers ist es, seine täglichen Aktivitäten zu gebrauchen, um eine alter Meister des Lebens zu werden und auf diese Art und Weise eine Basis zu legen für die Kunst zu leben. Meister in allen Zweigen der Kunst müssen zu allererst Lebenskünstler sein, da die Seele alles erschafft.

•••

Alle vagen Ideen müssen verschwinden, bevor ein Schüler sich Meister nennen kann.

•••

Kunst ist der Weg zum *Absoluten* und zum Wesen des menschlichen Lebens. Das Ziel von Kunst ist nicht der einseitige Aufstieg von Geist, Seele und Sinnen, sondern das *Öffnen* aller menschlichen Kapazitäten – Gedanken, Gefühl, Willen – für den Lebensrhythmus der Welt der Natur. So wird die stimmlose Stimme gehört werden und das Selbst wird damit in Harmonie gebracht werden.

•••

LEERE DEINEN GEIST

Künstlerische Fähigkeit bedeutet darum nicht künstlerische Perfektion. Es bleibt eher ein fortdauerndes Mittel für oder eine Widerspiegelung von einem bestimmten Schritt in der geistlichen Entwicklung, wovon die Perfektion nicht in äußerlichen Kennzeichen gefunden werden kann, sondern von der menschlichen Seele ausstrahlen muss.

•••

Die künstlerische Aktivität liegt also nicht in der Kunst selbst. Es dringt in eine tiefere Welt durch, worin alle Formen von Kunst (von Dingen, die von innen heraus erfahren werden) zusammenfließen, und worin die Harmonie der Seele und der Kosmos im *Nichts* ihr Resultat in der Realität findet.

•••

Darum ist der künstlerische Prozess Realität und die Realität ist die Wahrheit.

•••

Der Weg zur Wahrheit

(nicht zersplittert, sonder als Ganzes gesehen – Krishnamurti)

1. *Suchen nach der Wahrheit*
2. *Bewusstsein von der Wahrheit (und ihrem Bestehen)*
3. *Wahrnehmen der Wahrheit (ihre Essenz und Richtung – wie das Wahrnehmen von Bewegung)*
4. *Die Wahrheit verstehen*
5. *Das Erfahren der Wahrheit*
6. *Sich der Wahrheit ermächtigen*
7. *Das Vergessen der Wahrheit*
8. *Den Überbringer der Wahrheit vergessen*
9. *Kehr zurück zur ursprünglichen Quelle, wo die Wahrheit her kommt*
10. *Finde Ruhe im Nichts*

Darum ist der künstlerische Prozess Realität und die Realität ist die Wahrheit.

JEET KUNE DO

Aus Gründen der Sicherheit wird das unbegrenzte Leben in etwas Lebloses verändert, ein ausgesuchtes Muster, das einschränkt. Um Jeet Kune Do verstehen zu können, muss man alle Ideale, Schemata und Stile über Bord werfen; eigentlich muss man das selbst machen mit den Konzepten über was in Jeet Kune Do ideal ist und was nicht. Kann man eine Situation ansehen ohne ihr einen Namen zu geben? Einen Namen geben, ein Wort davon zu machen, erzeugt Angst.

•••

Es ist tatsächlich schwirig, eine Situation schlichtweg zu sehen – unser Geist ist sehr komplex – und es ist einfach, jemandem zu lehren, etwas zu beherrschen, aber es ist schwierig, jemandem seine eigene Haltung zu lehren.

•••

Jeet Kune Do gibt den Vorzug an Formlosigkeit, damit es alle Formen annehmen kann, und da Jeet Kune Do keine Form hat, passt es zu allen Stilen. Das Resultat ist, dass Jeet Kune Do alle Manieren gebraucht, durch keine einzelne Manier eingeschränkt wird und außerdem jede Technik oder jedes Mittel gebraucht, um das Ziel zu erreichen.

•••

Beginn mit Jeet Kune Do mit dem Ausgangspunkt, den Willen unter Kontrolle zu bekommen. Vergiss gewinnen oder verlieren; vergiss Stolz und Schmerz. Lass deinen Gegner deine Haut strei-

fen, dann schlägst du auf seinen Körper ein; lass ihn auf deinen Körper einschlagen, dann brichst du seine Knochen; lass ihn deine Knochen brechen, dann tötest du ihn! Mach dir keine Sorgen über ein sicheres Entkommen – leg dein Leben in seine Hände.

•••

Der große Fehler ist es, um dem Ergebnis des Treffens vorauszueilen; du musst nicht daran denken, ob es in Sieg oder Niederlage endet. Lass der Natur ihren Lauf, und deine Waffen werden im richtigen Moment zuschlagen.

•••

Jeet Kune Do lehrt uns, nicht zurückzuschauen, wenn der Kurs einmal bestimmt ist. Es betrachtet Leben und Tod ohne Vorurteil.

•••

Jeet Kune Do vermeidet Oberflächlichkeit, durchdringt das Komplexe, geht zum Kern des Problems, und deutet sehr genau die Schlüsselfaktoren an.

•••

Jeet Kune Do dreht sich nicht um etwas herum, es nimmt keine gewundenen Umwege. Es geht direkt auf das Ziel los. *Einfachheit ist der kürzeste Weg zwischen zwei Punkten.*

•••

Die Kunst von Jeet Kune Do ist einfach zu vereinfachen. Es ist Du selbst sein; es ist Realität im „Sein". Also „Sein" ist die Bedeutung – frei sein in der primären Bedeutung, nicht eingeschränkt durch Anhänglichkeit, Beschränkungen, Parteilichkeit, Komplexitäten.

•••

Jeet Kune Do ist die Erleuchtung. Es ist eine Lebensweise, ein Streben nach Willenskraft und Kontrolle, die jedoch durch Intuition erleuchtet sein muss.

•••

Während der Schüler trainiert wird, muss er auf allen Arten aktiv und dynamisch ein. Aber im echten Kampf muss sein Geist ruhig sein, und nicht abgelenkt. Er muss das Gefühl haben, dass nichts Ernstes passiert. Wenn er nach vorne tritt, müssen seine Schritte leicht und sicher sein, seine Augen nicht starr, kranksinnig zum Gegner schauend. Sein Verhalten sollte in keiner Weise von seinem alltäglichen Verhalten abweichen, es muss keine Veränderung in seinem Ausdruck sein, nichts muss die Tatsache verraten, dass er in einen tödlichen Kampf verwickelt ist.

•••

Die Werkzeuge, deine natürlichen Waffen, haben ein doppeltes Ziel:

1. Den Gegner, der vor dir steht, zu vernichten – Vernichtung von Dingen, die Frieden, Gerechtigkeit und Menschlichkeit im Wege steht.
2. Deine eigenen Impulse, durch Selbsterhaltung verursacht, zu vernichten. Um alles, was deinen Geist stört, zu vernichten. Nicht, um jemanden zu verletzen, sondern um deine eigene Habsucht, Wut und Torheit zu besiegen. Jeet Kune Do ist auf dich selbst gerichtet.

•••

Tritte und Schläge sind Werkzeuge, um das Ego auszuschalten. Sie repräsentieren die Kraft von intuitiver oder instinktiver Direktheit, die, im Gegensatz zum Intellekt oder dem komplizierten Ego, sich selbst nicht teilt und seiner eigenen Freiheit im Weg steht. Die Werkzeuge bewegen sich nach vorne, ohne um- oder zur Seite zu schauen.

•••

Wegen der Reinheit des Herzens und der Leere des Geistes, inhärent im Menschen, werden seine Werkzeuge an diesen Eigenschaften teilhaben und ihre Rolle spielen mit dem höchsten Grad an Freiheit. Die Werkzeuge sind die Symbole des unsichtbaren Geistes und halten Geist, Körper und die Gliedmaßen aktiv.

LEERE DEINEN GEIST

The Art of Jeet Kune Do is simply to simplify.

Jeet Kune Do avoids the superficial, penetrates the complex, goes to the heart of the problem and pinpoints the key factors.

Jeet Kune Do does not beat around the bush. It does not take winding detours. It follows a straight line to the objective. Simplicity is the shortest distance between two points.

Jeet Kune Do favors formlessness so that it can assume all forms, and since Jeet Kune Do has no style, it can fit in with all styles. As a result, Jeet Kune Do utilizes all ways and is bound by none, and likewise uses any technique or means which serves its end.

> Tritte und Schläge sind Werkzeuge, um das Ego auszuschalten.

• • •

Die Abwesenheit von stereotyper Technik als das Eigentliche bedeutet völlige Freiheit. Alle Linien und Bewegungen sind funktional.

• • •

Nicht-Haften als Basis ist die ursprüngliche Natur des Menschen. Normalerweise geht der Gedanke voraus ohne zu halten; Vergangenheit, Gegenwart und Zukunft gehen weiter wie ein ununterbrochener Strom.

• • •

Das Fehlen von Denken als Doktrin bedeutet, nicht mitgezogen zu werden durch Denken im Denkprozess, nicht beschmutzt zu werden durch externe Objekte, in Gedanken zu sein, aber ohne zu denken.

• • •

Wirklich „so sein" ist das Wesen des Denkens, und Denken ist die Funktion von wirklich „so sein". An „so sein" zu denken, es in Gedanken zu definieren, bedeutet, es zu beflecken.

• • •

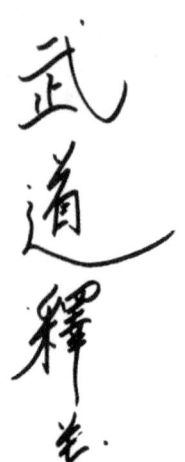

Fokussiere den Geist und mache ihn so scharf, dass er unverzüglich die Wahrheit, die überall ist, anfühlt. Der Geist muss befreit werden von alten Gewohnheiten, Vorurteilen, einschränkenden Gedankenprozessen und selbst dem normalen Denken.

•••

Schabe allen Schmutz weg, den dein Wesen angesammelt hat, und enthülle Realität im „sein", oder im „so sein", oder in ihrer Nacktheit, was mit dem buddhistischen Konzept von Leere übereinstimmt.

•••

Leer deine Becher, damit er gefüllt werden kann; werde leer, um Totalität zu erlangen.

ORGANISIERTE VERZWEIFLUNG

Es scheint, dass in der langen Geschichte der Kampfsportarten es den meisten Kampfkünstlern, sowohl Lehrern als auch Studenten, eigen ist, dem Instinkt zu folgen und zu imitieren. Dies ist teilweise der menschlichen Neigung und den starren Traditionen verschiedener Arten von Stilen zuzuschreiben. Darum ist es sehr selten, einen ideenreichen, originellen Meister Geist zu finden. Die Notwendigkeit für einen „Wegweiser" erklingt.

•••

> **Leer deine Becher, damit er gefüllt werden kann; werde leer, um Totalität zu erlangen.**

Jeder Mann gehört zu einem Stil, der behauptet, die Wahrheit gepachtet zu haben, unter Ausschluss aller anderen Stile. Diese Stile werden zu Institutionen mit ihrer Erklärung des „Weges". Sie analysieren und isolieren gründlich die Harmonie von Härte und Weichheit und legen rhythmische Formen als den charakteristischen Zustand ihrer Techniken fest.

•••

Anstatt den Streit im „so sein" zu beginnen, bringen dann die meisten Kampfsportsysteme ein „kompliziertes Durcheinander" zusammen, das die Sportler beeinträchtigt und sie ablenkt von der tatsächlichen Realität des Kampfes, die einfach und direkt ist. Anstatt direkt zum Kern der Dinge zu kommen, werden schöne Formen (organisierte Verzweiflung) und künstliche Techniken rituell trainiert, um den wirklichen Kampf zu imitieren. Also anstelle von im Kampf zu „sein", „machen" diese Sportler etwas „an" dem Kampf.

•••

Noch schlimmer ist, dass supermentale Kräfte und geistiges Dies und geistiges Das verzweifelt integriert werden, bis diese Sportler immer weiter in Mysterien und Abstraktionen landen. Alle diese Dinge sind vergebliche Versuche, um die fortdauernd verändernden Bewegungen im Kampf aufzuhalten und festzulegen, und sie wie eine Leiche zu zerlegen und zu analysieren.

•••

Im Kern ist der wirkliche Kampf nicht starr, sondern sehr „lebendig". Das komplizierte Durcheinander (eine Form von Lähmung) macht das, was einst flüssig war, fest und beherrscht es, und wenn man realistisch danach schaut, ist es nichts anderes als eine blinde Hingabe an die systematische Nutzlosigkeit vom Ausführen von Routine oder Kunststücken, die zu nichts führt.

•••

Wenn echtes Gefühl so wie Wut oder Angst auftritt, kann der Stilist sich selbst dann mit den klassischen Methoden ausdrücken, oder hört er nur auf sein eigenes Rufen und Schreien? Ist er ein lebender, expressiver Mensch, oder nur ein an Schemata gebundener, mechanischer Roboter? Ist er ein Ganzes, in der Lage, mit den externen Umständen mitzugehen, oder sträubt er sich dagegen mit seinem Satz von ausgesuchten Schemata? Formt sein ausgesuchtes Schema einen Schirm zwischen ihm und seinem Gegner und verhindert es ein „totales" und „unbefangenes" Verhältnis?

•••

LEERE DEINEN GEIST

Anstatt direkt nach den Tatsachen zu sehen, klammern sich Stilisten an Formen (Theorien) fest und verstricken sich selbst immer weiter, und schließlich begeben sie sich in eine Schlinge, aus der sie nicht mehr heraus können.

•••

Sie sehen es nicht in ihrem „so sein", da ihre Indoktrination unzuverlässig und verdreht ist. Disziplin muss sich an die Natur von Dingen in ihrem „so sein" anpassen.

•••

Reife bedeutet nicht, dass man ein Gefangener der Konzeptualisierung wird. Es ist die Verwirklichung von unserem tiefsten Selbst.

•••

Wenn es Befreiung von mechanischer Konditionierung gibt, gibt es Einfachheit. Das Leben ist ein Verhältnis mit dem Ganzen.

•••

Der Mann, der deutlich und einfach ist, wählt nicht. Was ist, ist. Aktion basiert auf einer Idee ist deutlich die Aktion als Folge einer Wahl, und eine derartige Aktion befreit nicht. Im Gegenteil, es kreiert weiteren Widerstand, weiteren Konflikt. Nimm flexibles Bewusstsein an.

•••

Verhältnis bedeutet Verständnis. Es ist ein Prozess von Selbstenthüllung. Ein Verhältnis ist der Spiegel, in dem man sich selbst entdeckt- Sein ist in Verhältnis stehen mit.

•••

Feste Schemata, die nicht angepasst werden können, die unflexibel sind, bieten nur einen besseren Käfig. Die Wahrheit liegt außerhalb aller Schemata.

•••

Formen sind vergebliche Wiederholungen, die ein geordnetes und schönes Entkommen bieten an Selbstkenntnis gegenüber einem echten Gegner.

•••

Akkumulation ist sich selbst einschließender Widerstand, und schöne Techniken verstärken den Widerstand.

•••

Der klassische Mann ist nur ein Bündel Routine, Ideen und Traditionen. Wenn er handelt, übersetzt er jedes lebende Moment in Ausdrücken von Früher.

•••

Kenntnis ist in der Zeit fixiert, während *Kennen* andauernd ist. Kenntnis kommt von einem Brunnen, aus einer Anhäufung, aus einer Schlussfolgerung, während Kennen eine Bewegung ist.

•••

Der dazukommende Prozess ist nur das Entwickeln des Gedächtnisses, das mechanisch wird. Lernen ist nie kumulativ; es ist eine Bewegung von Kennen ohne Anfang und Ende.

•••

In der Entwicklung der Kampfsportarten muss ein Bewusstsein von Freiheit sein. Ein konditionierter Geist ist nie ein freier Geist. Konditionieren schränkt eine Person innerhalb der Struktur eines bestimmten Systems ein.

•••

Um sich selbst in Freiheit ausdrücken zu können, muss man alles von gestern hinter sich lassen. *Von dem „Alten" bekommt man Sicherheit, aus dem „Neuen" die Energie.*

•••

Um Freiheit Wirklichkeit werden zu lassen, muss der Geist lernen, nach dem Leben zu sehen, das eine große Bewegung ist ohne an Zeit gebunden zu sein, denn Freiheit liegt außerhalb des Bewusstseinsfeldes. Schaue, aber stopp und interpretier nicht, „Ich bin frei" – denn dann lebst du in der Erinnerung von etwas, das nicht mehr besteht. Um zu verstehen und jetzt zu leben, muss alles von gestern sterben.

> **Wenn es Befreiung von mechanischer Konditionierung gibt, gibt es Einfachheit.**

•••

Freiheit von Wissen ist der Tod; dann lebt man. Lass innerlich „vor" und „gegen" hinter dir. Es gibt nicht so etwas wie gut oder schlecht machen, wenn es Freiheit gibt.

•••

Wenn jemand sich selbst nicht ausdrückt, ist er nicht frei. Also fängt er an, sich dagegen zu sträuben und der Widerstand bringt methodische Routine hervor. Bald wird die methodische Routine die Antwort anstelle zu antworten, was ist.

•••

Der Kämpfer muss immer das Auge auf ein Ziel gerichtet haben – um zu kämpfen ohne nach hinten oder zur Seite zu schauen. Er muss emotionale, körperliche oder intellektuelle Einschränkungen seiner Vorwärtsbewegung aus dem Weg räumen.

•••

Jemand kann frei und total funktionieren, wenn er „außerhalb des Systems" steht. Der Mann, der wirklich seriös ist, mit dem Drang herauszufinden, was die Wahrheit ist, hat überhaupt keinen Stil. Er lebt ausschließlich in dem, was ist.

•••

Wenn man die Wahrheit in den Kampfsportarten verstehen will, den Gegner deutlich sehen will, dann muss man die Idee von Stilen und Schulen, Vorurteilen, Sympathien und Antipathien und so weiter über Bord werfen. Dann wird dein Geist jeden Streit einstellen und zur Ruhe kommen. In dieser Stille wirst du allumfassend und klar sehen.

•••

Wenn ein Stil dir eine Kampfmethode lehrt, dann bist du wahrscheinlich in der Lage, innerhalb der Einschränkungen der Methode zu kämpfen, aber das ist nicht wirklich kämpfen.

•••

Wenn du einen unkonventionellen Angriff, z. B. einen im *broken rhythm*, beantwortest mit deinen gewählten Systemen von rhythmischen, klassischen Blöcken, werden deine Verteidigung und dein counterattack immer Geschmeidigkeit und Lebendigkeit vermissen lassen.

•••

Wenn du dem klassischen Schema folgst, verstehst du die Routine, die Tradition, und den Schatten – aber nicht dich selbst.

•••

Wie kann man auf die Gesamtheit mit einem partiellen, bruchstückhaften Schema antworten?

•••

Lediglich Wiederholung von rhythmischen, berechneten Bewegungen raubt der Kampfbewegung ihre „Lebendigkeit" und ihr „Sein" – ihre Realität.

•••

Eine Anhäufung von Formen, nur eine weitere Modifikation von Konditionieren, wird ein Anker, der festhält und nach unten zieht; es führt nur in eine Richtung – nach unten.

•••

Form ist das Kultivieren von Widerstand; es ist das ausschließliche Drillen eines Schemas ausgewählter Bewegungen. Beginn mit der Bewegung, wenn es notwendig ist, anstelle an deinem Widerstand zu arbeiten; verurteile oder beschönige nicht – Bewusstsein ohne Wahl führt zur Aussöhnung mit dem Gegner in einem totalen Verstehen von dem, was ist.

•••

Einmal konditioniert auf eine fragmentierte Methode, einmal isoliert in einem geschlossenen Schema, steht der Sportler seinem Gegner vor einem Schirm aus Widerstand gegenüber – er führt seine stilisierten Blöcke aus und hört auf sein eigenes Geschrei, und sieht nicht, was der Gegner wirklich macht.

•••

> **Jemand kann frei und total funktionieren, wenn er „außerhalb des Systems" steht.**

LEERE DEINEN GEIST

Wir sind diese Kata, wir sind diese klassischen Blöcke und Schläge, so sehr sind wir dadurch konditioniert.

•••

Um sich seinem Gegner anzupassen, braucht man direkte Wahrnehmung. Wo Widerstand ist, eine Haltung von „es gibt nur eine Art und Weise", ist keine direkte Wahrnehmung.

•••

Das Haben *der Gesamtheit* bedeutet, in der Lage zu sein, „dem was ist" zu folgen, da „das, was ist" sich ständig bewegt und verändert. Wenn du dich an einen bestimmten Gesichtspunkt klammerst, wirst du nicht in der Lage sein, der schnellen Bewegung von „dem, was ist" zu folgen.

•••

Was immer die Meinung betreffend hook punching oder schwing als ein Teil eines Stiles auch sein möge, gibt es nicht ein einziges Argument, um keine perfekte Verteidigung dagegen zu erlernen. Tatsächlich benutzen es beinah alle Kämpfer. Und was den Kampfkünstler angeht, fügt es Vielseitigkeit an seine Angriffe zu. Er muss in der Lage sein anzugreifen, wo seine Hand sich in dem Moment auch befindet.

•••

Aber in den klassischen Stilen wird *das System* wichtiger als die Person! Der „klassische" Kämpfer funktioniert gemäß dem Schema des Stils!

•••

Wie können Methoden und System etwas, das lebt, erreichen? Nach etwas, das statisch ist, festgelegt, tot ist, kann es einen Weg geben, einen deutlich festgelegten Weg, aber nicht zu etwas, das lebt. Reduzier die Realität nicht auf etwas Statisches, um anschließend Methoden zu entwickeln, um es zu erreichen.

•••

Wahrheit ist eine Beziehung mit dem Gegner; konstant bewegend, lebend und nie statisch.

•••

Die Wahrheit kennt keinen Weg. Wahrheit ist lebend und darum verändert sie sich. Sie hat keinen Ruheplatz, keine Form, kein organisiertes Institut, hat keine Philosophie. Wenn du das einsiehst, wirst du verstehen, dass dies lebende Ding auch das ist, was du bist. Du kannst dich nicht ausdrükken und leben in einer statischen, gekünstelten Form in stilisierten Bewegungen.

•••

Klassische Formen stumpfen deine Kreativität ab, konditionieren und erstarren dein Freiheitsgefühl. Du „bist" nicht länger, sondern „tust" nur, ohne Gefühl.

•••

Genau wie gelbe Blätter den Effekt von goldenen Münzen haben, um Kinder dazu zu bringen, mit dem Weinen aufzuhören, so ziehen die sogenannten geheimen Bewegungen und gekünstelten Haltungen den unwissenden Kampfkünstler an.

•••

Dies bedeutet nicht, gar nichts zu tun, sondern nur keinen unbeirrbaren Geist zu haben bei allem, was man tut. Sorge dafür, dass dein Geist nicht wählt oder ablehnt. Keinen unbeirrbaren Geist zu haben bedeutet keine Gedanken aufzuhängen.

•••

Akzeptanz, Verneinung und Verurteilung verhindern Verständnis. Lass deinen Geist mit einem anderen Geist im Verständnis mit Gefühl bewegen. Dann gibt es eine Möglichkeit zur echten Kommunikation. Um einander zu verstehen, muss es einen Zustand von Bewusstsein ohne Wahl geben, ohne Gefühl von Vergleichen oder Verurteilen, ohne Warten auf eine weitere Entwicklung der Diskussion, um damit einverstanden zu sein oder nicht. *Gehe vor allem nicht von einer Schlussfolgerung aus.*

•••

> **Wahrheit ist eine Beziehung mit dem Gegner; konstant bewegend, lebend und nie statisch.**

Verstehe frei sein vom sich anpassen an Stile. Befreie dich selbst dadurch, dass du genauer danach schaust, was du normalerweise ausübst. Gehe nicht aus von Verurteilung oder Zustimmung; beobachte nur.

•••

Wenn du nicht beeinflusst bist, wenn du dich vor dem Konditionieren von klassischen Reaktionen verschließt, dann wirst du dir bewusst und wirst die Dinge ganz neu sehen.

•••

Bewusstsein ist ohne Wahl, ohne Forderung, ohne Sorge; in diesem Gemütszustand gibt es nur Wahrnehmung. Wahrnehmung allein wird all deine Probleme lösen.

•••

Verstehen erfordert nicht nur einen Moment der Wahrnehmung, sondern fortdauerndes Bewusstsein, einen permanenten Zustand von Untersuchung, ohne Schlussfolgerungen zu ziehen.

•••

Um einen Kampf verstehen zu können, muss man ihn auf eine sehr einfache und direkte Art und Weise angehen.

•••

Verstehen entsteht durch Gefühl, von Moment zu Moment, gespiegelt in Relationen.

•••

Sich selbst verstehen findet durch einen Prozess von Beziehungen statt, nicht durch Isolation.

•••

Sich selbst kennen ist sich selbst erforschen in Aktion mit einer anderen Person. Das Wirkliche zu verstehen erfordert Bewusstsein und einen wachen und vollkommen freien Geist.

•••

Geistliche Anspannung schränkt den Geist noch weiter ein, da Anspannung Streit bedeutet, um ein Ziel zu erreichen, und wenn du ein Ziel, eine Absicht oder einen Endpunkt in Aussicht hast, dann hast du den Geist eingeschränkt.

•••

Heute Abend sehe ich etwas, das ganz neu ist, und der Geist erfährt das Neue, aber morgen, wenn ich die Sensation, den Genuss davon, versuche zu wiederholen, wird diese Erfahrung mechanisch. Die Beschreibung ist nie echt. Was echt ist, ist die Wahrheit direkt zu sehen, da die Wahrheit kein morgen kennt.

•••

Wir werden die Wahrheit herausfinden, wenn wir das Problem untersuchen. Das Problem ist nie isoliert von der Antwort – das Ergründen des Problems *ist* die Lösung des Problems.

•••

Beobachte, was *ist* mit ungeteiltem Bewusstsein.

•••

Wahrhaftig so sein ist ohne besudeltes Denken; man kann es nicht lernen durch Vorstellung und Denken.

•••

Denken ist keine Freiheit – alle Gedanken sind bruchstückhaft; sie können nie vollkommen sein. Der Gedanke ist die Antwort auf das Gedächtnis, und Gedächtnis ist immer bruchstückhaft, da Gedächtnis das Resultat von Erfahrung ist. Also ist der Gedanke die Reaktion des Geistes, der konditioniert ist durch Erfahrung.

•••

Kenne die Leere und die Ruhe deines Geistes. Sei leer; habe keinen Stil oder keine Form, womit dein Gegner etwas anfangen kann.

•••

Der Geist ist ursprünglich ohne Aktivität; der Weg ist immer ohne Gedanken.

LEERE DEINEN GEIST

•••

Einsicht bedeutet sich realisieren, dass deine ursprüngliche Natur nicht fabriziert ist.

•••

Es wird Ruhe und Frieden geben, wenn man frei von externen Objekten ist und nicht verwirrt ist. Ruhig sein bedeutet, dass man keine einzige Illusion oder Desillusion in Bezug auf so-sein hat.

•••

Es gibt kein Denken, nur so-sein- was ist. So-sein bewegt nicht, aber seine Bewegung und Funktion sind unerschöpflich.

•••

Meditieren bedeutet das Realisieren deiner ursprünglichen Unbeirrbarkeit. Doch kann Meditation nie ein Konzentrationsprozess sein, da Verneinung die höchste Form von Denken ist. Verneinung ist ein Zustand, worin weder das Positive noch das Negative als Reaktion darauf ist. Es ist ein Zustand von vollständiger Leere.

•••

Konzentration ist eine Form von Ausschluss, und wo es Ausschluss gibt, da gibt es einen Denker, der ausschließt. Es ist der Denker, der Ausschließer, derjenige, der sich konzentriert, der Widersprüchlichkeit kreiert, da er ein Zentrum bildet, wovon Ablenkung ausgeht.

•••

Es gibt einen Zustand von Aktion, ohne Ausführenden, einen Zustand von Erfahren, ohne denjenigen, der erfährt, oder die Erfahrung. Es ist ein Zustand, der eingeschränkt und belastet ist durch das klassische Durcheinander.

•••

Klassische Konzentration, die auf ein Ding fokussiert ist, unter Ausschluss von allem anderen, und Bewusstsein, das total ist und nichts ausschließt, sind Geisteszustände, die ausschließlich verstanden werden können durch objektive Beobachtung ohne jedes Vorurteil.

•••

Bewusstsein kennt keine Grenze, es ist ein totales Geben, ohne etwas auszuschließen.

•••

Konzentration ist das Verengen des Geistes. Aber wir beschäftigen uns mit dem gesamten Prozess des Lebens. Sich auf nur einen Aspekt des Lebens zu konzentrieren bedeutet, dem Leben nicht gerecht zu werden.

•••

Der „Moment" kennt kein gestern oder morgen. Er ist kein *Resultat* des Denkens und darum kennt er keine Zeit.

•••

Wenn dein Leben in einem Sekundenbruchteil bedroht wird, sagst du dann „Lass mich dafür sorgen, dass ich meine Hand auf meiner Hüfte habe und dass mein Stil der richtige Stil ist?" Wenn dein Leben in Gefahr ist, argumentierst du dann über die Methode, woran du dich halten wirst, während du dich selbst rettest? Warum die Zwiespältigkeit?

•••

Ein sogenannter Kampfkünstler ist das Resultat von 3000 Jahr Propaganda und Konditionieren.

•••

Warum vertrauen Menschen auf tausendende von Jahren von Propaganda? Sie können „Sanftheit" als das beste Mittel gegen Härte empfehlen, aber wenn „das, was ist" zuschlägt, was geschieht dann? Ideale, Prinzipien, das „was sein müsste" führen zu Heuchelei.

•••

Da jemand nicht gestört oder verunsichert werden will, stellt er ein Verhaltensmuster auf, ein Denkmuster, ein Muster von Beziehungen zu den Menschen. Dann wird er ein Sklave der Muster und verwechselt das Muster mit dem wirklichen Leben.

Konzentration ist das Verengen des Geistes.

TAO DES JEET KUNE DO

•••

Sich mit bestimmten Verhaltensmustern abzufinden, um den Teilnehmer innerhalb der herrschenden Regeln zu beschützen, kann gut sein für Sportarten wie Boxen oder Basketball, aber der Erfolg von Jeet Kune Do liegt in seiner Freiheit, sowohl Techniken zu gebrauchen, oder sie nicht anzuwenden.

•••

Der zweitklassige Kämpfer, der blindlings seinem Sensei oder Sifu folgt, akzeptiert sein Muster. Als Folge davon wird sein Handeln und, was noch wichtiger ist, sein Denken mechanisch. Seine Reaktionen werden automatisch gemäß bestimmten Mustern, wodurch er eingeschränkt wird.

•••

Selbstausdruck ist vollständig, direkt, ohne Vorstellung von Zeit, und das kann man nur ausdrükken, wenn man körperlich und geistig frei ist von Zerrissenheit.

DIE FAKTEN DES JEET KUNE DO

Der zweitklassige Kämpfer, der blindlings seinem Sensei oder Sifu folgt, akzeptiert sein Muster.

1. Die effiziente Struktur während Angriff und Verteidigung (Angriff: die aktiven *leads* / Verteidigung: klebende Arme).
2. Die vielseitigen und „ungekünstelten – kunstvollen", „totalen" Tritt-und Schlagwaffen.
3. Broken rhythm, half-beat und der one- oder three-and-a-half beat (Jeet Kune Do's Rhythmus bei Angriff und Counter).
4. Gewichtstraining und dazugehörige wissenschaftliche Übungen sowie allgemeines Fitnesstraining.
5. Die „direkte Jeet Kune Do Bewegung" bei Angriff und *counter* – ausführen, ohne die Position zu verändern.
6. Der bewegliche Körper und die leichte Fußarbeit.
7. Die „gemeinen" und unerwarteten Angriffstaktiken.
8. Stark in den Nahkampf gehen
    a. schlagen, während man die Position verändert
    b. werfen
    c. *grappling*
    d. immobilisieren
9. Das freie Kämpfen, wobei alles erlaubt ist, und das wirkliche Kontakttraining mit bewegenden Zielen.
10. Starke Waffen dadurch, dass sie ständig geschliffen werden.
11. Lieber individuelle Ausdruck als ein Massenprodukt; lieber Lebendigkeit als Klassizismus (echte Beziehung).
12. Lieber *total* als einseitig in Strukturen.
13. Das Training der „Kontinuität des expressiven Selbst" hinter Körperbewegungen.
14. Lockere Kraft und kräftige Antriebskraft als ein Ganzes. Eine federnde Lockerheit, aber kein physisch schlapper Körper und ein anpassungsfähiges, geistiges Bewusstsein.
15. Der konstante Strom (geradlinige Bewegung kombiniert mit kreisender Bewegung – nach oben und unten, links- und rechtsdrehend, *side steps, bobbing and weaving*, kreisende Hände).
16. Andauernd gut balancierte Haltung von Anspannung während der Bewegung. Kontinuität zwischen beinahe totalem Geben und beinahe totalem Loslassen.

DIE FORMLOSE FORM

Ich hoffe, dass Kampfkünstler mehr an der Wurzel der Kampfsportarten interessiert sind, und nicht in die verschiedenen dekorativen Zweige, Blumen oder Blätter. Es ist nutzlos, sich darüber zu streiten, welches einzelne Blatt, welches Muster von Zweigen oder welche anziehende Blume man schön findet; wenn man die Wurzel versteht, versteht man auch das Blühen.

•••

Beschäftige dich bitte nicht mit sanft gegen fest, Tritte gegen Schläge, ringen gegen schlagen und treten, kämpfen mit weitem Abstand gegen in den Nahkampf gehen. Es besteht nicht so etwas wie „dies" ist besser als „das". Wenn es etwas gibt, wogegen wir uns schützen müssen, dann ist das Parteilichkeit, die uns unserer ursprünglichen Vollständigkeit beraubt und die dafür sorgt, dass wir Einheit verlieren mitten in Dualität.

•••

Der Inbegriff von Entwicklung führt zur Einfachheit, halbherzige Entwicklung führt zu Verzierung. In Kampfsportarten ist der Reifeprozess immer das Problem gewesen. Reifen ist die zunehmende Integration des Individuums mit seinem Wesen, seiner Essenz. Dies ist ausschließlich durch Selbsterkundung auf freie Art möglich, und nicht durch nachahmende Wiederholung eines auferlegten Bewegungsmusters.

•••

Es gibt Stile, die gerade Linien bevorzugen, dann gibt es die Stile, die gebogene Linien und Kreise bevorzugen. Stile, die sich festklammern an einen bestimmten Aspekt des Kampfes, sind gebunden. Jeet Kune Do ist eine Technik, um Freiheit zu erlangen, es ist ein Werk der Erleuchtung. Kunst ist niemals Schmuck oder Verschönerung. Eine ausgesuchte Methode, wie anspruchsvoll sie auch ist, bindet den Sportler an ein Muster. Ein Kampf ist nie festgelegt und verändert von Moment zu Moment. Arbeiten gemäß einem Muster ist eigentlich eine Widerstandsübung. Tägliche Übungen führen zu Klumpigkeit; Verstehen ist unmöglich und seine Anhänger sind nie frei.

•••

Der Weg des Kampfes basiert nie auf persönlicher Wahl und Vorzügen. Die Wahrheit im Wege des Kampfes wird von Moment zu Moment wahrgenommen, und das nur in voller Erkenntnis ohne Verurteilung, Rechtfertigung oder welche Form von Identifikation auch immer.

•••

Jeet Kune Do bevorzugt Formlosigkeit, so dass es jede Form annehmen kann, und da es kein Stil ist, passt es zu allen Stilen. Das Resultat ist, dass Jeet Kune Do alle Arten und Weisen gebraucht, und durch keine einzige eingeschränkt wird; daneben gebraucht Jeet Kune Do jede Technik oder jedes Mittel, um sein Ziel zu erreichen. Effizienz ist in dieser Kunst alles, womit man ein Resultat erzielt.

•••

Der Inbegriff von Entwicklung führt zur Einfachheit, halbherzige Entwicklung führt zu Verzierung.

•••

Es ist nicht schwer, die unnötigen Dinge in äußerlicher, körperlicher Struktur wegzuschneiden und abzuhacken; aber um enthaltsam zu sein und sich auf ein Minimum zu beschränken, ist etwas anderes.

•••

Man kann einen Kampf nicht in seiner Gesamtheit sehen, wenn man ihn aus der Sicht eines Boxers, Kung-Fu-Mannes, Karatekas, Ringers, Judokas etc. beobachtet. Man kann nur deutlich sehen, wenn man den Stil unberücksichtigt lässt. Dann sieht man es ohne „Gefallen" oder „Nicht-Gefallen". Man sieht einfach, und was man sieht, ist das Ganze, und nicht ein Teil davon.

•••

Der Inbegriff von Entwicklung führt zur Einfachheit, halbherzige Entwicklung führt zu Verzierung.

Es gibt nur „was ist", wenn es keinen Vergleich gibt, und Leben mit dem, „was ist", ist friedlich sein.

•••

Kämpfen ist nicht etwas, das vorgeschrieben wird durch deine Konditionierung als Kung Fu Mann, Karateka, Judoka oder was auch immer. Und das Gegenteil von einem System suchen bedeutet, dass man an einer anderen Konditionierung beginnt.

•••

Ein Jeet Kune Do Mann sieht der Realität ins Auge, und glaubt nicht an die Unveränderlichkeit von Form. Das Werkzeug ist ein Werkzeug der formlosen Form.

•••

Nicht lokalisiert bedeutet, dass die Quelle aller Dinge jenseits des menschlichen Verstehens ist, jenseits der Kategorien Zeit und Raum. Da es so alle Formen der Realität übertrifft, nennt man es „nicht lokalisiert" und verwendet dessen Qualitäten.

•••

Der Kämpfer, der nicht lokalisiert ist, ist nicht mehr er selbst. Er bewegt sich automatisch. Er hat sich selbst einem Einfluss außerhalb seines alltäglichen Bewusstseins überlassen, was nichts anderes ist als sein eignes, tief begrabenes Unbewusste, von dessen Anwesenheit er sich bis jetzt nicht bewusst war.

•••

Ausdruck wird nicht durch das üben von Form erreicht, sondern Form ist ein *Teil* des Ausdrucks. Der Größere (Ausdruck) lässt sich nicht im Kleineren (Ausdruck) finden, sondern der Kleinere im Größeren. Dann bedeutet „keine Form haben" nicht das Haben von keiner „Form". „Keine Form haben" geht hervor aus „Form haben". „Keine Form" ist der höhere, individuelle Ausdruck.

•••

Keine Kultur bedeutet nicht wirklich die Abwesenheit von jeder Art von Kultur. Es bedeutet Kultur durch nicht-Kultur. Kultur durch Kultur zu erzielen Handeln mit einem offenen Geist. Das bedeutet, selbstsichere Aktivität zu üben.

•••

Leugne die klassische Vorgehensweise nicht einfach als eine Reaktion, denn du wirst dann ein anderes Muster geformt und dich selbst darin festgelegt haben.

•••

Die physisch betonten Menschen streben danach, zu schnaufen und sich anzustrengen, und verpassen den subtilen Weg; die intellektuell betonten Menschen streben Idealismus und exotische Dinge an, und verpassen dadurch Effizienz und die tatsächliche Wahrnehmung der Realität.

•••

Mancher Kampfkünstler liebt das „mehr", das „etwas andere", und übersieht dabei, dass die Wahrheit und der Weg dahin in den einfachen, alltäglichen Bewegungen liegen. *Da es hier* ist, übersehen sie es. Wenn es irgendein Geheimnis gibt, wird es übersehen, indem man es sucht.

Der Kämpfer, der nicht lokalisiert ist, ist nicht mehr er selbst.

VORBEREITUNGEN

*Um anders zu werden als wir sind,
müssen wir uns einigermaßen
darüber bewusst sein,
was wir sind.*

TRAINING

Training ist eine von den meist vernachlässigten Phasen im Sport. Es wird zu viel Zeit angewendet für die Entwicklung der Fähigkeiten, und zu wenig für die Entwicklung des Individuums, um an Wettkämpfen teilzunehmen. Training befasst sich nicht mit einem Objekt, sondern mit dem *menschlichen Geist* und *menschlichen Emotionen*. Verstand und Einsicht sind notwendig, um mit derartigen subtilen Eigenschaften umzugehen.

•••

Training ist das *psychologische* und *physiologische* in Kondition bringen eines Individuums, das sich auf intensive Nerven- und Muskelreaktionen vorbereitet. Es beinhaltet Disziplin des Geistes, Kraft und Ausdauervermögen des Körpers. Es bedeutet Fähigkeiten. Es sind alle diese Dinge, die in Harmonie zusammenarbeiten.

•••

Training bedeutet nicht nur Kenntnis haben von Dingen, die den Körper aufbauen, sondern auch Kenntnis von Dingen, die den Körper zerstören oder Verletzungen verursachen. Falsches Training wird zu Verletzungen führen. Außerdem beschäftigt sich Training mit dem Vermeiden von Verletzungen, genauso wie mit der Ersten Hilfe bei Verletzungen.

•••

Training ist eine von den meist vernachlässigten Phasen im Sport.

FITNESS PROGRAMM

1. Wechselnder Grätschsitz
2. Liegestütze
3. Laufen auf der Stelle
4. Schulterdrehen
5. Hohe Tritte
6. Tiefe Kniebeugen
7. Hoher sidekick
8. Eingedrehte sit-ups
9. Drehen der Hüften
10. Beine hoch reißen
11. Nach vorne beugen

•••

Tägliche Gelegenheiten zum Üben

⇨ Laufe, wann immer es möglich ist – park dein Auto ein paar Straßen von dem Platz entfernt, wohin du gehen musst.

⇨ Nimm nicht den Aufzug, nimm stattdessen die Treppe

⇨ Entwickel dein stilles Bewusstsein dadurch, dass du dir vorstellst, von einem Gegner angegriffen zu werden, wenn du sitzt, stehst oder liegst, etc. – und beantworte den Angriff mit verschiedenen Bewegungen. Einfache Bewegungen sind die besten.

⇨ Trainiere dein Gleichgewicht, indem du auf einem Bein stehst, während du Kleider oder Schuhe anziehst – oder steh einfach auf einem Bein, wann immer du willst.

ERGÄNZENDES TRAINING

(1) Serientraining: *Serie 1* (Mo. Mi. Fr.)

1. Seilchen springen
2. Nach vorne beugen
3. Katzenstretch
4. In die Höhe springen
5. Kniebeugen
6. Hoher Tritt

Serie 2 (Di. Do. Sa.)

1. Im Grätschsitz strecken
2. Bein seitwärts heben
3. In die Höhe springen und Kniebeugen
4. Runddrehen der Schulter
5. Wechselnder Grätschsitz
6. Strecken der Beine

(2) Unterarm / Taille: *Serie 1* (Mo. Mi. Fr.)

1. Drehen mit der Hüfte
2. Handgelenk beugen mit Gewicht, Handfläche nach oben gerichtet
3. Römischer Stuhl
4. Knie zu sich hin ziehen
5. Seitwärts beugen
6. Handgelenk beugen mit Gewicht, Handfläche nach unten gerichtet

Serie 2 (Di. Do. Sa.)

1. Beine hoch reißen
2. Handgelenk beugen mit Gewicht
3. Eingedrehte sit-ups
4. Leverage bar twist
5. Beine abwechselnd nach oben bringen
6. Handgelenktrainer

(3) Krafttraining:

1. Press Lockout
2. Press Start
3. Auf den Zehen stehen
4. Ziehen
5. Kniebeugen
6. Schulter hochziehen
7. Deadlift
8. Viertelkniebeuge
9. Froschtritt

> Aufwärmen vermindert die Zähigkeit eines Muskels, den Widerstand gegen seine eigene Bewegung.

AUFWÄRMEN

Aufwärmen ist ein Prozess, der die intensiven, physiologischen Veränderungen hervorruft, die den Organismus auf anstrengende, körperliche Arbeit vorbereitet.

•••

WICHTIG: Um den größtmöglichen Vorteil vom Aufwärmen zu erzielen, müssen die Übungen *den Bewegungen, die während des Trainings ausgeführt werden, so ähnlich wie möglich sein.*

•••

Aufwärmen vermindert die Zähigkeit eines Muskels, den Widerstand gegen seine eigene Bewegung. Es verbessert die Leistung und verhindert Verletzungen während intensiver Aktivitäten auf zwei essentiellen Arten:

1. Eine Wiederholung des Erlernten, bevor der Wettkampf beginnt, legt die genaue Art der bevorstehenden Aufgabe in dem *neuro-muskulären Koordinationssystem* des Athleten fest. Es *erhöht* auch sein *kinästhetisches Gefühl.*
2. Die Steigerung der Körpertemperatur vereinfacht die *biochemischen Reaktionen, die die Energie* für Muskelkontaktionen *liefern.* Eine höhere Körpertemperatur verkürzt auch die Periode der *Muskelentspannung* und hilft, *Muskelsteifheit zu verhindern.*

Als Folge von diesen zwei Prozessen werden Genauigkeit, Kraft und Bewegungsgeschwindigkeit verbessert, und *die Gewebeelastizität* nimmt zu, wodurch das Risiko von Verletzungen verringert wird.

•••

Es gibt keinen Kämpfer, der seine Beine schwer belastet, bevor sie sorgfältig aufgewärmt sind. Das gleiche Prinzip trifft auch im gleichen Masse auf alle Muskeln zu, die kräftig in Anspruch genommen werden.

•••

Die Dauer des Aufwärmens ist je nach Aktivität unterschiedlich. Beim Ballett verwenden die Tänzer vor der Vorstellung hierfür zwei Stunden. Sie fangen mit ganz leichten Bewegungen an und bauen die Intensität und Verschiedenartigkeit der Bewegungen gleichmäßig auf bis zum Moment ihres Auftrittes. Sie denken, dass dies das Risiko eines gezerrten Muskels, der die Perfektion ihrer Bewegungen zunichtemachen würde, verkleinert.

•••

Der ältere Athlet neigt dazu, sich langsamer und länger aufzuwärmen. Dies könnte unter Umständen darauf zurückgeführt werden, dass ein größeres Bedürfnis nach einer längeren Aufwärmphase besteht, oder es könnte sein, dass ein Athlet „schlauer" wird, wenn er älter wird.

Es gibt keinen Kämpfer, der seine Beine schwer belastet, bevor sie sorgfältig aufgewärmt sind.

VORBEREITUNGEN

ON-GUARD POSITION

Eine gute Haltung ist eine Frage der effektiven, inneren Organisation des Körpers, die ausschließlich durch langes und gut diszipliniertes Üben erreicht werden kann.

•••

Die on-guard Position ist die Position, die für die mechanische Ausführung aller Techniken und Fähigkeiten am günstigsten ist. Die on-guard Position erlaubt völlige Entspannung, und doch gibt sie im gleichen Moment eine Muskelspannung, die für eine schnelle Reaktionszeit am günstigsten ist.

The On-guard Position

(#) naturalness means (a) easily, and (b) comfortably — all its muscle can act with the greatest speed and ease

(#) ensures complete muscular freedom

- inclined forward a little
- [distinguish between drilling comfort and personal comfort]
- [small phasic bent-knee stance] S P B K S
- (a) great sensitivity with awareness
- (b) mechanically not hamper
- rear heel is cocked — with more weight on it

Die on-guard Position muss vor allem eine „richtige mentale Haltung" Stellung sein.

•••

Eine gute Körperhaltung sorgt für drei Dinge:
1. Sie garantiert dem Körper und den Gliedmaßen eine Position, die mechanisch für die folgende Bewegung am günstigsten ist.
2. Sie ermöglicht jemandem, einen „Pokerkörper" zu behalten, einen Körper, der nicht mehr aussagt über die geplanten Bewegungen als ein „Pokergesicht" aussagt über die Karten eines Spielers.
3. Sie gibt dem Körper die besondere Spannung oder den gewissen Grad an Tonus, die am besten für schnelle Reaktionen und ausgezeichnete Koordination geeignet sind.

•••

Die eingenommene Position muss die Position sein, die maximale Leichtigkeit und Entspannung verschafft, kombiniert mit geschmeidigen *Bewegungen zu jeder Zeit*.

•••

Die on-guard Position muss vor allem eine „richtige mentale Haltung" Stellung sein.

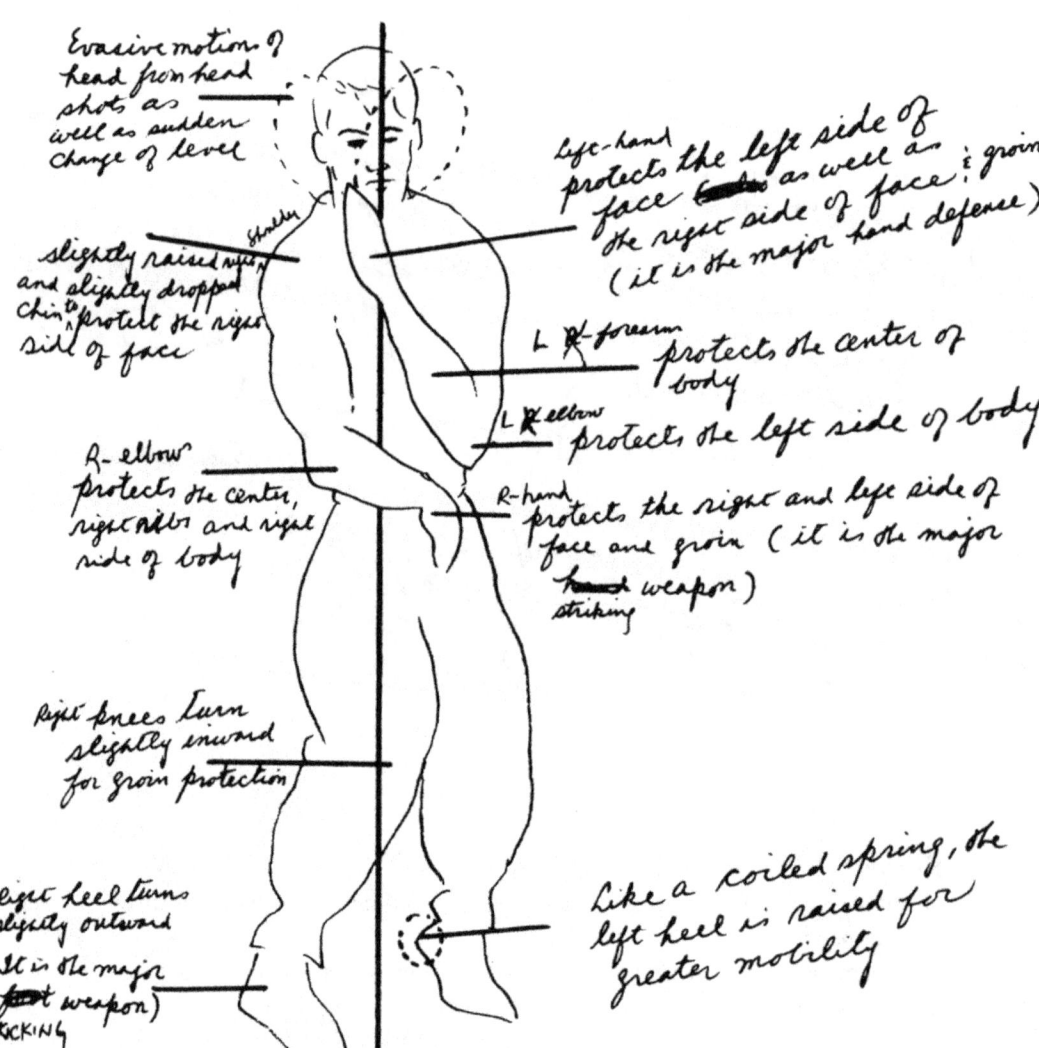

VORBEREITUNGEN

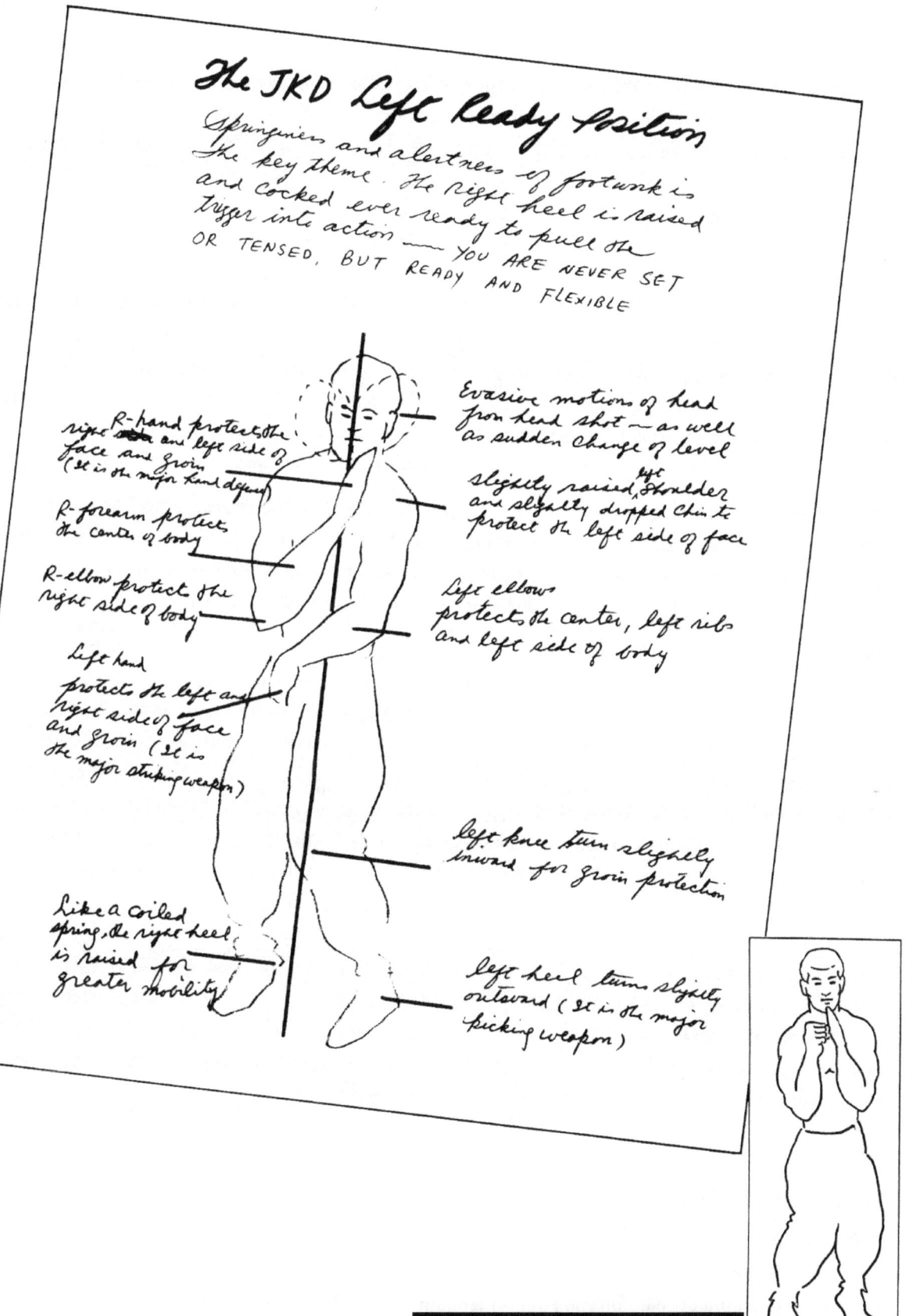

ALTERNATE READY POSITION

TAO DES JEET KUNE DO

DER KOPF

Im westlichen Boxen wird im Allgemeinen der Kopf behandelt, als ob er ein Teil des Oberkörpers sei, ohne unabhängige eigene Aktionen. Im Nahkampf muss der Kopf vertikal gehalten werden, mit der Spitze des Kinns gegen das Schlüsselbein gedrückt und mit den Seiten des Kinns gegen die Innenseite der vorderen Schulter. Das Kinn senkt sich nicht ganz nach unten zur Schulter, und die Schulter kommt auch nicht ganz nach oben. Sie treffen sich in der Mitte. Die Schulter wird ungefähr 5 cm nach oben gezogen und das Kinn senkt sich ungefähr 5 cm.

•••

Die Kinnspitze wird nicht gegen die vordere Schulter eingezogen, außer wenn der Kopf nach hinten gebogen wird in einer *extremen verteidigenden Position*. Durch das Einziehen der Kinnspitze gegen die vordere Schulter wird der Nacken in eine unnatürliche Stellung gebracht, geht die Unterstützung der Muskeln verloren und wird *verhindert, dass die Knochen auf einer geraden Linie stehen*. Dadurch werden auch vordere Schulter und vorderer Arm angespannt, wodurch eine ungehinderte Bewegung unmöglich ist und Ermüdung verursacht wird.

•••

Mit dem Kinn nach unten, nahe am Schlüsselbein, sind Muskeln und Knochenstruktur auf die günstigsten Linie gestellt, und es wird nur die Oberseite des Kopfes dem Gegner angeboten, wodurch es unmöglich geworden ist, an der Kinnspitze getroffen zu werden.

Halte den lead immer leicht in Bewegung für einen einfachen Start.

VORDERER ARM UND VORDERE HAND

Die Schulter ist entspannt und die Hand wird etwas tiefer gehalten, entspannt und bereit um anzugreifen. Der ganze Arm und die ganze Schulter müssen locker und entspannt sein, so dass der Kämpfer in der Lage ist, den *lead* hervorschnellen zu lassen, als ob ein Vorstoß mit einem Degen gemacht wird. Die Handstellung verändert sich regelmäßig von der tiefen *backfist* Position bis ungefähr zur Schulterhöhe und so weit wie möglich zur Außenseite der vorderen Schulter, ohne den Ellenbogen anzuheben. Halte den *lead* immer leicht in Bewegung für einen einfachen Start.

•••

Der Vorzug für eine tiefe Haltung ohne einen gestreckten *lead* kommt dadurch, dass die meisten Menschen in der Verteidigung der tiefe Linie schwach sind. Außerdem werden durch die Abwesenheit eines gestreckten *lead* viele Vorbereitungen unnötig (jetzt wird der Kopf zu einem bewegenden Ziel, vergrößert durch empfindlichen Abstand). Wenn also das angreifende Spiel des Gegners auf diesen vorbereitenden Bewegungen basiert, dann wird er schwer behindert und teilweise aufgehalten.

•••

Die verlängerte Verteidigung kann sich als eine gefährliche Schwäche erweisen sowohl beim Angriff als auch bei der Verteidigung.

Bei Angriffen:
1. ist es notwendig, dass der Arm zurückgezogen wird, es wird also angedeutet, dass der Angriff erfolgt (im Gegensatz zu einer angespannten Feder).
2, erfordert sie Vorbereitung auf *hook punches*.

Bei Verteidigung:
1. legt sie die Vorderseite des Körpers bloß.
2. Der Gegner *weiß, wo diese sich befindet*, und er kann sich da vollständig drum herum bewegen.
3. Ein gestreckter Arm ist leicht vom Gegner unbeweglich zu machen.

Also: Nimm die empfohlene Position ein, um die Möglichkeiten der Reichweite deines *leads* geheim zu halten.

VORBEREITUNGEN

HINTERER ARM UND HINTERE HAND
Der Ellenbogen des hinteren Armes wird tief gehalten und vor den unteren Rippen. Der Unterarm des hinteren Armes deckt den Solar Plexus. Die offene Handfläche der hinteren Hand ist zum Gegner gewendet und ist zwischen dem Gegner und der hinteren Schulter platziert, auf einer Linie mit der vorderen Schulter. Die hintere Hand kann auch ein bisschen auf dem Körper ruhen. Der Arm muss entspannt und bequem sein, *bereit, um anzugreifen oder zu verteidigen*. Eine oder beide Hände können eine runde, „schwingende" Bewegung ausführen. Es ist wichtig, sie ständig zu bewegen, aber bewahre die Deckung.

DER OBERKÖRPER
Die Position des Oberkörpers wird an erster Stelle durch die Position von vorderem Fuß und vorderem Bein bestimmt. Wenn das vordere Bein und der vorderer Fuß in der richtigen Position sind, nimmt der Oberkörper automatisch die richtige Position ein. *Es ist wichtig, dass der Oberkörper eine gerade Linie mit dem vorderen Bein bildet.* Wenn der vordere Fuß und das vordere Bein nach innen gedreht sind, dreht sich der Körper in die gleiche Richtung, was dem Gegner ein schmales Ziel bietet. Wenn jedoch der vordere Fuß und das vordere Bein nach außen gedreht sind, dreht sich der Körper gerade gegenüber dem Gegner und bietet so ein großes Ziel. Für verteidigende Zwecke ist das schmale Ziel vorteilhafter, während die gerade Position sich besser eignet für bestimmet Angriffe.

DER STAND
Der halbgeduckte Stand ist ein perfekter Stand um zu kämpfen, da man ganz fest steht, aber zu jeder Zeit in einer komfortablen, ausbalancierten Position ist, aus der man angreifen, einen *counter* machen kann oder sich verteidigen kann *ohne vorhergehende Bewegungen*. Der Stand wird auch der *„kleine phasische Stand mit gebeugtem Knie"* genannt.

Der vordere Fuß muss zu jeder Zeit so wenig wie möglich belastet werden.

Klein: bedeutet geeignet, weder zu große noch zu kleine Schritte; kleine, schnelle Schritte für Schnelligkeit und kontrolliertes Gleichgewicht während der Überbrückung des Abstandes zum Gegner, nicht deutlich genug für den Gegner um zu timen.

Phasisch: eine Phase oder Intervall in einer Entwicklung oder einem Zyklus, nicht still oder statisch, sondern ständig verändernd.

Gebeugtes Knie: garantiert Tatkraft zu jeder Zeit.

Das Muster von gebeugten Knien, geducktem Oberkörper, einem etwas nach vorne versetzen Schwerpunkt und einem teilweise gebogenem Arm ist kennzeichnend für Bereitschaft in vielen Sportarten.

•••

Der vordere Fuß muss zu jeder Zeit so wenig wie möglich belastet werden. Wenn er zu viel Gewicht trägt, wird es notwendig sein, das Gewicht auf das hintere Bein zu verlagern, bevor der Angriff gestartet werden kann. Diese Bewegung bringt eine *Verzögerung* mit sich und *warnt* gleichzeitig den Gegner.

FUNDAMENTALES INSTELLUNGGEHEN ist die Basis

Fundamental bedeutet:
1. Einfache, aber effektive Organisation von einem selbst, geistlich und körperlich.
2. Leichtigkeit, Komfort und Körpergefühl während des Festhaltens des *„spirituellen Standes"*.
3. Einfachheit; Bewegung ohne Anspannung; dieser Zustand der Neutralität ist unabhängig von einer bestimmten Richtung oder Anspannung.

Instellunggehen bedeutet:
1. einen Zustand von *Bewegung*, im Gegensatz zu einer statischen Position, einer „festgelegten" Form oder Haltung.
2. Wieder Stellung einnehmen, vor allem mit kleinen, phasischen Bewegungen, resultierend in weiteres Verstören der andauernden Aufmerksamkeit des Gegners.
3. Anpassung an die Aufmerksamkeit des Gegners.

•••

Elastizität und Alertheit der Fußarbeit ist das Hauptthema. Die Ferse des hinteren Fußes ist hochgezogen und angespannt, immer bereit abzudrücken. *Man steht niemals fest oder angespannt, sondern immer bereit und flexibel.*

•••

Das Hauptziel des JKDs ist treten, schlagen und der Gebrauch der Körperkraft. Darum wird die on-guard Position gebraucht, um dafür die günstigste Position zu erlangen.

•••

Um effektiv zu schlagen oder zu treten ist es notwendig, ständig das Gewicht von einem Bein auf das andere zu verlagern. Das bedeutet perfekte Kontrolle über das Gleichgewicht. *Das Gleichgewicht ist der wichtigste Punkt in der on-guard Position.*

•••

Natürlichkeit bedeutet einfach und entspannt, so dass sich alle Muskeln so schnell und einfach wie möglich bewegen können. Steh locker und leicht, vermeide Spannung und Muskelkontraktion. *Mache einen Unterschied zwischen angelernter und persönlicher Leichtigkeit.* So wirst du mit mehr Schnelligkeit, Genauigkeit und Kraft dich verteidigen und schlagen.

•••

Du bist ganz Rücken, Ellenbogen, Unterarme, Faust und Stirn. Du scheinst eher zur Familie der Katzenartigen mit ihrem krummen Rücken zu gehören, bereit zu springen, mit dem Unterschied, dass du entspannt bist. Dein Gegner hat nicht viel, um zu treffen. Dein Kinn ist zwischen deiner Schulter eingezogen. Deine Ellenbogen beschützten deine Flanken. Deine Bauchmuskeln sind leicht angespannt. Die on-guard Position ist die sicherste Stellung.

•••

Also:
1. Gebrauche Waffen, die dich am wenigsten von der on-guard Position abweichen lassen.
2. Übe ein explosionsartiges Herausgehen aus der Neutralität und gehe zurück in Neutralität, wenn du etwas machst, alles in einer konstanten, fließenden Bewegung.
3. Übe konstant mit allen Waffen aus der on-guard Position, und gehe so schnell wie möglich in diese Position zurück. Verringere die Zeit zwischen Ausgangsposition und Ausführung stets mehr. *Entspannung*, Schnelligkeit, von neuem beginnen.

•••

Schreibe vor allem keine einschränkenden Regeln vor.

PROGRESSIVE WAFFENSCHEMATA

Wenigstens achtzig Prozent von allen Fußtritten und Schlägen wird mit den *lead*s gemacht wegen ihrer vorgeschobenen Position (sie sind schon auf dem halben Wege zum Ziel, bevor du beginnst). Es ist wichtig, dass sie mit Schnelligkeit und Kraft angreifen können, alleine oder in Kombinationen. Sie müssen ebenfalls durch die gleiche Präzision des hinteren Fußes und der hinteren Hand verstärkt werden.

TAO DES JEET KUNE DO

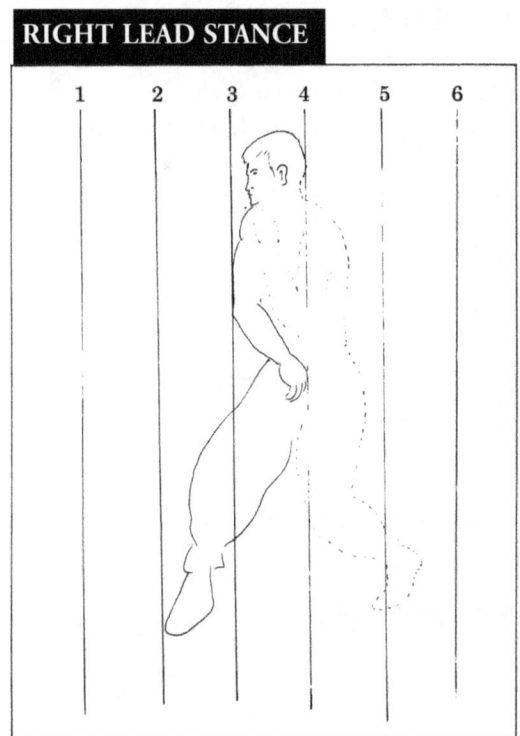

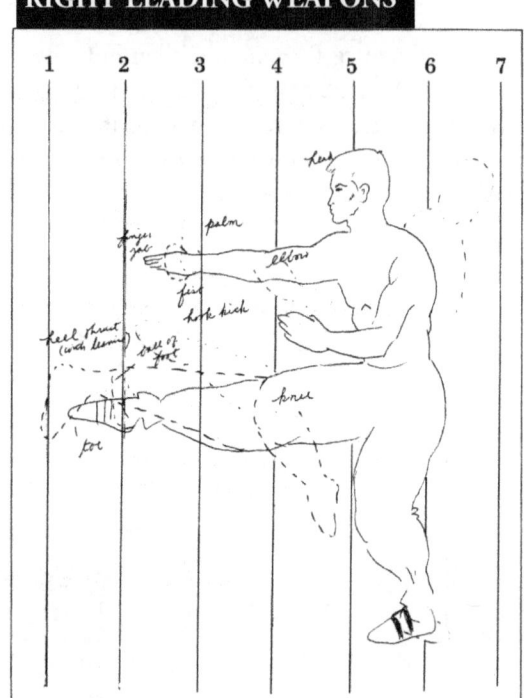

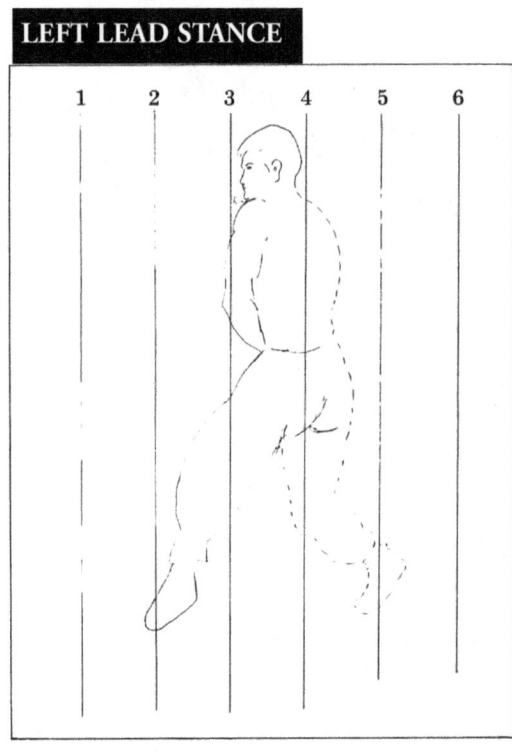

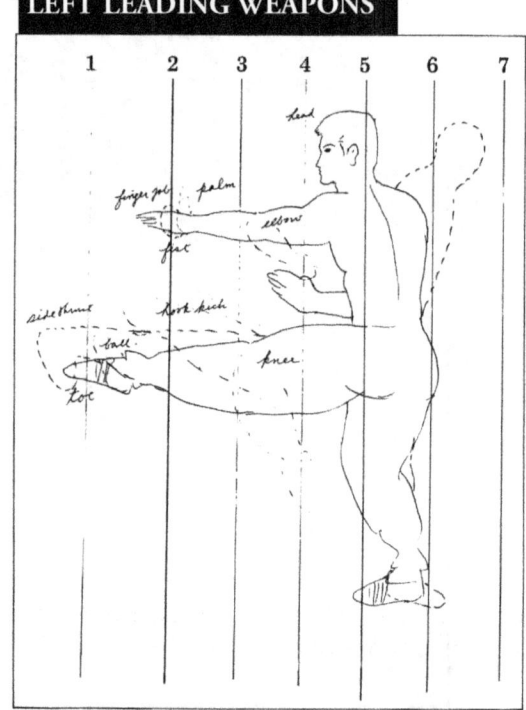

ACHT GRUNDVERTEIDIGUNGSPOSITIONEN
(linker und rechter Stand)

Aufgerollt wie eine Kobra bleibst du in einer freien, jedoch kompakten Position, und dein Schlag muss ankommen, bevor er gesehen wird.

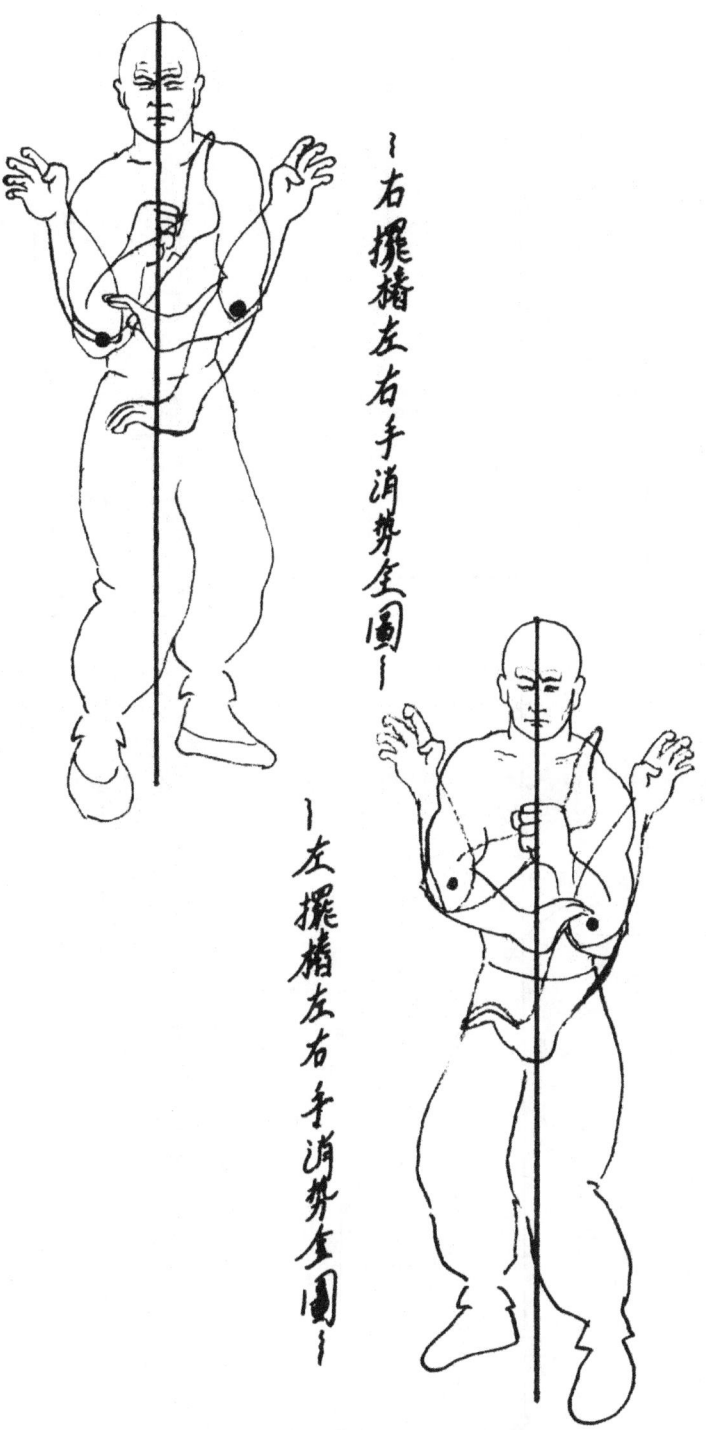

TAO DES JEET KUNE DO

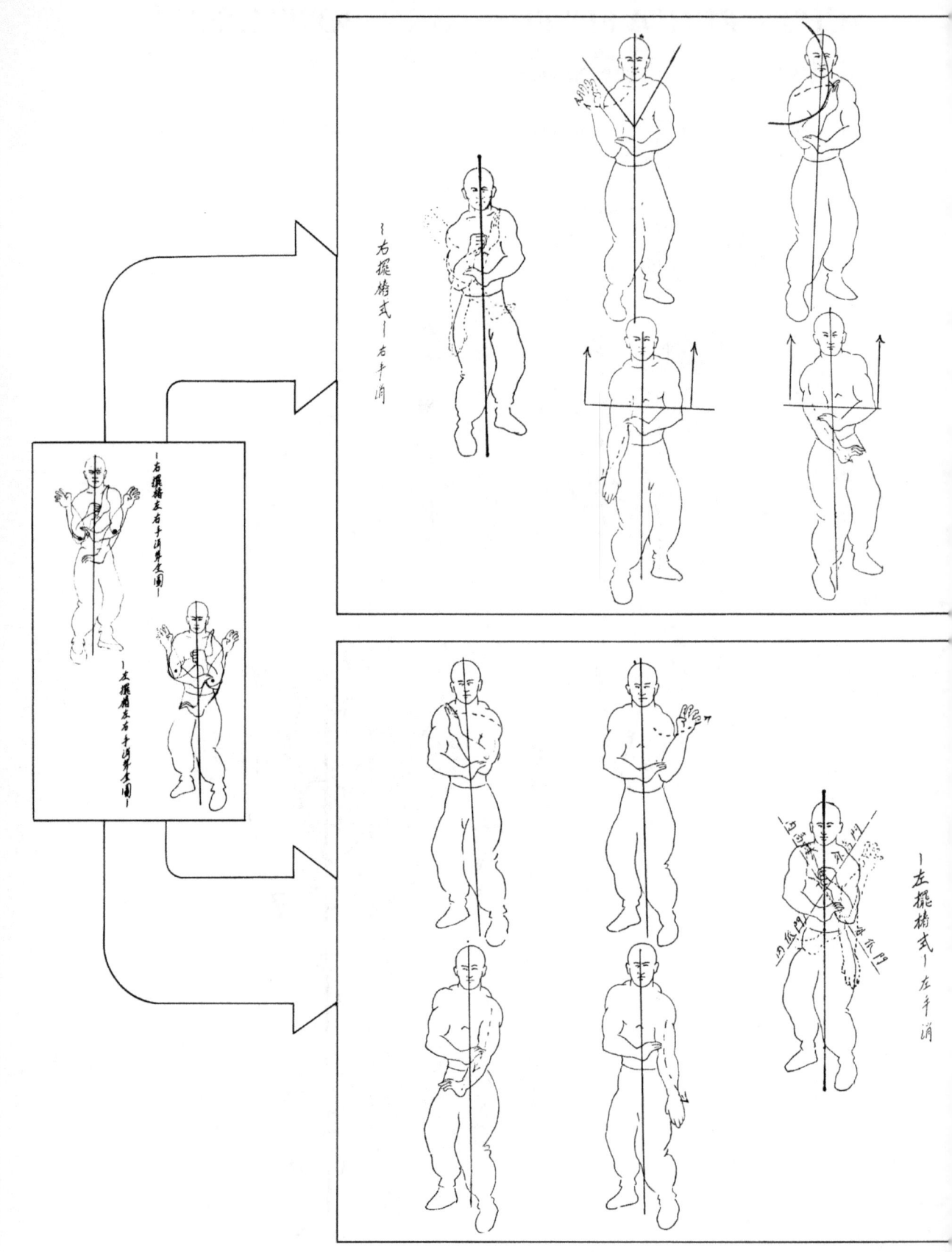

44

VORBEREITUNGEN

45

EINZELNE ZIELGEBIETE

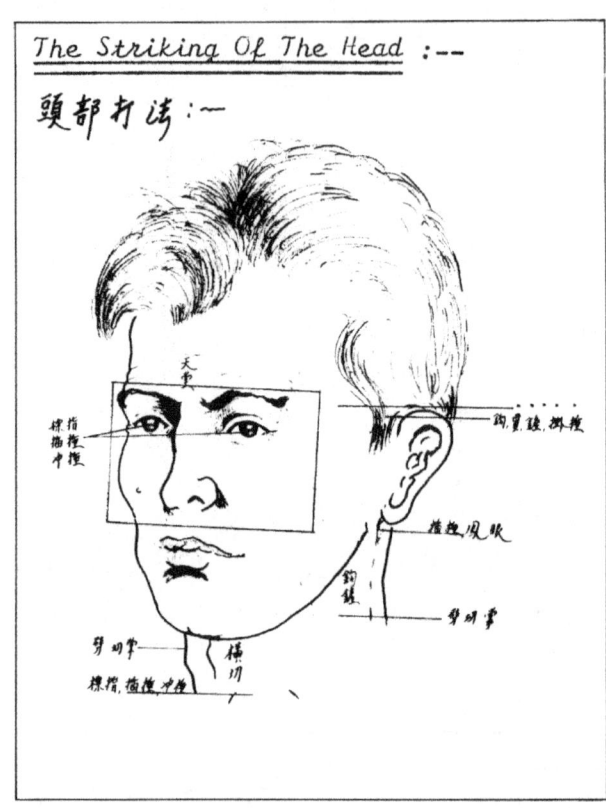

VORBEREITUNGEN

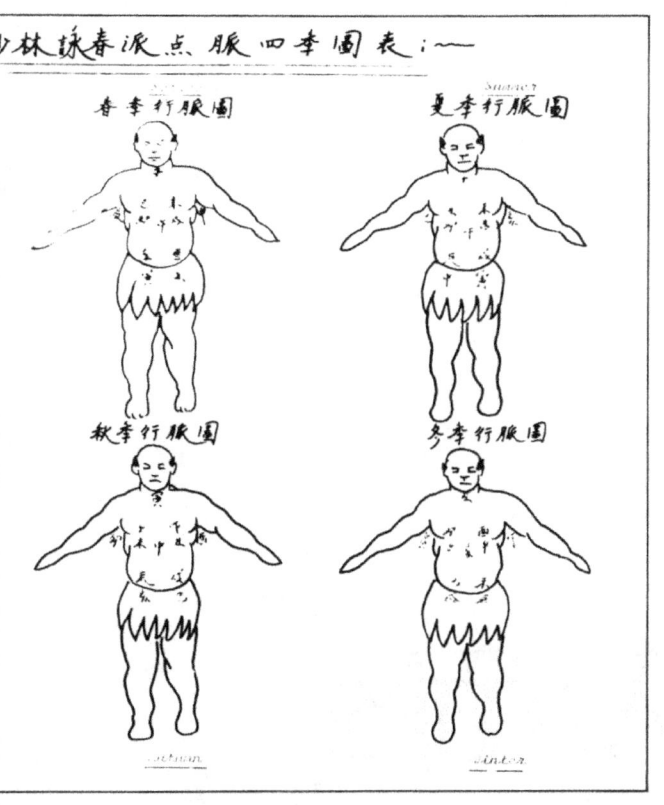

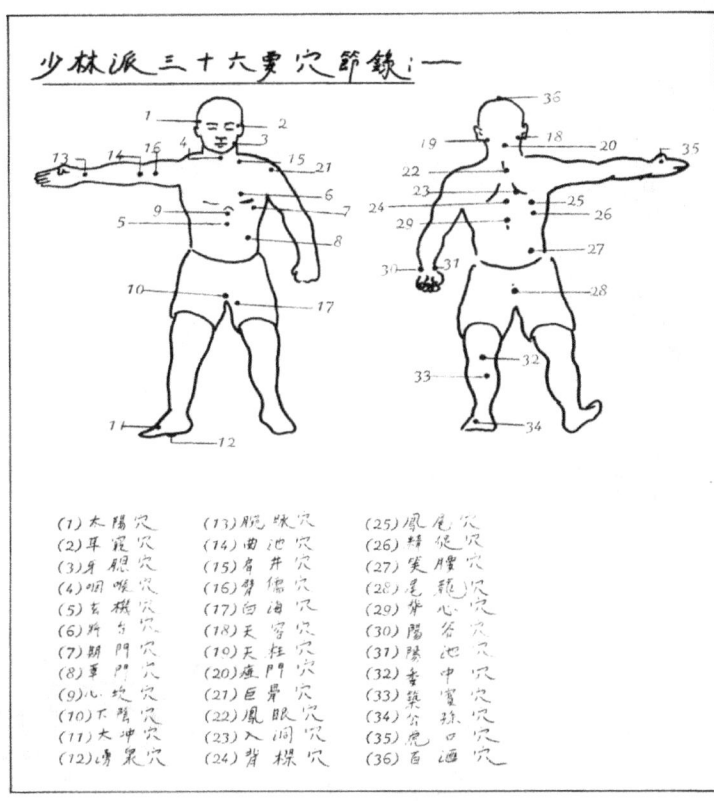

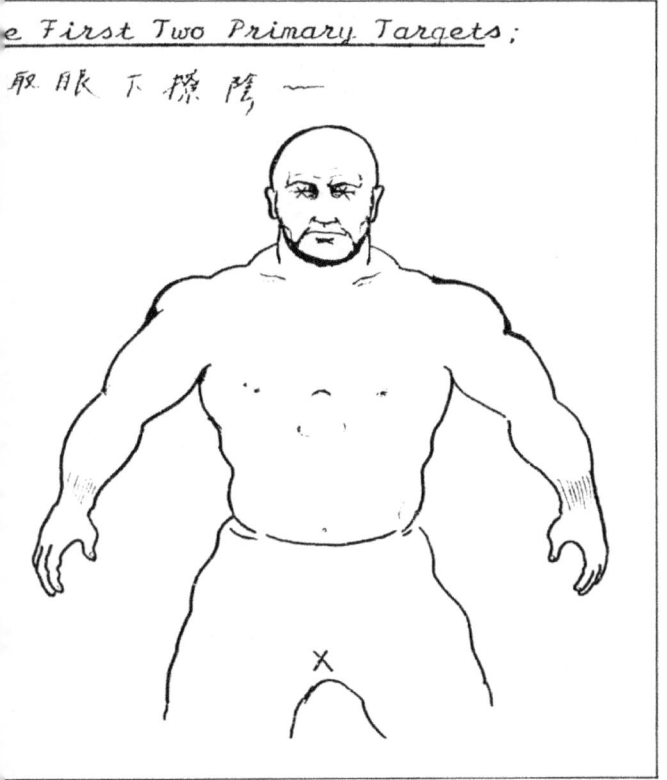

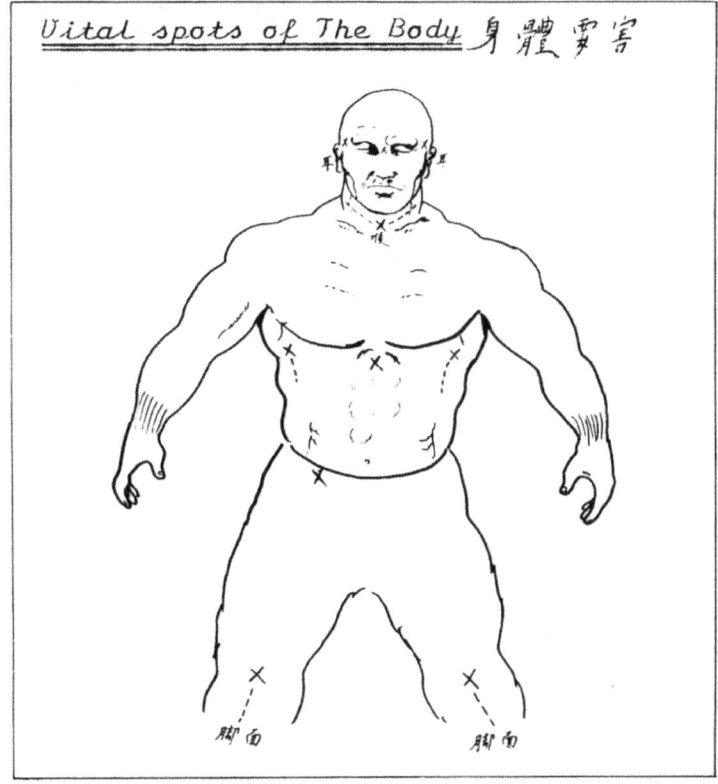

47

QUALITÄTEN

Es ist nicht die tägliche Zunahme, sondern die tägliche Abnahme – entferne alles Überflüssige!

KOORDINATION

Koordination ist auf jeden Fall eine der wichtigsten Betrachtungen in jeder Studie über Fachkenntnisse von Sportarten. Koordination ist die Eigenschaft, die jemanden in die Lage versetzt, alle Kräfte und Kapazitäten seines ganzen Organismus in eine effektive *Ausführung* einer Handlung zu integrieren.

•••

Bevor Bewegungen stattfinden können, muss eine Veränderung in der Muskelspannung an beiden Seiten der zu bewegenden Gelenke auftreten. Die Effektivität der Zusammenarbeit der Muskeln ist einer der Faktoren, die die Grenzen von Schnelligkeit, Ausdauer, Kraft, Beweglichkeit und Genauigkeit in allen athletischen Handlungen bestimmt.

•••

In statischen oder langsamen Aktivitäten gegen einen Widerstand, so wie das Ausführen eines Handstandes oder das Hochhalten einer schweren Hantel, müssen die Muskeln an beiden Seiten der Gelenke hart arbeiten, um den Körper in der gewünschten Position zu halten. Wenn eine schnelle Bewegung stattfindet, so wie beim Rennen oder Werfen, werden die Muskeln, die die Gelenke schließen, kürzer und die Muskeln an der anderen Seite werden länger, um die Bewegung möglich zu machen. Es gibt noch immer Spannung an beiden Seiten, aber an der länger werdenden Seite ist diese erheblich geringer geworden.

•••

Jede übermäßige Spannung in den länger werdenden Muskeln wirkt wie eine *Bremse* und verzögert und schwächt dabei die Aktion. Solche antagonistische Spannung erhöht die Energie, die zur Muskelarbeit benötigt wird, mit als Folge vorzeitiger Ermüdung. Wenn eine neue Aufgabe verrichtet wird, die andere Anforderungen stellt an die Intensität der Belastung, Schnelligkeit, Wiederholung oder Dauer, dann muss ein ganz neues Muster von „neurophysiologischer Anpassung" angelernt werden. Also wird die Ermüdung, die während neuer Aktivitäten erfahren wird, nicht *allein* durch den Gebrauch anderer Muskeln verursacht, sondern auch durch das *Abbremsen*, hervorgerufen durch falsche Koordination.

•••

Die besondere Eigenschaft eines Topathleten ist die *Einfachheit, mit der er sich bewegt*, selbst während maximaler Anspannung. Der Anfänger wird durch seine Angespanntheit, überflüssige Bewegung und übermäßige Anspannung charakterisiert. Die besondere Person, der „natürliche Athlet", scheint mit der Fähigkeit gesegnet zu sein, jede Sportaktivität mit Leichtigkeit auszuführen, ob er hierin erfahren ist oder nicht. Die *Leichtigkeit* ist seine Fähigkeit, etwas mit *minimaler, antagonistischer Spannung* auszuführen. Bei einigen Athleten ist dieses Vermögen stärker vorhanden als bei anderen, aber alle können es verbessern.

•••

Der Kämpfer, dessen Bewegungen unbeholfen zu sein scheinen, der scheinbar nie den richtigen Abstand findet, der immer eingeschätzt wird, der seinen Gegner niemals überlistet und immer vorher sehen lässt, was er vorhat, leidet hauptsächlich an einem Mangel an Koordination. Der Kämpfer mit einer guten Koordination macht alles *geschmeidig* und *graziös*. Es scheint, als ob er mit *minimaler Anstrengung und maximaler Täuschung* innerhalb und außerhalb der Reichweite des Gegners schwebt. In der Regel ist sein Timing gut, da seine eigenen Bewegungen so rhythmisch sind, dass sie *dazu neigen, einen ergänzenden Rhythmus* zu dem des Gegners *zu bilden*, einen Rhythmus, den er aufgrund seiner perfekten Kontrolle über seine eigenen Muskeln zu seinem eigenen Vorteil unterbrechen kann. Er scheint seinem Gegner zu überlisten, da er meistens die *Initiative ergreift* und in großem Maße *seinen Gegner zwingt zu reagieren*. Zudem macht er seine Bewegungen eher *zielbewusst* als zweifelnd, da er Selbstvertrauen hat.

•••

> **Die besondere Eigenschaft eines Topathleten ist die Einfachheit, mit der er sich bewegt, selbst während maximaler Anspannung.**

TAO DES JEET KUNE DO

Muskeln haben keine Kraft, um sich selbst zu führen, aber die Art und Weise, wie sie arbeiten und die Effektivität unserer Leistungen hängt deshalb vollständig von der Art ab, wie sie durch das Nervensystem geführt werden. Also ist eine schlecht ausgeführte Bewegung das Resultat von Impulsen, die durch das Nervensystem zu den verkehrten Muskeln geschickt worden sind, oder einen Sekundenbruchteil zu früh oder zu spät geschickt worden sind, oder in der verkehrten Reihenfolge oder mit einer schlecht verteilten Intensität.

•••

Eine gut ausgeführte Bewegung beinhaltet, dass das Nervensystem *trainiert* ist bis auf den Punkt, wo es Impulse zu bestimmten Muskeln schickt, die dafür sorgen, dass diese Muskeln sich genau im richtigen Sekundenbruchteil zusammenziehen. Gleichzeitig werden Impulse zu den antagonistischen Muskeln ausgeschaltet, wodurch diese Muskeln entspannen können. Richtig koordinierte Impulse strömen mit genau der Intensität, die gefordert wird, und sie stoppen genau in dem richtigen Sekundenbruchteil, in dem sie nicht länger gebraucht werden.

•••

Das Lernen der Koordination ist daher eine Frage des Trainings des Nervensystems, und nicht der Muskeln. Der Übergang von total unkoordinierter Muskelanspannung zur Fähigkeit auf dem höchsten Niveau der Perfektion ist ein Prozess der Entwicklung der Verbindungen im Nervensystem. Psychologen und Biologen sagen, dass die Milliarden Elemente im Nervensystem nicht direkt miteinander in Verbindung stehen, sondern dass die Fasern des Nervensystems so genau mit denen von anderen Zellen verflochten sind, dass Impulse von einer Zelle zu einer anderen Zelle übertragen werden durch einen *Prozess der Induktion*. Der Punkt, an dem der Impuls von der einen Nervenzelle zu einer anderen Nervenzelle springt, wird „*Synapse*" genannt. Die Synapsentheorie erklärt, warum ein Baby, das total unkoordinierte Reaktionen beim Sehen eines Balles zeigt, letztendlich ein Bundesligafußballspieler werden kann.

•••

Ein Champion zu werden erfordert einen Zustand von Bereitschaft.

Training von Koordination ist nur eine Frage der Bildung der richtigen Verbindungen im Nervensystem mit Hilfe von Übungen (Präzisionsübungen). Jede Handlung verstärkt die beteiligten Verbindungen und macht die folgende Handlung einfacher, sicherer und schneller. Ebenso werden alle gebildeten Verbindungen schwächer, wenn sie nicht gebraucht werden, und das macht eine Handlung schwieriger und unsicher (konstante Übungen). Wir können diese Fähigkeit nur dadurch bekommen, dass wir dasjenige tun, was wir versuchen zu lernen. Wir lernen nur dadurch, dass wir es tun, oder dadurch, dass wir reagieren. Wenn du dabei bist, (Nerven)bahnen zu bilden, sorge dann dafür, dass alle Aktionen äußerst ökonomisch sind und auch höchst effizient Gebrauch machen von Energie und Bewegung.

•••

Ein Champion zu werden erfordert einen *Zustand von Bereitschaft*, der dafür sorgt, dass eine Person selbst an die langweiligsten Übungsstunden mit Freude herangeht. Je mehr eine Person „bereit" ist, auf einen Reiz zu reagieren, desto mehr Genugtuung findet er in der Reaktion, und je mehr er „nicht bereit" ist, desto langweiliger findet er es, wenn er zum Handeln gezwungen wird.

> **WICHTIG:**
>
> **Übe keine Bewegungen, die Genauigkeit erfordern, wenn du müde bist, denn du wirst *feinere Bewegungen* durch *gröbere ersetzen*, und *spezifische Anspannungen* durch *allgemeine*. Merke dir, dass verkehrte Bewegungen die Neigung haben hängen zu bleiben, und der Fortschritt des Athleten abnimmt. *Der Athlet übt also die Fähigkeiten, die Präzision erfordern, nur dann, wenn er ausgeruht ist.* Wenn er müde wird, wechselt er zu Aufgaben, die große Bewegungen erfordern, hauptsächlich entworfen, um das Durchhaltevermögen zu entwickeln.**

PRÄZISION

Präzision der Bewegung bedeutet *Genauigkeit* und wird im Allgemeinen im Sinne von Präzision einer Projektion von Kraft gebraucht.

•••

Präzision besteht aus kontrollierten Körperbewegungen. Diese Bewegungen müssen schließlich mit minimaler Kraft und Anspannung ausgeführt werden, während noch immer das gewünschte Resultat erreicht wird. Präzision kann nur durch ein erhebliches Maß an Übung und Training erreicht werden, dies trifft *sowohl für der Anfänger als auch auf den erfahrenen Kämpfer zu.*

•••

Können wird am besten dadurch erreicht, dass man erst Schnelligkeit mit Genauigkeit und Präzision erlernt, bevor man probiert, die Handlung mit viel *Kraft* und Schnelligkeit auszuführen.

•••

Ein Spiegel ist ein ausgesprochenes Hilfsmittel, um Präzision zu erlangen, dadurch dass er für eine ständige Kontrolle der Haltung, Handposition und technischen Bewegung sorgt.

KRAFT

Um genau zu sein, müssen die Fähigkeiten in Bezug auf Schlagen und Werfen von einer Köperbasis ausgeführt werden, die genug Kraft hat, um ausreichendes Gleichgewicht während der Aktion zu halten.

•••

Um das Kraftmoment auf geeignete Weise mit mechanischem Vorteil zu integrieren, werden Nervenimpulse zu den arbeitenden Muskeln geschickt, um ausreichende Fasern in genau dem richtg:en Moment zu aktivieren, während der Anteil der Impulse zu den antagonistischen Muskeln vermindert wird, um den Widerstand zu verringern – das alles, um die Effizienz zu verbessern und um die vorhandene Kraft optimal zu gebrauchen.

•••

Wenn der Athlet eine Aufgabe bewältigen will, die ihm unbekannt ist, hat er die Neigung, zu viel Muskelkraft zu gebrauchen, und verwendet mehr Anspannung als nötig. Dies ist ein Mangel an „Kenntnis" des „denkenden", neuromuskulären, koordinierenden Systems.

•••

Ein kräftiger Athlet ist nicht ein starker Athlet, sondern einer, der seine Kraft schnell einsetzen kann. Da Kraft gleich Masse multipliziert mit Beschleunigung ist, wird der Athlet seine Kraft vergrößern, wenn er lernt, seine Bewegungen schneller auszuführen, selbst wenn die zusammenziehende Zugkraft seiner Muskeln unverändert bleibt. Daher kann ein kleinerer Mann, der schneller schlägt, genauso hart oder weit schlagen wie ein schwerer Mann, der langsam schlägt.

•••

Der Athlet, der seine Muskeln durch Gewichtstraining vergrößert, muss gleichzeitig ausreichend Schnelligkeit und Flexibilität trainieren. Hohe Kraftniveaus kombiniert mit ausreichender Schnelligkeit, Flexibilität und Ausdauer führen in den meisten Sportarten zu hervorragende Leistungen. Im Kampf wird ein starker Mann ohne die oben genannten Eigenschaften wie ein Stier mit kolossaler Kraft sein, der vergeblich hinter einem Stierkämpfer her ist, oder wie ein Lastwagen in einem niedrigen Gang, der einen Hasen verfolgt.

Präzision besteht aus kontrollierten Körperbewegungen.

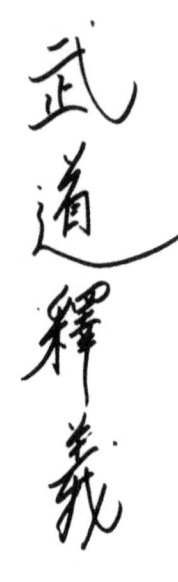

AUSDAUER

Ausdauer wird durch *schweres, ständiges Üben* entwickelt, das weiter geht als der „normale" physiologische Zustand und zeitweilig beinah völlige Erschöpfung verursacht. Erhebliche Atemnot und Muskelschmerz müssen stattfinden.

> **DIE BESTE FORM VON ÜBUNGEN ZUR AUSDAUER:**
>
> **Die Ausführung der Handlungen selbst. Natürlich sind Laufen und Schattenboxen notwendige, ergänzende Übungen für die Ausdauer, aber man muss sie im broken rhythm, gebrochener neurophysiologischer Anpassung ausführen.**

•••

Die meisten Anfänger sind nicht bereit, sich sehr anzustrengen. Sie sollten sich selbst schinden und dann ausreichend ausruhen, um nach der Ruhe noch härter zu trainieren. Lange Trainingsstunden, die aus vielen kurzen Anspannungen mit hoher Schnelligkeit bestehen, abgewechselt mit Perioden von leichterer Aktivität, scheinen das beste Training für Ausdauer zu sein.

•••

Vier Hypothesen für Sportarten, die extra Ausdauer beanspruchen:
1. Ausdauer kann erzielt werden durch eine Serie von Sprints, abgewechselt mit ruhigem Laufen.
2. Man trainiert die Ausdauer, die spezifisch ist für eine bestimmte Schnelligkeit.
3. Extremes Ausdauertraining sollte viel mehr und längere Arbeit umfassen, verglichen mit einem normalen Training (ähnliches „spartanisches" Training ist für den Champion).
4. Ab und zu ein Tempowechsel, mit Gebrauch von verschiedenen Bewegungen und in gewissem Masse verschiedene Muskelfasern, sollte ein Teil des Trainings sein.

•••

Übungen zur Entwicklung der Ausdauer müssen gleichmäßig und vorsichtig gesteigert werden. Sechs Wochen scheinen ein knappes Minimum für Sportarten zu sein, die erhebliche Ausdauer erfordern, und sechs Wochen sind wirklich erst der Anfang. Die Topleistung wird erst nach Jahren erreicht werden.

•••

Ausdauer verliert man schnell, wenn man nicht ständig daran arbeitet.

GLEICHGEWICHT

Gleichgewicht ist der wichtigste Faktor in der Haltung des Kämpfers oder seiner Stellung. Er kann niemals effektiv sein, wenn er nicht *ständig* im Gleichgewicht ist.

•••

Gleichgewicht erzielt man nur *durch richtige Ausrichtung des Körpers.* Füße, Beine, Oberkörper und Kopf sind äußerst wichtig bei der Schaffung und Beibehaltung einer ausbalancierten Position. Sie sind die Werkzeuge der Körperkraft. Das richtige Halten des Abstandes der Füße zueinander und zum Körper hilft, die richtige Körperausrichtung zu bewahren.

•••

Ein zu weiter Stand verhindert eine richtige Ausrichtung des Körpers, wodurch das Ziel des Gleichgewichtes zunichte gemacht wird, aber erzielt werden Stabilität und Kraft auf Kosten von Schnelligkeit und effizienten Bewegungen. Ein enger Stand steht einem guten Gleichgewicht im Weg, da er keine Basis bietet von wo aus gearbeitet werden kann. Hieraus geht Schnelligkeit hervor, jedoch auf Kosten von Kraft und Gleichgewicht.

Übungen zur Entwicklung der Ausdauer müssen gleichmäßig und vorsichtig gesteigert werden.

QUALITÄTEN

•••

Das Geheimnis von einem guten Gleichgewicht im richtigen Stand bedeutet, die Füße *immer* direkt unter dem Körper zu halten, was bedeutet, dass sie in *mittlerer Entfernung zueinander stehen müssen*. Das Gewicht ist entweder auf beide Beine verteilt (genauso wie beim westlichen Boxen), oder es ist leicht gesetzt auf das vordere Bein. Das vordere Bein ist *ziemlich* gestreckt, und das Knie ist entspannt, nicht gestreckt. Die vordere Seite des Körpers bildet eine gerade Linie von der vorderen Ferse bis zum Punkt der vorderen Schulter. Diese Position erlaubt Entspannung, Schnelligkeit, Gleichgewicht und Leichtigkeit der Bewegung, und ebenso einen mechanischer Vorteil, wodurch enorme Kraft ermöglicht wird.

•••

Im Allgemeinen wird bei Leichtathletikwettkämpfen die Starthaltung eine „zusammengeduckte" oder halbgehockte Haltung umfassen, bei der der Schwerpunkt etwas gesenkt und nach vorne verlagert ist. Dadurch, dass man das vordere Knie beugt, verlagert sich der Schwerpunkt etwas nach vorne. Zur allgemeinen Bereitschaft hält die Ferse des vorderen Fußes normalerweise leichten Kontakt mit dem Boden, selbst nachdem die Knie gebogen sind. Leichter Kontakt mit dem Boden hilft beim Gleichgewicht und vermindert Spannung.

•••

Zwischen den Füssen sollte immer ein der natürlichen Schrittlänge entsprechender Abstand gelassen werden. Wenn man das macht, steht man sicher und niemals auf einem Punkt.

•••

Dadurch, dass man die Füße nicht kreuzt, ist es unwahrscheinlich, dass man aus dem Gleichgewicht gebracht oder niedergeschlagen wird wegen schlechter Fußarbeit.

•••

Haltungsangewohnheiten:
1. Senke deinen Schwerpunkt.
2. Sorge dafür, dass du schulterbreit stehen bleibst.
3. Halte das Gewicht auf den Fußballen.
4. Knie werden selten gestreckt, selbst dann nicht, wenn du rennst
5. Das Erhalten des Schwerpunktes während komplizierten und schnellen Bewegungen ist eine kennzeichnende Angewohnheit von Athleten in Wettkämpfen, die oft plötzliche und schnelle Veränderungen der Richtung erfordern.

•••

Diese Haltungsangewohnheiten sind Kennzeichen von *Bereitschaft in der Bewegung* als auch in *statischer Haltung*. Der Athlet zeigt diese statischen und phasischen Standardhaltungen vor und direkt nach jeder Handlung, zur Vorbereitung auf die folgende Handlung. Wenn plötzliche Bewegungen notwendig sind, wird ein guter Athlet selten auf einem rechten Knie erwischt, oder auf anderen vollständig gestreckten Gelenken. Von solchen vorbereitenden „Haltungen mit gebogenen Knien" kommt die bekannte Behauptung, dass „ein guter Athlet immer rennt, als ob seine Hose gebügelt werden müsste".

•••

Gleichgewicht ist die *Kontrolle* des eigenen Schwerpunktes und die Kontrolle und Steuerung von Ungleichgewichtslagen des Körpers, also letzlich der Schwerkraft, um Bewegung zu erleichtern. *Gleichgewicht bedeutet also, dass man in der Lage ist, seinen Schwerpunkt über die zu grunde liegende Körperbasis hinaus zu verlegen, ihn zu verfolgen und niemals zu verlieren.*

•••

Der *kurze* und der *gleitende Schritt*, im Gegensatz zum Hüpfen und zum Kreuzschritt, sind Mittel, um den Schwerpunkt zu bewahren. Wenn es notwendig ist, sich schnell zu bewegen, macht der gute Kämpfer Schritte, die so klein sind, dass sein Schwerpunkt selten unbeherrschbar ist.

•••

Der kurze und der gleitende Schritt, im Gegensatz zum Hüpfen und zum Kreuzschritt, sind Mittel, um den Schwerpunkt zu bewahren.

TAO DES JEET KUNE DO

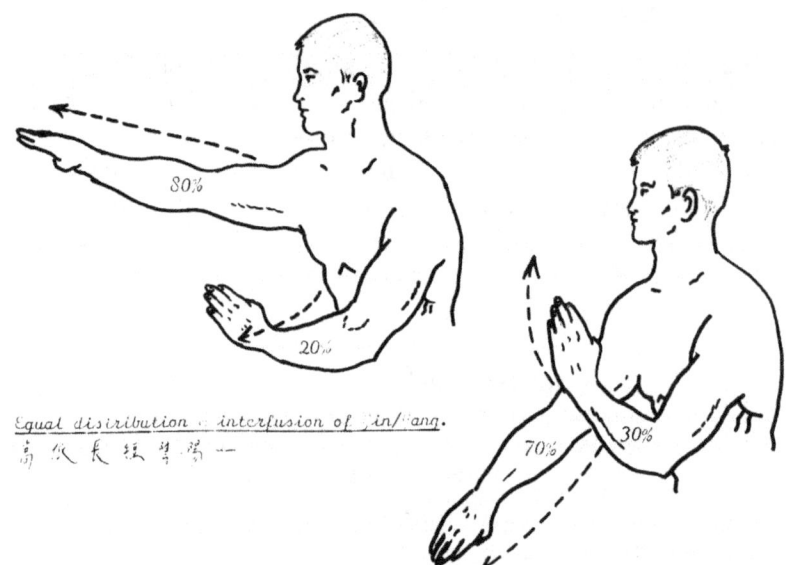

Das Verfehlen mit einem Schlag oder vorgenommenem Tritt bedeutet momentaner Gleichgewichtsverlust.

Eine schräge Körperhaltung in einer vorbereitenden Position wird mit einem ausgestreckten Arm, Bein oder mit beidem kompensiert.

• • •

Man muss gutes Gleichgewicht suchen in *Bewegung*, und nicht im Stillstand. Der Schwerpunkt eines Kämpfers verändert sich andauernd, abhängig von seinen eigenen Aktionen und *denen seines Gegners*.

• • •

Das Verfehlen mit einem Schlag oder vorgenommenem Tritt bedeutet momentaner Gleichgewichtsverlust. Darum ist der Kämpfer, der einen *counterattack* macht, meistens im Vorteil, aber der Angreifer wird ziemlich sicher sein dadurch, dass er in den *kleinen, phasischen Stand mit gebeugtem Knie* geht. Übe counterattacks in dem Moment, in dem dein Gegner sein Gleichgewicht verliert, besonders wenn er ein aufrecht stehender Kämpfer ist.

• • •

Das Gleichgewicht muss *immer* unter Kontrolle sein, so dass ein Kämpfer in einer Aktion nicht seine Kontrolle verliert.

1. Für einen Angriff muss der Schwerpunkt unmerklich auf den vorderen Fuß verlegt werden, um dem hinteren Fuß und dem hinteren Bein die Freiheit zu geben für den kürzesten, schnellsten und meist explosiven Ausfallschritt.
2. Für einen *parry* muss der Schwerpunkt ein wenig auf den hinteren Fuß verlegt werden, so dass der Abstand vergrößert wird und mehr Zeit für *parry*- und *riposte*- Bewegungen erlangt wird.

Behalte immer dein Gleichgewicht, so dass du noch einen Tritt oder Schlag ausführen kannst. Pass auf, dass du die Technik nicht so ausführst, dass du nicht mehr zurück kannst.

QUALITÄTEN

TRAININGSHILFMITTEL

Fühl den richtigen Abstand der Füße zueinander und bezüglich des Körpers, während du compound attacks ausführst, dich zurückziehst und counterst. Merke dir, wie die Füße bei allen Arten von Schlägen und Tritten gesetzt sind.

Fühl dich selbst in einem balancierten Stand. Falls es notwendig ist, musst du in der Lage sein, alle deine Bewegungen im Laufschritt auszuführen. Fühle den Unterschied dadurch, dass du dich selbst in ausbalancierte und nicht-ausbalancierte Positionen versetzt. Bewege dich nach vorne, nach hinten und zur Seite. *Koordinier* das mit schlagen und treten; sorge dafür, dass du Schnelligkeit und Kraft erlangst und vor allem eine ausbalancierte Position, um aufrecht zu bleiben oder um dich schnell wieder in eine solche Position zurückzubringen.

Eine der besten Übungen zur Entwicklung des Gleichgewichtsgefühls ist zweifellos *nicht* das normale Seilchen springen aufs Geratewohl, sondern eher das wirkliche Seilchen springen. Springe erst auf einem Fuß, während du den anderen nach vorne hältst; spring dann auf den anderen. Danach wechseln die Füße bei jeder Umdrehung des Seils (nicht so einfach, wie es scheint), und arbeite dich vor zur höchstmöglichen Schnelligkeit. Springe drei Minuten Seilchen (die Dauer einer Runde), ruhe dann eine Minute aus, und spring dann noch einmal drei Minuten. Drei Runden Seilchen springen auf unterschiedlichen Arten wird der Beginn eines guten Workout sein.

KÖRPERGEFÜHL

Körpergefühl bedeutet ein harmonisches Zusammenwirken von Körper und Geist, die beide untrennbar miteinander verbunden sind.

•••

Körpergefühl während des Angriffes

Körperlich:
1. Achte auf das Gleichgewicht, vor, während und danach.
2. Achte auf eine gut geschlossene Verteidigung, vor, während und danach
3. Lerne, die bewegenden Waffen des Gegners abzufangen und schränke seinen Bewegungsraum ein.
4. Achte auf Lebendigkeit.

Geistig:
1. Lass das „Wollen" das Ziel treffen.
2. Sei aufmerksam, klar für plötzliche Veränderungen nach Verteidigung oder *counterattack*.
3. Bewahre immer eine neutrale Wachsamkeit, beobachte immer die Aktionen und Reaktionen des Gegners, um direkt darauf reagieren zu können.
4. Lerne, Vernichtungskraft (Lockerheit, Schnelligkeit, Kompaktheit, Leichtigkeit) auf bewegende Ziele zu übertragen.

> Körpergefühl bedeutet ein harmonisches Zusammenwirken von Körper und Geist.

Körpergefühl während der Verteidigung

1. Studier die Art und Weise, wie der Gegner seine Technik ausführt – gibt es Vorzeichen für seine Bewegungen?
2. Lerne, die zweite und dritte Bewegung des Gegners zu timen – durchschaue seinen Stil und löse das Problem, wenn einfach Abgriffe misslingen.
3. Siehe, wenn der Gegner hilflos ist.
4. Erziel deinen Vorteil aus der allgemeinen Tendenz, mit „erschöpften Waffen zu treffen".
5. Bringe deinen Gegner aus dem Gleichgewicht und ziehe ihn in deine Sphäre, während du dein eigens Gleichgewicht behältst.
6. Behalte die Effizienz im Auge, wenn du dich nach hinten bewegst, und experimentiere mit allen Möglichkeiten (Seitwärtsschritte, wegdrehen, etc.). Bleibe im Gleichgewicht, um Schläge und Tritte zu machen, die die Arbeit erledigen.
7. Greif im richtigen Augenblick sofort an mit
                a. richtiger Selbstsynchronisation
  Gleichzeitig   b. richtigem Abstand
                c. richtigem Timing

GUTE FORM

Gute Form ist die effizienteste Art und Weise, das Ziel einer Bewegung mit einem Minimum an verschwendeter Bewegung und vergeudeter Energie zu erreichen.

Gute Form ist die effizienteste Art und Weise, das Ziel einer Bewegung mit einem *Minimum* an *verschwendeter Bewegung und vergeudeter Energie* zu erreichen.

•••

Um zum Erreichen eines vorgegebenen Ziels Energie durch minimalen Energieeinsatz zu sparen, müssen die *unnötigen Bewegungen* und *Muskelkontraktionen*, die ermüden, ohne auch nur ein einziges nützliches Ziel zu erreichen, eliminiert werden.

•••

Die Entwicklung von neuromuskulärer Fähigkeit

1. Der erste Schritt ist, das *Gefühl von Entspannung* zu erreichen.

2. Der zweite Schritt ist das Üben, bis das *Gefühl zu jedem gewünschten Moment* aufgerufen werden kann.

3. Der dritte Schritt ist das *Gefühl* freiwillig aufzurufen in Situationen, die möglicherweise Spannung erzeugen.

•••

Die Fähigkeit, Anspannung und Entspannung zu fühlen, zu wissen, was ein Muskel tut, wird „*kinästhetische Wahrnehmung*" genannt. Kinästhetische Wahrnehmung wird dadurch entwickelt, dass man seinen Körper und seine Gliedmaßen bewusst in eine bestimmte Position versetzt und dann das *Gefühl hierfür entwickelt*. Dieses Gefühl von Gleichgewicht oder Ungleichgewicht, von Grazie oder Ungeschicklichkeit, dient als ein konstanter Führer für den Körper, wenn er sich bewegt.

•••

Kinästhetische Wahrnehmung sollte zu einem solchem Niveau entwickelt werden, dass sich der Körper unwohl fühlt, wenn er nicht jede Bewegung mit einem Minimum an Anstrengung und einem Maximum an Wirksamkeit durchführt (gilt auch für die Haltung).

•••

QUALITÄTEN

Stage I – THE TEACHING OF RIGHT FORM

STAGE II – BUILDING UP PRECISION, RHYTHM, SYNCHRONIZATION WHILE AUGMENTING SPEED PROGRESSIVELY.
本人的 – application of technique with full co-ordination and increasing speed — at various distance — Precision in all.

STAGE III – TIMING AND THE ABILITY TO SEIZE AN OPPORTUNITY WHEN OFFERED
扣对手 under fighting condition — regulate cadence and distance / to attack when opening is offered (教师不挡)

STAGE IV – APPLICATION under FIGHTING CONDITION —
从距离 — instructor attempting to provoke error by watching over TIMING & DISTANCE.

右直冲, 左直冲, 镗捶, 钩捶, 挂捶,
(角捶)

右直冲 — ① 出范围, ② 当攻击无度手 (如低) ③ 连击身
④ 低式直冲似 ⑤ 过空 (收手变手)

左直冲 — ① slip 右打 ② 过收手打 ③ 合右
左冲 (Rib) ④ 散右挡 ⑤ 过散
左去上左步左参

镗捶 — ① 散冲前左右冲 ② 散左指代手或取
我手 ③ feint low 然

挂捶 — 散手压下式形 象 4 6 左
(如短桥)

Entspannung ist ein körperlicher Zustand, jedoch wird dieser durch den geistigen Zustand beherrscht. Sie wird erzielt durch die bewusste Anspannung, um sowohl das *Denken* als auch das *Bewegungsmuster* zu beherrschen. *Wahrnehmung, Übung* und *Bereitschaft* sind notwendig, um den Geist in neuer Gewohnheit von Denken und den Körper in „neuer Gewohnheit von Bewegen" zu trainieren.

•••

Entspannung bezieht sich auf das Maß der Entspannung im Muskelsystem. Die Faustregel im Sport besagt, dass man probiert, nicht mehr Spannung in den arbeitenden Muskeln zu haben als notwendig ist, um die Handlung zu verrichten. Dabei muss die Spannung in den antagonistischen Muskeln so gering wie möglich sein, während man noch immer genügend Kontrolle hat, die Bewegung abzubremsen, falls es notwendig ist. Muskeln sind immer leicht angespannt, und so muss es auch sein. Wenn sie jedoch zu sehr angespannt sind, merken wir, dass dies unsere Schnelligkeit und Fähigkeiten antastet. Das Hauptproblem in solchen Situationen wird dadurch verursacht, dass die antagonistischen Muskeln zu sehr angespannt sind. Eine niedrige Spannung in den arbeitenden Muskeln bedeutet geringer Energieverbrauch. Angespannte antagonistische Muskeln vergeuden Energie und verursachen Steifheit und bremsen die Bewegungen ab. In koordinierten, graziösen und effizienten Bewegungen müssen die gegenüberliegenden Muskeln in der Lage sein, schnell und leicht zu entspannen und sich zu verlängern.

•••

Trainiere immer in guter Form.

Entspannung im Sport hängt von der Entwicklung des geistigen Gleichgewichtes und von der Kontrolle der Emotionen ab. Ein entspannter Sportler verbraucht geistige und körperliche Energie *konstruktiv*, setzt diese um, wenn sie nicht zur Lösung des Problems beiträgt, und verbraucht sie unbegrenzt, wenn sie doch zur Lösung des Problems beiträgt. Dies bedeutet nicht, dass er nachlässig ist und sich langsam bewegt und denkt. Genauswenig bedeutet es, dass er unsorgfältig oder gleichgültig ist. Die gewünschte Entspannung ist nicht so sehr *Entspannung des Geistes oder Erschlaffung der Aufmerksamkeit, sondern Muskelentspannung.*

•••

Die durch richtige Mechanik der Form eingesparte Energie kann gebraucht werden, um länger mit einer Handlung fortzufahren oder diese kräftiger auszuführen.

•••

Der ältere Athlet sieht Form als ein Mittel, um Energie zu sparen, und der Topathlet spart Energie, da seine außergewöhnliche Fähigkeit dafür sorgt, dass jede Bewegung effektiver ist – er macht weniger unnötige Bewegungen, und sein trainierter Körper verbraucht per Bewegung weniger Energie.

•••

Trainiere immer in guter Form. Lerne, dich einfach und geschmeidig zu bewegen. Beginn dein Workout mit Schattenboxen, um die Muskeln zu lösen. Konzentriere dich erst auf die gute Form; arbeite später härter.

•••

Vollständige Beherrschung der richtigen Grundtechniken und ihren progressiven Anwendungen bildet das Geheimnis eines Topkämpfers.

•••

In den meisten Fällen muss die gleiche Taktik für jede Bewegung auch für die andere Körperseite trainiert werden, um eine ausgewogene Wirksamkeit zu erzielen. Jedoch ist die wichtigste Überlegung bei der Entwicklung von Form dafür zu sorgen, dass keine fundamentalen mechanischen Prinzipien missachtet werden.

Ökonomisch bewegen

Es gibt nur eine beste Art, eine Aufgabe auszuführen. Einige der Prinzipien, die sich zur Verbesserung der Leistung als wichtig herausstellten, sind:

1. Das Moment gebrauchen, um Widerstand zu überwinden.
2. Das Moment muss zu einem Minimum beschränkt werden, wenn es durch Muskelentspannung ausgelöst wird.
3. Ununterbrochene, *runde Bewegungen* erfordern weniger Anstrengung als rechtlinige Bewegungen, die plötzlich und scharf die Richtung verändern.
4. Wenn die initiierenden Muskeln keinen Widerstand erfahren und freie, geschmeidige Bewegung möglich wird, sind die Bewegungen schneller, einfacher auszuführen und genauer als eingeschränkte oder kontrollierte Bewegungen.
5. Ausgeglichene Arbeit in Richtung auf einen leichten und natürlichen Rhythmus ist für eine geschmeidige und automatische Ausführung förderlich.
6. Verzögerung oder die zeitliche und oft geringe Unterbrechung einer Bewegung muss aus der Handlung eliminiert werden.

•••

Es ist erlaubt, deinen Stil zu verändern, um ihn an verschiedene Umstände anzupassen, aber denk daran, dass du deine Basisform nicht veränderst. Mit der Veränderung des Stils meine ich das Wechseln deines Angriffsplanes.

•••

Gute Form kann definiert werden als die spezielle Technik, die es jemandem ermöglicht, maximale Effizienz während der Handlung zu erzielen.

•••

Gleichgewicht ist auch essentiell für gute Form. Ob du nun einen Tritt oder Schlag ausführst, du wirst keine langandauernde Kraft haben, es sei denn, dass dein Gleichgewicht und perfektes Timing dir ausreichende Hebelwirkung geben.

•••

Merke dir vor allem dies: Wenn du zu angespannt bist, verlierst du Flexibilität und Timing, die so wichtig sind für erfolgreiche Kämpfer. Übe darum täglich bewusst ökonomische, neuromuskuläre Wahrnehmungsbewegungen und bleibe immer entspannt.

> **Gleichgewicht ist auch essentiell für gute Form.**

VISUELLE WAHRNEHMUNG

Das Erlernen von schnellem, *visuellem Erfassen* bildet die Grundlage. Dein Training muss kurze, konzentrierte, tägliche Übungen im Schnellsehen umfassen (Bewusstseinsübungen).

•••

Hohe Niveaus von Wahrnehmungsschnelligkeit sind das Resultat von Lernen, nicht von Erblichkeit.

•••

Ein Junge, der eine lange Reaktionszeit oder geringe Schnelligkeit hat, kann dies durch schnelles Sehen ausgleichen.

•••

Die Schnelligkeit der Wahrnehmung wird ein wenig durch die Zersplitterung der Aufmerksamkeit des Beobachters beeinflusst – weniger einzelne Wahlmöglichkeiten, schnellere Aktion. Wenn das zu erkennende Signal wahrscheinlich eines unter vielen ist, wovon jedes eine andere Reaktion erfordert, dauert es länger. *Wahlreaktion nimmt mehr Zeit in Anspruch als einfache Reaktion.* Dies ist die

Grundlage zum Trainieren von Werkzeugen, um damit über eine *neurophysiologische Anpassung* zu *instinktiver Ökonomie zu gelangen*. Instinktive Bewegung, die einfachste, ist am schnellsten und am genauesten.

•••

Der Übergang von Wahlmöglichkeiten zur *Reflexkontrolle* tritt auf, wenn das Bewusstsein des Athleten von kleinen Details (mechanische Ausführung) auf größere und schließlich auf die ganze Aktion verlagert wird, ohne über jedes einzelne Teil nachzudenken.

•••

Die Angewohnheit, seine Aufmerksamkeit auf ein großes Gebiet zu verteilen, hilft dem Angreifer, schneller Öffnungen zu sehen.

•••

Für eine schnellstmögliche Wahrnehmung muss *die Aufmerksamkeit* auf die Fläche des wahrzunehmenden Gegenstandes maximiert werden (das bedeutet „Fertig zum Start" gibt Vorteil in Bezug auf einen Gegner, der diese „Fertig zum Start"-Vorbereitung nicht hat).

•••

Experimente deuten darauf, dass man schneller auf Audiosignale als auf visuelle Signale reagiert, wenn sie nahe bei einem Athleten vorkommen. Gebrauche, wenn möglich, Audio- und visuelle Signale. Bedenke aber, dass der Aufmerksamkeitsfocus auf *allgemeine Bewegung* eine schnellere Aktion hervorruft als wenn der Focus auf Hören oder Sehen des Signales liegt.

•••

Trainier dich selbst, um unnötige Wahlreaktionen zu begrenzen (reduzier dich auf ein natürliches Minimum), während du deinem Gegner eine Vielfalt an möglichen Reaktionen gibst.

•••

Ein guter Kämpfer probiert andauernd, seinen Gegner in die trägere Wahlreaktions-Situation zu zwingen.

Ein guter Kämpfer probiert andauernd, seinen Gegner in die trägere Wahlreaktions-Situation zu zwingen.

•••

Strategien zur Ablenkung der Aufmerksamkeit (verschiedene Täuschungsmanöver) dienen dazu, die Aufmerksamkeit des Gegners zu steuern. Sie sorgen dafür, dass er zögert, bevor er sicher ist von dem Signal, auf das er reagieren muss. Natürlich wird ein zusätzlicher Vorteil erzielt, wenn der Gegner dazu gebracht werden kann, eine einleitende Bewegung in einer „von dir gewählten Richtung" zu machen.

•••

Der angreifende Gegner, der nur von einer Seite schlagen oder treten kann, erlaubt dem defensiven Gegner die schnellere Aktion von einem einseitigen Aufmerksamkeitsfocus.

•••

Eine Person reagiert auf eine schnelle Bewegung in die Richtung seiner Augen durch instinktives Blinzeln. Derartiges instinktives Blinzeln muss in der Praxis kontrolliert werden, da der Gegner, wenn er sich davon bewusst ist, dass der Kämpfer seine Augen schließt, wenn er bedroht wird, diese Reaktion herauslocken kann und den Moment der Blindheit für einen Schlag oder Tritt gebrauchen kann.

•••

Zentrale Sicht bedeutet, dass Augen und Aufmerksamkeit auf einen Punkt gerichtet sind. Bei *Umgebungssicht* ist die Aufmerksamkeit auf ein größeres Gebiet verteilt, obwohl die Augen auf einen Punkt gerichtet sind. Bei der Zentralsicht kann man denken an scharfe und deutliche Sicht, während Umgebungssicht mehr gestreut ist.

•••

In einem Kampf muss ein Schüler lernen, seine Aufmerksamkeit durch den vollständigen Gebrauch seiner Umgebungssicht auf das ganze Gebiet zu verteilen.

QUALITÄTEN

> **ÜBUNG**
>
> Der Lehrer streckt seinen Zeigerfinger aus und lässt seinen Schüler sich auf seine Fingerspitze konzentrieren. Dann beginnt er damit, den Zeigefinger seiner anderen Hand im Gesichtsfeld des Schülers zu bewegen, und schreibt langsam Buchstaben und Nummern. Der Schüler muss in der Lage sein, seine Aufmerksamkeit genügend zu verteilen, ohne den Focus seiner Augen zu verändern.

•••

Das Gesichtsfeld wird durch Abstand vergrößert, und es wird verkleinert bei kürzerem Abstand. Auch ist es im Allgemeinen einfacher, der Fußarbeit des Gegners zu folgen als seinen Händen, da sich Füße relativ langsamer bewegen im Vergleich zu den sich schneller bewegenden Händen.

Das Gesichtsfeld wird durch Abstand vergrößert, und es wird verkleinert bei kürzerem Abstand.

SCHNELLIGKEIT

Arten von Schnelligkeit:

1. **Wahrnehmungsschnelligkeit.** Für das schnelle Sehen von Öffnungen in der Deckung und um den Gegner zu entmutigen, dadurch, dass er in Verwirrung gebracht und abgebremst wird;
2. **Geistige Schnelligkeit.** Schnelligkeit des Geistes, um die richtige Bewegung zu wählen, den Gegner zu frustrieren und zu counteren.
3. **Startschnelligkeit.** Ökonomisch beginnen aus der richtigen Haltung heraus und mit der richtigen mentalen Haltung.
4. **Ausübungsschnelligkeit.** Bewegungsschnelligkeit, um die gewählte Bewegungen auszuführen; es geht um echte Muskelkontraktionsschnelligkeit;
5. **Veränderungsschnelligkeit.** Die Fähigkeit, während der Bewegung die Richtung zu verändern; es geht um die Kontrolle deines Gleichgewichtes und der Trägheit (gebrauche den kleinen, phasischen Stand mit gebeugtem Knie.

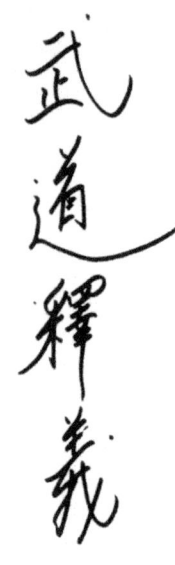

Gewünschte Eigenschaften, um Schnelligkeit zu fördern:
1. Beweglichkeit
2. Elastizität, Schwungkraft
3. Widerstandsfähigkeit gegen Übermüdung (d.h. Ausdauervermögen und körperliche Fitness)
4. Körperliche und geistige Wachsamkeit
5. Vorstellungsvermögen und Antizipation

Übungen, die die Fähigkeit und die Flexibilität sowohl von Hand- als auch Fußarbeit vergrößern, sind für den Kämpfer unentbehrlich. Viele Kämpfer sind sich nicht bewusst, wie sehr wirkliche Schnelligkeit von *ökonomischem bewegen* abhängt (d.h. gute Form und gute Koordination). Konstantes, mechanisches Drillen (üben der Bewegung) ist daher essentiell. Ebenso hilft ein gewisses Mass an *emotionalen Reizen*.

•••

Schattenboxen ist eine gute Geschicklichkeitsübung und auch eine Methode, um Schnelligkeit aufzubauen. Konzentrier dich auf die Sache! Stell dir vor, dass dein ärgster Feind, wenn du einen hast, vor dir steht, gehe und gib ihm alles, was du hast. Gebrauch dein Vorstellungsvermögen bis zum Äußersten; versuche, die Bewegungen, die dein imaginärer Gegner probieren wird zu gebrauchen, zu antizipieren, und versuche, deinen Geist auf einen echten Kampf einzustellen. Schattenboxen sorgt dafür, dass du bei Atem bleibst, gibt dir Schnelligkeit und Ideen und hilft, dass sich Boxbewegungen in den Geist einschärfen, griffbereit zum Gebrauch, wenn sie am notwendigsten sind.

•••

Totale Spannung und unnötige Muskelkontraktionen wirken bremsend, sie verringern die Schnelligkeit und vergeuden Energie.

Ökonomie von Form und Entspannen der Muskeln erhöht die Schnelligkeit. Eine der größten Anpassungen, die der Anfänger im Wettkampf machen muss, ist dies Überwindung der natürlichen Tendenz, alles zu sehr zu versuchen – sich zu beeilen, sich bis zum Äußersten anzustrengen, zu drängen und zu probieren, den Kampf in einem Mal explodieren zu lassen. Wenn sich der Athlet selbst zwingt, alles was er hat für die Bewegung zu geben, überschreiten seine geistigen Ansprüche seine körperlichen Kapazitäten. Das Resultat kann besser umschrieben werden als *allgemeine*, an Stelle von *spezifische Anspannung*. Totale Spannung und unnötige Muskelkontraktionen wirken *bremsend*, sie verringern die Schnelligkeit und vergeuden Energie. Der Körper leistet mehr, wenn der Athlet *es los lässt*, als wenn er versucht, seinen Körper zu schinden. Wenn der Athlet so hart rennt wie er kann, muss er nicht das Gefühl haben, dass er schneller rennen müsste.

•••

Grundlagen für größere Schnelligkeit:
1. Vorheriges *Aufwärmen*, um Viskosität zu verringern, Elastizität und Flexibilität zu erhöhen, und den Körper auf ein höheres physiologisches Tempo einzustellen (Herzschlag, Blutzirkulation und Blutdruck, Anpassung der Atmung).
2. Vorbereitende *Muskelspannung* und teilweise Kontraktion
3. Ein geeigneter Stand
4. Der richtige *Aufmerksamkeitsfocus*
5. Die Reduktion der Anzahl empfangener Reize zwecks *schneller Wahrnehmung* und die Reduktion der Anzahl daraus resultierender Bewegungen zwecks der Gewohnheit, schnell zu reagieren und zu handeln.

•••

Nachdem in einer Wurf- oder ellipsenförmigen Schlagbewegung durch einen großen Radius und einen großen Bogen *das Kraftmoment* im Schwung erzeugt worden ist, kann die Schnelligkeit vergrößert werden, ohne extra Kraft zu gebrauchen dadurch, dass *der Radius des Bogens* plötzlich *verkürzt* wird. Dieser Effekt ist wahrnehmbar beim „Einziehen" in der letzten Phase des Bogens beim Hammerwurf, beim rückwärtigen Stoß gegen das vordere Bein des Schlägers beim Baseball etc. Das Knallen eines Handtuches oder einer Peitsche sind bekannte Beispiele des gleichen „verkürzten Hebel"-Prinzips.

QUALITÄTEN

•••

Die peitschenartige Aktion oder die einer aufgerollten Springfeder ähnelnden Aktion des menschlichen Körpers in seinem Schlag- (Wurf-) Bewegungsmuster ist ein bemerkenswertes Phänomen. Die Bewegung des Körpers kann mit dem Schubs der Zehen beginnen, weitergehen mit dem Strecken der Knie und des Oberkörpers, daran wird die Schulterdrehung zugefügt, und auch der Schwung mit dem Oberarm, und der Höhepunkt wird erreicht in einem Schlag mit Unterarm, Handgelenk und Fingern. *Das Timing ist so, dass jedes Segment seine Schnelligkeit an die des anderen zufügt.* Das verkürzte Hebel-Prinzip wird gebraucht, um viele der speziellen Schnelligkeiten dieses Abrollens oder Peitschens zu betonen. Die Rotation jedes Segmentes um seinen spezifischen Gewichtsdrehpunkt wird mit hoher Schnelligkeit ausgeführt für dieses spezielle Teil, aber die Schnelligkeit jedes Segmentes wird enorm vergrößert, da es sich um einen Drehpunkt dreht, das schon enorm beschleunigt ist.

•••

Beim Werfen eines Balles sind alle aufeinandergestapelten Schnelligkeiten des Körpers im Ellenbogen anwesend, wenn der Unterarm über seinen schnell bewegenden Ellenbogen-Drehpunkt klappt. Viele der Abstandswürfe oder gebogenen Schläge illustrieren diese Schnelligkeitsprinzipien. Man „schlägt nicht mit den Füssen", jedoch wird das Kraftmoment von den Füssen aus gestartet.

•••

Ein wichtiger Aspekt dieser mehrfachen Beschleunigungsaktion ist jede Segmentbewegung so spät wie möglich einzuleiten, um den vollständigen Vorteil aus der Spitzenbeschleunigung seines Drehpunktes zu erzielen. Der Arm wird so weit nach hinten gehalten, dass die Armmuskeln, die daran ziehen, angespannt und getreckt werden. Der letzte Schlag mit dem Handgelenk wird bis zum letzten Moment vor dem Loslassen verzögert, oder beim Schlagen, bevor Kontakt stattfindet. Beim American Football gibt das Knie oder der Fuß des Schlagmannes eine letzte *Beschleunigung* in dem Moment oder eine Fraktion, nachdem er den Ball berührt hat. Es ist diese Beschleunigung *im letzten Moment*, die gemeint ist mit „Block through the man" in American Football, oder „*Punch* through the man" beim Boxen. *Das Prinzip ist, die maximale Beschleunigung bis zum letzten Moment der Berührung zu bewahren.* Die letzte Phase einer Bewegung muss die schnellste sein, unabhängig von dem Abstand. Das Handhaben dieser zunehmenden Beschleunigung ist vernünftig, solange es Kontakt gibt. Dieses Konzept wird aber manchmal verwechselt mit der Idee einer vollständigen, ungebremsten Bewegung von Körperträgheit, nachdem kein Kontakt mehr besteht. Das letzte Prinzip ist nur vernünftig, wenn eine derartige, entspannte Vollendung nicht mit der Schnelligkeit der folgenden Handlung interferiert.

Oft zählt nicht, wie schnell es geht, sondern, wie schnell es ankommt.

•••

Schnelligkeit ist ein komplexer Aspekt. Es umfasst *Erkennungs- und Reaktionszeit.* Je komplexer die Situation ist, auf die jemand reagiert, desto langsamer wird er wahrscheinlich sein Also sind Täuschungsmanöver effektiv.

•••

Der Athlet kann seine Schnelligkeit dadurch vergrößern, dass er *richtiges Bewusstsein* (Aufmerksamkeitsfocus) lernt und durch *geeignete Vorbereitungsstellungen.* Die Schnelligkeit, mit der er seine Muskeln zusammenziehen kann, ist ein wichtiger Aspekt seiner relativen Schnelligkeit.

•••

Bestimmte körperliche Prinzipen bestimmen die Schnelligkeit: verkürzter Radius für schnellere Aktion, größerer Bogen, um ein größeres Kraftmoment zu schaffen, Zentrieren des Gewichtes für Schnelligkeit bei Drehung, und das Vergrößern der Schnelligkeit durch aufeinanderfolgende, jedoch überlappende Bewegungen. Die Frage, die der individuelle Athlet beantworten muss, ist, welche Art Schnelligkeit am geeignetsten ist für seine spezielle Arbeitsweise.

•••

Oft zählt nicht, wie schnell es geht, sondern, wie schnell es ankommt.

TIMING

Schnelligkeit und Timing ergänzen sich, und wenn ein Schlag gemacht wird, wird Schnelligkeit den größten Teil seiner Effektivität verlieren, wenn der Schlag nicht gut getimt ist.

REAKTIONSZEIT
Reaktionszeit ist die Zeit zwischen einem Stimulus und der Reaktion.

•••

Sie lässt sich auf zweierlei Arten genauer definieren:
1. Die Zeit, die verstreicht ab dem Auftreten des Stimulus oder Signal, worauf gehandelt werden muss, bis zum *Beginn* der Muskelbewegung.
2. Die Zeit ab dem Erscheinen des Stimulus bis zur *Ausführung* einer einzelnen Muskelkontraktion.

•••

Beide Definitionen umfassen die Zeit, die nötig ist um wahrzunehmen. Wenn die Wahrnehmung etwas einfaches ist, so wie das Hören eines Schusses oder das Sehen einer Fahne, die fällt, ist die Menge möglicher Verbesserungen von Wahrnehmungsschnelligkeit geringer. Die Techniken von *vorbereitenden Bewegungen* können verbessert werden, so dass die Reaktionszeit verkürzt wird. Das Richten *der Aufmerksamkeit (Bewusstsein)* auf die Bewegung kann die Reaktionszeit verkürzen. Der letzte Faktor unter der zweiten Definition ist Muskelkontraktionsschnelligkeit.

•••

Bewegungen können verbessert werden, so dass die Reaktionszeit verkürzt wird.

Die gesamte Reaktion besteht aus drei Elementen:
1. Die Zeit, die der Stimulus benötigt, um den Empfänger zu erreichen (z. B.: audio, visuell, taktil, etc.).
2. Plus die Zeit, die die Nerven benötigen, um den Impuls über die richtigen Nervenbahnen zu den richtigen Muskeln zu schicken.
3. Plus die Zeit, die die Muskeln benötigen, um in Aktion zu treten, nachdem sie den Impuls empfangen haben.

•••

Reaktionszeit wird verlängert unter folgenden Umständen:
1. Nicht trainiert in irgendeinem System
2. Ermüdung
3. Zerstreutheit
4. Geistig durcheinander sein (z. B. Wut, Angst, etc.)

•••

Die Reaktionszeit des Gegners wird verlängert:
1. direkt, nachdem er eine Technik ausgeführt hat.
2. wenn mehrere Reize kombiniert werden.
3. wenn er einatmet.
4. wenn er seine Energie zurückzieht (umfasst Haltung).
5. wenn seine Aufmerksamkeit oder Sicht verkehrt gerichtet sind.
6. Im Allgemeinen, wenn er körperlich oder geistig aus dem Gleichgewicht ist.

Allgemeine Reaktionszeit wird durch Aufwärmen, physiologische Kondition und ein Maß an Motivation beeinflusst.

QUALITÄTEN

BEWEGUNGSZEIT

Bewegungszeit kann mit Fechtzeit verglichen werden. Eine Periode der Fechtzeit *(temps d'escrime)* ist die Zeit, die ein Fechter benötigt, um eine einzelne Fechtbewegung auszuführen. Solch eine einzelne Fechtbewegung kann eine einzelne Armbewegung oder ein Schritt nach vorne sein.

•••

Die benötigte Zeit für eine einzelne Bewegung wird variieren, gemäß der Schnelligkeit des individuellen Fechters.

•••

Das Ausführen eines unerwarteten Angriffs oder das Wegziehen der Klinge, wenn der Gegner gerade dabei ist, damit in Kontakt zu kommen, sind Beispiele für Aktionen, die *in Bewegungszeit* ausgeführt werden.

•••

Es ist nicht nötig, eine Aktion in Bewegungszeit mit einer schnellen oder heftigen Bewegung auszuführen. Eine Bewegung, die ohne deutliche Vorbereitung aus der Ruhe gestartet wird und die *mühelos, ohne Zögern*, verläuft, kann so unerwartet sein, dass es ihr gelingt, den Gegner zu treffen, bevor er es durchschaut hat.

•••

Sorge dafür, dass der Gegner Bewegungszeit verliert:

1. dadurch, dass du ihn festsetzt, um seinen Rhythmus zu stören.

2. dadurch, dass du ihn zurückhältst und ihn kontrollierst (Immobilisation)

3. dadurch, dass du während der ersten Hälfte deines Angriffs eine frühzeitige Reaktion herauslockst.

4. dadurch, dass du seine Bewegung ablenkst und ihn triffst.

•••

Eine Aktion, auch wenn sie technisch perfekt ist, kann durch störende Schläge des Gegners behindert werden. Daher ist es absolut notwendig, den Angriff genau im richtigen psychologischen oder körperlichen Moment zu starten, wenn der Gegner nicht verhindern kann, dass er getroffen wird.

•••

Timing ist die Fähigkeit, den richtigen Moment zu erkennen und die Gelegenheit für eine Aktion zu gebrauchen. Timing kann analysiert werden anhand körperlicher, physiologischer und psychologischer Aspekte.

•••

1. Ein Schlag kann gemacht werden, wenn der Gegner seine Bewegungen vorbereitet oder gerade wenn er sich gerade bewegen will.

2. Ein Schlag kann treffen, wenn der Gegner gerade eine Bewegung macht.

3. Ein Schlag kann treffen in den sich ständig ändernden, cyclischen Spannungsmomenten.

4. Ein Schlag kann gemacht werden, wenn der Gegner nicht aufpasst, wenn seine Konzentration vermindert ist.

Dieser perfekte Moment kann instinktiv ergriffen oder bewusst herausgelockt werden. Ein guter Kämpfer muss seine Chance anzugreifen eher fühlen als wahrnehmen.

> **Die benötigte Zeit für eine einzelne Bewegung wird variieren, gemäß der Schnelligkeit des individuellen Fechters.**

> **ÜBUNGEN ZUM TIMING:**
> 1. Übe das Halten des richtigen Abstandes
> 2. Greife an, wenn dein Gegner die Position verändert oder seine Waffe zurückzieht
> 3. Übe den *ausweichenden Schlag*, einen einfachen Angriff in Bewegungszeit, wenn der Gegner probiert, Kontakt aufzunehmen. Der ausweichende Schlag muss geübt werden gegen einfache, halbkreisende oder kreisende Angriffe.

•••

Strebe danach, schnell zu schlagen, und opfere Schnelligkeit nicht für Kraft. Ein gewaltiger Tritt und ein kräftiger Schlag hängen von zwei Faktoren ab: (a) Hebelwirkung, (b) Timing. Timing ist ein integraler Bestandteil der Hebelwirkung, aber anders herum ist das nicht so. Man braucht weder Kraft noch Gewicht, um hart schlagen zu können. *Das Geheimnis vom kräftigen Schlagen liegt im Timing des Schlages.*

•••

Timing des Schlages beim Boxen ist die Kunst, deinen Gegner dann zu treffen, wenn er nach vorne kommt, oder wenn er vielleicht dazu verleitet wird, nach vorne zu kommen. Ein guter Kämpfer scheint seinen Gegner zu durchschauen und ergreift, jedes Mal wenn es möglich ist, die Initiative und beeinflusst die Reaktion seines Gegners. Dann werden seine Reaktionen *zielbewusst und ohne Zögern* ausgeführt. *Das erfordert Selbstvertrauen und niemand – ich wiederhole, niemand – kann wirklich kräftige Schläge machen mit Hilfe von perfektem Timing, es sei denn, er hat vollständiges Vertrauen in sein eigenes Können.*

BROKEN RHYTHM

Gewöhnlich können zwei Kämpfer mit den gleichen Fähigkeiten den gegenseitigen Bewegungen folgen und, wenn es keinen beträchtlichen Unterschied in der Schnelligkeit gibt, ist es wahrscheinlich, dass sie in eine Sackgasse geraten. Angreifende und verteidigende Bewegungen funktionieren beinahe rhythmisch zusammen. Sie haben eine Relation von Ursache und Folge, die dafür sorgt, dass das richtige Timing von jeder Bewegung abhängig ist von der vorherigen Bewegung. Obwohl es einen leichten Vorteil gibt, wenn die Initiative für den Angriff ergriffen wird, muss der Angriff auch unterstützt werden durch ausgezeichnete Schnelligkeit, um erfolgreich treffen zu können. Wenn der Rhythmus wirklich gebrochen wird, ist Schnelligkeit nicht länger das Hauptelement für den Erfolg des Angriffs oder counterattack des Kämpfers, der den Rhythmus gebrochen hat. Wenn der Rhythmus ganz starr ist, besteht die Neigung, in der Folge von Bewegungen fortzufahren. Mit anderen Worten, jeder Kämpfer ist *„motorisch programmiert"*, um die Serie fortzusetzen. Der Kämpfer, der den Rhythmus durch eine leichte Zögerung oder eine unerwartete Bewegung brechen kann, kann jetzt einen Angriff oder *counterattack* mit mäßiger Schnelligkeit ausführen; sein Gegner ist motorisch bereit, um in dem vorherigen Rhythmus fortzufahren, und bevor er sich an die Veränderung anpassen kann, ist er schon getroffen. Das ist der Grund, warum der Schlag während einer Bewegungszeit meistens ein schöner Schlag ist, da dieser sein Opfer unerwartet zu treffen scheint.

•••

Timing muss erfahren und beherrscht werden als ein psychologisches Problem, selbst mehr noch als ein Kampfproblem, da das Brechen des Rhythmus abhängig ist von der Tatsache, dass *das Opfer für einen Bruchteil einer Sekunde weitermacht in der Serie der Bewegungen, die plötzlich unterbrochen ist.*

•••

Wenn der Rhythmus ganz starr ist, besteht die Neigung, in der Folge von Bewegungen fortzufahren.

QUALITÄTEN

Manchmal umfasst Timing Angriffe mit vielen drohenden Bewegungen (Scheinangriffe). *Wenn der Verteidiger diesen Rhythmus akzeptiert* und diese verschiedenen Drohungen probiert abzuwehren, wird eine kleine Verzögerung den Rhythmus brechen und den geeigneten Moment schaffen, um den letzten Angriff zu platzieren. In andern Fällen, wenn der Gegner gerade nach vorne kommt oder selbst drohende Bewegungen ausführt, gelingt es dir vielleicht, den Rhythmus dadurch zu brechen, dass du erst scheinbar reagierst, so wie er das erwartet, und dann plötzlich einen *counterattack* machst, wenn er denkt, dass du seinem Täuschungsmanöver folgst. Du musst treffen, denn er ist bereit, um mit seinen Drohungen weiterzumachen, und kann sich selbst nicht mehr anpassen an die Notwendigkeit, sich zu wehren bis zu dem Zeitpunkt, bis du ihn getroffen beginnst, nachdem dein Gegner seinen Angriff gestartet hat. Timing wird also eine Angelegenheit von Vorteil erzielen aus der kurzen Zwischenzeit, bevor er sich selbst wieder anpasst, um eine parry machen kann.

· · ·

One- and -a-half beat: Von jedem Angriff, der mitten in der Bewegung des Gegners ausgeführt wird, wird gesagt, dass er beim *half-beat* ausgeführt wird. Wenn der Kämpfer den Rhythmus seines Gegners einschläfert indem er eine „volle-Takt-Bewegung" verursacht oder ausführt, kann er den „Trancezustand abbrechen", indem er auf den *half-beat* zuschlägt. Diese Methode von *broken rhythm* wird den Gegner oft überfallen, wenn er geistlich und körperlich aus dem Gleichgewicht ist und sich nicht verteidigen kann.

> *The broken rhythm way :—* not to move against but to lead within one's aura
>
> { proper posture is a matter of effective within organization }
>
> 1). First of all you must have a "sensitively cool" aura
>
> 2). Your footwork must be light and smooth —— extremely fast
>
> 3). to have opponent fully commit and out of form
>
> 4). to have the "½ beat" to fit in harmoniously either to :—
>   a). attack on ungarded mass without momentum
>   b). to merge and gap into a single functioning unit
>   1). to throw 2). to un-cripple
>
> 5). to co-ordinate all power to attack his weakness [the body is soft while the tools are powerful]
>   momentum is muscular force
>   a stiff and inflexible body is not dynamic and fail to communicate impetus to opponent's body

Von jedem Angriff, der mitten in der Bewegung des Gegners ausgeführt wird, wird gesagt, dass er beim half-beat ausgeführt wird.

RHYTHMUS

Schnelligkeit, *die so geregelt wird, dass sie sich der des Gegners anpasst*, wird als „*Rhythmus*" bezeichnet. Es ist der spezifische Rhythmus, mit dem ein Ablauf von Bewegungen ausgeführt wird. Gut eingeschätzter Rhythmus macht die ruhige Beherrschung von jedem Schlag möglich. Dies ermöglicht dem Kämpfer, die angreifenden und verteidigenden Bewegungen, die zu einem Treffer führen werden, einfacher zu selektieren.

•••

Merke dir, dass der *Verteidigung ausgewichen werden muss um zu treffen*. Durch außergewöhnliche Schnelligkeit können die *parries* des Gegners überlistet werden. Der Angreifer „hat sich selbst dann abgewehrt".

•••

Idealerweise muss der Kämpfer probieren, seinen Rhythmus dem Gegner aufzuzwingen. Dies kann er erreichen, in dem er *absichtlich den Rhythmus seiner eigenen Bewegungen verändert*. Er kann z. B. absichtlich einen bestimmten Rhythmus in seinem Täuschungsmanöver während eines *compound attacks* zustande bringen, bis der Verteidiger verleitet wird, diesem Rhythmus zu folgen.

•••

Dadurch, dass er schneller ist als sein Gegner, kann der Kämpfer ihn führen. Mit anderen Worten, der Gegner muss andauernd versuchen, dabei zu bleiben. Wenn du, was Schnelligkeit betrifft, genug Spielraum hast, ist es möglich, diesen Vorteil zu bewahren. Dies hat einen Effekt auf die Moral des Gegners, der merkt, dass er dem Willen seines Gegners unterworfen ist, was den wichtigen Faktor der Schnelligkeit betrifft. Es bleibt nicht aus, dass sein Vertrauen gebrochen wird.

•••

Die Vorbereitung durch eine Reihe von Scheinangriffen und Täuschungsmanöver, ausgeführt im normalen Rhythmus, hat den Effekt, den Gegner zu beschwichtigen und ihm ein unechtes Gefühl von Bereitschaft zu geben. Er stellt dann seine Reaktionen ganz auf diesen Rhythmus ein, der anders ist als der Rhythmus, der für den Angriff selbst gebraucht werden wird. Dann werden Bewegungen für den finalen Angriff *plötzlich beschleunigt*, und er bleibt wahrscheinlich zurück.

•••

Eine Rhythmusveränderung, die sehr effektiv ist, ist *das Verzögern* anstelle von Beschleunigen der letzten Aktion eines *compound attacks* oder *riposte*. Diese Rhythmusverzögerung kann man sich vorstellen wie einen Schlag, der eingesetzt wird, dann nicht weiter ausgeführt wird, der dann fortgesetzt wird, wenn der Gegner die bedrohte Linie für einen andere Linie verlässt, in der Hoffnung, die Hand des Gegners zu treffen.

•••

Schnelligkeit, *im richtigen Moment* angewendet, zusammen mit einem korrekt beurteilten Rhythmus in der Ausführung einer Bewegung, trägt viel zum Erfolg eines Schlages bei.

TEMPO

Der Erfolg einer angreifenden oder verteidigenden Bewegung hängt davon ab, ob wir diese im richtigen Moment ausführen. Wir müssen unseren Gegner *überraschen* und den Moment seiner *Machtlosigkeit* ergreifen.

•••

Das *kleine Zeitfragment* (ein Schlag in einem Rhythmus), das am meisten geeignet ist, um effektive Aktion zu verwirklichen, wird „*Tempo*" genannt.

•••

Die besten Momente um anzugreifen sind, aus *psychologischer Sicht*, das Moment der Überraschung und, aus *körperlicher Sicht*, das Moment der Machtlosigkeit. Dies ist die wirkliche Idee von Tempo – *das richtige psychologische und körperliche Moment von Schwäche in einem Gegner auszuwählen*.

•••

Es gibt auch Chancen beim Tempo, wenn der Gegner eine bewusste Bewegung macht, d.h. wenn er nach vorne kommt, zum Angriff einlädt, einen *bind* macht etc. In solchen und ähnlichen Fällen ist der Moment zum Angriff, *wenn er seine Bewegungen ausführt, da er seine Bewegungen nicht verändern kann, bis er sie zu Ende ausgeführt hat.*

•••

Jede Aktion auf dem Höhepunkt der Kampfkunst ist *Tempo*, aber pass auf, dass der Gegner dich nicht in die Irre führt, in dem er dir unechte Chancen im Tempo gibt.

•••

Greife an, wenn dein Gegner *in Gedanken versunken* ist, wenn *seinen* Angriff vorbereitet, wenn er nach vorne kommt, wenn er keinen Kontakt macht, wenn er ein *engagement* ausführt, oder eine Veränderung durchführt von oben genannten. Dies erfordert eine andauernde Konzentration und Wachsamkeit.

•••

Betrachte die Konzentration deines Gegners wie eine Grafik und *greife an in den Tälern in dem Moment, in dem er unentschlossen ist.*

•••

Die Wahl des Augenblickes ist der wichtigste Faktor, um einen erfolgreichen Angriff zu landen. Entwickele es. Selbst perfekte Technik und ausgezeichnete Schnelligkeit werden scheitern, wenn der Angriff „nicht rechtzeitig" lanciert wird.

•••

Das „wie" ist wichtig, aber um erfolgreich zu sein, sind das „warum" und das „wann" notwendig.

STOP-HIT

Wenn der Abstand groß ist, benötigt der Angreifer einige Vorbereitung. Greife ihn daher an, wenn er seinen Angriff vorbereitet.

•••

Ein *stop-hit* ist ein getimter Schlag, ausgeführt gegen einen Gegner in dem Moment, in dem er angreift. Dieser Schlag *antizipiert, fängt* die letzte Angriffslinie *ab* und wird so ausgeführt, dass derjenige, der den Schlag macht, dadurch gedeckt ist, dass er auf einer Linie hinter dem Schlag ist, oder er wird durch anfüllende Deckung geschützt. Um erfolgreich zu sein, muss der Schlag antizipiert werden, genau getimt und genau platziert sein.

•••

Im Wesentlichen stoppt der *stop-hit* den Gegner in der Entwicklung seines Angriffs. Der *stop-hit* kann direkt oder indirekt sein. Er kann eingesetzt werden, wenn er nach vorne tritt, um zu treten oder zu schlagen, wenn er gerade ein Täuschungsmanöver macht, oder zwischen zwei Bewegungen einer komplizierten Kombination.

•••

Stop-hit
1. Wenn der Gegner sich bereit macht, um nach vorne zu kommen.
2. Um seinen Angriff zu stoppen, während sein Arm noch gebogen ist.
3. Wenn der Gegner ein sehr weites Täuschungsmanöver macht, seine Deckung aufgibt.
4. Gegen einen Angriff mit weiten, schlecht gezielten Handbewegungen.
5. Vor dem Anwenden der Immobilization (durch Gebrauch eines direkten oder indirekten *stop-hit*).
6. Auf das erste Täuschungsmanöver aus der on-guard Position heraus, vor einem Vorstoß mit einem echten Angriff.

•••

Das „wie" ist wichtig, aber um erfolgreich zu sein, sind das „warum" und das „wann" notwendig.

Der *stop-hit* ist eine ausgezeichnete Art, um sich gegen den Gegner zu verteidigen (vor allem gegen seine vorgeschobenen Körperteile und ungedeckte Linien), der wild angreift ohne für ausreichende Deckung zu sorgen oder gegen jemanden, der einfach zu nahe heran kommt.

•••

Die richtige Einschätzung von *Zeit* und *Abstand* ist essentiell, um einen effektiven *stop-hit* zu machen. Obwohl der *stop-hit* gewöhnlich mit einem geraden Schlag oder Tritt gemacht wird, kann er auch Bestandteil eines *disengagement* oder *counter-disengagement* sein, oder er kann während des Duckens und Ausweichens gemacht werden.

•••

Manchmal muss man für das Ausführen des *stop-hits* den Körper etwas wegdrehen, um die Hand des Gegners zu beherrschen.

•••

Manchmal muss man für den *stop-hit* einen Schritt nach vorne treten, um vor den Punkt zu kommen, worauf der Gegner fokussiert ist. Darum ist es zumindest zu empfehlen, sich nach vorne zu lehnen, als ob man dem Gegner entgegen kommt.

•••

Ein *stop-hit* ist öfter nützlich und erfolgreich gegen Angriffe, die mit einem Schritt nach vorne eingeleitet werden, wobei der Zeitraum für Erfolg grösser ist als bei Angriffen, die nicht mit einem Schritt eingeleitet werden. Wir können daher sagen, dass im Allgemeinen der *stop-hit* der Schlag ist, der ausgewählt wird, um mit der *Schrittvorbereitung* umzugehen.

•••

Man muss so trainieren, dass man jederzeit bereit ist, im Laufe jeder Bewegung einer Phase einen *stop-hit* ausführen zu können. Die erfolgreiche Einführung des *stop-hit* ermöglicht nicht nur viele gezielte Schläge, sondern hat auch einen zerstörenden Effekt auf die Moral eines kräftigen Gegners voll Selbstvertrauen. Trainiere, um den *stop-hit* mit großer *Schnelligkeit* und großer *Genauigkeit* aus verschiedenen Winkeln zu machen.

COUNTER-TIME

Es ist sehr unvernünftig anzugreifen, ohne vorher die Bewegungszeit des Gegners oder die Position seiner Hand unter Kontrolle bekommen zu haben. Ein schlauer Kämpfer benutzt also geduldig und systematisch jedes Mittel, das ihm zu Verfügung steht, um den *stop-hit* herauszulocken. Dies bringt die Hand oder das Bein seines Gegners innerhalb seines Bereiches und gibt ihm die Gelegenheit, die Kontrolle darüber zu erlangen.

•••

Der *second-intention attack* oder „*counter-time*" ist eine *vorausbedachte* Bewegung, die im Allgemeinen gegen einen Kämpfer benutzt wird, der die Angewohnheit entwickelt hat, andauernd *stop-hits* zu machen oder der angreift während des Angriffes; d.h. jemand, der angreift, sobald sein Gegner auch nur eine angreifende Bewegung macht.

•••

Counter-time ist die Strategie, wodurch ein Gegner angespornt oder gezwungen wird, mit *Tempo* anzugreifen mit dem Ziel, *counter-time* einzusetzen, oder sonst von der Hand des Gegners Besitz zu ergreifen oder diese loszumachen und einen Gegenangriff oder *riposte* auszuführen. Es liegt nicht so sehr im Herauslocken des *stop-hits* als im richtigen Timen der *parry*, die diesen *stop-hit* ablenkt. Die Reaktionsschnelligkeit des Gegners muss bestimmt und sein Rhythmus muss beurteilt werden.

•••

Der Abstand muss korrekt eingeschätzt werden, um die Gefahr getroffen zu werden auf ein Minimum zu reduzieren, während man innerhalb der Reichweite des Gegners ist, um die letzte Bewegung der *counter-time*-Serie (*riposte*) zu landen.

Man muss so trainieren, dass man jederzeit bereit ist, im Laufe jeder Bewegung einer Phase einen stop-hit ausführen zu können.

•••

Der Erfolg einer *counter-time*-Bewegung hängt zum großen Teil ab vom Verbergen der wahren Absichten und von dem Erfolg, womit der Gegner verleitet wird, seinen *stop-hit* mit Überzeugung zu machen, so dass er wenig Gelegenheit hat, sich zu erholen, wenn dieser abgewehrt wird, bevor die *riposte* landet.

•••

Der stop-hit kann auf verschiedene Arten herausgelockt werden:
1. Durch Einladen (einfach Ziele freilegen)
2. Durch absichtlich ungedeckte Täuschungsmanöver
3. Durch Scheinangriffe mit einem halben Ausfallschritt oder dadurch, dass man einfach nach vorne geht

•••

Es ist vernünftig, um eine *riposte* mit Widerstand auszuführen indem man den *stop-hit* oder abwechselnde Waffen des Gegners festsetzt, oder indem man angreift auf eine ausweichende Art und Weise (d.h. aus verschiedenen Körperpositionen heraus oder durch Gebrauch von anderen Angriffen außer direkten Angriffen).

•••

Pass auf, wenn er absichtlich einen *stop-hit* als Täuschungsmanöver macht, denn er wird die *riposte* abwehren und punkten mit einer *counter-riposte*. (Er könnte dich dazu bringen, *counter-time* zu gebrauchen durch einen deutlichen Vorzug für *stop-hits* zu zeigen).

•••

Angriffe und *riposte*, wie gut auch geplant und ausgeführt, werden im Allgemeinen misslingen, es sei denn, sie werden im richtigen Moment (timing) und mit der richtigen Schnelligkeit (Rhythmus) ausgeführt. Ein einfaches Beispiel für den richtigen Moment wird durch einen *disengagement* Angriff gezeigt. Aus der normalen on-guard Position kann diese abgewehrt werden durch eine Seitwärtsbewegung der Hand, die einen Zentimeter bewegt, während die Hand des Angreifers beinah einen Meter zurücklegen muss, um das Ziel zu treffen. Unter diesen Umständen muss der schnellste Angriff abgewehrt werden durch eine ruhige, langsame, verteidigende Bewegung. Diese Ungleichheit in Zeit wird vergrößert werden, wenn der Angriff auf die Seite des Zieles gerichtet ist, wohin die Hand des Verteidigers schon bewegt, um die Linie zu schließen.

•••

Es ist deutlich, dass der Angriff so getimt werden sollte, dass er sich auf einen Teil des Zieles zubewegt, von dem aus sich die Hand des Gegners bewegt. Das heißt, dass man eher in eine sich öffnende Linie hineingehen sollte als in eine sich schließende. So hat man die besten Chancen, den Nachteil von Zeit und Abstand auszugleichen, dem ein Angriff immer unterworfen ist.

•••

Der Moment, *in dem der Gegner einen Angriff vorbereitet*, ist auch ausgezeichnet, um einen Angriff zu machen. Seine Absicht und seine Handbewegungen werden dann zeitlich mehr auf den Angriff als auf die Verteidigung gerichtet sein.

•••

Ein Angriff während der Vorbereitung ist oft effektiv gegen einen Gegner, der besonders genau auf Abstand bleibt und der schwer zu treffen ist, da er bei jedem Angriff sofort außer Reichweite geht. Der Angriff kann gemacht werden, nachdem der Gegner in die Reichweite gelockt und dazu verleitet wurde, einen kleinen Schritt zurückzunehmen, wenn er einen Angriff vorbereitet.

•••

Ein Angriff während der Vorbereitung darf nicht mit einem Angriff während des Angriffs verwechselt werden. Erstgenannter wird während der Vorbereitung gemacht und *bevor* der Angriff des Gegners beginnt, während der Angriff während des Angriffs eigentlich eine gegen-angreifende

> **Der Erfolg einer counter-time-Bewegung hängt zum großen Teil ab vom Verbergen der wahren Absichten.**

Bewegung ist. Eine sehr genaue Abstandswahl und ein sorgfältiges Timing sind erforderlich, wenn der Angriff während der Vorbereitung gemacht wird, um schneller zu sein als der Angriff des Gegners.

EINSTELLUNG

Wenn der Athlet vor dem Wettkampf steht, bestimmt sein Gemütszustand, wieviel überschüssige Spannung er in den Wettkampf mitbringen wird. Der Athlet, der nicht an überschüssiger Spannung leidet in Erwartung seiner Ausführung, ist typischerweise selbstsicher. Er hat, was normalerweise „*eine gewinnende Haltung*" genannt wird. Er sieht sich selbst als Meister über die athletische Situation, in die er sich versetzt sieht. Für viele Athleten ist Meister sein eine Frage von „psychologischer Notwendigkeit". Genährt durch vorige Erfolge und durch die Auseinandersetzung mit vorigen Niederlagen fühlt er sich selbst wie ein Riese unter Zwergen.

•••

Wenn der Wettkampf sich nähert, fühlt der Athlet sich oft unwohl (Schmetterlinge in seinem Bauch), er fühlt sich übel und kann sich übergeben; sein Herz pocht, er kann Kreuzschmerzen fühlen. Der erfahrene Athlet sieht ein, dass diese Gefühle *keine innerliche Schwäche* sind, sondern *innerlicher Überschuss*. Diese Symptome weisen auf eine *Bereitschaft zu intensiver Aktivität* hin. Eigentlich ist der Athlet, der vor dem Wettkampf ein Gefühl von Euphorie zeigt, wahrscheinlich in einem schlechten Zustand von Bereitschaft. Viele Athleten nennen es „*Adrenalinburger*", ein Zustand beeinflusst durch die Aktivität des Nebennierenmarks, verstärkt durch den prickeligen Effekt der Wettkampfsituation.

•••

Wenn ein Kämpfer nicht lernt, seine Emotionen zu beherrschen, werden kritische Momente im Kampf, wenn die emotionale Spannung am größten ist, zu verringerter Leistungsfähigkeit des Kämpfers führen. Plötzlich müssen seine Muskeln dann gegen seine eigenen, allzu angespannten antagonistischen Muskeln arbeiten. Er wird steif und ungeschickt in seinen Bewegungen. Setzt dich verschiedenen Umständen aus und lerne.

•••

Erfahrung lehrt, dass ein Athlet, der sich selbst zwingt, bis zum Äußersten zu gehen, solange wie nötig weitermachen kann. Das bedeutet, dass normale Anspannung den gewaltigen Vorrat an Reservekraft, die im menschlichen Körper schlummert, nicht angebrochen oder freigesetzt wird. Außergewöhnliche Anspannung, Umstände, die sehr emotional sind, oder wirkliche Entschlossenheit, um um jeden Preis zu gewinnen, werden diese zusätzliche Energie freisetzen. Darum ist ein Athlet eigentlich genau so müde wie er sich fühlt, und wenn er festentschlossen ist zu gewinnen, kann er beinah für unbestimmte Zeit weitermachen, um sein Ziel zu erreichen. Die Einstellung von „du kannst gewinnen, wenn du es nur ernst genug willst" bedeutet, dass der Wille zu gewinnen konstant ist. Keine noch so große Bestrafung, keine noch so große Anspannung, kein Zustand ist zu „schwierig", um zu gewinnen. Solch eine Einstellung kann nur entwickelt werden, wenn Gewinnen eng verbunden ist mit den Idealen und Träumen des Sportlers.

•••

Ein Sportler muss lernen, zu jeder Zeit Topschnelligkeit zu leisten. Er kann nicht gelassen bleiben mit der Idee, dass er „beschleunigen kann", wenn der Moment da ist. Der echte Wettkampfteilnehmer ist die Person, die andauernd alles gibt, was sie in sich hat. Das Resultat ist, dass er die ganze Zeit auf der Spitze seines Könnens arbeitet, und dadurch eine *Haltung* annimmt, alles zu geben was er hat. Um so eine Haltung zu bekommen, muss der Sportler länger, härter und schneller angespornt werden, als es normalerweise erforderlich wäre.

Der Athlet, der nicht an überschüssiger Spannung leidet in Erwartung seiner Ausführung, ist typischerweise selbstsicher.

QUALITÄTEN

Gebrauche Einstellung, um die folgendes herzustellen:

1. Mit sehr leichter Bewegung ausweichen (aber nicht passiv!!)

2. Vernichtende Angriffe

3. Schnelligkeit

4. Natürliche Dynamik

5. Täuschung und Ungreifbarkeit

6. Beharrlichkeit und Direktheit

7. Völlige Leichtigkeit

Erfahrung lehrt, dass ein Athlet, der sich selbst zwingt, bis zum Äußersten zu gehen, solange wie nötig weitermachen kann.

WAFFEN

*Bevor ich die Kunst studierte,
war für mich ein Schlag einfach ein Schlag,
ein Tritt einfach ein Tritt.
Nachdem ich die Kunst studiert hatte,
war ein Schlag kein Schlag mehr,
ein Tritt kein Tritt mehr. Jetzt,
wo ich die Kunst verstehe,
ist ein Schlag einfach ein Schlag,
ein Tritt einfach ein Tritt.*

WAFFENGRUNDLAGEN

Verglichen mit der übermäßigen beschützenden Haltung der östlichen Kampfsportarten, als Folge von „alles zum Körper hin ist erlaubt", ist westliches Boxen zu übermütig als Folge der Einschränkungen in Bezug auf nicht erlaubte, „unehrliche" Taktiken. Außerdem erzeugt die Angewohnheit, keinen Kontakt zu machen und ein paar Zentimeter vor dem Ziel zu stoppen, bei den östlichen Kampfsportarten ein falsches Abstandsgefühl, woran der Kämpfer sich gewöhnt. Durch diese inszenierte Handlung vor einem sich bewegenden Ziel, an Stelle der getimten Explosion auf ein sich bewegendes Ziel, entsteht Nachlässigkeit beim Üben der Ausweichtechniken. Diese Taktiken bilden einen wichtigen Teil einer aggressiven Kunst, wie z.b. Boxen. *Slipping, dukking, weaving* sind alles Arten aggressiver Verteidigung, bei der der Körper jedoch nicht außer Reichweite gebracht wird.

•••

Bei realistischen Kämpfen müssen wir die praktischen Elemente von beiden obengenannten Taktiken Form geben. Wir müssen Abstand als ein Mittel zum Schützen gebrauchen; auch müssen wir die ausweichenden Taktiken des Nahkampfes benutzen. Keine von beiden alleine ist verlässlich genug, um Erfolg beim Kämpfen zu erzielen.

•••

Ausweichtaktiken in Kombination mit Bestrafung können bei Kämpfen angewandt werden, bei denen alles erlaubt ist während des letzten ausgebreiteten Einsatzes des Gegners und während der Intervalle zwischen zwei progressiven Anspannungen in deine Richtung. Diese Taktiken dienen, dem Gegner die Initiative zu nehmen oder Anlass zum *grappling* zu geben.

•••

Beim Boxen ist der Leitsatz richtig, dass ein guter Angriff die beste Verteidigung bildet. Ein guter Angriff besteht aus Angriffen mit dem *lead*, aus *Täuschungsmanövern* und aus *counters*, unterstützt durch Beweglichkeit, Druck und strategische Einsicht.

•••

Ein guter Boxer ist in der Lage, mit blitzschnellen Angriffen mit dem *lead* schneller zu sein als sein Gegner, und lockt mit Täuschungsmanövern die *counters* seines Gegners auf solch eine Art heraus, dass die *counters* fehlschlagen. Das Vorbeitreffen des Gegners sorgt dafür, dass er aus der Position gelangt und ein einfaches Ziel bietet für den *counter* des Boxers, der den ersten Angriff gestartet hat.

•••

Das Vermögen, einen Gegner zu überlisten und geschickter zu manövrieren als dieser, bildet die Fähigkeit und Wissenschaft des Boxens. Um dieses Vermögen zu besitzen, muss man schlagen (und treten) und die verschiedenen Arten von Schlägen (und Tritte), die es gibt, verstehen, und auch, wann und wo jede Art am besten eingesetzt wird. Man muss Schlag- kombinationen (und/oder Trittkombinationen) entwickeln, die gut funktionieren. Als Ergebnis langen Übens muss man in der Lage sein, sein vollständiges Gewicht und seine vollständige Kraft in den Schlag (und Tritt) zu legen. Man muss automatisch den richtigen Schlag im richtigen Moment ausführen.

•••

Wenn du Schlagen (und Treten) zu etwas Automatischem entwickelt hast, wird es blitzschnell werden, und dein Geist wird frei sein, den Kampf zu planen, wenn dieser voranschreitet und neue Situationen sich ergeben. Du kannst dieses Niveau von Entwicklung nur erreichen, wenn du das nötige Training investiert hast. Die Trainingsanspannung ist das Wertvollste, das Boxen zu bieten hat.

•••

Die Elemente des Angriffs werden alle gebraucht, um den Angriff durch Strategie zu unterstützen, und sie erfordern Schnelligkeit, Täuschung, Timing und Einsicht. Sie sind die Geräte des Meisters, der sie zu einem perfektem Angriff formt.

•••

Beim Boxen ist der Leitsatz richtig, dass ein guter Angriff die beste Verteidigung bildet.

Vor allem der Angriff durch Täuschung ist der Angriff des Meisters. Der Top-Boxer verfügt über Techniken, die den Gegner aus dem Konzept bringen und durcheinanderbringen und dadurch viele Öffnungen schaffen. Er macht Täuschungsmanöver, wodurch sein Gegner in Schwierigkeiten gebracht wird. Er kombiniert Schlagen mit Täuschungsmanövern und macht das auf eine derartige Art und Weise, dass beide dasselbe zu sein scheinen. Er lockt seinen Gegner zu sich, *zwingt ab, was er auch will*. Dadurch, dass er verteidigend schlägt und sich klug bewegt, *hält er seinen Gegner aus dem Gleichgewicht*. Der Top-Boxer besitzt die Fähigkeit, nahe heranzukommen, und er versteht den Wert des Nahkampfes. Er hat *den Wechsel* so perfektioniert, dass er sowohl für den Angriff als auch für die Verteidigung gebraucht wird. Schließlich ist er der Meister des *counterattacks*, denn er weiß, *wann er angreifen muss* und *wann er einen Angriff erlauben* muss. Ein wissenschaftlicher Angriff ist also keine einfache Sache, sondern erfordert jahrelanges Studium und jahrelange Übung, um ihn erfolgreich anzuwenden.

•••

Im Angriffsprozess gibt es vier Basismethoden, die man oft gebrauchen wird: der Gebrauch der *leads*, Täuschungsmanöver machen, Herauslocken, und Nahkampf.

DER GEBRAUCH DER LEADS

Der Meister des Angriffs muss den Wert des *straight leads* kennen. Er muss wissen, welche Risiken mit jedem Angriff mit dem *lead* verhaftet sind. Er ist sich davon bewusst, dass es für jeden Angriff mit dem *lead* eine Öffnung gibt und für jede Öffnung einen *counter* und für jeden *counter* einen *parry* oder *counter-time*. Er versteht diese Dinge, aber er weiß auch, *wie* und *wann* er den Angriff mit dem *lead* ziemlich sicher gebraucht.

•••

Der Angriff mit dem *lead* und Decken mit der hinteren Hand, während man sich zur Seite bewegt, bewirkt, dass jede Öffnung, die normalerweise entsteht, wenn man einen *straight lead* ausführt, zu vernachlässigen ist.

TÄUSCHUNGSMANÖVER AUSFÜHREN

Der Gebrauch von Täuschungsmanövern ist bezeichnend für den Top-Kämpfer. Es erfordert den Gebrauch der Augen, der Hände, des Körpers und der Beine, in einem einzigen Versuch, den Gegner zu täuschen. Diese Bewegungen sind eigentlich Lockmittel, und wenn der Gegner versucht, seine Verteidigung anzupassen, erzielt der Experte einen Vorteil aus den von ihm kreierten Öffnungen. Täuschungsmanöver werden auch gebraucht, um dahinter zu kommen, welche Reaktionen des Gegners auf jede Bewegung folgen werden.

•••

Täuschungsmanöver bilden nur zeitliche Öffnungen. Um daraus einen Vorteil zu erzielen, sind unmittelbare, reflexartige Aktionen notwendig oder Vorkenntnis davon, welche Öffnungen durch bestimmte Täuschungsmanöver gebildet werden. Durch Übung wird diese Kenntnis als anwesend vorausgesetzt, denn nur durch das wirkliche Üben von vielen Täuschungsmanövern gegen viele verschiedene Arten von Gegnern kann ein allgemeines Reaktionsschema bestimmt werden. Wenn durch ein bestimmtes Täuschungsmanöver eine Öffnung gebildet worden ist, darf diese Öffnung nicht benutzt werden, bis ein sauberer, sicherer Schlag erfolgt ist. Ein guter Kämpfer weiß vorher, welche Öffnungen er kreiert, wenn er ein Täuschungsmanöver macht, und er macht dadurch von diesem Wissen Gebrauch, dass er, bevor die Öffnung beinahe entstanden ist, seine Aktion fortsetzt. Wenn zwei Kämpfer, die gleich schnell, kräftig und fähig sind, miteinander kämpfen, wird derjenige, der die Täuschungsmanöver beherrscht, gewinnen.

•••

Die essentiellen Elemente beim Ausführen von Täuschungsmanöver sind: *Schnelligkeit, Wechsel, Täuschung* und *Präzision*, gefolgt von sauberen, kräftigen Schlägen. Täuschungsmanöver, die zu oft auf die gleiche Art gebraucht werden, werden dem Gegner erlauben, sie für einen *counterattack* zu timen, wodurch sie ihr eigentliches Ziel verfehlen.

•••

Täuschungsmanöver gegen unfähige Kämpfer sind nicht so notwendig wie gegen fähige Kämpfer. Man muss viele verschiedene Kombinationen von Täuschungsmanövern üben, bis die Bewegungen natürlich geworden sind.

HERAUSLOCKEN DES GEGNERS

Das Herauslocken des Gegners ist eng verbunden mit dem Ausführen von Täuschungsmanövern. Während bei der Ausführung von Täuschungsmanövern eine Öffnung erzeugt wird, wird beim Herauslocken ein Teil des Körpers ungedeckt gelassen, so dass ein Gegner einen bestimmten Schlag machen wird. Hierdurch entsteht die Gelegenheit, einen spezifischen *counterattack* zu gebrauchen.

•••

Täuschungsmanöver Machen ist nur ein Teil des Herauslockens. *Herauslocken gelingt mit Strategiemethoden oder dadurch, dass man nahe an den Gegner herankommt, oder dadurch, dass man Nähe erzwingt.* In der Lage zu sein, um nach vorne zu gehen, während man scheinbar leicht angreifbar ist, jedoch bereit sein, um einen *counterattack* zu machen, wenn man erfolgreich ist, ist ein Stadium von Kämpfen, das nur wenige jemals erreichen werden. Viele Kämpfer weigern sich anzugreifen. Dann wird es sehr wichtig in der Lage zu sein, einen Angriff mit dem *lead* herauszulocken oder zu forcieren.

IN DEN NAHKAMPF GEHEN

Dies ist die Kunst des Kämpfens mit kurzem Abstand. Es erfordert nicht nur die Fähigkeit, dicht heranzukommen, sondern auch da zu bleiben. Um nahe heranzukommen, ist es notwendig, zu *slippen*, *bob and weaves* zu machen, herauszulocken und Täuschungsmanöver zu machen.

Kleine Person gegen große Person

Halte deine Hände hoch, die Ellenbogen nah am Körper. *Bob and weave*, bewege von der einen Seite zur anderen. Taxiere die Angriffe mit dem *lead* deines Gegners – sorge dafür, dass er nicht trifft, und *komm an der Innenseite* seiner Schläge durch ducking, slipping, Täuschungsmanöver, oder „kleben bleiben" mit kontrollierenden Händen. Eine kurze linke Gerade wird eher das

Täuschungsmanöver Machen ist nur ein Teil des Herauslockens.

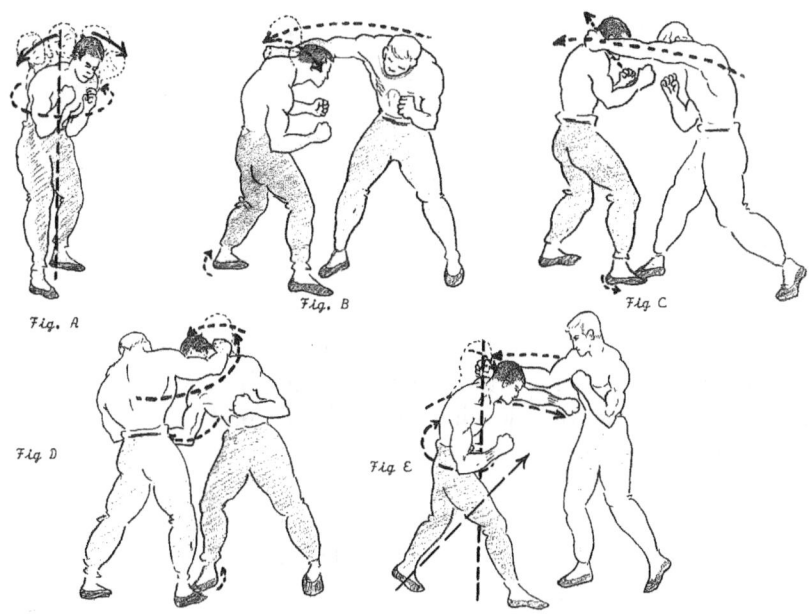

Fig. A Fig. B Fig. C

Fig. D Fig. E

gewünschte Resultat liefern als ein harter, vorher angekündigter Schlag. Die Gelegenheit ist meistens nur für den Bruchteil einer Sekunde vorhanden – daher lieber die kurze, schnelle Linke als die zirkelförmige, harte Linke.

•••

Profitier davon, wenn ein Kämpfer seinen Arm fallen lässt, nachdem er einen hook punch gemacht oder ihn zu weit gemacht hat. Du musst einen harten geraden Schlag mit links machen, sobald er seine rechte Schulter senkt oder der weite hook punch eingesetzt wird.

Der linke Überkopfschlag wird von kleineren Kämpfern gegen größere gebraucht. Er geht in einer runden Überkopfbewegung in die Richtung des Kopfes des Gegners. Die Bewegung muss von der Schulter aus eingesetzt werden. Wechsel den Schlag ab mit einem *palm stroke* nach innen.

Profitier davon, wenn ein Kämpfer seinen Arm fallen lässt, nachdem er einen hook punch gemacht oder ihn zu weit gemacht hat.

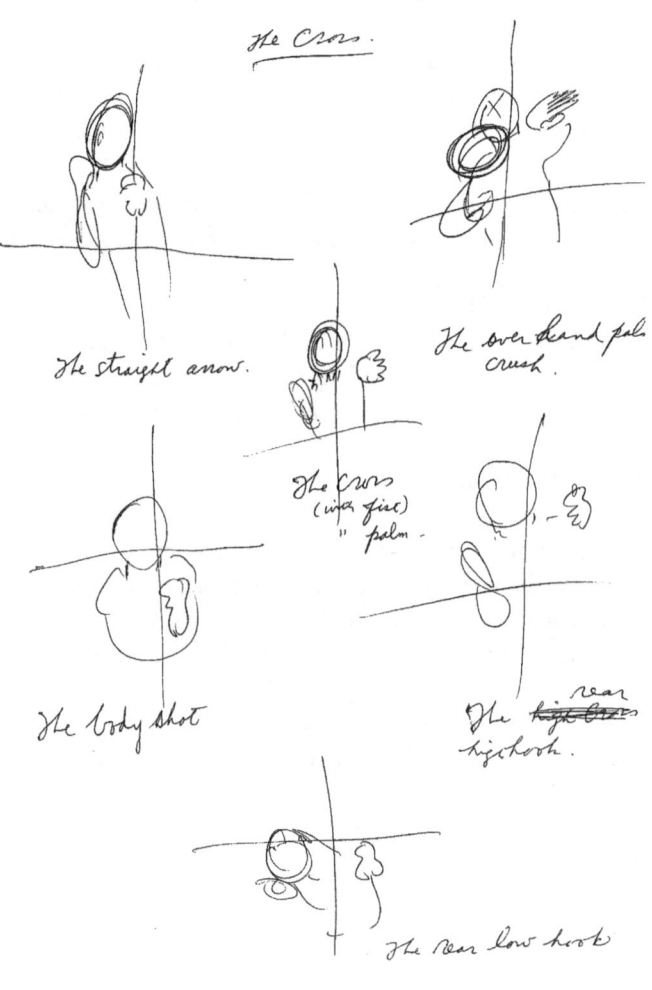

•••

Probiere immer, ein Ziel (Körper oder Kopf), das sich im mittleren Abstand befindet, mit rechten Schlägen zu treffen und dabei einen Schritt nach vorne zu machen. Aber wenn dein Gegner die rechten Schläge blockiert, ausweicht, oder einen *counterattack* macht, kannst du Zuflucht suchen in *hook punch* Angriffen für den mittleren Abstand.

•••

Wegen der vielen Variablen ist Kämpfen ein genaues Spiel. Es muss deutlich sein, dass jeder Schlag sorgfältig und geduldig vorbereitet werden muss. Im Allgemeinen ist es katastrophal, einen Wettkampf mit einem festen Plan zu beginnen. Bleibe aktiv bewusst und immer flexibel.

EINZELNE WAFFEN DES JEET KUNE DO

HANDTECHNIKEN

A. FINGER JAB MIT DEM LEAD

| 1. Finger jab mit langer Reichweite (hoch, Mitte, tief) | 2. Finger jab mit kurzer Reichweite – der Schubs | 3. Corkscrew finger fan |

B. STRAIGHT LEAD UND JAB

| 1. Hoher straight lead
2. Straight lead zum Bauch (zum Körper)
3. Tiefer straight lead | 4. Straight lead, wobei der Körper etwas schräg nach rechts gehalten wird
5. Straight lead, wobei der | Körper etwas schräg nach links gehalten wird
6. Doppelter straight lead |

C. HOOK PUNCH MIT DEM LEAD

| 1. Hoher hook punch mit dem lead
2. Hook punch mit dem lead zum Bauch | 3. Tiefer hook punch mit dem lead
4. Angespannt
5. Locker
6. Nach oben (shovel) | 7. Horizontal
8. Nach vorne und nach unten (corkscrew)
9. Palm hook |

Wegen der vielen Variablen ist Kämpfen ein genaues Spiel.

D. REAR CROSS

| 1. Hoher rear cross
2. Rear cross zum Bauch
3. Tiefer rear cross | 4. Überkopfschlag nach unten (corkscrew hook punch oder palm hook) | 5. Schlag nach oben zwischen die Beine |

E. BACKFIST

| 1. Hohe backfist
2. Backfist zum Bauch
3. Tiefe backfist | 4. Vertikale backfist (nach oben, nach unten) | 5. Mit gestrecktem Arm (große backfist) |

F. QUARTER SWING (VERKÜRZTER BOGEN)

| 1. Mit palm
2. Mit der Rückseite der Faust | 3. Quarter swing mit der hinteren Hand | 4. Mit finger fan |

G. UPPERCUT

| 1. Hoher uppercut
2. Uppercut zum Bauch | 3. Tiefer uppercut (Bolo zwischen die Beine) | 4. Schlag mit der medialen Seite der Hand zwischen die Beine |

TAO DES JEET KUNE DO

H. SPIN BLOW MIT DER HINTEREN HAND

| 1. Mit der Unterseite der Faust | 2. Mit dem Unterarm
3. Mit dem Ellenbogen | 4. Doppelter spin blow |

I. HAMMER BLOW

| 1. Linker hammer blow | 2. Rechter hammer blow | 3. Hammer blow nach unten |

ELLENBOGENTECHNIKEN

| 1. Ellenbogenschlag nach oben
2. Ellenbogenschlag nach unten | 3. Gedreht nach unten
4. Ellenbogenschlag nach hinten | 5. Ellenbogenschlag horizontal nach rechts
6. Ellenbogenschlag nach links |

BEINTECHNIKEN

Bleibe aktiv bewusst und immer flexibel.

A. SIDE KICK (HAUPTSÄCHLICH MIT DEM LEAD)

| 1. Side kick nach unten (Schienbein / Knie / Oberschenkel)
2. Side kick horizontal (Rippen, Magen, Nieren, etc)
3. Side kick nach oben
4. Hoher side kick, wobei man nach links oder nach rechts slipt (rechter lead zum Stand links vorne und andersherum)
5. Tiefer side kick, wobei man nach links oder nach rechts slipt
6. Slide-in drop side kick (nach oben gerichtet oder paralleler Tritt) | 7. Side kick zum Schienbein/Knie, nachdem man nach hinten getreten hat (counterattack)
8. Gesprungener side kick
9. Stop kick zum Schienbein/Knie mit dem hinteren Bein (mit dem Bogen des hinteren Fußes) |

B. STRAIGHT KICK MIT DEM LEAD

| 1. Tritt mit den Zehen (Angriff mit dem lead und counterattack in die Weichteile)
2. Hoher straight kick
3. Straight kick zum Bauch
4. Tiefer straight kick | 5. Straight kick, wobei man nach links oder nach rechts slipt
6. Nach oben gehender straight kick (zum Knie oder zum Handgelenk) | 7. Straight kick, nach dem man nach hinten getreten hat
8. Gesprungener straight kick
9. Cross stomp mit dem lead nach unten |

C. STRAIGHT KICK MIT DEM HINTEREN BEIN

1. Hoher straight kick mit dem hinteren Bein
2. Straight kick mit dem hinteren Bein zum Bauch
3. Tiefer straight kick mit dem hinteren Bein
4. Straight kick mit dem hinteren Bein, wobei man nach links oder nach rechts slipt (hoch, in der Mitte, tief)
5. Straight kick mit dem hinteren Bein, nach dem man nach hinten getreten hat
6. Cross stomp mit dem hinteren Bein

D. HOOK KICK

1. Hook kick mit dem lead (hoch, in der Mitte, tief)
2. Hook kick mit dem hinteren Bein (hoch, in der Mitte, tief)
3. Zweimal hook kick mit dem lead
4. Zweimal hook kick mit dem hinteren Bein
5. Doppelter, gesprungener hook kick
6. Hook kick, nach dem man nach hinten getreten hat
7. Vertikaler hook kick
8. Eingedrehter hook kick

E. SPIN BACK KICK

1. Hoher spin back kick
2. Spin back kick zum Bauch
3. Tiefer spin back kick
4. Spin back kick, nach dem man nach hinten getreten hat (counterattack)
5. Gesprungener spin back kick
6. Vertikaler spin back kick
7. Spin back wheel kick (360 Grad)

F. HOOKING HEEL KICK (MIT GESTRECKTEM ODER GEBOGENEM BEIN)

1. Hoher hooking heel kick
2. Hooking heel kick zum Bauch
3. Tiefer hooking heel kick
4. Zweimal hooking heel kick mit dem lead
5. Zweimal hooking heel kick mit dem hinteren Bein (mit dem hinteren Fuß)

G. KNEE THRUST

1. Aufwärtiger knee thrust mit dem lead
2. Knee thrust nach innen mit dem lead
3. Aufwärtiger knee thrust mit dem hinteren Bein (hinteres Knie)
4. Knee thrust nach innen mit dem hinteren Bein (hinteres Knie)

ETC.

A. HEAD BUTT

1. Head butt mit Vorstoß, nach vorne
2. Head butt mit Vorstoß, nach hinten
3. Head butt mit Vorstoß, nach rechts
4. Head butt mit Vorstoß, nach links

Probiere immer, ein Ziel (Körper oder Kopf), das sich im mittleren Abstand befindet, mit rechten Schlägen zu treffen.

TAO DES JEET KUNE DO

B. GRAPPLING

1. Ringen: Erwürgung Bein tackling Festhalten	2. Judo: Gelenkklemmen Erstickung, Timing von Hebelwirkung

C. GEISTIGE ENTWICKLUNG

1. Krishnamurti	2. Zen	3. Taoismus

D. TRAINING

1. Allgemein: Laufen, Flexibilität	2. Spezialisiert: boxen, treten, ringen	3. Kraft: Gewichte, spezielle Apparate

E. ERNÄHRUNG

1. Abbau – Aufbau	2. Muskeldiät

Viele Kämpfer weigern sich anzugreifen.

What is my counter for
(a) left stancer's right forward straight kick

(1) before, initial ; during — (a) those shit, over covering ground
(b) those shit are right

WAFFEN

LEFT STANCE

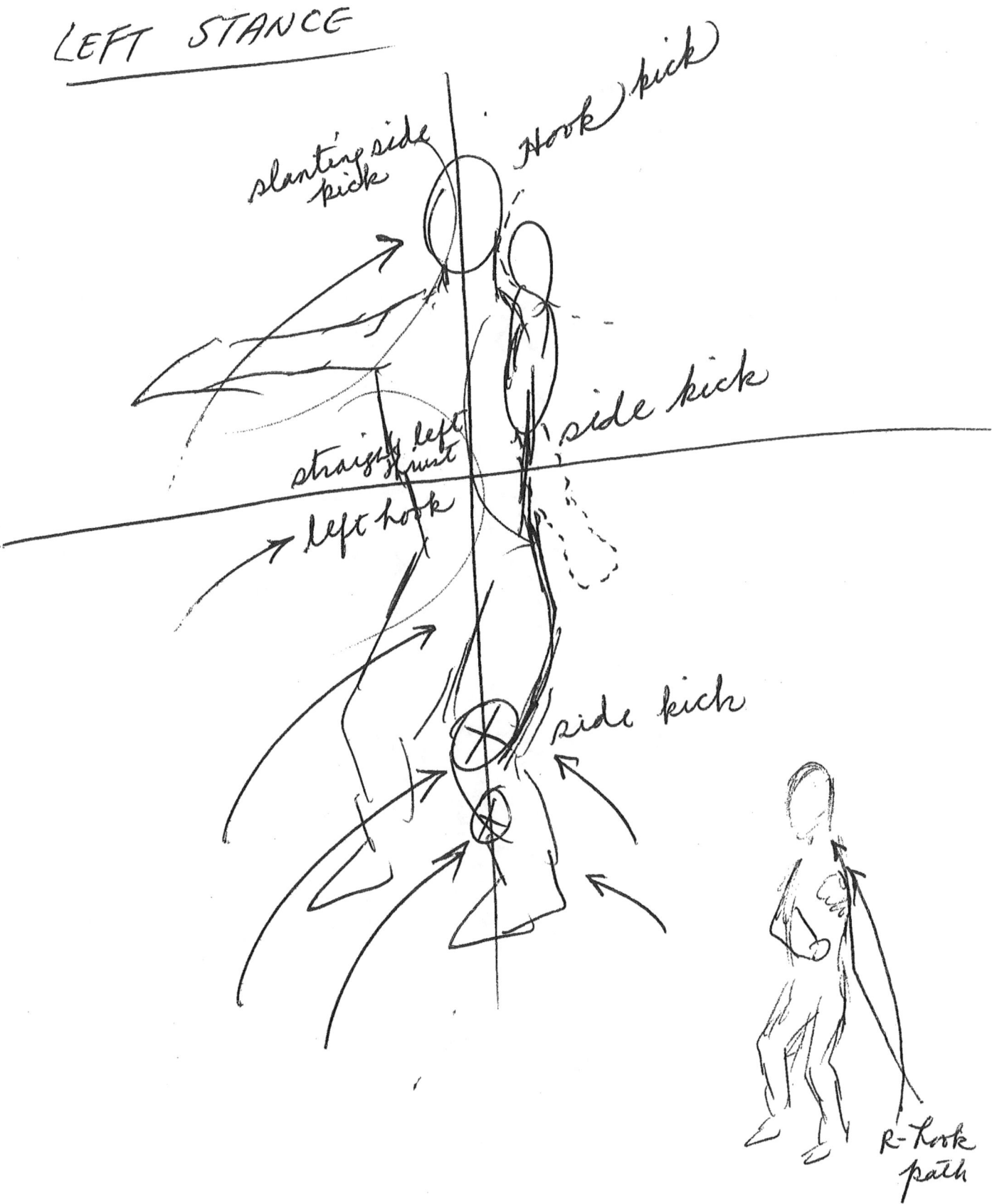

83

TAO DES JEET KUNE DO

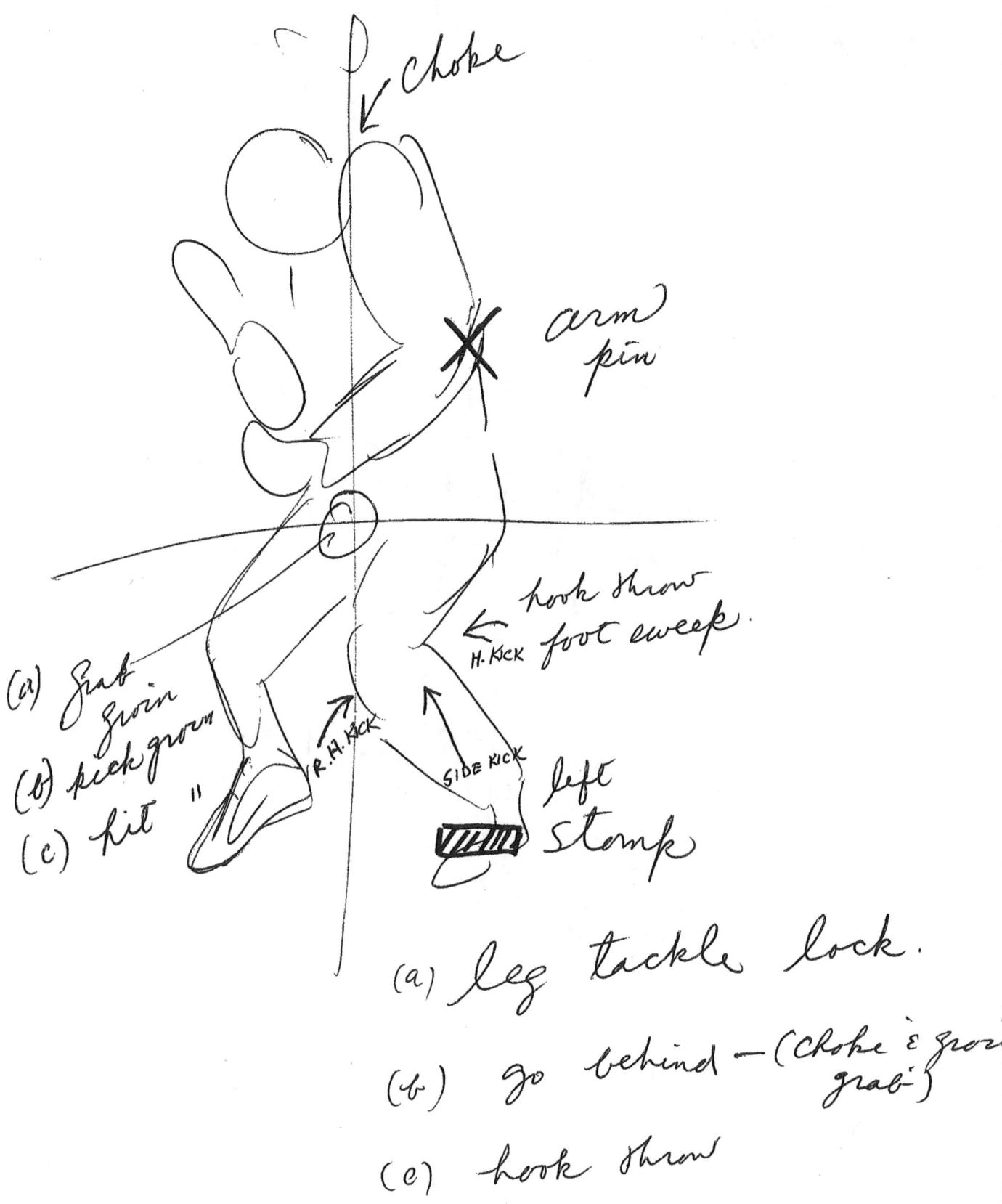

WAFFEN

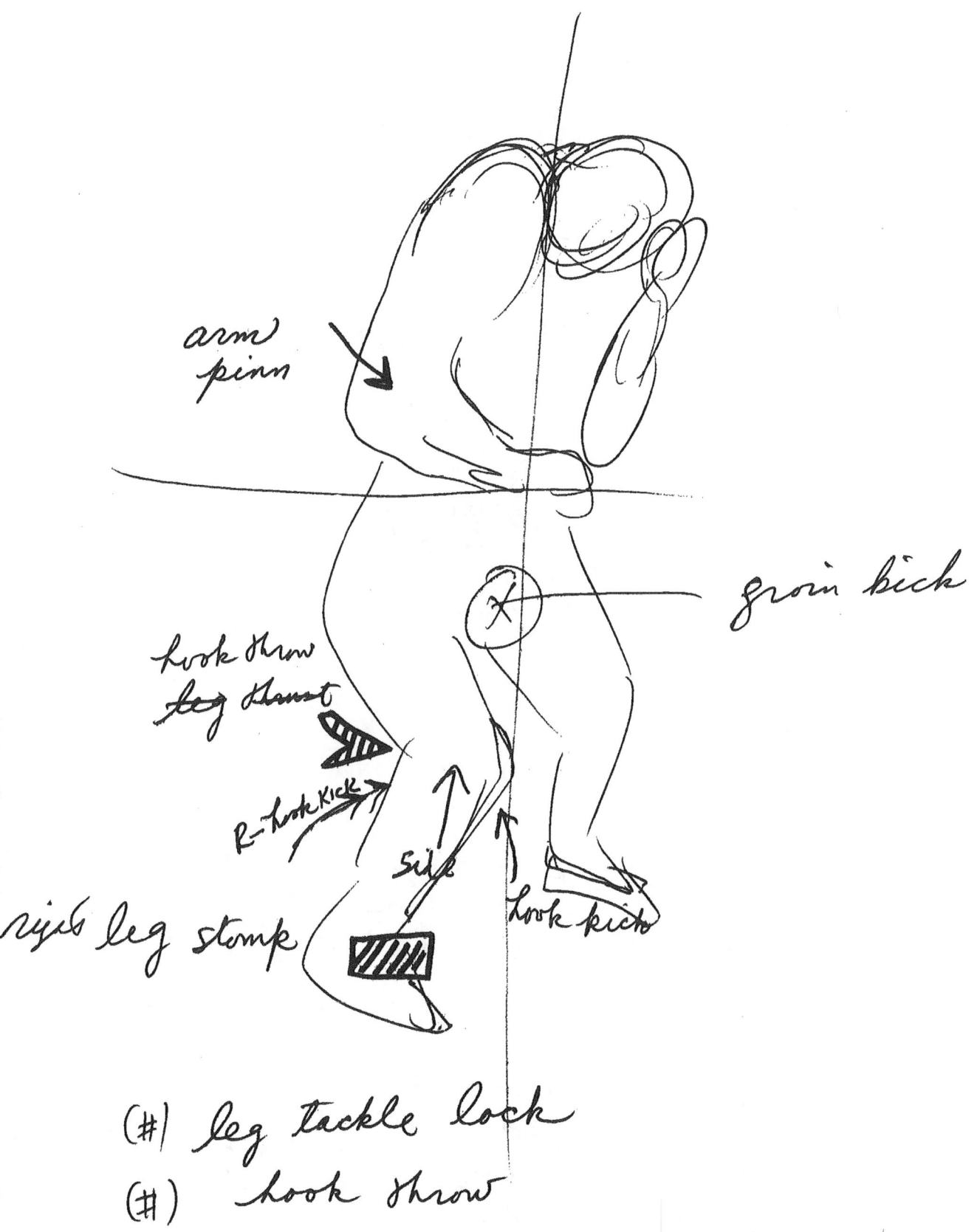

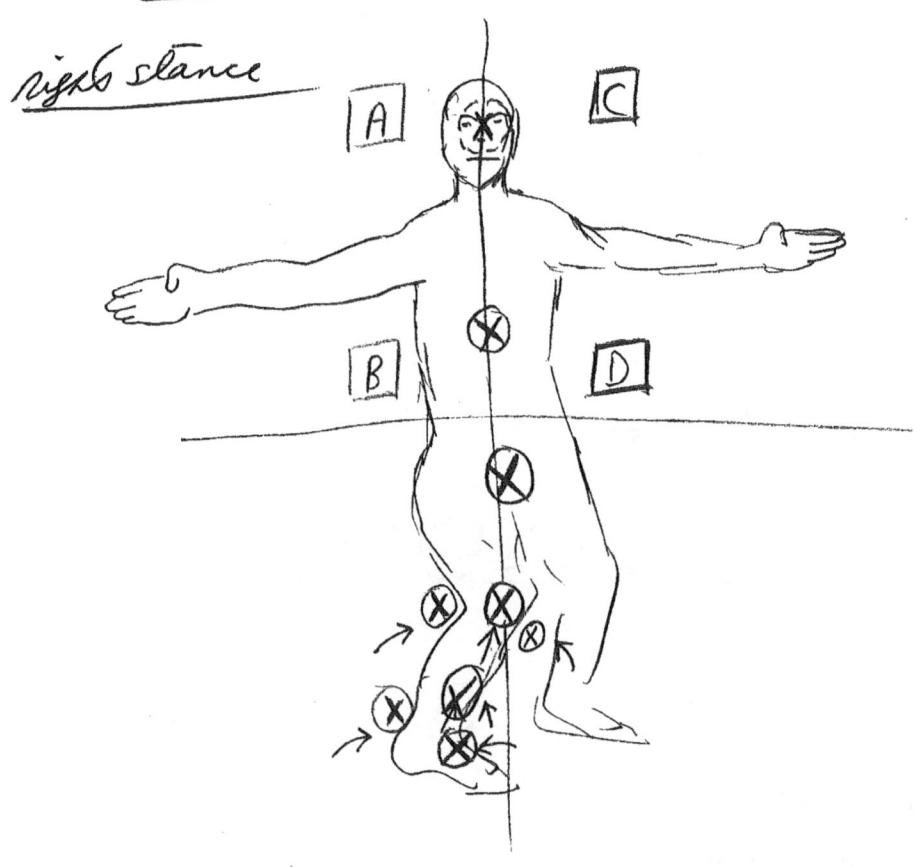

The direct attack

KICK :—
- A Ⓡ sweep kick
- B Ⓡ SIDE KICK
- Ⓧ (knee) — side kick
- Ⓧ (shin) — side kick
- Ⓧ (instep) — side kick or stomp kick
- Ⓧ Ⓧ (back of knee) - left foot sweep
  (heel)
- C Right hook kick
- D Right hook kick
- Ⓧ (face) — side kick or hook kick or spin kick
- Ⓧ (groin) — hook kick

SCHLAGEN

Im Jeet Kune Do schlägt man den Gegner niemals nur mit der Faust; man schlägt ihn mit dem ganzen Körper. Mit anderen Worten, man muss nicht nur mit Armkraft schlagen; die Arme dienen als Mittel, um große Kraft mit großer Schnelligkeit weiterzugeben mit dem richtigen Timing von Füßen, Hüften, Schultern und Handgelenkbewegung.

STRAIGHT LEAD

Der *straight lead* ist das Rückgrat von allen Schlägen beim Jeet Kune Do. Der Schlag wird sowohl als angreifende als auch als verteidigende Waffe benutzt, um den komplexen Angriff des Gegners augenblicklich zu „stoppen" und „abzufangen". Wenn man mit der rechten Seite nach vorne steht, werden dein rechter Schlag und dein rechtes Bein deine wichtigsten angreifenden Waffen, wegen ihrer vorgeschobenen Position. Mit dem rechten Fuß nach vorne ist deine rechte Hand viel dichter an deinem Gegner als deine linke Hand. Das Umgekehrte gilt für den Stand, bei dem du deinen linken Fuß vorne hast. Halte während des Kampfes deine starke Seite nach vorne.

•••

Der *straight lead* ist der schnellste aller Schläge. Dein Gleichgewicht wird nicht gestört und dadurch, dass du während der Ausführung des Schlages dich nur minimal bewegst, ist die Chance zu treffen grösser, da der Schlag direkt auf das Ziel geht. (Der Gegner hat weniger Zeit zu blocken). Auch ist der rechte Schlag genauer als andere Schläge.

Der straight lead ist der schnellste aller Schläge.

•••

Kein einziger Schlag, selbst nicht der effiziente *straight lead*, kann ein Ziel an sich sein, obwohl es Stile gibt, die nichts anderes als geradliniges Schlagen gebrauchen. Dieser Schlag wird als Mittel eingesetzt, um ein Ziel zu erreichen, und muss sicher verstärkt und unterstützt werden durch Schläge (und Tritte) aus anderen Winkeln, wodurch deine Waffen flexibler werden und du nicht eingeschränkt bist auf Angriffe auf einer einzigen Linie. Letztlich muss ein guter Kämpfer mit jeder Hand (oder jedem Bein) aus allen Winkeln zuschlagen können, um Vorteile aus dem Moment zu holen.

•••

Der *straight lead* wird anders ausgeführt als beim traditionellen Kung Fu. Erstens wird die Faust nie auf die Hüfte gesetzt, und auch startet diese nicht von dort. Diese Art, einen Schlag zu machen, ist unrealistisch und gibt zu viel Raum, den man verteidigen muss. Natürlich wird der Weg, der zurückgelegt werden muss um den Gegner zu treffen, auch unnötig verlängert.

•••

TAO DES JEET KUNE DO

Anstatt aus der Schulter zu kommen wird der Schlag aus der Körpermitte gemacht in der Form einer vertikalen Faust (Daumen nach oben), die mit der eigenen Nase in gerader Linie liegt. Die Nase bildet die Richtlinie für die Mitte. Die Faust wird einigermaßen *nach unten* gedreht, bevor der Schlag ausgeführt wird, und direkt wieder *nach oben gedreht im Moment des Treffens*, um einen *corkscrew* Effekt hinzuzufügen, wenn der Gegner getroffen wird.

•••

Es ist sehr wichtig, keine einzelne klassische „Fertig zum Start"-Haltung einzunehmen oder vorbereitende Bewegungen zu machen, bevor der rechte Schlag, oder welcher Schlag auch immer, gemacht wird. Der *straight lead* wird aus der on-guard Position gemacht, ohne eine einzige überflüssige Bewegung, sowie das Zurückziehen der Hand zur Hüfte oder Schulter, das Zurückziehen der Schulter, etc. Übe diesen Schlag aus der on-guard Position und ende wieder in dieser Position (nicht zurück auf die Hüfte!). Später musst du in der Lage sein, von dort aus zu schlagen, wo immer deine Hand in dem Moment ist. Vergiss nicht, dass du auf diese Art und Weise schneller schlagen (keine vergeudeten Bewegungen) und besser täuschen kannst (keine vorbereitenden Bewegungen vor dem Schlag). [Gebrauche das Zen-Vorbild: iss, er jedoch denkt; schlage, er jedoch hat Angst oder ist in Eile. Ein Schlag ist also kein Schlag.]

•••

Der größte Teil der Verteidigung wird mit der hinteren Hand gemacht – daher der Ausdruck „verteidigende Hand". Wenn du mit dem *lead* schlägst, mache dann nicht den häufigen Fehler der traditionellen, klassischen Kampfkünste, die hintere Hand auf deine Hüfte zu platzieren. Die hintere Hand dient zur Unterstützung deines *lead*, um vom Angriff einen verteidigenden Angriff zu machen. Wenn du z.B. einen Schlag zum Körper machst mit dem *lead*, muss die verteidigende Hand (die hintere Hand) hoch gehalten werden, um jeden *counterattack* des Gegners zum Oberteil deines Körpers zu neutralisieren. Kurz gesagt, wenn eine Hand unterwegs ist, muss die andere Hand entweder einen der Arme des Gegners festsetzen, oder zurückgezogen werden (nicht ganz zur Hüfte hin!) zum Schutz gegen *counterattacks*, und eine strategische Position für eine Folgetechnik zu garantieren.

•••

Um schneller und kräftiger zu schlagen, ist Entspannung unentbehrlich. Lass deinen *lead* locker und einfach herausschießen; balle deine Faust nicht bis zum Moment des Treffens. Alle Schläge müssen mit einem Knall *einige Zentimeter hinter dem Ziel* enden. Also an Stelle von nach einem Gegner zu schlagen, schlägst du *durch ihn hindurch*.

•••

Lass deine vordere Hand nicht fallen, wenn du sie zur on-guard Position zurückziehst, nachdem du geschlagen hast. Obwohl man das manchmal bei einem guten Kämpfer beobachten kann (da er möglicherweise schneller ist und ein gutes Timing und Abstandsgefühl hat), sollte man sich angewöhnen, den *lead* auf dem selben Weg wieder zurückzunehmen und die Hand hoch zu halten für einen möglichen *counterattack*.

•••

Wenn du mit dem *lead* schlägst, ist es ratsam, konstant die Position des Kopfes zu verändern, zum besseren Schutz gegen den *counterattack* des Gegners. Während der ersten paar Zentimeter des nach vorne gehen bleibt der Kopf auf demselben Platz; danach muss er sich anpassen. Auch musst du dann und wann ein Täuschungsmanöver machen, bevor du mit dem *lead* angreifst, um *counterattacks* vom Gegner auf ein Minimum zu reduzieren. Übertreibe aber nicht mit den

•••

Täuschungsmanövern oder der Bewegung mit dem Kopf. *Denke an Einfachheit; genug ist genug.*

•••

Manchmal lohnt es sich, doppelte *leads* zu benutzen, da diese unerwartet sind und der zweite Schlag dafür sorgt, dass der Rhythmus des Gegners gestört wird. Hiermit wird der Weg für eine Folgetechnik geebnet.

WAFFEN

•••

Wenn du nach vorne gehst um anzugreifen, sollte dein vorderer Fuß nicht landen, bevor deine Faust trifft, sonst ist die Wirkung des Körpergewichtes auf den Boden gerichtet und liegt nicht hinter dem Schlag. Vergiss nicht, durch Nachdrücken mit dem hinteren Fuß Kraft vom Boden aus auszuüben.

•••

Dein *lead* muss blitzschnell sein und niemals steif oder bewegungslos gehalten werden. Halte es auf eine drohende Art leicht in Bewegung (ohne zu übertreiben), da man hierdurch nicht nur den Gegner auf Abstand hält, sondern man kann den *lead* auch schneller aus der Bewegung heraus ausführen als aus dem Stillstand. Genau wie bei der Kobra muss dein Schlag gefühlt werden, bevor man ihn sieht. Dies gilt vor allem für den finger jab mit dem *lead*.

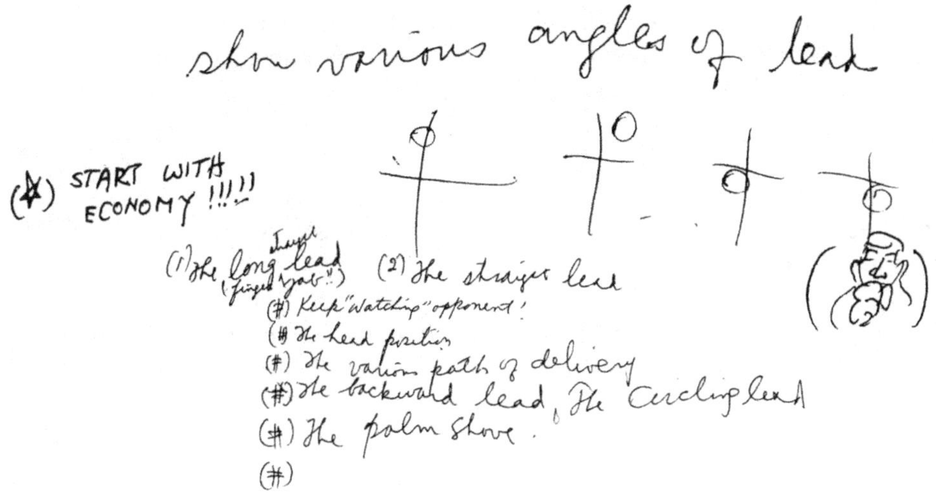

> **Dein lead muss blitzschnell sein und niemals steif oder bewegungslos gehalten werden.**

•••

Notwendige Eigenschaften des straight lead:
1. Perfektes Körpergleichgewicht
2. Genaues Zielen
3. Präzises Timing und Koordination
4. Maximale Schlagkraft

•••

Der *straight lead* ist der Schlag, der, ob er nun für Angriff oder Verteidigung gebraucht wird, denjenigen, der ihn ausführt, kürzer auf Schlagabstand hält als jeder andere Schlag.

•••

Viele Experten machen den *straight lead* zu ihrem wichtigsten Schlag.

•••

Einige Kämpfer machen andauernd Kontakt und danach brechen sie ihn wieder ab (wobei sie die Hand sinken lassen oder hin- und her bewegen). Diese Angewohnheit kann zu deinem Vorteil gebraucht werden. Wenn der Gegner den Kontakt mit dem Arm abbricht und sich zur anderen Seite (zur entgegengesetzten Linie) bewegt, ist dann die Gelegenheit, einen *straight lead* zu machen.

•••

Gegen einen Gegner, der nicht entschlussfähig ist, einer, der seinen *lead* streckt, um einen Schlag zu machen, aber dann seine Hand wieder zurückzieht zur on-guard Position, kann der straight *lead* zum Vorteil eingesetzt werden.

•••

Die obengenannten Verteidigungsfehler, in Kombination mit einem Schritt vorwärts durch den Gegner, bieten umso mehr Möglichkeiten für die Ausführung eines *straight leads*.

•••

Gerade Schlagen (und gerade treten) bilden die Grundlage wissenschaftlicher Kampffähigkeit. Es wurde spät in der Geschichte entwickelt und ist daher das Produkt sorgfältigen Nachdenkens. Zum geraden Schlagen sind Schnelligkeit und Intelligenz notwendig. Bei dieser Art zu schlagen wird ein kürzerer Weg zurückgelegt als bei runden Schlägen (oder runden und gedrehten Tritten) und das Ziel wird erster erreicht. Gerade Schläge (und Tritte) sind genauer als *hook punches* und *swings* und erlauben den vollständigen Gebrauch der Reichweite des Armes (und Beines).

•••

Gerade Schlagen basiert auf dem Verständnis der Körperstruktur und dem Wert der Hebelwirkung. Es ist ein Versuch, das Körpergewicht bei jedem Schlag zu gebrauchen, mit dem Körper zu schlagen und die Arme nur als Leiter von Kraft zu gebrauchen. Eine Aktion nur mit den Armen ist nicht ausreichend, um wirkliche Kraft in Schläge zu legen. Wirkliche Kraft, schnell, genau, kann ausschließlich dadurch erzielt werden, dass das Gewicht auf eine derartige Art verlagert wird, dass Hüfte und Schultern zur Mittellinie des Körpers dem Arm vorausgehen.

•••

Schlagen ist nicht dasselbe wie Schieben.

Es gibt nur zwei Arten, um eine vollständige Gewichtsverlagerung zu bewerkstelligen (vergleiche dies mit Treten):

1. Eine schnelle Drehung der Taille, die Hüfte und Schultern ermöglicht dem Arm vorauszugehen.
2. Eine vollständige Körperdrehung, bei der das Gewicht von einem Bein auf das andere verlagert wird.

•••

Die Drehung der Taille lernt man schneller und einfacher und wird als Grundlage gebraucht, um die Kunst des Schlagens zu lernen.

•••

Schlagen ist nicht dasselbe wie Schieben. Wirklich Schlagen kann mit dem Schlagen einer Peitsche verglichen werden – alle Energie wird langsam konzentriert und dann plötzlich mit einer gewaltigen Kraftexplosion losgelassen. Schieben ist genau das Gegenteil hiervon, mit der konzentrierten Kraft zu Beginn des Schlages und danach Kraftverlust, wenn der Arm weiter vom Körper weggeht. Deine Füße stehen immer direkt unter dem Körper, wenn du wirklich schlägst. Beim Schieben ist der Körper oft nicht im Gleichgewicht, da die Kraft des Schlages nicht aus einer Drehung des Körpers kommt, sondern nur aus dem Abstoßen mit dem hinteren Fuß.

•••

Kraft beim Schlagen kommt aus der schnellen Drehung der Taille, nicht eine schwingende, schwenkende Bewegung, sondern eine Drehung auf dem gestreckten vorderen Bein. Solange diese gerade Linie eingehalten wird, solange die Hüften entspannt und frei sind um zu schwingen, solange die Schultern nicht angespannt sind und durchgedreht werden zur Mittellinie des Körpers, bevor die Arme gestreckt sind, wird Kraft erzeugt werden und wird Schlagen eine Kunst sein.

•••

Kraftverlust tritt auf, wenn die gerade Linie der vorderen Seite des Körpers gebrochen ist, da diese der Anker ist, der Drehpunkt, die Achse, woraus die größte Kraft und Energie erzeugt wird. Die Kraft, die auf diese Weise erzeugt werden kann, ist so groß, dass ein echter Spezialist einen KO-Schlag austeilen kann, ohne einen Schritt nach vorne zu machen oder sichtbare Anspannung zu zeigen.

•••

Widme vor allem Aufmerksamkeit der Entwicklung von *entspannter Anspannung*. Wenn du verkrampfst, verlierst du Flexibilität und Timing, die für erfolgreiche Schläge so wichtig sind. Bleibe immer entspannt und vergiss nicht, dass Timing dein wichtigstes Hilfsmittel ist, um einen effektiven Schlag zu machen.

•••

Schläge sollten nicht gemacht werden mit einer Rückzugsbewegung. Sie werden mit einem gutgeführten Unterarm und mit entspannten Schultermuskeln gemacht. Erst in dem Moment, in dem der Schlag beginnt zu treffen, muss die Faust geballt werden. Das Moment hilft, den Arm in die richtige Position zurückzubringen.

•••

Die Oberseite der Schulter ist *auf dergleichen Höhe* wie der Punkt, wonach du schlägst. Manchmal ist es erlaubt, auf den Fußballen zu stehen, wenn du einen Schlag zum Kopf eines großen Gegners machst, um die Schultern auf dieselbe Höhe zu bringen wie seinen Kiefer. Wenn du zum Bauch schlägst, beuge beide Knie, bis die Schultern auf derselben Höhe sind wie der Bauch.

•••

Denke daran, *Kraft aufzunehmen vom Boden* durch Beine, Taille und Rücken. Lege alle deine Muskeln in die Schläge (gleichzeitig bemühe dich, weniger Bewegungen zu machen) und sorge dafür, dass deine Schläge durchdringend sind. Stoße dich vom Boden ab.

•••

Wenn du eine Körperdrehung machst, drehe dann auf den Ballen *von beiden Füßen*, während du schlägst. Die Faust kommt gerade aus der Mitte und hat die ganze Kraft des einen oder anderen Beines hinter sich. Manchmal wird ein schneller Sprung von *8 bis 10 cm* das gewünschte Resultat bringen.

•••

Abhängig von der Position und der Zeit, die du hast, um deinen rechten Schlag mit dem *lead* zu machen, kannst du manchmal einen *kleinen* Schritt nach links mit deinem linken Fuß (pass auf vor Tritten) machen, nur ein paar Zentimeter. Dies wird sogar mehr Gewicht in den Schlag legen, vor allem bei ziemlich langem Abstand.

•••

Der beste Moment ist, wenn der Gegner schnell nach vorne kommt.

•••

Merke dir, dass beim Vorwärtsgehen *nicht zuerst der Fuß aufgesetzt wird*, da sonst das Körpergewicht zum Boden geleitet anstatt hinter den Schlag gesetzt wird – Ferse ein bisschen nach oben gezogen und nach außen gedreht.

•••

Halte deine Beine immer etwas gebogen, so dass die starken Oberschenkelmuskeln in Aktion treten (genau wie eine Feder), vor allem, bevor du nach vorne gehst.

•••

Dein Schritt muss groß genug sein, um für eine gute Reichweite zu sorgen, und du musst den Schlag ein bisschen durch dein Ziel treiben. *Gebrauche deine vollständige Reichweite!*

•••

Um Erfolg zu garantieren, müssen der rechte Schlag und der Vorstoß eine koordinierte Bewegung sein.

•••

Dein Kopf muss etwas nach rechts schwingen, wenn er mit dem Schritt nach vorne bewegt.

•••

Probiere nie, mit den Augen zu zwinkern oder sie zu schließen, sondern halte deinen Gegner andauernd im Auge. Halte dein Kinn fest auf dem Platz und gut eingezogen.

•••

Achte auf die „gedeckte Linie" (nach außen oder nach innen) und die zusätzliche Deckung, immer anwesend, in Übereinstimmung mit der ungedeckten Linie.

Denke daran, Kraft aufzunehmen vom Boden durch Beine, Taille und Rücken.

...

Halte die hintere Hand immer hoch zur Deckung! Sei bereit, mit der hinteren Hand eine Nachfolgertechnik auszuführen.

DER UNGREIFBARE LEAD

Beim Ausführen einer Technik mit dem *lead* musst du die Position von deinem Kopf ständig verändern, manchmal hoch, manchmal tief, und manchmal weder hoch noch tief. Manchmal kann die hintere Hand vor deinem Gesicht gehalten werden, während du mit dem *lead* angreifst (das kann einen Verlust von Reichweite und Schnelligkeit mit sich bringen). Lass den Gegner im Ungewissen – Abwechslung – Abwechslung!

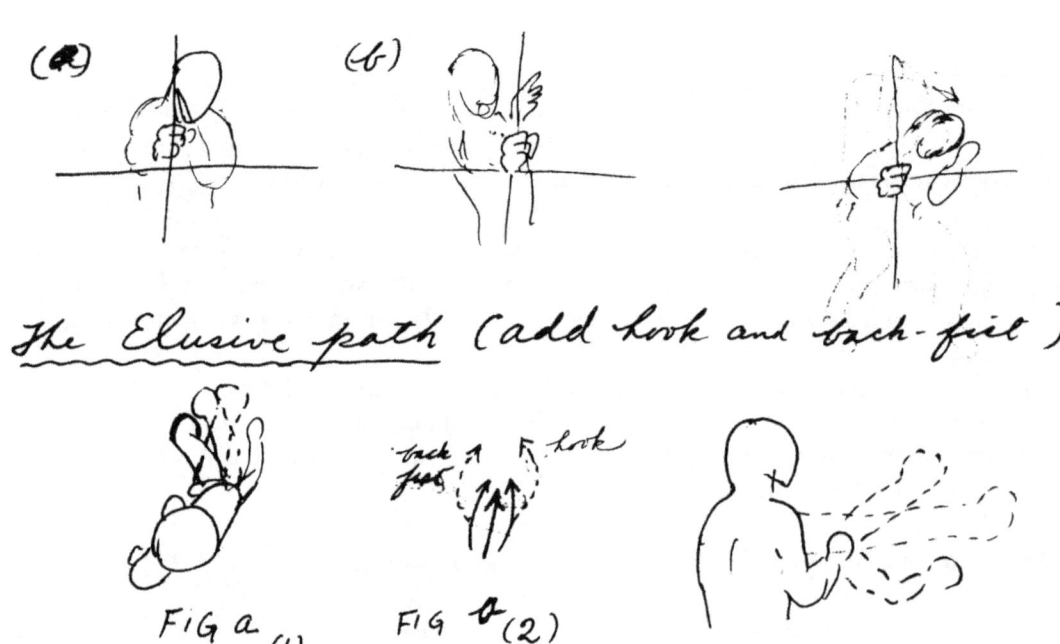

...

Die plötzlichen Niveauveränderungen

BEMERKUNG: Die ersten paar Zentimeter gebrauchen, um einen *lead* zu machen, dann ein plötzlicher Wechsel – Täuschungsmanöver mit dem Kopf.

Zu gebrauchen als Verteidigung gegen:

1. swings (Hände, Füße)
2. Haken (Hände, Füße)
3. reverse heels
4. spin kicks und Schläge

Gebrauche das als Vorbereitung zum *grappling* und Tackling.

The "Elusive Lead"

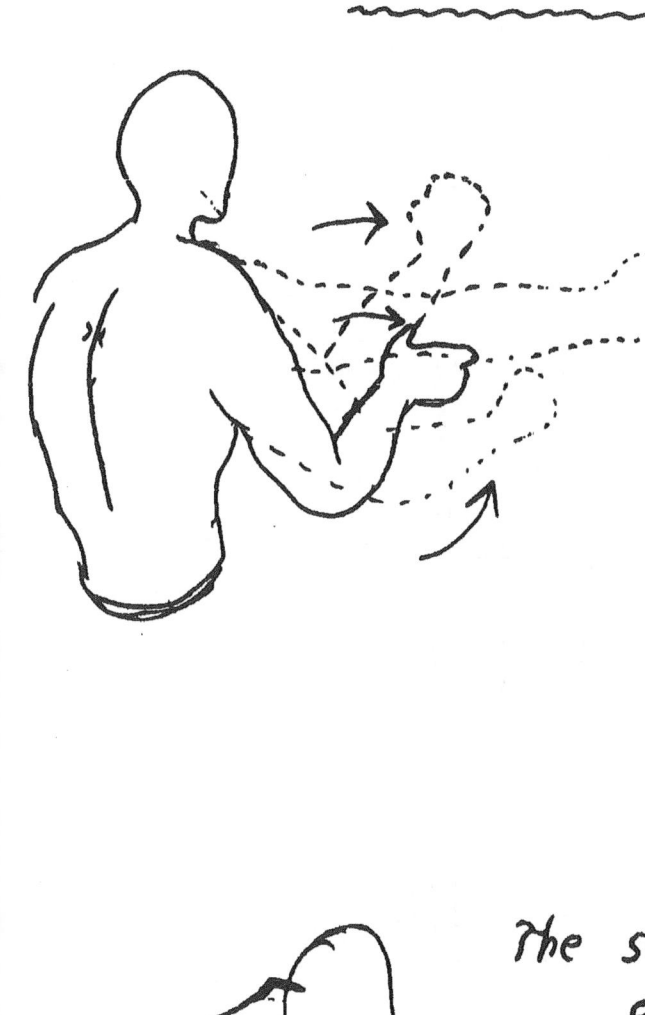

The facing center!

The sudden change of level

1) the first 2 inches in leading -----
   ---- head feint

2) defense:-
   a) swing (FEET, H r)
   b) Hooks (FEET, SWAY)
   c) REVERSE HEEL
   d) spin kick and blows

3) set up for grappling & tackling.

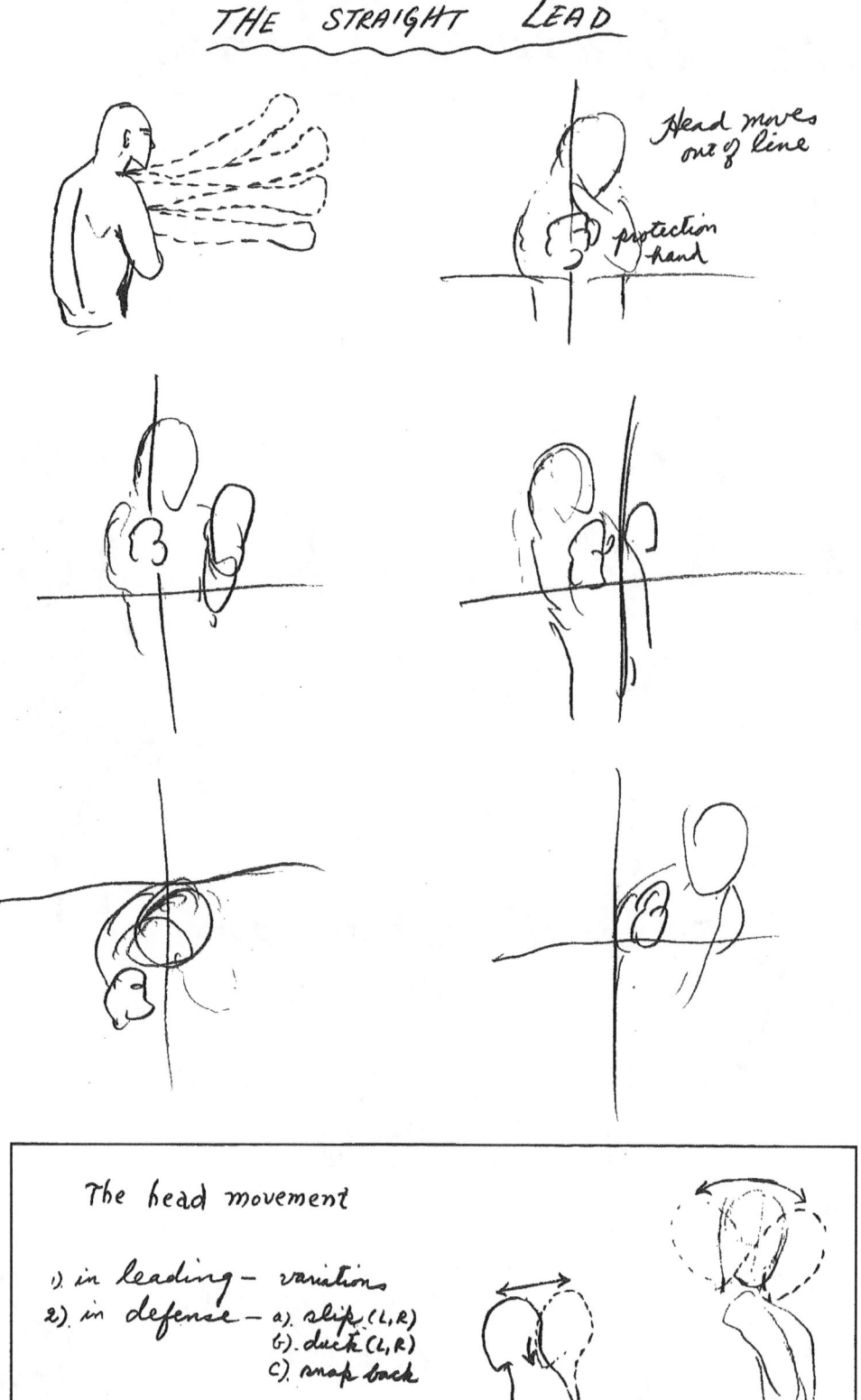

DER LEAD ZUM KÖRPER

Der *lead* zum Körper ist ein effektiver Schlag, der gebraucht wird, um den Gegner zu stören und um seine Deckung nach unten zu bringen (wie das vorhergehende Täuschungsmanöver eines hohen *lead*).

•••

Obwohl dieser Schlag in der Regel nicht hart ist, kann er Schmerzen verursachen, wenn er auf den Solar Plexus gemacht wird. Es ist wichtig, dass der Körper dem Arm folgt, mit anderen Worten, ein Schlag zum Körper ist effektiver und sicherer, wenn man dabei auf die Höhe des Ziels herunterkommt.

•••

Lass den Körper aus der Hüfte heraus nach vorne kommen in eine Position im richtigen Winkel in Bezug auf die Beine. Halte das vordere Bein leicht gebogen, beuge dagegen das hintere Bein beinahe vollständig. In dem Moment, in dem der Körper nach vorne fällt, schlägst du mit dem *lead* sehr kraftvoll auf den Solar Plexus des Gegners. *Der Schlag ist ein bisschen nach oben gerichtet, niemals nach unten.* Die hintere Hand wird hoch vor dem Körper gehalten, bereit den *hook punch* mit dem *lead* des Gegners aufzufangen. Halte den Kopf niedrig, so dass nur die Oberseite davon sichtbar ist und beschützt wird durch den gestreckten Schlagarm. Der Kopf muss gegen den gestreckten Arm gehalten werden.

•••

Wenn du mit dem rechten *straight lead* zum Körper schlagen willst, machst du erst ein Täuschungsmanöver mit der linken Hand zum Kopf dadurch, dass du die linke Hand schnell ausstreckst und dich dabei leicht nach vorne bewegst. Gehe mit deinem linken Fuß nach vorne (aber halte deinen linken Fuß noch immer hinten) und beuge dich gleichzeitig zur linken Seite. Du bist dadurch so gut wie vor allen Gefahren geschützt. Der rechte Schlag, der folgt, kann ein strafender Schlag werden, einer, der sehr schwierig abgewehrt werden kann. Außerdem bist du danach in einer Position, einen kräftigen, linken Schlag zum Kopf zu machen.

DURCHZIEHEN

Es gibt verschiedene Methoden, Kraft anzuwenden, die man alle kennen und verwenden sollte.

•••

Mit Durchziehen bezeichnet man im Allgemeinen die Weiterführung einer Bewegung mit hoher Schnelligkeit, oder selbst eine Beschleunigung von dem Moment an, in dem Kontakt gemacht wird, bis der Kontakt unterbrochen wird. Der Schlag muss während der Ausführung an Schnelligkeit zunehmen und noch genug Kraftmoment und Kraft besitzen, um *voll durch* das Objekt zu schlagen, wenn er getroffen hat. Probiere nicht nur, *auf* deinen Gegner zu schlagen; probiere *quer durch* ihn zu schlagen – aber vermeide den Effekt von „sich gegen ihn anzulehnen"!

•••

Entscheide dich, so hart zu schlagen wie du nur kannst, mit jedem Gramm Körperkraft und mit jeder Faser deiner mentalen Entschlossenheit, und entscheide dich auch, immer härter zu schlagen, wenn du durch das Objekt schlägst.

•••

Beim Boxen zum Beispiel wird dem Boxer beigebracht, „durch den Gegner zu schlagen" – um die Schnelligkeit der Bewegung zu bewahren oder zunehmen zu lassen während des Kontaktes, so dass der „explosive Schlag" weiter ausgeführt wird und die Position des Gegners deutlicher verändert wird.

•••

Beim Schlagen ist das Klappen des Handgelenkes im letzten Augenblick eine letzte Beschleunigung, die buchstäblich *in das Objekt hineingeht* (z.B. ein zusammengedrückter Tennisball). An Stelle von entspannt Weitermachen muss der Kämpfer seine Hände schnell zurückziehen, wenn er damit geschlagen hat. Das Umkehren der Bewegung der Hüfte trägt zu einer Beschleunigung im letzten Moment bei und sorgt auch für das Zurückkommen.

> **Es gibt verschiedene Methoden, Kraft anzuwenden, die man alle kennen und verwenden sollte.**

TAO DES JEET KUNE DO

Wechsel Schläge mit dem *lead* zu Kopf und Körper ab.

TRAININGSHILFMITTEL

Wenn man nach einem bestimmten Manöver (ausgeführt auf Zählkommando oder „frei") zu einer Boxposition zurückkehrt, ist es sehr wichtig, dass man noch ein paar Sekunden auf den Fußballen tänzelt, um die Fußarbeit zu üben und sich zu entspannen, bevor man das Manöver wiederholt. Durch diese Taktik wird das echte Kämpfen in der Übung geschickt simuliert.

Das ganze Geheimnis hinter der wahren Kraft eines sehr harten Schlages liegt im Timing, das natürlich mit der Zielgenauigkeit koordiniert sein muss. Hänge einen kleinen Ball auf, um das Zielen zu üben.

Übe, den lead in einer schnellen Aufeinanderfolge von Schlägen herauszubringen, wobei du den Arm, mit dem du schlägst, gerade genug zurückziehst, um volle Kraft in jeden Schlag legen zu können.

Lerne, die Schläge ökonomisch aus verschiedenen Winkeln zu machen, vergrößer danach allmählich den Abstand.

Ein wichtiger Punkt: bei allen Handtechniken bewegt sich die Hand zuerst, dann der Fuß. Denke immer daran – Hand vor Fuß.

VERTEIDIGUNG GEGEN EINEN STRAIGHT LEAD

Die folgenden Techniken sind Beispiele von Verteidigungen gegen einen straight lead, wenn man rechts vor steht:

▷ Sorge dafür, dass die linke Hand bereit ist in Erwartung eines *lead*. Die Hand ist schon offen, wird etwas höher gehalten als gewöhnlich und bewegt sich in kontrollierten Zirkeln vor deinem Körper. Gleich schießt der *lead* vom Gegner heraus, auf dem Weg zu deinem Gesicht. Lehne dich etwas nach links und schlage ihn hart und schnell mit deiner linken Hand auf sein Handgelenk oder seinen Unterarm – es kostet beinahe keine Kraft, um den schwersten Schlag auf diese Weise abzuwehren. Sorge dafür, dass du einen Vorteil aus der entstandenen Öffnung erzielst. Mache mit dem *lead* einen strammen Schlag zum Gesicht oder zum Körper. Dein Gegner hat keine Deckung und ist auch aus dem Gleichgewicht.

▷ Neige dich nach links, trete mit dem rechten Fuß nach vorne und mache mit der rechten Hand einen harten Schlag zum Körper. (Dies kann abgewechselt werden mit einem Schlag zum Gesicht.)

▷ Neige dich nach rechts, trete mit dem rechten Fuß nach vorne und mache einen schweren Schlag mit links zum Körper (oder Kopf bei einem *counterattack* mit der hinteren Hand).

▷ *Snap back*, und komme dann zurück mit einem Angriff.

•••

Du musst immer mit deinem *lead* aufhören, wenn du Schläge machst, so dass deine Hand direkt zur richtigen Kampfposition zurückkehren kann.

•••

Wechsel Schläge mit dem *lead* zu Kopf und Körper ab.

DER LEAD JAB

Der *lead jab* ist ein „Abtaster". Er ist die Grundlage für alle anderen Schläge, ein loser, einfach treffender Schlag. Er ist eher eine Peitsche als ein Knüppel. Ali's Theorie ist sich vorzustellen, wie man mit einer Fliegenklatsche eine Fliege schlägt.

•••

Der große Vorteil hiervon ist, dass das Körpergleichgewicht nicht gestört wird und dass er sowohl eine angreifende als auch eine verteidigende Waffe ist. Beim Angriff dient der Schlag dazu, den Gegner aus dem Gleichgewicht zu bringen und den Weg freizumachen für schwerere Schläge. Wenn der Schlag zur Verteidigung gebraucht wird, stoppt er oft einen Angriff oder fängt diesen effektiv ab. Du kannst regelmäßig einen plötzlichen und einen in Verwirrung bringenden *jab* zum Gesicht deines Gegners machen, wenn er *gerade dabei ist*, einen echten Schlag zu dir zu machen. Korrekt gebraucht ist der *lead jab* das Kennzeichen des wissenschaftlichen Kämpfers, der lieber Strategie als Kraft anwendet. Der Schlag erfordert Fähigkeit und Finesse und auch Schnelligkeit und Täuschung (*broken rhythm*). Vergiss nicht, dass nichts schlimmer ist als ein träger *jab*, außer einem, der vorher „angekündigt" wird.

•••

Es ist wichtig, dass du direkt die Faust zur on-guard Position zurückholst, nachdem du den *lead jab* gemacht hast, bereit, um noch einmal zu schlagen oder dich gegen einen *counterstoß* zu verteidigen.

•••

Der *jab* wird mit einem Knall gemacht, nicht geschoben, und er muss hoch zurückgebracht und – gehalten werden, um einen *counterattack* mit der hinteren Hand zu neutralisieren. Die Arme entspannen sich nur, sinken vielmehr zurück zum Körper und werden nicht zurückgezogen. Dies ist genauso wichtig wie zu wissen, wie man den *lead jab* machen muss.

•••

In dem Moment, in dem der *jab* trifft, wird das Kinn nach unten gezogen und die Schulter wird gegen das Kinn gesetzt, um dieses zu decken.

•••

Bei allen Schlagen, inklusive dem *lead jab*, ist alle Kraft aus dem Körper nach außen gerichtet. Die Bewegung des *lead jabs* muss eine dauernde Drehbewegung aus der Schulter heraus sein. Es ist oft ratsam, mehr als einen *jab* zu machen. Der zweite *jab* hat eine große Chance zu treffen (vorausgesetzt, dass der erste äußerst ökonomisch gemacht wird) und dient auch dazu, um das Verfehlen des ersten *jab* aufzufangen. Natürlich solltest du so viel davon machen wie du nur willst.

•••

Übe den *jab*, bis es eine leichte, einfache, natürliche Bewegung ist. Halte deine Schulter und deinen Arm immer entspannt und einsatzbereit. Es erfordert langes, eifriges Training, um die Bewegung automatisch auszuführen und Schnelligkeit und Kraft zu bekommen *ohne deutliche Anspannung*. Genauigkeit muss an erster Stelle stehen, und je gerader du den *jab* machst desto besser.

•••

Wenn du Kopf oder Körper des Gegners nicht treffen kannst, ziele dann auf seinen Bizeps.

•••

Der *jab* kann auch mit geschlossener Faust effektiv zur Verteidigung eingesetzt werden, um den Gegner *mit gestrecktem Arm* von sich wegzudrücken.

•••

Bei allen Schlagen, inklusive dem lead jab, ist alle Kraft aus dem Körper nach außen gerichtet.

TAO DES JEET KUNE DO

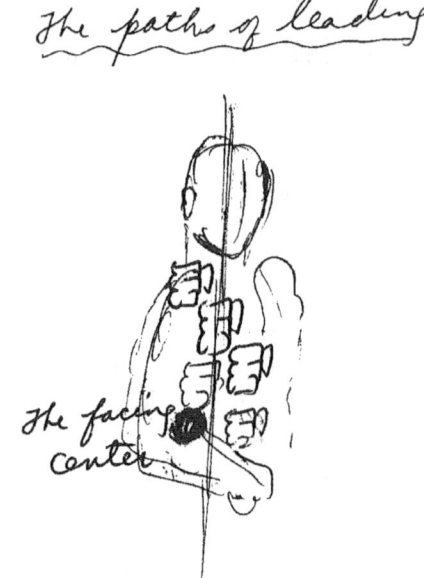

Sorge dafür, dass dein Gegner in der Defensive bleibt und erhöhe ganz allmählich das Tempo.

Sorge dafür, dass dein Gegner in der Defensive bleibt und erhöhe ganz allmählich das Tempo. Gönne ihm keine Ruhe.

LEAD FINGER JAB

Der *lead finger jab* bildet eine konstante Bedrohung für deinen Gegner, genauso wie der Degen eines Fechters, der immer in Position ist. Eigentlich ist es westliches Fechten ohne Degen, und die Augen deines Gegners sind das Hauptziel.

•••

Der *lead finger jab* ist die längste von allen Handwaffen, und auch die schnellste, da dafür wenig Kraft nötig ist. Es kostet keine Kraft, um einen Stich zu den Augen deines Gegners zu machen. Das Wichtigste, um den *finger jab* effizient anwenden zu können, ist die Fähigkeit, eine Gelegenheit genau und schnell zu ergreifen. Genau wie bei allen Handtechniken muss der *finger jab* ohne eine einzige zugefügte Bewegung aus der on-guard Position beginnen. Er beginnt von der on-guard Position und kommt blitzschnell wieder zurück. Genau wie der Biss einer Kobra muss der *finger jab* gefühlt, und nicht gesehen werden.

WAFFEN

Du musst den *finger jab*, allein oder in Kombination, heraus knallen lassen, und nicht schieben. Es sei denn, du bist von Natur aus schnell, dann kann dein Gegner einem *finger jab* oft ausweichen, aber meistens kriegst du ihn dadurch, dass du dem ersten gleich einen zweiten folgen lässt. Der *lead finger jab* ist eine der effektivsten Waffen, vor allem bei der Selbstverteidigung, und muss geübt werden, bis die höchste Form der Fähigkeit erreicht ist.

•••

Wegen der Tatsache, dass beim *lead finger jab* eher eine blitzartige Schockkraft als Schlagkraft eingesetzt wird, ist dieser (mit dem Auge auf die Durchführung von *jabs*) einer Fliegenklatsche sehr ähnlich. Es kommt auf Genauigkeit an. Wähle dein Ziel *während des Bewegens* und lass den finger jab gehen. Erhole dich und sei bereit weiterzumachen.

Lies noch einmal die Beschreibung des straight lead.

•••

TRAININGSHILFMITTEL

Der finger jab sollte nur dann geübt werden, *wenn man ausgeruht ist*, sonst wird man anfangen, feine durch gröbere Bewegungen auszutauschen und zielgerichtete, ökonomische Anstrengungen durch allgemeine. Trainiere Übungen, die auf Ausdauer gerichtet sind erst *nach* Übungen, die auf Fähigkeit gerichtet sind.
1. „A" und „B" stehen einander gegenüber in der on-guard Position.
2. „A" kommt nach vorne mit einem tiefen shin kick. Dieser wird hauptsächlich als Täuschungsmanöver gebraucht, um die Ruhe des Gegners zu stören und seine Reaktionszeit zu vergrößern. Der Tritt dient auch dazu, jeden möglichen Tritt während des nach vorne Gehens zu blockieren.
3. Sobald der Abstand überwunden ist und gerade, bevor A's vorderer Fuß neben B's Fuß aufkommt, lässt A seinen finger jab schnurgerade heraus knallen zu der jetzt geöffneten Verteidigung von B.

•••

Lies noch einmal die Beschreibung des *straight lead*.

DER STRAIGHT REAR THRUST ZUM KÖRPER

Der *straight rear thrust* zum Körper ist ein sehr kräftiger Schlag, der als *counterattack* oder nach einem vorhergehenden Täuschungsmanöver mit dem *lead* gebraucht wird. Genau wie bei der

TAO DES JEET KUNE DO

Ausführung des *lead jab* zum Körper folgt der Körper dem Schlag (halte eine gute verteidigende Position – pass auf vor dem *counterattack* mit dem *hammer blow*), obwohl mehr Kraft erzielt wird durch eine Körperdrehung zu einer Position über dem vorderen Fuß (untersuche den Unterschied zwischen beiden). Die Technik kann effektiv gebraucht werden, um die Deckung des Gegners nach unten zu ziehen, und sie kann sehr erfolgreich benutzt werden gegen einen großen Kämpfer.

•••

Dieser Schlag muss öfter angewendet werden. Wenn er gut getimt und gemacht wird, ist er ein sehr strafender und ziemlich sicherer Schlag, da du dich zusammenkauerst, wenn du den Schlag machst, wobei du *counterattacks* mit gestrecktem Arm vermeidest. Gelegenheiten, um diesen Schlag zu gebrauchen, ergeben sich oft, da er einer der besten *counterattacks* für den Angriff mit dem gegenübergestelltem *lead* des Gegners ist, der eine Seite seines Körpers preisgibt.

•••

Die vordere Hand ist hoch und offen, Ellenbogen nach unten, zur Verteidigung gegen die hintere Hand des Gegners. Der Kopf ist nach unten gerichtet, liegt längs des Schlagarmes und ist von daher gut beschützt.

•••

Dieser Schlag muss oft gegen einen Gegner angewendet werden, der sein Gesicht mit seiner hinteren Hand beschützt, wenn er mit seinem *lead* Richtung Kopf angreift.

•••

Gegenüber jedem Zentimeter Kinn, das du treffen kannst, stehen 30 Zentimeter Körper. Auch ist der Körper weniger mobil.

•••

Die Ausführung eines straight rear thrust zum Körper: mache mit deinem *lead* ein Täuschungsmanöver zum Kopf und „locke" den *lead* deines Gegners als ein *counterattack* auf dein Täuschungsmanöver heraus, oder warte, bis er mit seinem *lead* angreift.

•••

Das Stoppen eines straight rear thrust zum Körper: drücke nur deinen vorderen Arm quer gegen deinen Körper. Hebe gleichzeitig deine vordere Schulter für den Fall, dass sich der Schlag zum Körper in einen doppelten Schlag verändert – „loop hit".

REAR CROSS

In deiner *on-guard* Position steht deine hintere Faust irgendwo unter deinem Kinn bereit, ca. fünf Zentimeter von deiner Brust entfernt. Wenn du mit dem *lead* schlägst, wird deine hintere Faust durch die Drehung deiner Hüften von seiner normalen *on-guard* Position ca. 10-12 Zentimeter nach hinten versetzt zu einem Punkt, von wo aus du ohne anzukündigen oder (ohne die Faust) zurückzuziehen, einen der härtesten Schläge des Boxens machen kannst, den *rear cross*.

•••

Der *rear cross* wird beinahe genauso ausgeführt wie der *lead jab*, dadurch, dass er über eine perfekte gerade Linie geht. Der *rear cross* jedoch ist das schwere Geschütz, und die Drehung mit der Hüfte wird viel grösser sein.

•••

Bei jedem kräftigen Schlag müssen die Knochen auf eine Linie gesetzt werden, um eine gerade Körperseite oder -linie zu bilden, die es ermöglicht, das Körpergewicht zu unterstützen, wodurch die Muskeln frei sind, um die andere Seite des Körpers nach vorne zu treiben und eine enorme Kraft zu erzeugen. *Eine Seite des Körpers muss immer eine gerade Linie bilden.*

•••

Es ist wichtig, dafür zu sorgen, dass sich deine hintere Ferse und hintere Schulter wie eine Einheit drehen.

Es ist wichtig, dafür zu sorgen, dass sich deine hintere Ferse und hintere Schulter wie eine Einheit drehen. Dies wird dadurch erzielt, dass nur das Körpergewicht auf das vordere gestreckte Bein versetzt wird, dass die vordere Seite des Körpers gedreht wird und dass die andere Seite des Körpers frei gemacht wird für eine kräftige Drehung oder einen explosiven Schlag. Es ist dieselbe Idee wie beim Zuschlagen einer Tür.

•••

Dein Gewicht muss auf dem Ballen deines hinteren Fußes beginnen. Wenn deine hintere Faust unterwegs ist, dreht sie sich und deine hintere Schulter bewegt sich in den Schlag. Du drehst deine Hüften, und dein Körpergewicht wird nach vorne verlagert, in den Schlag und zu deinem vorderen Fuß, *bevor du triffst*. Dein hinterer Fuß folgt dadurch, dass er sich ein paar Zentimeter nach vorne bewegt in Richtung des Schlages, und deine vordere Faust wird nach hinten versetzt, wenn sich dein Körper dreht.

•••

Vergiss nicht, dass das Geheimnis der Kraft des rear cross (oder thrust) in dem Gebrauch der vorderen Körperseite als Drehpunkt und im freien Schwingen lassen der hinteren Körperseite liegt.

•••

Lass den Schlag locker und einfach herauskommen, halte ihn nicht fest, spann deine Arme am Beginn des Schlages nicht an – spann deine Muskeln erst in dem Moment an, in dem der Schlag trifft, mit dem Schließen und Ballen der Faust am Ende, ein letzter Ausbruch gespannter Energie, um durch den Gegner *hindurch zu schlagen*. Die Kraft davon hängt von der Schnelligkeit (und mehr Schnelligkeit) und dem *Timing* der Bewegungen des Gegners ab. Vergiss nicht, um dich mit dem hinteren Bein *abzustoßen*.

•••

Halte deine Hände immer gut nach oben; vor allem, senke nicht die hintere Hand, wenn du mit dem *lead* schlägst. Schläge müssen da beginnen, wo die Hände sind. Normalerweise wird der Start ohne vorhergehende Bewegung, Aufheben oder Zurückziehen, aus der on-guard Position gemacht. Die Schulter beugt sich um das Kinn zur Deckung, und das Kinn ist nach unten gerichtet. Die hintere Hand wird aus der „Ruheposition" auf Brust oder Körper abgegeben; im Allgemeinen startet sie aus der Position nahebei der hinteren Schulter.

•••

Wenn der hintere Arm nach vorne geführt wird, wird der vordere Arm zur Deckung nahe der Führungsseite gehalten. Dies wird nicht nur bei einem erwarteten *counterattack* gemacht, sondern der Boxer wird auch in der Position sein, den zweiten Folgeschlag auszuführen. *Vergiss nicht*: eine Hand heraus, eine Hand zurück. Diese Bewegung muss geübt werden, bis sie einfach, schnell und korrekt ausgeführt werden kann. Der Arm muss mit solch einem Peitschenhieb geschlagen werden, dass es scheint, als ob er aus der Gelenkpfanne gezogen wird. Nochmals, der Schlag muss *durch* das Objekt geschlagen werden, nicht nur dagegen. Danach entspannt sich der Arm und kommt zurück zur on-guard Position.

•••

Zöger nicht, wenn du den *rear cross* gebrauchst. Lass ihn herausschießen und zauder nicht, wenn du denkst, dass du eine Chance zum Punkten hast.

•••

Da der *rear cross* ein Schlag mit langer Reichweite ist, muss er gerade wie ein Pfeil gemacht werden, um effektiv zu sein, schnell wie ein Schuss und vollständig ohne Warnung. Der wichtigste Aspekt dieses Schlages ist, Schnelligkeit zu entwickeln, so dass, wenn man den Schlag macht, der Schaden schon angerichtet ist, bevor der Gegner es realisiert. Mit diesem Schlag musst du auch *genau* sein – viel genauer als mit deinem *lead* – und je gerader du diesen Schlag machst, desto genauer und explosiver wird er sein.

•••

Du wirst nicht in der Lage sein, einen Schlag mit deinem *lead* zu machen, nachdem du einen *rear cross* gemacht hast, es sein denn, du hast *das richtige Gleichgewicht*. Dies ist sehr wichtig, denn wenn dein Gegner sich bückt, um dem *rear cross* auszuweichen, ist die Ausführung eines Schlages mit

Zöger nicht, wenn du den rear cross gebrauchst.

dem *lead* deine *schnellste Art*, um in eine ungefährdete Stellung zurückzukommen, und du musst in einer guten Position stehen, um das tun zu können. Wenn du versuchst, in einem Bruchteil von Sekunden unzulängliche Fußarbeit zu korrigieren, könnte es sein, dass du auf deinem Rücken landest.

• • •

Der *rear cross* ist schwierig anzuwenden, da er einen längeren Weg zurücklegen muss, und der Gebrauch der hinteren Hand wird eine Öffnung für deinen Gegner bilden, wenn du daneben schlägst. Übe, die zwei obengenannten Punkte zu minimalisieren und perfektioniere so diesen Schlag – starten ohne dies vorher anzugeben, schnelle Rücknahme.

REAR CROSS IN RECHTS-VORWÄRTSSTELLUNG

Normalerweise wirst du mit der linken Faust schlagen, nachdem du erst mit deiner rechten Faust geschlagen hast (eins-zwei).

• • •

Halte deine rechte Hand *in Bewegung*, halte sie nicht still. Lass sie herein- und herausschießen, genau wie die Zunge einer Schlage, die zum Angriff bereit ist. Vor allem bedrohe und störe deinen Gegner ständig.

• • •

Wenn du versuchst, in einem Bruchteil von Sekunden unzulängliche Fußarbeit zu korrigieren, könnte es sein, dass du auf deinem Rücken landest.

Schlage deinen rechten Schlag heraus und trete gleichzeitig mit dem rechten Fuß nach vorne. Bevor der Schlag sein Ziel erreicht (und die Sicht des Gegners behindert), schlägst du deine linke Faust geradeheraus (ohne diese auch nur einen Bruchteil zurückzuziehen) und drehst deinen Körper nach rechts, drehend auf der Sohle deines linken Fußes. Sorge dafür, dass du, während du drehst, volle Schlagkraft und Explosionsvermögen aus der linken Seite deines Körpers holst, aus dem Fuß via Beine und Hüfte nach oben, und sorge dafür, dies durch ausreichende explosive Kraft aus deiner linken Schulter zu ergänzen. Diese Kraft wird durch *die Koordination* des ganzen Körpers in der Fortsetzung betont. Bleibe zu jeder Zeit im Gleichgewicht.

• • •

Es muss bemerkt werden, dass der linke Schlag (oder der Schlag mit der hinteren Hand) oft ein *counter* ist. Manchmal ist es besser, den Gegner *mit einem Täuschungsmanöver zum Ausführen von Schlägen mit seinem lead zu verführen*, um selbst dann mit der linken Hand einen counterattack zu machen. Hier wird der Schlag während des *leads* des Gegners zu deinem Gesicht perfekt geradegemacht. Du trittst nach innen auf einen rechten *lead*, lässt den Schlag über deine linke Schulter gleiten und machst einen linken Schlag. In der Zwischenzeit behältst du seine linke Hand im Auge oder du stoppst diese mit deiner rechten Hand. Du musst dich mit deinem Kopf nach vorne und nach rechts ducken, um dem rechten *lead* deines Gegners auszuweichen (halte die Augen auf ihn gerichtet!), aber das muss ganz leicht geschehen, gerade genug, um nicht getroffen zu werden. Deine linke Hand, die du hoch hinten hältst, muss haarscharf über dem Ellenbogen des Gegners streifen, bevor dieser seinen *lead* gestreckt hat, und der Schwung des Körpers mit den Hüften, von links nach rechts, muss dadurch unterstützt werden, dass du deinen rechten Ellenbogen und deine rechte Schulter zurückziehst.

• • •

Meistens trifft dieser Schlag deinen Gegner, wenn er nach vorne kommt, und er landet am Kinnwinkel. Aber schlage nicht immer zum Kopf. Ziele auf die Mittellinie, um *durch* den Gegner hindurch zu schlagen.

• • •

Probiere, einen linken Schlag zum Magen zu machen, danach einen linken *rear cross*.

• • •

Probiere, zwei rechte Schläge mit dem *lead* zu machen, um deinen linken *rear cross* zu timen.

• • •

Bewege dich manchmal ein bisschen weiter nach rechts und mach dann einen linken Schlag mit der hinteren Hand *an der Innenseite* seines Armes in einer *leichten Aufwärtsbewegung*.

•••

Wenn du zurückgehst, halte deine vordere Schulter hoch für den linken *rear cross* von jemandem, der in einer Rechts-Vorwärtsstellung steht, oder für den *lead hook punch* von jemandem, der in der Links-Vorwärtsstellung steht.

HOOK PUNCH

Der *hook punch* ist effektiver, wenn er als *counter* gebraucht wird. Er ist nie ein weiter, kreisender Schlag, sondern mehr ein loser, einfacher, knallender Schlag. Vergiss nicht, dass die Drehung der Schlüssel ist; Fußarbeit macht den Schlag.

•••

Vermeide, dass du vorher sehen lässt, dass der Schlag kommt! Beginne und ende in der on-guard Position. Der Schlag muss für die richtige Täuschung aus der on-guard Position beginnen. Die Hand wird nie zurückgezogen und du lässt sie auch niemals sinken. Mache immer erst einen jab oder ein Täuschungsmanöver, um den richtigen Abstand und die richtige Hebelwirkung zu erlangen.

•••

Wenn du einen *lead hook punch* machst, halte deinen hinteren Arm dann immer wie ein Schild hoch vor deinem Gesicht. Der Ellenbogen deines hinteren Armes beschützt an der Seite deine Rippen.

> **Vermeide, dass du vorher sehen lässt, dass der Schlag kommt!**

The Horizontal Hook

Der *hook punch* wird vorwiegend auf dem kleinen Sandsack gelernt. Probiere, den Schlag explosiv auszuführen, ohne den Körper aus der Position zu bringen, und sorge dafür, dass du bereit bist, mit mehr Schlägen weiterzumachen.

LEAD HOOK PUNCH

Je vielseitiger ein Kämpfer ist – geistig alerter und körperlich geschickter – desto besser ist er in der Lage, die meist unorthodoxen Schläge aus den unmöglichsten Positionen zu machen.

•••

Der *lead hook punch* muss *vernünftig* angewendet werden. Der Schlag ist am effektivsten, wenn du hineinkommst oder wenn du dich zurückziehst, und er ist brauchbar gegen einen zu weitreichenden geraden Schlag oder gegen *swings*.

•••

Wenn der Gegner im selben Stand steht, wird der *lead hook punch* oft gemacht, wenn dieser seine hintere Hand senkt, oder nachdem er einen *lead jab* ausgeführt hat.

•••

Gegen einen schlauen, verteidigenden Kämpfer ist der *lead hook punch* manchmal die einzige Art und Weise, durch seine Verteidigung zu dringen, oder ihn zu zwingen, diese zu verändern, so dass du Öffnungen für andere Arten von Schlägen finden kannst.

•••

Der *lead hook punch* kann *mit dem lead* gebraucht werden, wenn dein Gegner die Möglichkeit auszuweichen verloren hat, aus welchen Gründen auch immer. Der Schlag ist aber als *counter* oder als Folgetechnik effektiver, da er im Grunde eine Waffe für den kurzen Abstand ist – wenn dein Gegner auf dich zukommt. Probiere erst einen *straight lead* oder eine andere Vorbereitung. Das Vortäuschen eines *rear cross* ist eine gute Art, um den *lead hook punch* kräftig gebrauchen zu können. Variiere immer deine Schläge: hoch / tief, oder tief / hoch, alleine oder in Kombination. Das Ausführen von *jabs* und Täuschungsmanövern (wobei du nach vorne kommst) ist eine gute Art, um den richtigen Abstand zu bekommen.

•••

Der *lead hook punch* ist auch ein guter Schlag, wenn du in den Nahkampf gehst – der Schlag kommt von der Seite, sozusagen außerhalb des Gesichtsfeldes, und wird um die Deckung herum gehen. Dies ist wertvoll, wenn du ganz nahe stehst, vor allem, wenn der Gegner durch einen geraden Schlag durchgeschüttelt worden ist.

•••

Der Körper ist ein einfacheres Ziel aus dem einfachen Grund, dass er eine größere Oberfläche hat als der Kiefer und weniger mobil ist. Die Weichteile sind auch ein besseres Ziel und sind sicher schwieriger zu decken als der Kiefer.

•••

Ein *hook punch* zum Körper ist effektiver, wenn du ganz nahe stehst. Mache ein Täuschungsmanöver zu seinem Kopf, tritt dann blitzartig mit dem vorderen Fuß nach vorne und mach den *lead hook punch* in seinen Magen, seine Rippen, seine Weichteile oder welches Ziel nahe ist. Gleichzeitig duckst du dich zur *entgegengesetzten* Seite, woher dein *hook punch* kommt. Während du das machst, musst du dein vorderes Knie beugen und deine Schulter so nah wie möglich auf die gleiche Höhe wie dein Ziel bringen. Drehe die *Zehen* deines hinteren Fußes gut nach außen, um im Gleichgewicht zu bleiben. *Halte deine hintere Hand gut nach oben.*

•••

Der *hook punch* ist ein guter Schlag, um ihn mit dem *side step* zu kombinieren, denn du versetzt dich seitwärts, und es ist die natürliche Art und Weise, in dem Moment mit dem Arm zu schwingen. Du kannst deinen Gegner auch effektiv mit einem *hook punch* treffen in dem Moment, in dem er einen *side step* probiert zu machen. Vergiss nicht, dass der Schlag zweimal so hart sein wird, wenn du deinen Gegner triffst, *wenn er nach vorne kommt*. Vergiss auch nicht, *deine hintere Hand hoch zu halten, wenn du schlägst*.

•••

Nach Mills gibt es wenigsten zwei Arten, um einen lead hook punch zu machen:

1. Der *long lead hook punch*: mach erst einen *straight lead* zum Gesicht deines Gegners und folge dann schnell mit dem *hook punch*. (Studiere die Gewichtsverlagerung während des Angriffs und counteren – lehn dich nach vorne und verlager das Gewicht auf das hintere Bein.)
2. Der *short lead hook punch*: dieser wird aus der on-guard Position gemacht mit dem Ellenbogen näher an deine Seite. (Verlager dein Gewicht von deinem vorderen auf dein hinteres Bein, wenn du den *counterattack* machst.)

WAFFEN

Genau wie alle anderen Schläge muss der lead hook punch aus der on-guard Position beginnen, um mehr in die Irre zu führen.

•••

Mache immer erst einen *jab* oder ein Täuschungsmanöver, um Abstand zu bekommen. Mache als Täuschungsmanöver z. B. einen *rear cross*, um Hebelwirkung vorzubereiten, aber werfe ihn nicht zu weit heraus. Die meisten Boxer ziehen ihre Hand zu weit zurück, bevor sie den *hook punch* machen. Probiere, deine Hand nicht zurückzuziehen oder sinken zu lassen. Du kannst genug Kraft in den Schlag legen, *ohne* deinen Arm weit nach hinten zu ziehen. Ein großer Teil der „Kraft" hinter dem *lead hook punch* wird durch die Fußarbeit erzielt.

•••

Die Ferse des vorderen Fußes muss angezogen und nach außen gedreht werden, so dass der Körper drehen kann und Taille und Schultern sich drehen, wenn der Schlag trifft.

•••

Du musst deine vordere Schulter hoch halten, um die vollständige Hebelwirkung zu erreichen, wenn du einen *hook punch* zur Seite des Kinns machst.

•••

Denke daran, dass Schläge nicht mit einer ausholenden Bewegung gemacht werden sollten. Sie werden mit einem gut gerichteten Unterarm und mit entspannten Schultermuskeln gemacht. Das Kraftmoment hilft, um den Arm in die richtige Position zurückzubringen.

•••

Oft versucht ein Boxer, zu viel Gewicht in den Schlag zu legen, wodurch es ein Schiebeschlag wird. Der *hook punch* ist ein lockerer, durch den Arm angetriebener Schlag. Die Kraft wird dadurch erzielt, dass der Schlag locker gemacht wird und durch das richtige Drehen von Füßen und Körper. Das Körpergewicht wird mit dem *hook punch* auf die Seite des Körpers verlagert, die der Seite gegenüber steht, von wo du schlägst. Wenn du einen *lead hook punch* machst, musst du nach vorne gehen, um eine gute Reichweite zu haben. Mache einen lockeren, einfachen, explosiven Schlag, nie einen weiten, kreisenden Schlag.

•••

Bei der Ausführung eines lockeren *hook punch* wird das Peitschen des Armes durch das Wegdrehen des Körpers vom Arm verursacht, bis der Bewegungsbereich im Schultergelenk vollständig ausgenutzt wird. Dann muss der Arm gleich mit dem Körper drehen. Wenn das schnell ausgeführt wird, sorgt es dafür, dass der Arm nach vorne schwingt, als ob er von einem Bogen weggeschossen wird. Mache den Schlag *explosiv*, denke immer an Schnelligkeit und *mehr Schnelligkeit*. Probiere, *durch* den Gegner *hindurch zu schlagen*.

•••

Die Ferse deines vorderen Fußes ist angezogen und nach außen gedreht, drehend auf dem Fußballen des vorderen Fußes, so dass der Schlag einen besseren Bereich hat und besser und schneller penetriert. Neige dich ein bisschen zur gegenüberliegenden Seite, um mehr Gewicht in den Schlag legen zu können *und um dich selber zu beschützen*.

•••

Vor allem *minimalisiere* jede Bewegung, so dass du dich gerade genug bewegst, um den maximalen Effekt zu erzielen, ohne den *hook punch* unkontrolliert auszuführen.

•••

Je mehr du einen *hook punch* von außen „öffnest", desto mehr wird der Schlag zu einem Schwung degeneriert. Du musst den Schlag kompakt halten. Auch öffnest du deine eigene Verteidigung, wenn du einen *hook punch* öffnest.

•••

Die große Schwierigkeit liegt darin, scharf schlagen zu lernen ohne dabei den Körper aus der Position zu drehen.

Denke daran, dass Schläge nicht mit einer ausholenden Bewegung gemacht werden sollten.

•••

Je mehr der Ellenbogen gebogen ist, desto kompakter und explosiver ist der *hook punch*. Experimentiere mit einem leicht angespannten Arm, gerade bevor du triffst.

•••

Beim Boxen gibt es keine Handgelenke. (Experimentiere mit dieser Aussage.) Der Unterarm und die Faust müssen als ein massives Ganzes gebraucht werden, genau wie eine Keule mit einer Verdickung am Ende. Die Faust muss in einer geraden Linie mit dem Unterarm gehalten werden, und das Handgelenk darf in keine Richtung gebogen werden. Pass auf, dass du nicht mit deinem Daumen schlägst.

•••

Am Ende des Schlages ist der Daumen oben. Die Faust wird nicht gedreht – zum richtigen Beschützen der Hand. Der Unterarm ist vom Ellenbogen bis zu den Knöcheln angespannt und beugt sich nicht beim Handgelenk. Vergiss nicht, dass deine Knöchel in genau die gleiche Richtung zeigen wie die gerichtete Kraft deines Körpergewichtes.

•••

Halte immer die hintere Hand hoch wie ein Schild vor die andere Seite deines Gesichtes. Der hintere Ellenbogen beschützt die Rippen. Mache aus beiden Punkten eine Angewohnheit!

•••

Sei bereit, noch einen soliden Schlag *mit einer von beiden Händen* folgen zu lassen.

•••

Beim Blocken eines *hook punch* besteht die Neigung, um vom Schlag sich weg- oder zurückzuziehen. Das ist ganz falsch. *Tritt nach innen, bewege dich nicht weg*, so dass der *hook punch* um deinen Nacken endet, ohne Schaden anzurichten.

•••

Der *hook punch* wird hauptsächlich auf dem kleinen Sandsack gelernt; probiere, den Schlag explosiv zu machen, ohne dass der Körper seine Position verliert. Sorge dafür, dass sich deine Fäuste komfortabel anfühlen.

Je mehr der Ellenbogen gebogen ist, desto kompakter und explosiver ist der hook punch.

HOOK PUNCH MIT DER HINTEREN HAND

Der *hook punch* mit der hinteren Hand ist für den Nahkampf wertvoll, vor allem, wenn du nach einer Unterbrechung nach hinten gehst oder wenn der Gegner sich zurückzieht. Manchmal kannst du die Aufmerksamkeit deines Gegners vom *hook punch* mit dem *lead* ablenken, in dem du ihm einen Schlag mit der hinteren Hand gibst.

•••

Studiere einen linken *hook punch* mit der hinteren Hand zu den Nieren eines zusammengeduckten Gegners, jemanden, der andauernd in der Rechts-Vorwärtsstellung nach links dreht, und seine rechte Niere damit ungedeckt lässt. Die Faust wird in einer halben Schleife zur Niere geschlagen.

SHOVEL HOOK PUNCH

Shovel hook punches werden nach innen mit dem Ellenbogen nahe am Körper gemacht, fest gegen die Hüften gedrückt für Schläge zum Körper, und fest gegen die unteren Rippen gedrückt für Schläge zum Kopf. Sie werden aus der on-guard Position gemacht und sind sehr geeignet für den Kampf auf kürzestem Bereich. Sorge dafür, dass du keine Spannung in Ellenbogen, Schultern oder Beinen hast, bis die Drehung beginnt. Die Hüfte kommt mit einem kräftigen, schiebenden Schub nach oben, und deine Hand ist in einem 45° Winkel platziert. Der Schlag ist gebogen, um durch die Deckung eines Gegners dringen zu können.

•••

Ausführung (Rechts-Vorwärtsstellung): Zieh deinen Ellenbogen nach innen und drücke ihn fest gegen den vorderen Rand deines Hüftbeines. Drehe deine halbgeöffnete rechte Hand etwas nach oben, so dass die Handinnenfläche teilweise zur Decke zeigt. Deine Handinnenfläche muss schräg gehalten werden in einem 45° Winkel in Bezug auf Flur und Decke. Halte in der Zwischenzeit die verteidigende linke Hand in der normalen Position. Drehe jetzt, ohne deine Füße zu bewegen, deinen Körper plötzlich derartig nach links, dass deine rechte Hüfte nach oben kommt mit einem drehenden, schiebenden Schub, der deine explodierende rechte Faust fest ins Ziel stemmt, ungefähr in der Höhe des Solar Plexus. Der schräge Winkel deiner rechten Hand ermöglicht es dir, mit deinen Knöcheln hart zu treffen. Sorge dafür, dass du keine Spannung in Ellenbogen, Schultern oder Beinen hast, bis die Drehung aus deiner normalen Position gestartet ist. Noch wichtiger ist, dass du dafür sorgen musst, dass deine Hand in einem 45° Winkel ist und dass deine Hüfte in einem kräftigen, schiebenden Schub nach oben kommt.

•••

Der *Winkel der Faust* und das *Schieben mit der Hüfte* sind wichtige Kennzeichen von allen shovel hook punches, ob sie nun zum Körper oder zum Kopf gemacht werden. Die Spannkraft der Beine, die zum Schieben mit der Hüfte gebraucht wird, beschleunigt die Drehung des Körpers und, zur gleichen Zeit, lässt die Richtung der Drehung in einer Welle leicht nach oben abweichen. In der Zwischenzeit lässt die Kombination der schrägen Faust und des gebogenen Ellenbogens die Knöchel, mit denen du schlägst, in dieselbe Richtung weisen wie die der drehenden Welle. Du hast einen *sauberen* Schlag. Deine Faust trifft mit einem soliden Schlag, der sehr viel Durchschlagsvermögen enthält. Und dein sauberer Schlag *wird in einem Winkel gemacht,* um in die Verteidigung eines Gegners *einzudringen.*

•••

Shovel hook punches zum Kopf werden aus der on-guard Position gemacht (es ist besser, diesen Schlag am Sandsack zu üben). Bringe deinen rechten Arm zum Körper, halte deinen Unterarm gerade nach oben, bis dein Daumen nahe an deiner rechten Schulter ist. Sorge dafür, dass dein rechter Ellenbogen gut eingezogen ist, und dass er gegen die unteren Rippen deiner rechten Seite drückt. Jetzt lässt du plötzlich, ohne deine Füße zu bewegen, die Kombination von Schulterdrehung und den Schub mit der Hüfte auf den Körper wirken und lässt deine schräge rechte Faust einen Schlag gegen das Ziel ausführen, das sich auf deiner Kinnhöhe befindet. Sorge dafür, dass dein Ellenbogen jedesmal beim Beginn der Drehung gegen deine unteren Rippen drückt, und dass deine Faust nahe an deiner rechten Schulter ist, wenn sie trifft.

•••

Shovel hook punches sind echte *lead hook punches* nach innen, eine der *kürzesten,* aber doch eine der explosivsten Schläge. Wenn du diesen Schlag einmal beherrscht, werden deine Hände instinktiv in ihre *shovel* Position schießen, wenn dein Körper seine schiebende Drehung startet. *Sie werden gewissermaßen vom Körper mitgenommen.*

•••

Du kannst den Abstand überbrücken mit jeder Anzahl von Angriffskombinationen, wobei die *shovel hook punches* als Folgeschläge gebraucht werden. Die einfachste Kombination ist ein langer Schlag mit rechts zum Kopf (aus der Rechts-Vorwärtsstellung), bei der es nicht gelingt, deinen Gegner nach hinten zu schlagen, direkt gefolgt von einem *linken shovel hook punch* zum Kopf oder Körper. Oder du kannst einen ähnlichen geraden Schlag zum Kopf folgen lassen durch einen rechten *shovel hook punch* zum Kopf oder Körper. Ebenso wird ein langer gerader *Schlag mit links* zum Kopf, mit dem es nicht gelingt, sein explosives Ziel zu erreichen, dich in die Position für *shovel hook punches* mit rechts zu jedem Ziel bringen. Wenn ein schneller Gegner nach vorne kommt, kann seine Schnelligkeit so sein, dass du ihn nicht mit einem *counter* abfangen kannst, bei dem du nach vorne trittst, aber die gleiche Schnelligkeit kann ihn zu einem perfekten Ziel für dein Geschütz bei kurzem Abstand machen. Außerdem wirst du oft in einem kurzen Abstand stehen, um *shovel hook pun-*

Der Winkel der Faust und das Schieben mit der Hüfte sind wichtige Kennzeichen von allen shovel hook punches, ob sie nun zum Körper oder zum Kopf gemacht werden.

TAO DES JEET KUNE DO

ches als *counterattacks* zu machen, wenn du Angriffe durch Blocken, *parries*, *slippen*, und ähnliches abgewehrt hast.

•••

Der *shovel hook punch* kommt direkt nach deinen langen, geraden Schlägen (nach Dempsey). Diese Schläge ermöglichen es dir, einen Gegner, der probiert, Körper an Körper mit dir zu kämpfen, knock-out zu schlagen oder ihn wenigstens verwundbar zu machen (vergiss nicht, Ellenbogen, Tritte mit der Hacke und Knie zu gebrauchen). Diese Techniken helfen dir, *innerhalb* des Angriffs von Gegnern zu bleiben, die *bob and weave* anwenden, von denen die meisten *hook punches* von der *Außenseite* machen, und sie helfen dir, sie recht auf kämpfen zu lassen. Da *shovel hook punches* kurze, kompakte Schläge sind, ist es unwahrscheinlich, dass du selbst getroffen wirst, wenn du einen machst; du wirst eher getroffen, wenn du den mehr offenen *hook punch* von der *Außenseite* machst.

CORKSCREW HOOK PUNCH

Streng genommen wird der *corkscrew hook punch* beinahe genauso ausgeführt wie der *straight lead*, mit dem Unterschied, dass das Handgelenk scharf gedreht wird, gerade in dem Moment, bevor der Schlag trifft. Es ist ein gebogener, aufschlitzender *jab* mit den Knöcheln für den mittleren Abstand.

•••

Die Essenz von jedem *hook punch* ist, dass derjenige, der schlägt, seinen Ellenbogen im allerletzten Moment nach oben bringt, wenn er schlägt. Hierdurch werden seine Knöchel umgedreht, so dass sie treffen, wenn der Schlag trifft.

•••

Ausführung (Rechts-Vorwärtsstellung): Starte deine Schulterdrehung aus der on-guard Position, genauso als wenn du einen *jab* für den mittleren Abstand ausführen willst, ohne vorhergehende Bewegung. Aber an Stelle einen *jab* zu machen, klappe deinen rechten Unterarm und die rechte Faust nach unten und deinen rechten Ellenbogen nach oben. Deine rechte Faust klappt nach unten mit einer drehenden Bewegung, die dafür sorgt, dass die Knöchel korrekt auf dem Ziel landen. Wenn deine Faust gegen das Ziel knallt, ist dein Unterarm beinahe parallel mit dem Boden.

•••

Wenn du mit einem rechten *corkscrew hook punch* nach vorne gehst, dann kommst du nach vorne mit dem *pivot step* – nach vorne und etwas zur rechten Seite, die Zehen scharf eingedreht. Dein Körper dreht auf dem rechten Fußballen, wenn dein rechter Arm und deine rechte Faust auf das Ziel niederknallt. In dem Moment, in dem die Faust trifft, ist dein linker Fuß meistens in der Luft, aber dieser wird gleich hinter dir aufgesetzt.

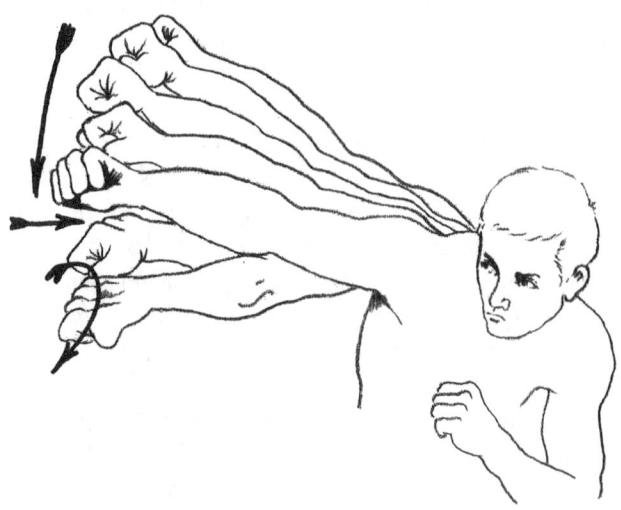

Der shovel hook punch kommt direkt nach deinen langen, geraden Schlägen.

WAFFEN

•••

Wenn du einen kräftigen, rechten *corkscrew* hast, der *ohne vorherige Warnung hinein knallt*, wird dein Gegner gut aufpassen, um dich mit seiner linken Faust (hinteren) zu bedrohen. Du kannst den *corkscrew hook punch* dazu gebrauchen, um den *rear cross* vom Gegner zu besiegen. Falls ein Gegner seine verteidigende linke Hand zu viel nach vorne kommen lässt, wenn er deinen rechten *lead jab* blockiert oder abwehrt, kannst du außerdem deinen *corkscrew hook punch hinter* seine verteidigende linke Hand niederkommen lassen und seinen Kiefer treffen.

•••

Der rechte *corkscrew hook punch* wird oft ausgeführt, während du dich zur linken Seite deines Gegners drehst.

•••

Übe auf dem Sandsack, um die richtige Ausführung und Schnelligkeit zu erzielen.

PALM HOOK
Der *palm hook* ist nur ein schneller *hook* mit offener Hand, der mit der Handinnenfläche trifft.

•••

In der normalen Schlagposition ist der rechte *palm hook* von außen sehr brauchbar, wenn ein Angriff mit dem *lead*, der hinter die verteidigende hintere Hand des Gegners nach innen schießt. Er ist auch nützlich als *counterattack*, während du deckst oder dich duckst, der schneller ist als ein *straight lead*.

UPPERCUT
Uppercuts mit dem *lead* oder der hinteren Hand werden im Nahkampf frei angewendet. Es gibt viele Möglichkeiten, diesen Schlag zu machen, sobald du an der Innenseite bist.

•••

Uppercuts können gegen Angriffe gebraucht werden, bei denen der Gegner den Kopf niedrig hält und gegen wild wirbelnde Schläge. Dies bedeutet, dass du nicht mit niedrigem Kopf oder mit vornübergebeugtem Körper nach vorne kommst, bis du den Stil deines Gegners vollständig durchschaust, da du sonst gegen einen *uppercut* laufen wirst.

•••

Der kurze *uppercut* ist ein effektiver Schlag. Halte deine Beine gebogen, bevor du schlägst; strecke sie dann auf einmal, wenn du schlägst. Stehe auf deinen Zehen und lehne dich etwas nach hinten, wenn der Schlag trifft, versetzte mehr Gewicht auf dein linkes Bein, wenn du mit rechts schlägst, und mehr auf dein rechtes Bein, wenn du mit links schlägst.

•••

Wenn dein Gegner in der Rechts-Vorwärtsstellung ist, lege dann deine linke Hand eben auf seine rechte Schulter, wenn du mit deinem rechten *lead* einen *uppercut* machst, um dafür zu sorgen, dass du nicht auf einen schweren *counterattack* läufst.

•••

Uppercut mit der hinteren Hand (Rechts-Vorwärtsstellung): Locke einen rechten *lead* heraus, trete dann mit einer schnellen Kopfdrehung nach rechts. Wenn er immer noch mit seinem *lead* nach vorne lehnt, mach dann einen kurzen, scharfen linken *uppercut* zu seinem Kinn, wodurch du seinen rechten Arm nach oben bringst und mit deinem Schlagarm blockierst.

•••

Der linke *uppercut* mit der hinteren Hand wird dadurch ausgeführt, dass man die linke Hand sinken lässt *auf dem Weg zu* und nach oben zu schlagen zu Kiefer oder Weichteilen. Der *lead* wird zum Schutz und auch für eine strategisch angreifende Position zurückgezogen.

•••

> **Übe auf dem Sandsack, um die richtige Ausführung und Schnelligkeit zu erzielen.**

TAO DES JEET KUNE DO

Der *uppercut* ist beinahe nutzlos gegen einen schnellen Boxer, der die ganze Zeit aufrecht steht und einfache lange *jabs* zu deinem Gesicht macht. Dann musst du planen, auf versuchen, in die Nahdistanz zu gelangen und diesen Schlag in seine Weichteile etc. zu machen. Durch diese Methoden kannst du ihn so müde machen, dass er seinen Kopf hängenlässt.

Dieser Schlag kann auf einen Sack gefüllt mit Maiskörnern geübt werden.

• • •

A) Der aufwärtige *hook punch*: du schraubst den Schlag nach oben und nach innen, so dass du ihn auf dem Kinn machen kannst von einem Kämpfer, der sein Gesicht dadurch deckt, dass er seinen Arm davor hält. Dreh die Hüfte kräftig (siehe Beschreibungen des *corkscrew hook punch*).

B) Der horizontale *hook punch* – vorwärtiger *hook punch*: Beide gehen über oder um die Deckung eines Kämpfers herum. Es ist beinah ein *jab* mit gebogenem Arm. Schlage durch mit dem Körper (siehe Beschreibungen des *shovel hook punch*).

Der uppercut ist beinahe nutzlos gegen einen schnellen Boxer, der die ganze Zeit aufrecht steht und einfache lange jabs zu deinem Gesicht macht.

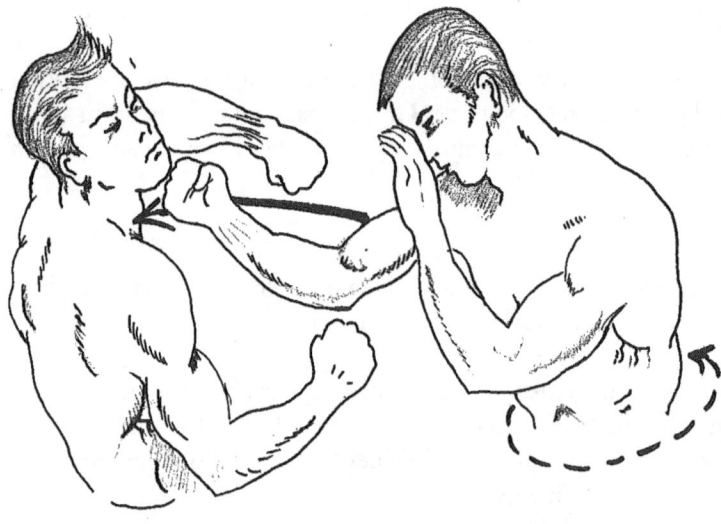

The Upward Hook--up and in--sudden violent turn of hip--aim to punch through! (shovel hook)

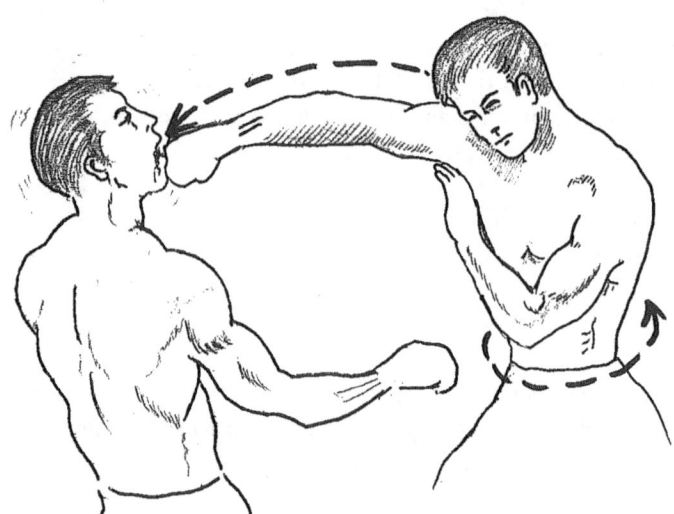

The Forward Hook--almost a bent-arm jab-drive through with the body. (corkscrew)

WAFFEN

<u>Practical & Simple combinations of Hooks and Crosses</u>

fig 1a

low feint to body

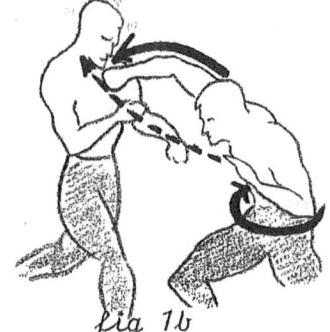
fig 1b

flow with timing to hook

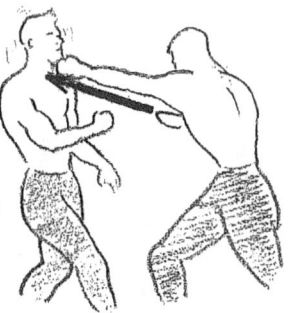
fig 1c

ends with left cross

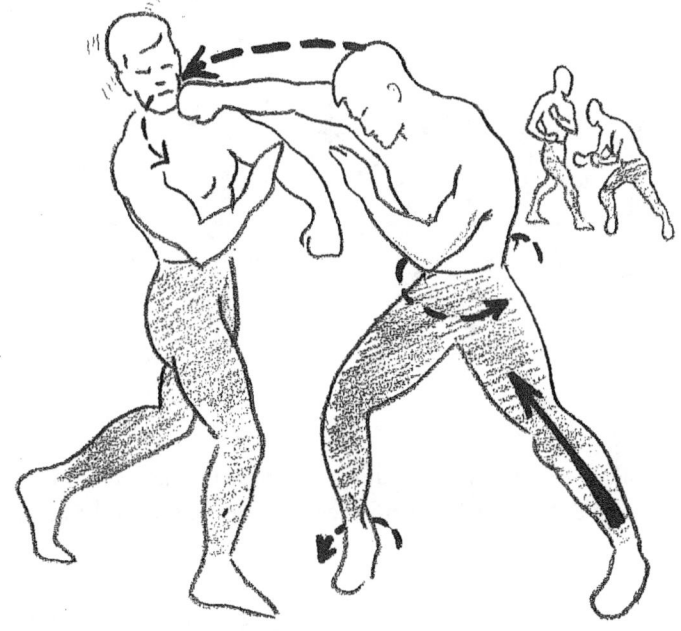

low feint to body follow with right hook (same hand--one continuous movement)

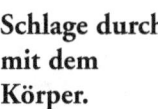

Schlage durch mit dem Körper.

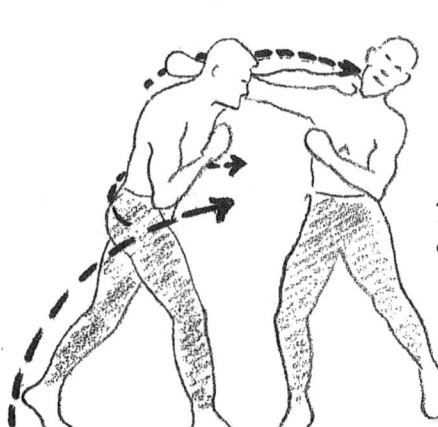

The Left Cross---after drawing opponent's right

KOMBINATIONSSCHLÄGE

Ein guter Boxer schlägt von jedem Winkel aus. *Jeder Schlag bringt ihn in die Position, aus der er noch einen Schlag machen kann.* Er ist immer zentriert, nie aus dem Gleichgewicht. Je mehr effektive Kombinationen ein Kämpfer machen kann, desto mehr verschiedene Typen von Gegnern kann er besiegen.

•••

Einige Anmerkungen treffen auf alle Arten von Schlägen. *Schlage so gerade wie möglich.* Gehe nach vorne, wenn du schlägst und sorge dafür, dass du eine gute Reichweite hast. *Lass bei keinem einzigen Schlag vorher sehen, dass er ankommt.* Wenn du deine Faust für einen Schlag auf eine bestimmte Art platzieren musst, mach das dann auf eine Art und Weise, die den Gegner nicht warnen wird. *Kämpfe aus der Mitte heraus und sorge dafür, dass du immer in Position und im Gleichgewicht bist, um jeden Schlag machen zu können.* Schlage an deinem Ziel nicht vorbei.

•••

Komm sofort in die on-guard Position, nachdem du geschlagen hast. Beende eine Serie Schläge mit dem lead.

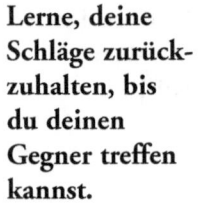

Lerne, deine Schläge zurückzuhalten, bis du deinen Gegner treffen kannst.

•••

Für das Kämpfen mit großem Abstand mache *jabs* mit dem *lead* und *cross* mit der hinteren Hand. Gebrauche *hook punches*, Schläge zum Körper mit der hinteren Hand und *uppercuts* für den Kampf mit kurzem Abstand.

•••

Neige dich ein bisschen, wenn du schlägst. Ein harter Schlag muss aus einer festen Basis gemacht werden; leichte Schläge werden vom Boxer auf den Zehenspitzen gemacht.

•••

Lerne, deine Schläge zurückzuhalten, bis du deinen Gegner treffen kannst. Zwinge ihn nach hinten, gegen die Taue, oder setze ihn in einer Ecke fest, bevor du angreifst. Vergeude deine Energie nicht mit Fehlschlägen. Weiche seinen Schlägen aus, wenn er angreift, und schlage mit harten *counters* zurück, bevor er entkommen kann.

•••

Belieb locker und entspannt, es sei denn, es geht um einen echten Kampf. Entwickel Schnelligkeit, Timing und Distanzgefühl durch viele Trainingsstunden mit allerlei Arten von Sparringspartnern. Trainiere hiermit deine Autorität, schlage voll Selbstvertrauen und hart.

FUßTRITTE

WAFFEN

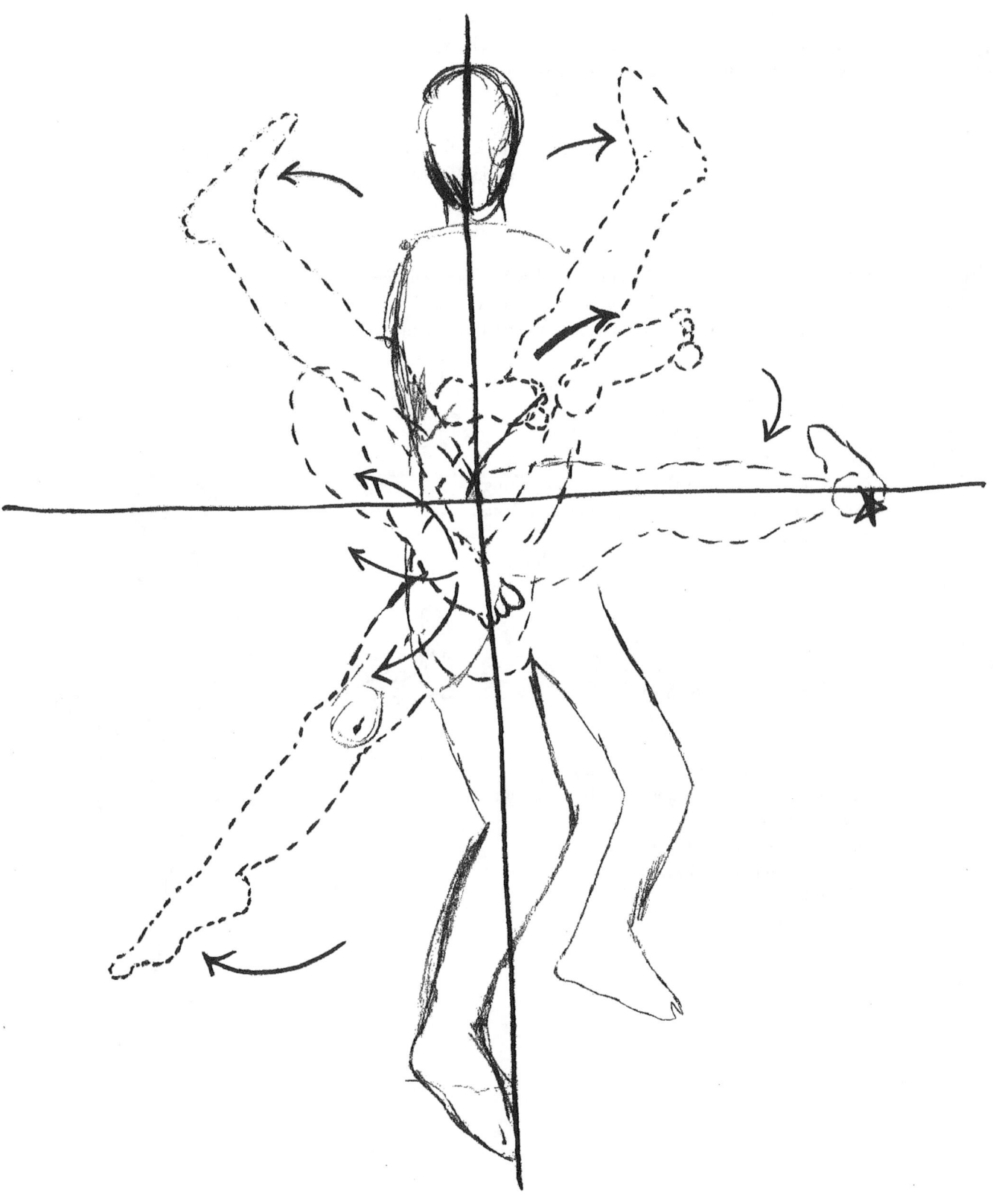

113

Welche Ziele sollte man hinsichtlich Leichtigkeit, Sicherheit und Effizienz auswählen?

A. *Hook kick*
1. Vorderes Knie einer Person in Rechts-Vorwärtsstellung
2. Weichteile einer Person in Rechts-Vorwärtsstellung
3. Kopf einer Person in Rechts-Vorwärtsstellung
4. Knie einer Person in Links-Vorwärtsstellung
5. Kopf einer Person in Links-Vorwärtsstellung
[Anmerkung: Untersuche Körpergefühl, um Kraft auszuüben auf ungewohnte, aber direkte Zielgebiete auf Personen in Rechts- oder Links-Vorwärtsstellung. Denke an den *hook kick* mit dem hinteren Bein.]

B. *Side kick*
1. Schienbein / Knie einer Person in Rechts-Vorwärtsstellung
2. Schienbein / Knie einer Person in Links-Vorwärtsstellung
[Anmerkung: Tritt abwärts mit kurzem Abstand (Spann, Schienbein, Knie) – auch der *cross stomp*.]

C. *Hook kick* mit dem hinteren Bein
1. Vorderes Knie einer Person in Links-Vorwärtsstellung
2. Knie einer Person in Rechts-Vorwärtsstellung
D. *Straight kick* mit dem *lead* – gucke zum Knie, zu den Weichteilen
E. *Straight kick* mit dem hinteren Bein (links)
F. Linker *spin kick*
G. Vertikaler *hook kick*
H. Rechter *finger jab* – 3 Arten
I. Rechter *jab* – (3 Arten und hoch / tief)
J. Rechter *hook punch* – hoch / tief
K. Rechter *backfist* – hoch / tief
L. *Cross* (links) – hoch / tief
M. Rechte *bottom fist* (mit dem lead)
N. Linke *bottom fist* (hintere Hand) – (hintere Hand, gedreht)
O. Mögliche Trittkombinationen
1. Natürliche Folgetechnik
2. Trainierte Folgetechnik
P. Mögliche Handkombinationen

Untersuche Körpergefühl, um Kraft auszuüben auf ungewohnte, aber direkte Zielgebiete auf Personen in Rechts- oder Links-Vorwärtsstellung.

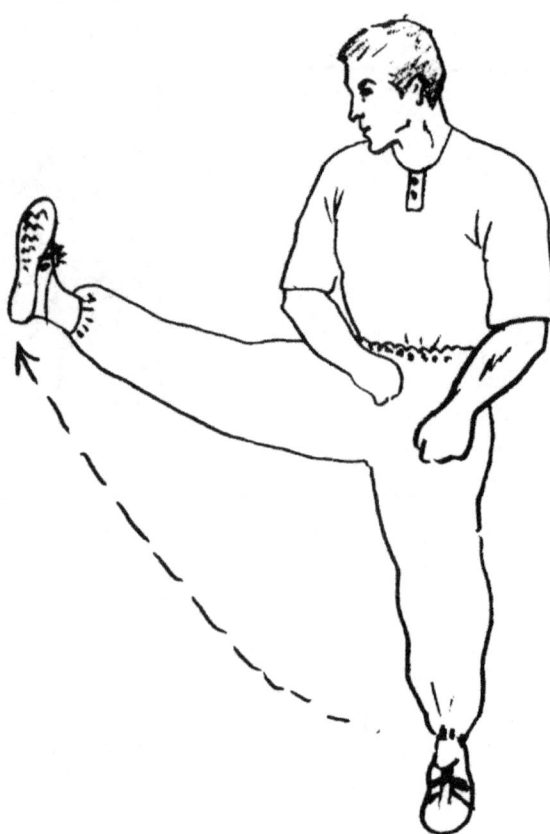

WAFFEN

Der Tritt ans Schienbein von Savate – (runde Kraft oder Kraft nach oben)

1. Das Knie ist nicht beweglich, so wie der Oberkörper.
2. Wird nach vorne und nach hinten gemacht.
3. Am schnellsten (ökonomisch), am kräftigsten (natürlich), und am schwierigsten, um sich davon wegzubewegen.
4. Normalerweise macht die Ferse Kontakt. Experimentier, um Kontakt mit dem Fußballen zu machen.
5. Manchmal ist es notwendig, um das vordere Bein herumzugehen, um das hintere, gewichttragende Bein, anzugreifen. Je mehr Gewicht auf dem Bein lastet, desto mehr Schaden wird das Knie erleiden.

La Savate

coup de Savate
(First pick)

Manchmal ist es notwendig, um das vordere Bein herumzugehen, um das hintere, gewichttragende Bein, anzugreifen.

Direct Kick at the mark
(later was barred)
a). make it straight as a boxer's cross
b). economy, speed & slightly upward.
c). make it a direct groin shot.

TAO DES JEET KUNE DO

Seie genau und exakt.

Tritttechnik muss:

1. ein Gefühl von kräftiger Leichtigkeit haben, entwickelt durch Training und anfüllende Übungen.
2. am Anfang in der Höhe verändert werden können.
3. plötzlich ökonomisch starten können.
4. geschmeidige Schnelligkeit haben.
5. mit jeder Bewegung kombiniert werden können.
6. direkt sein und augenblicklich das Teil des Beines zum Zielgebiet leiten können.
7. Genau und exakt sein.

•••

Funktionen der längsten Tritte:

1. Hauptsächlich, um ein entfernter gelegenes Ziel zu erreichen.
2. Wie eine vernichtende Waffe
3. Um den Abstand zu überbrücken für noch einen Tritt oder für Handtechnik.
Der Tritt, den du gebrauchst, wird variieren, abhängig vom Typ Gegner, der dir gegenübersteht.

•••

Der angreifende Vorstoss (treten und heranrücken und alle angreifende Schritte) muss:

1. wenn der Angriff misslingt, schnelle Herstellung, außerhalb der Reichweite eines Gegentrittes, vereinfachen. Der geringste Verlust von Gleichgewicht oder Kontrolle kann bedeuten, dass ein Teil eines Zieles für einen Gegentritt für einen Bruchteil einer Sekunde ungedeckt ist.
2. in der Lage sein, den langen Kampfabstand zu überbrücken mit Schnelligkeit, Ökonomie und Kontrolle.
3. ein Überraschungselement beinhalten, womit der Gegner geistlich oder körperlich überrumpelt wird.
4. mit großer Entschlossenheit und Schnelligkeit / Kraft durchgesetzt werden, wenn er einmal eingesetzt ist.
5. den maximalen Bereich gebrauchen, um das Ziel zu treten (3/4 oder mehr gebogen, vor allem beim Angriff). Der vergrößerte Abstand ist das, was einen vollständigen Trittanfall möglich macht.
6. intensive Anmut und Bewusstsein gebrauchen, vergleichbar mit der Hand, und mit tödlicher Kraft explodieren – das ist die Kunst der Tritte.

Brauche den maximalen Bereich um das Ziel zu treten.

•••

Entwickel Kraft auf der Stelle:

A. Während Kombinationen mit demselben Bein.
  – hoher / tiefer *hook kick* und *side kick* zum Schienbein / Knie
  – hoher / tiefer *hook kick* und *hook kick*, wobei man *slipt*.
B. Während Treten mit wechselndem Bein
C. Während Reichen, noch weiter Reichen und Haken.
D. Während Treten mit kurzem Abstand.
  – Mach den nach unten gerichteten *side kick* mit kurzem Abstand, um zu verhindern, dass du festgesetzt wirst und um eine kräftige Waffe hinzuzufügen.
  – Denk nach über das Ausführen von Knietechniken mit kurzem Abstand und Stampfen, während du hierbei im Gleichgewicht bleibst.

TAO DES JEET KUNE DO

•••

Entwickel „Körpergefühl" (Abstand, Timing, Loslassen, etc.) beim Angriff mit deinen Waffen auf ein bewegendes Ziel hin, während du selbst in Bewegung bist. Lerne, den Teil deiner Waffe erneut zu gebrauchen, während du bewegst.

•••

A. Ferse – gerade, mit der medialen Seite, mit der lateralen Seite des Fußes,
B. Fußballen – nach oben, gerade, seitwärts,
C. Zehen
D. Spann
E. Beide Seiten – Bewegung von Haken, wobei du mit der Seite triffst; schleudern, fegen

Kombinier Tritte mit allen Phasen der Fußarbeit:

Kombinier Tritte mit allen Phasen der Fußarbeit:
A. Nach vorne gehen, alle Arten
B. Zurückziehen, alle Arten
C. Links herum drehen, alle Arten
D. Rechts herum drehen, alle Arten
E. Parallel bewegen

•••

Tritte sollten schnell ausgeführt werden, um das Bewusstsein deines Gegners zu überraschen. Finde eine Haltung, um die antagonistischen Muskeln locker zu machen, bevor du trittst, eher eine Haltung von ‚ständig warten' als eine ‚vorbereitende' Haltung. Tritte sollten schnell ausgeführt werden, um das ‚Wegbewegen aus der Neutralität' des Gegners zu ‚stoppen'.

•••

‚Sieh' das Machen, Treffen und die Wiederherstellung mit fortdauerndem Bewusstsein, und verstärke alles mit einer ‚wachsamen' Handdeckung.

•••

Zentrum des Gleichgewichtes

•••

Anmerkungen zum schnellen Tritt: genau wie der Biss einer Kobra muss der schnelle Tritt gefühlt, und nicht gesehen werden.

•••

Anfang:

A. Lockerheit in Neutralität
B. Ökonomischer Start, der sich mit Neutralität mischt
C. Spielerische Lockerheit (geistig)
D. Geschmeidige Schnelligkeit (körperlich)

•••

Übergang:

A. Gute Sicht
B. Neutralität
C. Gleichgewicht, das unter Kontrolle ist
D. Geschlossene Deckung

•••

Treffen:

A. Gut getimter Zusammenstoß mit dem richtigen Teil der Waffe
B. Natürliche Entladung von koordinierter, vernichtender Kraft

•••

Wieherstellung:

A. Zurückkommen zu Neutralität oder Weitermachen mit dem Angriff
B. Verstärkung mit ‚Wachsamkeit'

•••

Welches sind die sicheren ‚schnellen' Tritte mit dem *lead*, die als Tempomacher gebraucht werden, Respekterzwinger, Abstandshalter? Wieviel schneller kannst du sie machen, ohne sie in ‚Streiftritte' zu verändern? Anmerkung: Gebrauch den *jab* vom Boxen als Richtlinie. Du wirst z.B. den *hook punch* mit der hinteren Hand nicht gebrauchen, es sei denn, dass du sicher vom richtigen Abstand bist und du die Situation des Gegners kennst. Lerne, wie du den Gegner keinen Gebrauch von deinem Einsatz machen lassen kannst. Erschrecke deinen Gegner, körperlich und geistig, in dem du ihm Schmerzen zufügst.

•••

Genau wie der Biss einer Kobra muss der schnelle Tritt gefühlt, und nicht gesehen werden.

TAO DES JEET KUNE DO

Mach eine Liste von Tritten, die aus dem Knie schnappen, wie z.B.:

1. *Hook kick* zu den Weichteilen (nach innen geschnappt)
2. Eingedrehter *hook kick* (nach außen geschnappt)
3. Der aufwärtige Schnapptritt
4. Schnapptritt nach rechts vorne

•••

Mache eine Liste von Tritten, die aus der Hüfte geschoben werden, wie z.B.:

1. *Side thrust kick*
2. *Back thrust kick*
3. *Front thrust kick*

•••

Untersuche das Schappen eines Trittes vom Knie aus, um mehr Kraft zu erzeugen, oder das Schnappen aus der Hüfte und dem Knie heraus, um mehr Schnelligkeit zu erzielen. Teste beide auf langem, mittlerem (natürlicher Abstand, um zu führen) und kurzem Abstand.

•••

Welches sind die Tempotritte, die schnappen und mit schnellem Zurückziehen kombiniert werden? Anmerkung: Sie müssen den Verfolger dadurch verzögern, dass du die Linie, in der er bewegt, triffst, während du von seiner Kraftlinie fortbewegst.

•••

Welches sind die Tempotritte, die festlegen? Anmerkung: Arbeite Vorsorgemaßnahmen aus, falls du gefasst wirst.

•••

Was sind Tritte mit kurzem Abstand, die schieben und knallen? Anmerkung: Arbeite natürliche Folgetechniken mit Händen oder Beinen aus.

Mach eine Liste von Tritten, die aus dem Knie schnappen

Mögliche Position des vorderen Beines

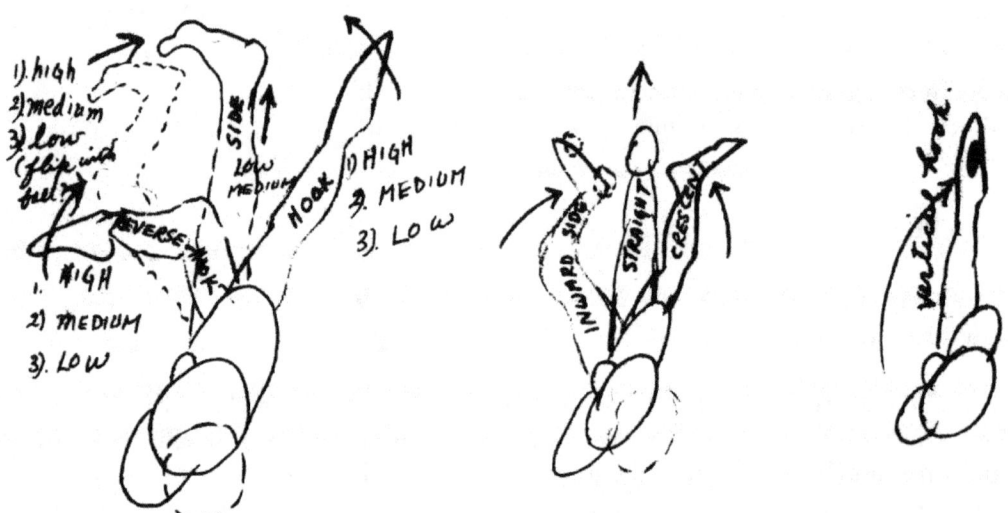

Anmerkung: lerne vernichtende Kraft weiterzugeben dahin, „wo" das Ziel ist oder es sich hinbewegt. Gebrauche „Körpergefühl" als deine Richtlinie.

WAFFEN

Mögliche Positionen des hinteren Beines

Welche sind die härtesten Tritte bezüglich Zerstörungskraft? Welche sind die Tritte, die am einfachsten den Gegner treffen?

•••

Trittmethoden

– Nach oben
– Nach unten
– Von außen nach innen
– Von innen nach außen
– Gerade nach vorn

Experimentier mit dem Körpergefühl, um die meiste Vernichtungskraft weiterzugeben an des Gegners.

BEISPIELE VON FUßTRITTEN MIT DEM LEAD
Tritt nach oben mit dem Spann zu den Weichteilen – (Kraft nach oben)
(kurzer Abstand / mittlerer Abstand)

Anmerkung: Experimentier mit dem Körpergefühl, um die meiste Vernichtungskraft weiterzugeben an des Gegners:

1. Schienbein
2. Knie
3. Weichteile
4. ?

TAO DES JEET KUNE DO

Vertikaler *hook kick* – (Kraft nach oben)
(mittellanger Abstand)

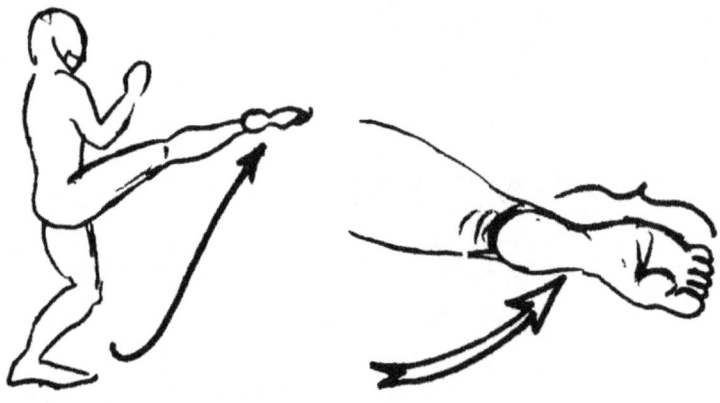

Studiere, welche Muskeln bei diesem Tritt beansprucht werden.

Hook kick – (von außen nach innen)
Hoch-Mittelhoch-Tief
langer-mittellanger-kurzer Abstand
Achte auf das nach hinten Neigen für Gleichgewicht und Rückführung.

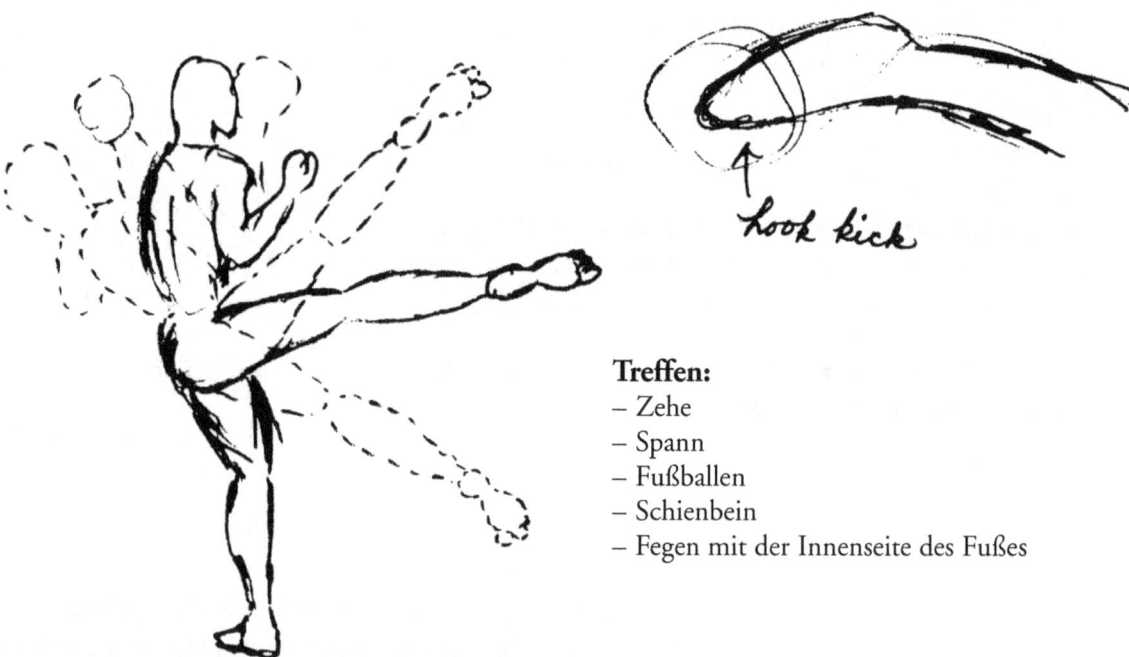

Treffen:
– Zehe
– Spann
– Fußballen
– Schienbein
– Fegen mit der Innenseite des Fußes

Studiere, welche Muskeln bei diesem Tritt beansprucht werden und wie du die verschiedenen Teile davon dehnbar machen kannst.

WICHTIG: Entspanne die Timing-Muskeln, aber bewahre eine totale Aufmerksamkeit, was Position und Timing betrifft.

•••

Untersuche, wie du den Fußballen gebrauchen kannst, um das Schienbein anzugreifen, das Knie oder den Spann.

•••

Eingedrehter *hook kick* – (von innen nach außen)

•••

Side kick – (gerade nach vorne, nach oben, nach unten, von außen nach innen)
Abstand: lang, mittellang, kurz (Stampfen nach unten)
Im Kampf: Der *side kick* wird am besten dadurch angewendet, dass er nach unten gerichtet wird. Entwickel ein Gefühl von „subtiler Leichtigkeit" beim *side kick*.

> **Entspanne die Timing-Muskeln, aber bewahre eine totale Aufmerksamkeit, was Position und Timing betrifft.**

SHIN/KNEE KICKS

Methoden:

- gerade nach vorne
- gerade nach unten
- von innen nach außen (wie der eingedrehte *hook kick*)
- von außen nach innen (wie der *hook kick*)

•••

Bestimme, welche shin/knee kicks die längere Reichweite haben:

- *Side kick* zum Schienbein / Knie
- *Hook kick* zum Schienbein / Knie
- *Hook kick* mit dem hinteren Bein zum Schienbein / Knie
- *Straight kick* zum Schienbein / Knie (vorderes und hinteres)

•••

Alles muss mit Schnelligkeit und plötzlicher Ökonomie im Hinterkopf ausgeführt werden, und auch mit Kraft. Lerne, wie du am effizientesten Abstand überwinden kannst, und lerne effizientes Timing mit der Bewegung des Gegners.

•••

Der side kick zum Schienbein / Knie mit dem lead

Dieser Tritt kann ein explosiver, kräftiger oder schiebender Tritt sein, um das Knie des Gegners zu verrenken, während du den Abstand für eine Folgetechnik mit Bein oder Hand überbrückst. Es hat einen sehr entmutigenden Effekt und sorgt dafür, dass der Gegner mit weniger Selbstvertrauen angreift. Es erzwingt auch Respekt für Abstand ab.

•••

Als Angriff – gegen einen Gegner in Rechts-Vorwärtsstellung

Alles muss mit Schnelligkeit und plötzlicher Ökonomie im Hinterkopf ausgeführt werden, und auch mit Kraft.

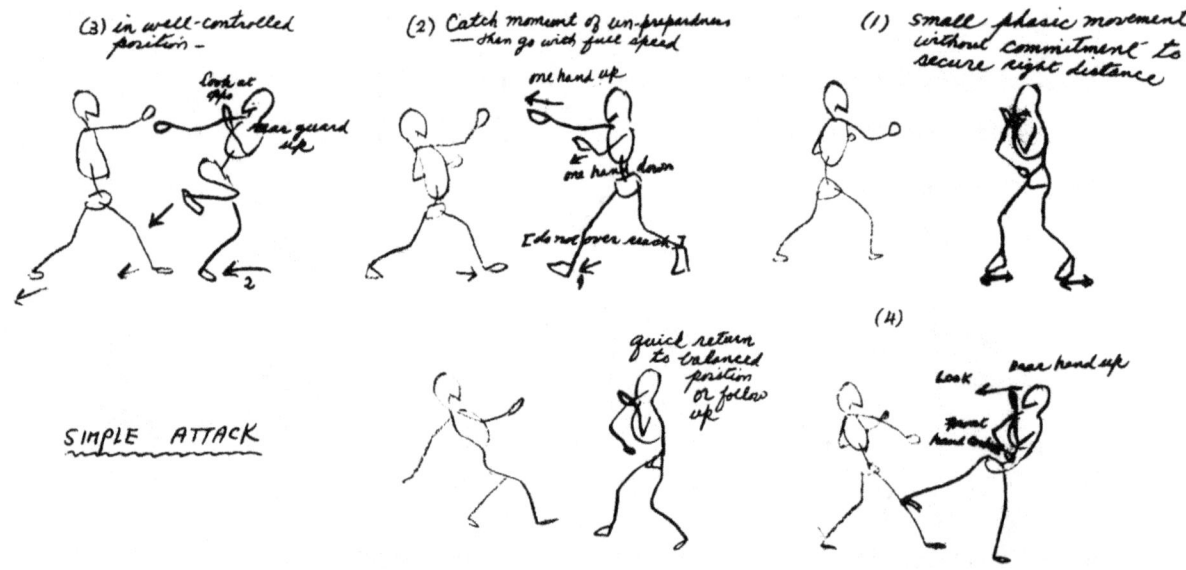

WAFFEN

Cross stomp – (Kraft nach unten)

Vorderes Bein:

Hinteres Bein:

(a) (Hüfte schließend)   (b) (Hüfte öffnend)

•••

Nenne Tritte, die eingesetzt werden können, ohne dass sich die on-guard Position davor und/oder danach verändert, so wie: *hook kick, side kick*, vertikaler *hook kick,* und *reverse hook kick.*

•••

 Weg des vorderen Beines, ohne die on-guard Position zu viel zu verändern.

 Weg des hinteren Beines, ohne die on-guard Position zu viel zu verändern.

Pass auf vor Tritten, die schnell ausgeführt werden, aber in denen keine Kraft ist.

(Anmerkung: der gerade 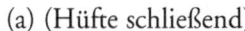 kennt viele kleine Richtungsänderungen)

•••

Welche von diesen ökonomischen Tritten außer dem *hook kick* zielt auf totale Geschwindigkeit?

•••

Pass auf vor Tritten, die schnell ausgeführt werden, aber in denen keine Kraft ist – finde einen guten Mittelweg, aber denke an Schnelligkeit. Arbeite an dem speziellen, ökonomischen Start, und nicht nur an den Tritten mit nicht-verändernden on-guard Bewegungen. Lass dich an Stelle davon von Moment zu Moment leiten durch die plötzliche Ökonomie.

•••

TAO DES JEET KUNE DO

Kräftige Tritte, ohne sich „zu exponieren"
Anmerkung: Teile sie schnell aus.

Beispiel für *hook kick*:
1. Kleiner phasischer Stand mit gebeugtem Knie (neutral)
2. Ökonomischer Start
3. Finde den Punkt zur schnellen Herstellung nach Neutralität (dies gilt für alle Tritte)

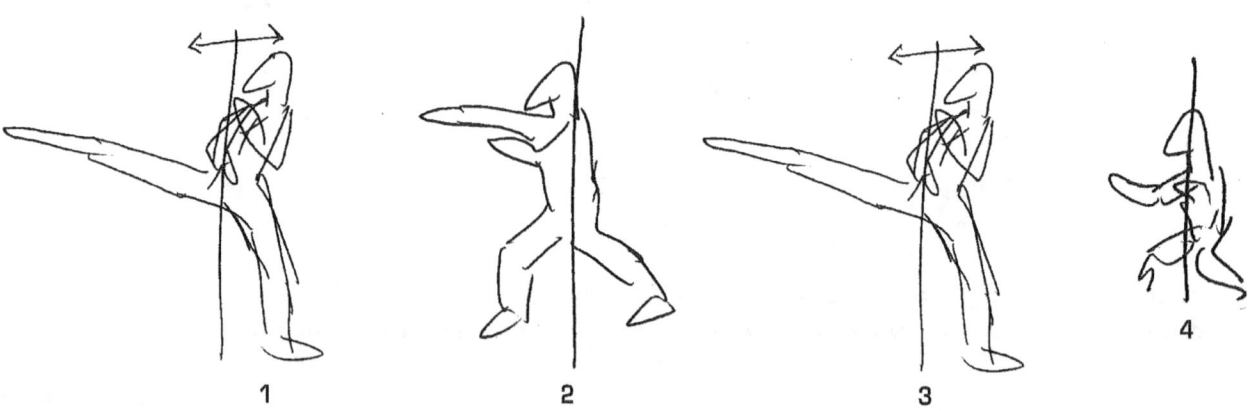

Lerne, wie du Starts verschleierst und wie du wieder schnell zur Neutralität zurückkommst.

Die Einfügung des Grundtrittes (ohne Fußarbeit)
1. Vorderes Bein
2. (Nach vorne versetzen)
3. Hinteres Bein

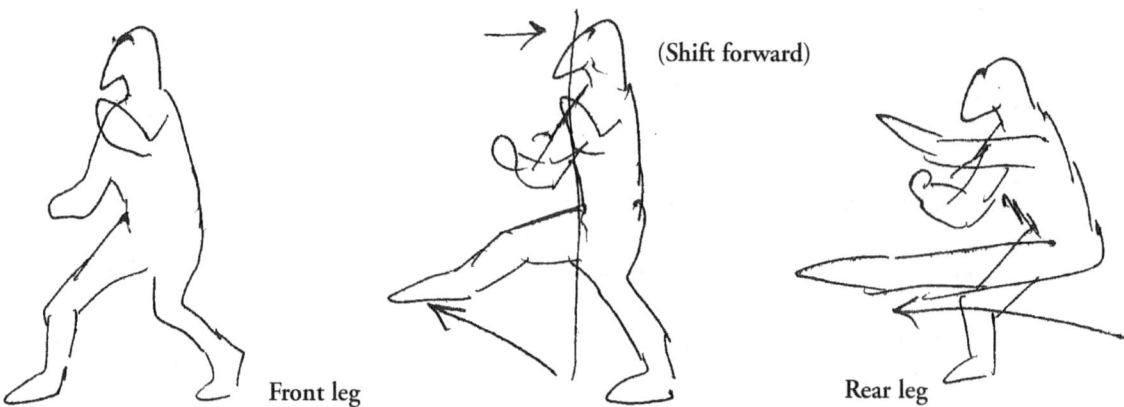

Lerne, wie du Starts verschleierst und wie du wieder schnell zur Neutralität zurückkommst. Du musst automatisch und fortdauernd decken.

•••

Nenne Tritte, die die totale Veränderung der on-guard Position vor/nach dem Start mit sich bringen.

WAFFEN

Studier die Hebelwirkung beim ruhigen Start.

•••

Lerne schnell und kräftig aus einer hohen, tiefen oder Grundstellung zu treten. Entwickel Körpergefühl und effiziente Form bei der plötzlichen Ausführung von schnellen, kräftigen Tritten, während du nach vorne gehst, nach hinten, links herumdrehst, rechts herumdrehst. Lerne den „Energiestrom" zu gebrauchen, um aus ungewohnten, niedrigen Haltungen hoch zu kommen.

Aufrecht –
Nach vorne, seitwärts, herumdrehend

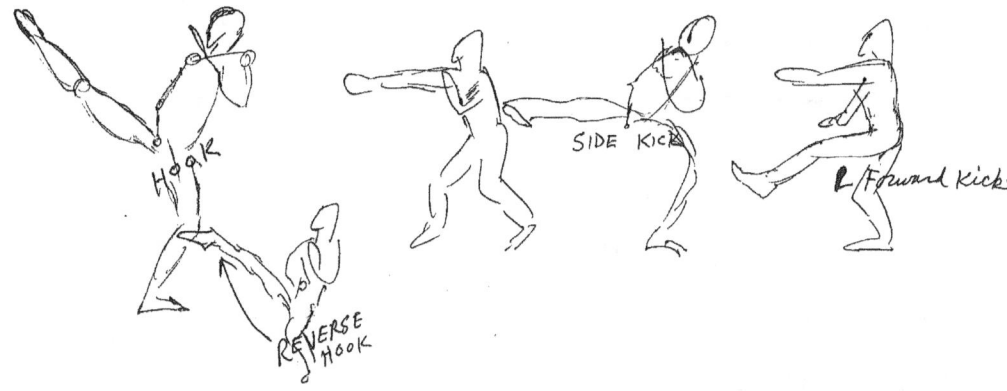

Geduckt zum Boden –
Nach vorne, seitwärts, wegdrehend

In der Luft –
Nach vorne, seitwärts, herumdrehend

Lerne schnell und kräftig aus einer hohen, tiefen oder Grundstellung zu treten.

TAO DES JEET KUNE DO

Entwickel die Fähigkeit, einen Feger mit der Ökonomie eines Trittes zu machen. Untersuche das Starten des Beinfegers als *counterattack* oder als Angriff mit langem, mittellangem oder kurzem Abstand, mit oder ohne Gebrauch der Hände.

Übe den Beinfeger und das Niederreißen des Gegners:

[A] aus einem schnellen Start

[B] als Teil einer Kombination

[C] als *counterattack*

WAFFEN

Studiere die Ausführung von Tritten, während dein Gegner auf dem Boden liegt.

Study kicking while a man is down.

- below the ear
- on the temple
- Toe to base of neck (or head)
- stomping on knee
- heel to solar plexus
- drop knee to groin
- stomping on ankle
- Heel to face
- knee drop to head
- heel on back
- heel on ribs
- Toe to coccyx (tail bone)
- drop knee to solar plexus

Kicking should be quick in delivery and recovery, and must be easy and loose. — The on-guard positioning is the controller.

Question: (a) The speed-jab — what about efficient kicks without too much preparation? Or standing still initiation and obtain leverage?

(b) what possible natural combination

(c) possible hand & feet combination?

(d) double kicks as in double jab

(e) side stepping with kicks and punch or knees & stomping with hooks & elbows or stopping

① master kicking quickly and powerfully from low or ground postures

② get body feel and efficient form in dropping suddenly down to fast powerful kicks while advancing, retreating, circling left, circling right.

③ acquire the sweep kick / double block

GRAPPLING

Werfel

1. Hakenwurf
2. Umgekehrter Hakenwurf
3. Einfacher Beinhalter und Fußstellen
4. Doppelter Beinhalter
5. Rechter Fußfeger – mit oder ohne Armzug zur rechten oder linken Stellung
6. Linker Fußfeger – mit oder ohne Armzug zur rechten oder linken Stellung
7. Beinschlagen nach hinten

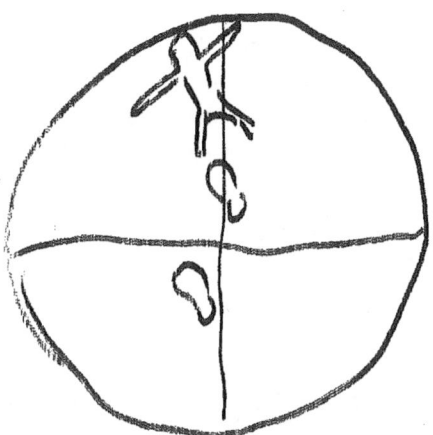

•••

Gelenkhebel

Können stehend oder liegend angewendet werden als eine Technik, um jemanden festzusetzen.
1. Äußerer Achselhebel – zur linken oder rechten Stellung
2. Handgelenkhebel
3. Umgekehrter Handgelenkhebel
4. Umgekehrter Handgelenkhebel mit Verdrehen – zum doppelten Armhebel
5. Liegender Doppelarmhebel
6. Stehender einfacher Beinhebel
7. Liegender einfacher Beinhebel
8. Einfacher Bein- und Rückgrathebel
9. Doppelter Bein- und Rückgrathebel
10. Zehenhebel mit Fußverdrehen

•••

> Gelenkhebel können stehend oder liegend angewendet werden als eine Technik, um jemanden festzusetzen.

Würgen

1. Fallwürgen nach hinten
2. Fallwürgen mit Überlehnen
3. Fallwürgen zur Seite

•••

(Unerlaubte) Taktiken

1. An den Haaren ziehen beim Nahkampf   …zur Kontrolle

2. Stampfen auf den Fuß beim Nahkampf   …zur Lähmung

3. Kneifen, beißen und an den Ohren ziehen   …um frei zu kommen oder zur Kontrolle

4. In die Weichteile kneifen   …zur Lähmung oder um frei zu kommen

•••

TAO DES JEET KUNE DO

Methoden, um jemanden zu Boden zu bringen

1. Kreisförmiger einfacher Beinfeger
2. Beingreifer mit Fallschritt
3. Beingreifer mit Rückziehschritt

(1)

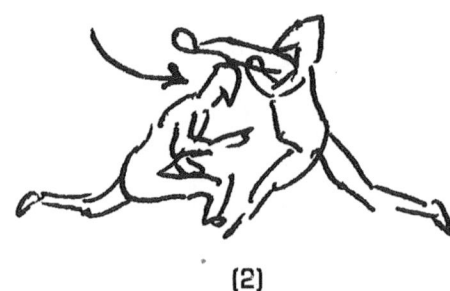
(2)

(3)

Gebote

Lass den Gegner auf deine Art und Weise ringen.

1. Bleib immer in Bewegung
2. Sei auf *counterattacks* vorbereitet
3. Entwickel katzenartige Bewegungen
4. Lass den Gegner auf deine Art und Weise ringen
5. Sei aggressiv; sorge dafür, dass dein Gegner ausschließlich an die Verteidigung denkt

Verbote

1. Kreuze nicht deine Beine
2. Wirf deine Arme nicht zu weit nach vorne
3. Jage deinem Gegner nicht hinterher
4. Verlasse dich nicht zu sehr auf eine Technik, die ihn niederreißt; sei für weitere Öffnungen bereit
5. Lass dich nicht vom Gegner einkreisen

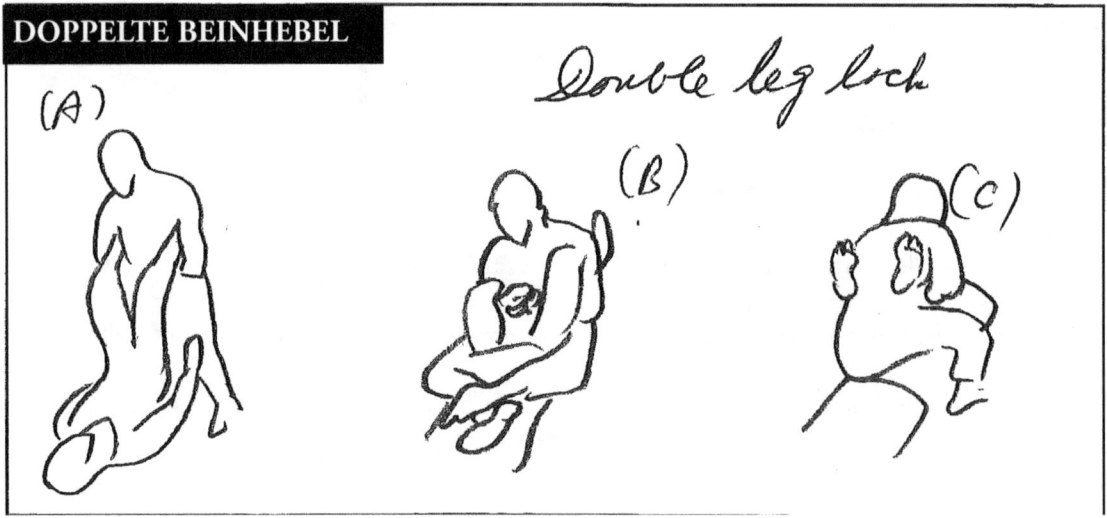

DOPPELTE BEINHEBEL — Double leg lock
(A) (B) (C)

WAFFEN

DOPPELTE BEINANGRIFFE

LEG ATTACKS :—
 a). The double leg attack
 b). The single " "

a). The Double leg attack :—
 a). The back heel (groin pull)
 b). The follow through lift (dick stomp)

a). The back heel
shoulder on thigh
back heel

(b) ① head up
back straight

② ③

EINFACHE BEINANGRIFFE

b). Single leg attack

1). The back trip to groin strike

2). The forward trip to side strangulation

3). The smash and groin strike

④ snap (拍!) and heel. to leg lock

To groin strike

EINFACHE BEINHEBEL

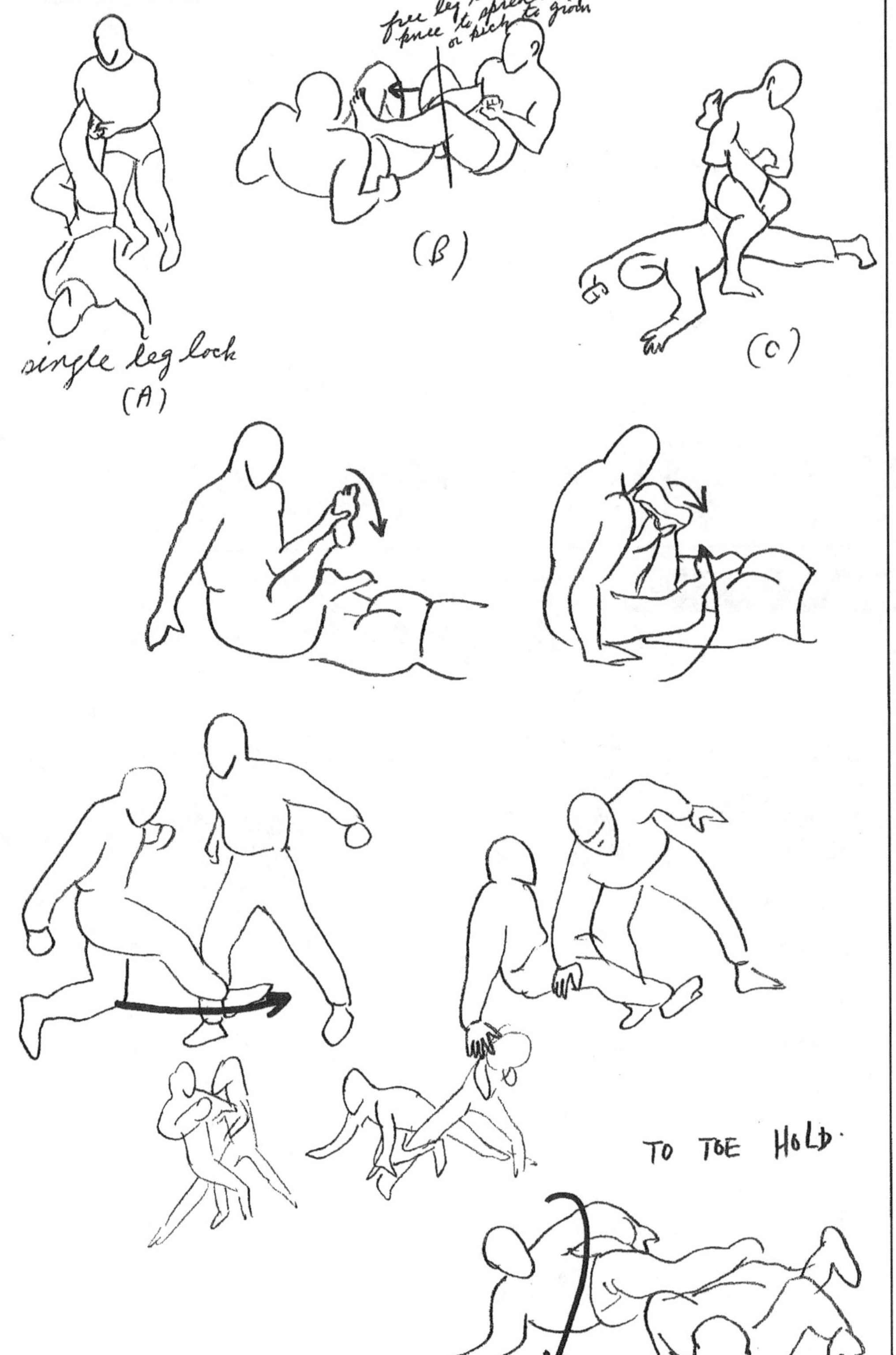

single leg lock
(A)

free leg to spread leg
knee to kick to groin
(B)

(C)

TO TOE HOLD.

WAFFEN

ZEHENHALTER (mit einfachen Beinhebeln)

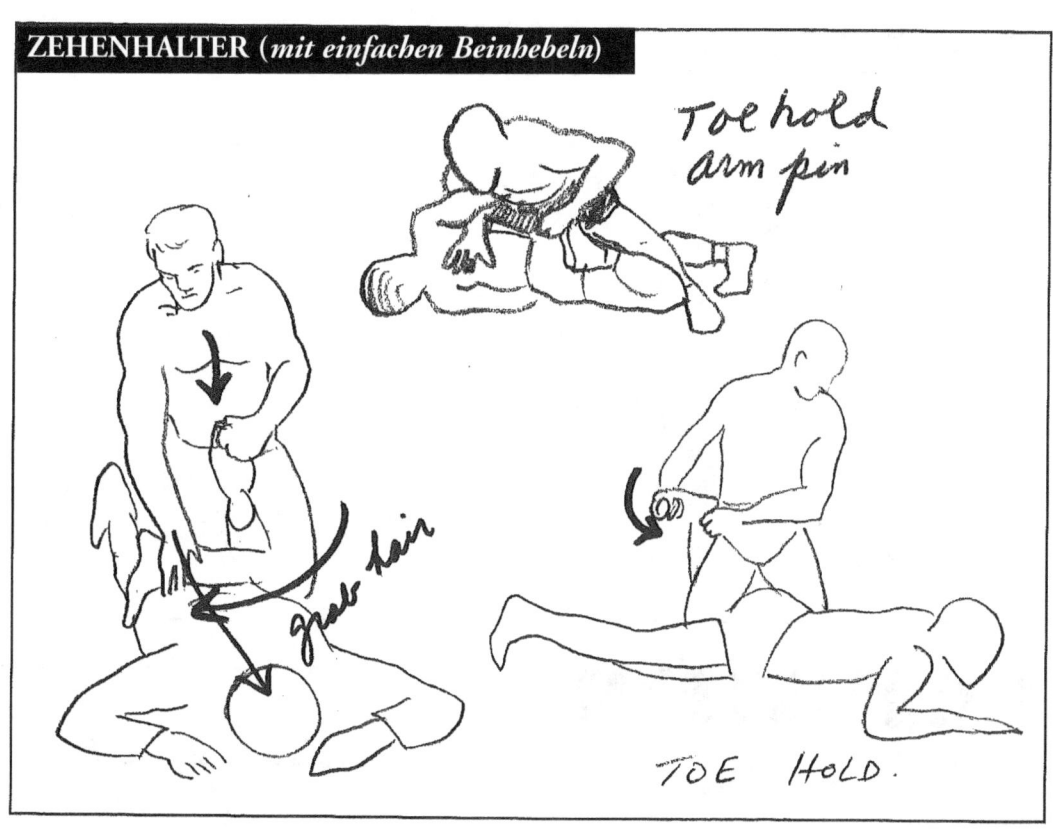

Toe hold arm pin

TOE HOLD.

ZU BODEN BRINGEN DURCH EINFACHEN BEINHALTER UND HEBEL

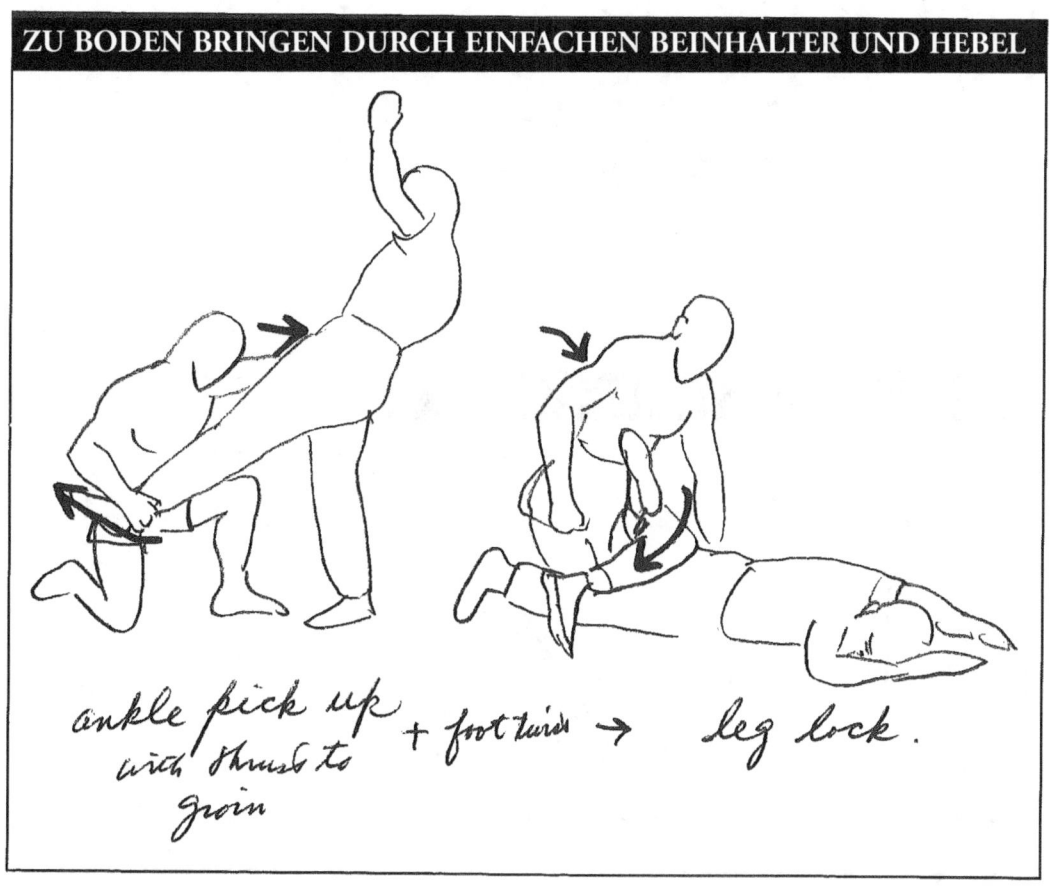

ankle pick up with thrust to groin + foot turn → leg lock.

ARM FALLENLASSEN

The arm blast by attack to groin squeeze

HANDGELENK UMLENKEN

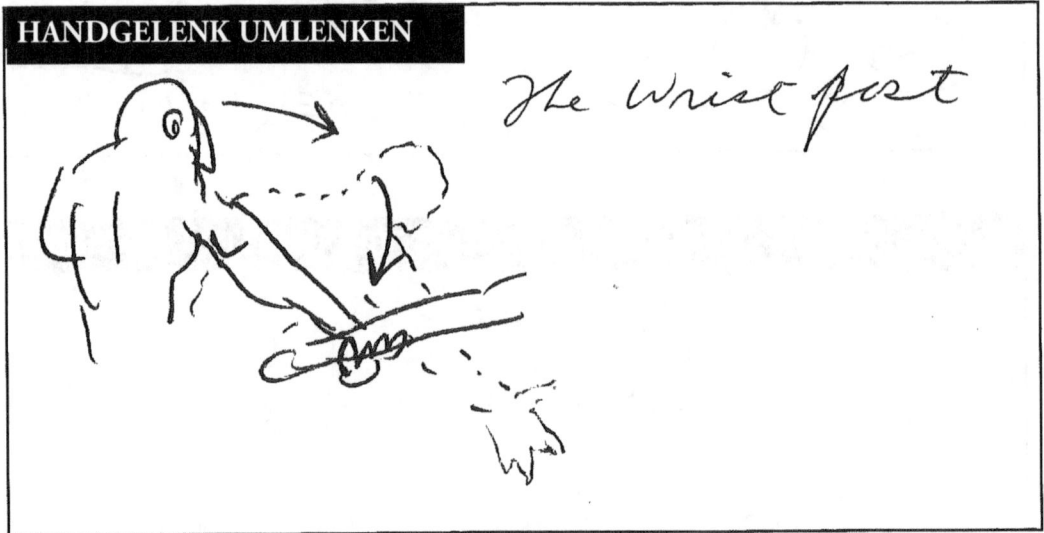

The wrist post

BERÜHREN (JAB) UND VORWÄRTSGEHEN

Touch (jab) and go

WAFFEN

ELLENBOGEN FALLENLASSEN

The "elbow throw-by" to leg pick up and strangulation.

Elbow throw-by to rear strangulation

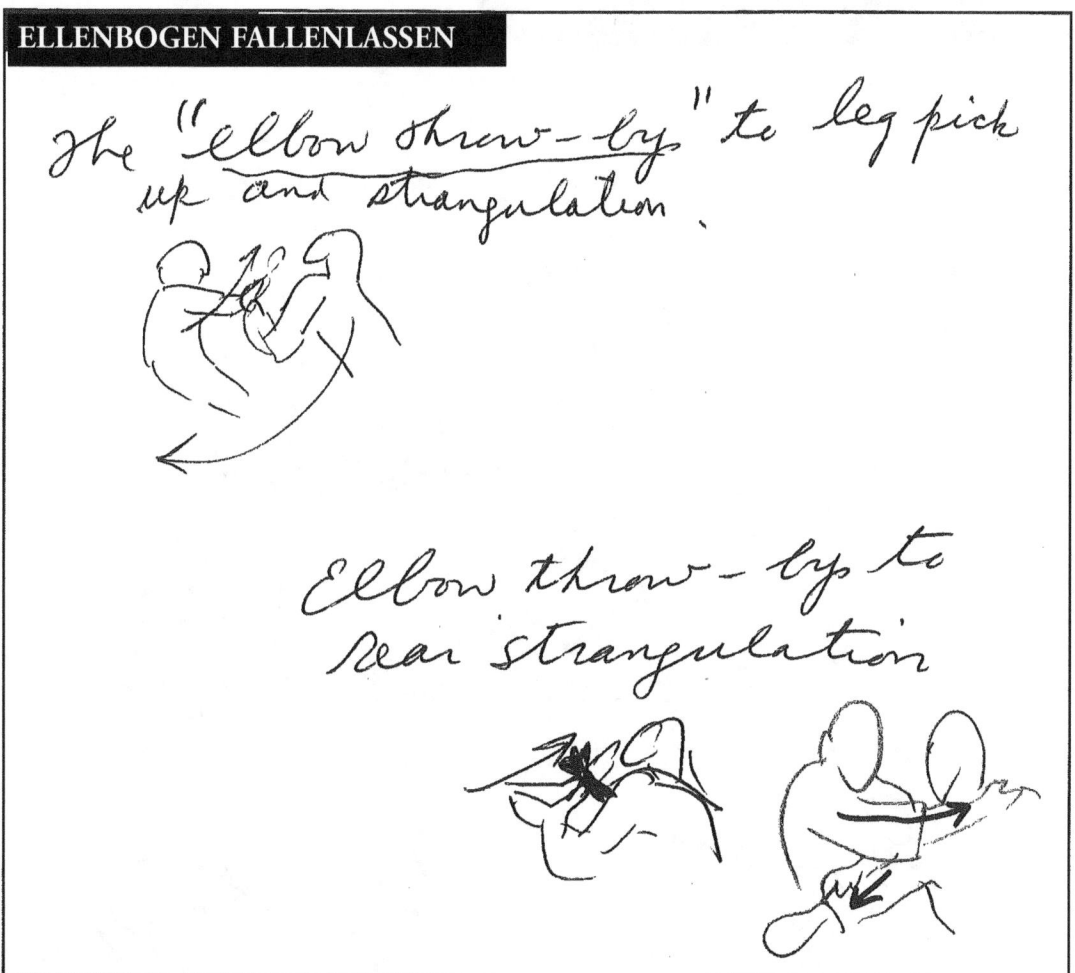

ARMZIEHEN

Arm drag to strangulation

TECHNIKEN AN KOPF UND GENICK

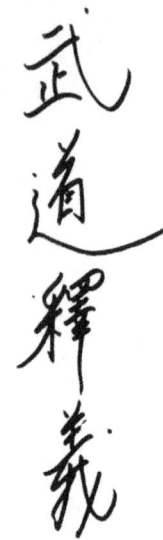

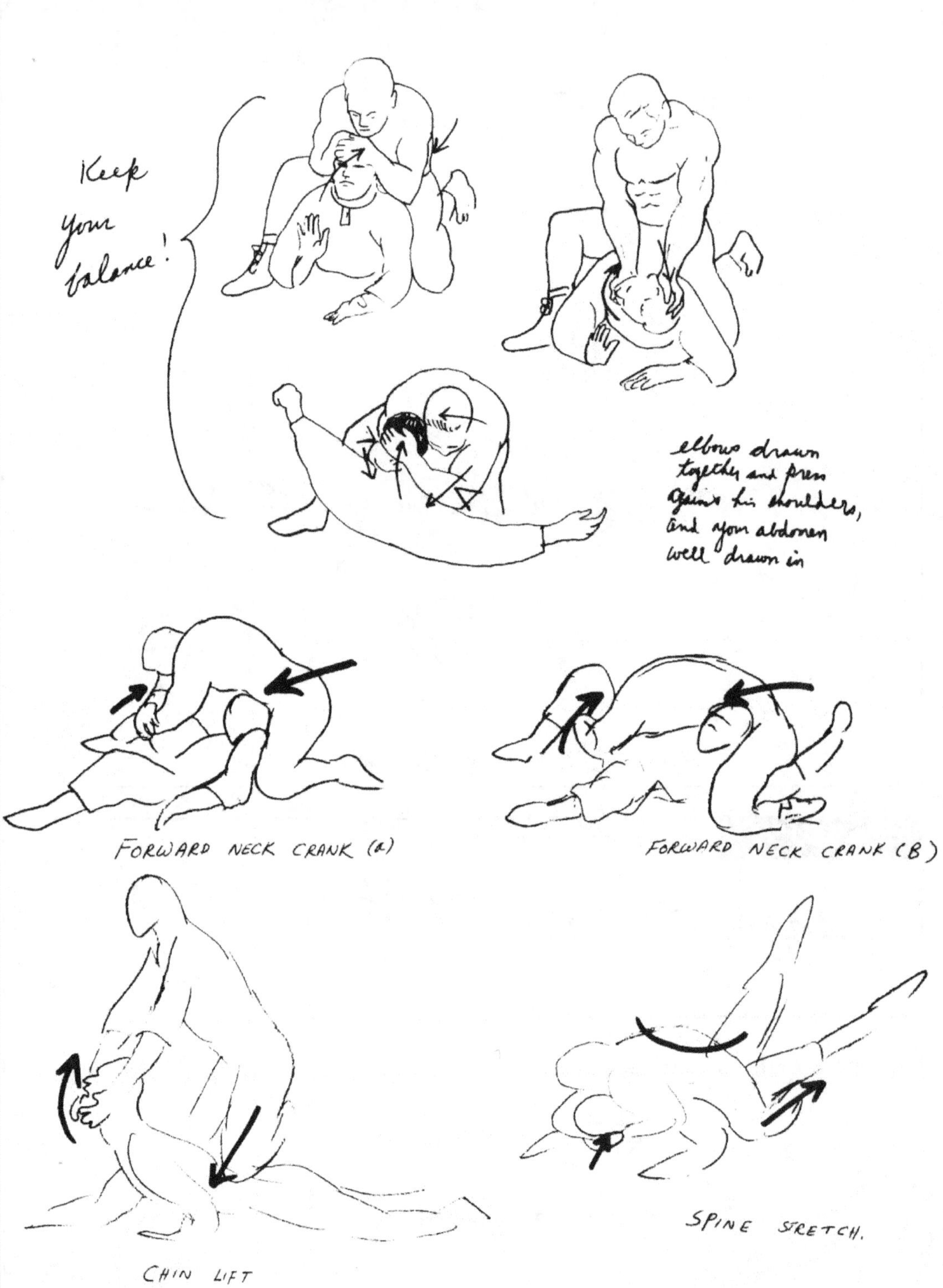

WAFFEN

TECHNIKEN AN KOPF UND GENICK

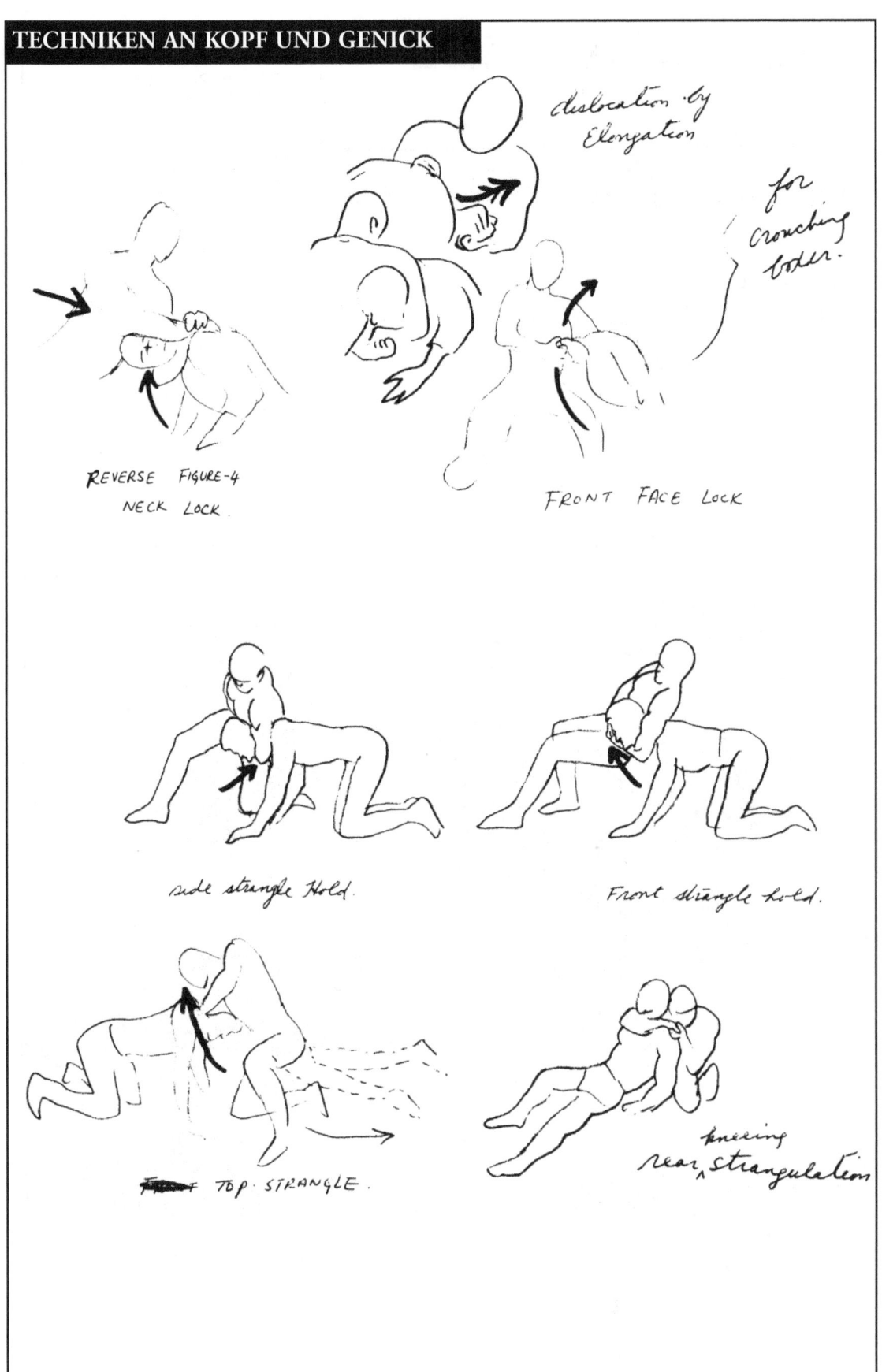

TAO DES JEET KUNE DO

TECHNIKEN AN KOPF UND ARM

neck & arm lever

half nelson & arm bar

dragging arm lock

half nelson & hammerlock

half nelson & top scissors

guillotine

WAFFEN

STUDIEN DES JUDO UND JU-JITSU

from scarf hold. watch out for groin

TAO DES JEET KUNE DO

STUDIEN DES JUDO UND JU-JITSU

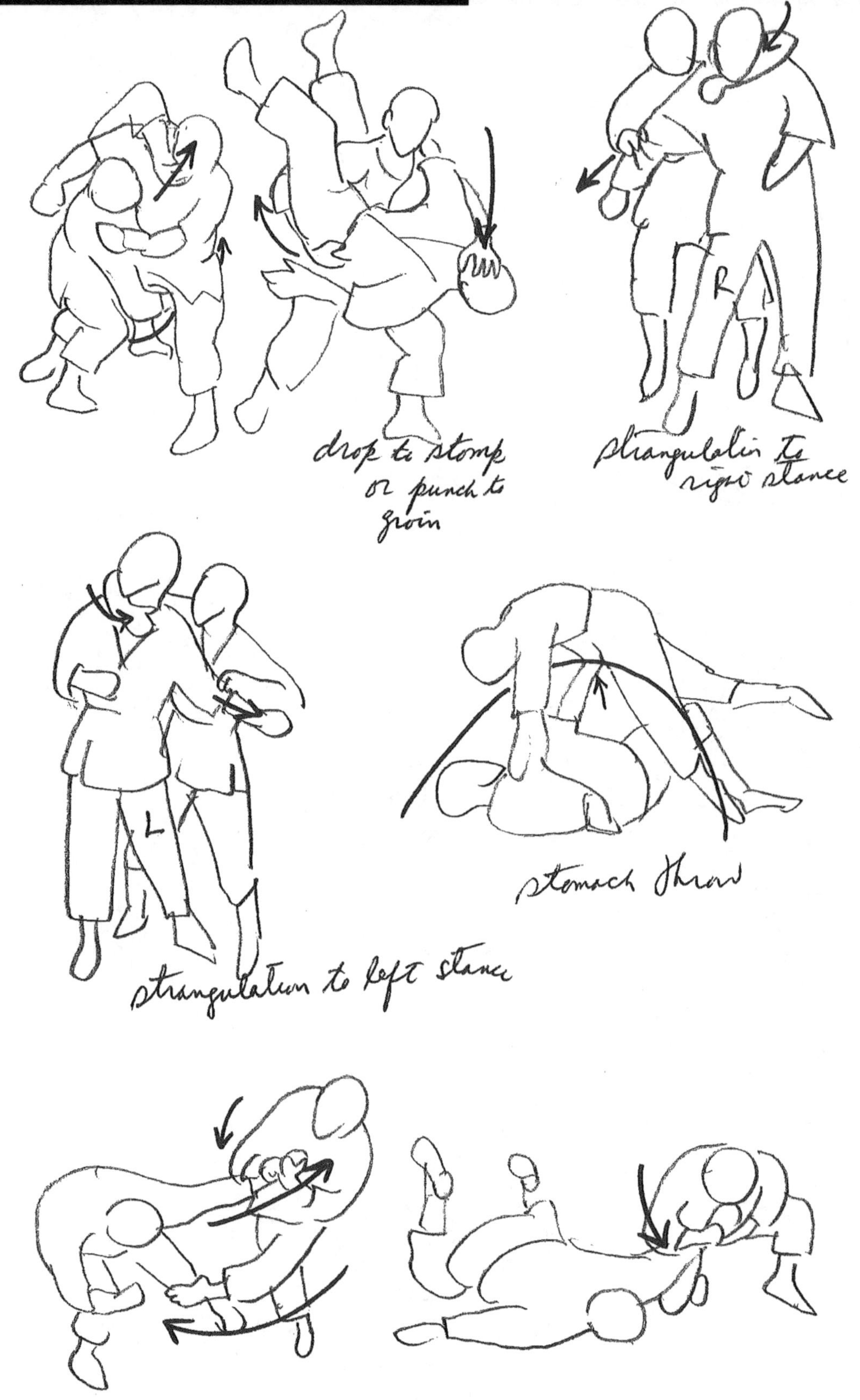

drop to stomp or punch to groin

strangulation to right stance

strangulation to left stance

stomach throw

142

STUDIEN DES JUDO UND JU-JITSU

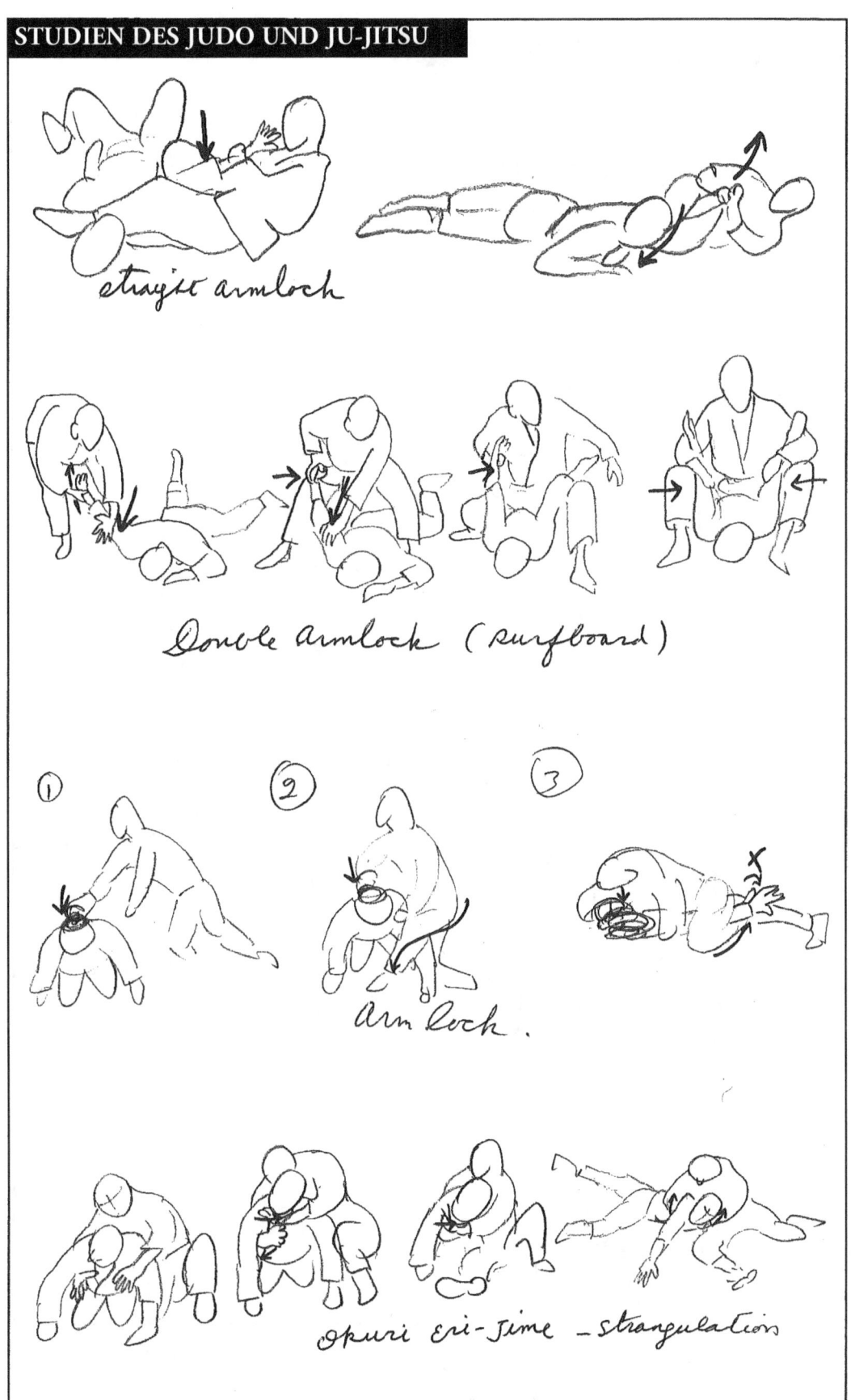

武道釋義

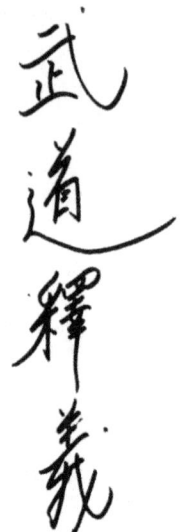

STUDIEN DES JUDO UND JU-JITSU

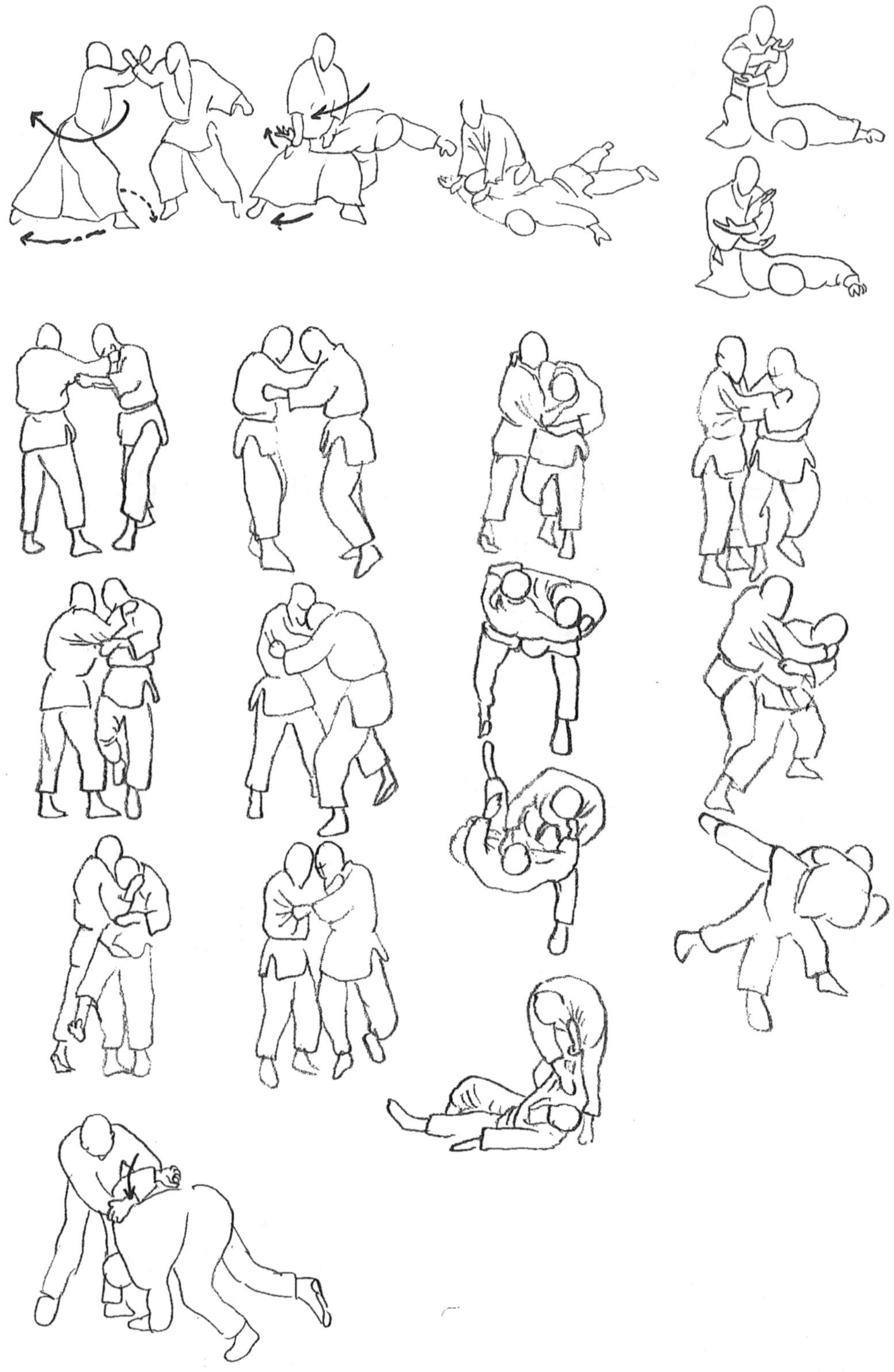

VORBEREITUNGEN

Intelligenz wird manchmal definiert als das Vermögen von jemandem, sich erfolgreich an seine Umgebung anzupassen oder die Umgebung an seine Bedürfnisse anzupassen.

TÄUSCHUNGSMANÖVER

Um die Gefahr eines schweren *counterattacks* möglichst klein zu halten, sollte vor dem Schlagen mit dem *lead* immer irgendein Täuschungsmanöver vorangehen.

•••

Eben winken mit der Hand, stampfen mit dem Fuß, plötzliches schreien, etc. kann *sinnliche Ausstrahlung* hervorrufen, die ausreichend ist, die *Koordination zu verringern*. Dieser Mechanismus befindet sich auf dem *Reflexniveau* des menschlichen Verhaltens, und selbst jahrelange Erfahrung im Sport kann die ablenkenden Effekte von Außenstimuli nicht auslöschen.

•••

Ein Täuschungsmanöver ist nicht effektiv, wenn der *Gegner nicht gezwungen wird, sich zu bewegen*. Um erfolgreich zu sein, muss es einer einfachen Angriffsbewegung ähneln.

•••

Gute Täuschungsmanöver sind *durchschlagend, expressiv* und *bedrohend*, und man kann sagen, dass JKD auf Täuschungsmanövern und den mit ihnen verbundenen Aktionen gegründet ist.

•••

Das Täuschungsmanöver ist ein irreführender Angriff, der den Gegner einlädt und herauslockt, um die geeignete *parry* zu machen. Wenn der Gegner die *parry* macht, trennt der Kämpfer seine Hand von der des Gegners, die die *parry* macht, und der Angriff erfolgt mit einer der beiden Hände in der geöffneten Linie. Das Täuschungsmanöver besteht aus einem *Scheinangriff* und einem *echten, ausweichenden Angriff*.

•••

Der Scheinangriff ist ein halbgestreckter Arm mit einer leichten Vorwärtsbewegung des Oberkörpers.

Der Scheinangriff ist ein halbgestreckter Arm mit einer leichten Vorwärtsbewegung des Oberkörpers. Der echte, ausweichende Angriff wird mit einem Ausfallschritt gemacht. *Der Scheinangriff muss so echt erscheinen, dass der Gegner sich bedroht fühlt und reagiert.* Der Scheinangriff muss einem echten Angriff ähneln, um den Gegner zu überzeugen, die *parry* zu machen.

•••

Täuschungsmanöver sollten mit länger geführtem Arm gemacht werden (schnell! Aber imponiere!), wenn sie Fusstritten vorausgehen und wenn man von einem großen Abstand nach vorne kommst. Wenn sie nach einer *parry* gemacht werden und der Gegner erreicht werden kann, ohne einen Ausfallschritt zu machen, halte dann den Arm leicht gebogen und sorge dafür, dass die Deckung gut bleibt durch Wegdrehen oder dadurch, dass die hintere Hand verteidigend eingesetzt wird.

•••

Der Vorteil eines Täuschungsmanövers oder Täuschungsmanövern ist, dass der Angreifer seinen Ausfallschritt beginnen kann mit seinem Täuschungsmanöver und so von Anfang an *Abstand gewinnen* wird. Er wird mit seinem Täuschungsmanöver den zurückzulegenden Abstand um die Hälfte reduziert haben, und so bleibt für seine zweite Bewegung nur noch die zweite Hälfte des *disengagement* übrig. Er *gewinnt* dadurch *Abstand*, dass er seinen Ausfallschritt mit seinem Täuschungsmanöver startet, und *gewinnt* dadurch *gleichzeitig Zeit*, dass er die *parry* (die Reaktion des Gegners) auf dem Weg zu seinem Ziel in die Irre führt.

•••

Die Ausführung von Täuschungsmanövern ist ein wichtiger Teil des Angriffs. Je mehr ein Gegner getroffen werden kann, wenn er nicht auf der Hut ist, oder, was noch wichtiger ist, wenn er durch Täuschungsmanöver aus dem Gleichgewicht ist, desto besser ist es.

•••

Die Schnelligkeit der Täuschungsmanöver hängt von der Reaktion deines Gegners ab. Die Ausführung von Täuschungsmanövern muss also, genau wie Schnelligkeit und Abstand, an die Reaktion deines Gegners angepasst werden.

•••

VORBEREITUNGEN

Die Eins/Zwei- Täuschungsmanöver können lateral gebraucht werden (innen / außen; außen / innen) oder vertikal (hoch / tief; tief / hoch), mit nur einer Hand oder kombiniert mit zwei Händen.

•••

Die erste Bewegung, das Täuschungsmanöver, muss lang und tief oder *durchdringend* sein, um die *parry* herauszulocken. Die zweite Bewegung, der Schlag, muss schnell und in der Täuschung der *parry* bestimmt ausgeführt werden, wodurch der Gegner keine Möglichkeit hat sich zu herstellen. Der Bewegungsrhythmus ist also *lang – kurz*.

•••

Selbst bei der Ausführung von *compound attacks* mit zwei Täuschungsmanövern muss die *Tiefe des ersten Täuschungsmanövers den Gegner zwingen, in die Verteidigung zu gehen*. Aber da in diesem Moment der Kampfabstand erheblich verkürzt ist, kann das zweite Täuschungsmanöver nicht lang sein. Es gibt dafür keinen Raum und keine Zeit. Der Rhythmus oder Kadenz von einem *compound attack* mit zwei Täuschungsmanövern wird also sein: *lang – kurz – kurz*.

•••

Eine mehr geforderte Form von Täuschungsmanövern mit einer *Veränderung des Rhythmus* kann umschrieben werden als: *kurz – lang- kurz*. Das Ziel dieser Abwechslung ist es, den Gegner in die Irre zu führen und ihn glauben zu lassen, dass das zweite Täuschungsmanöver (lang) die letzte Aktion des *compound attacks* war, und damit wird seine *parry herausgelockt*.

•••

Mit „lang" meinen wir nicht wirklich langsam. Wenn du weit nach vorne zum Gegner kommst, muss das Täuschungsmanöver schnell sein. Die Kombination von Schnelligkeit und nach vorne Kommen sind die Faktoren, die den Gegner zu der gewünschten Abwehrreaktion *verleiten*.

•••

Wenn der Gegner nicht auf Täuschungsmanöver reagiert, ist es ratsam, mit geraden oder einfachen Bewegungen anzugreifen.

•••

Die Täuschungsmanöver werden effektiver sein, wenn man erst verschiedene, echte, *ökonomische*, einfache Angriffe macht. Der Gegner weiß nicht, ob ein *simple attack* oder ein Täuschungsmanöver gefolgt durch eine Irreführung ausgeführt wird. Dies ist vor allem gegen den weniger beweglichen Gegner effektiv, um eine Reaktion zu stimulieren. Dieselbe Taktik kann den schnellfüßigen Gegner dazu anregen zu fliehen.

•••

Täuschungsmanöver können auch in der Reihenfolge von Scheinangriffen gemacht werden, um *counterattack* und *riposte des Gegners abzuwehren*, schnell zurückzukommen oder einen *counter-return* zu machen.

•••

Ziel des Täuschungsmanövers:
1. Um die Linie zu öffnen, in der man angreifen will.
2. Um den Gegner zögern zu lassen, während man sofort den Abstand überbrückt.
3. Um die *parry*, die durch das Täuschungsmanöver verursacht worden ist, irrezuführen – um festzusetzen und zu schlagen, oder den Angriff zu verzögern und zu schlagen, wenn der Gegner nach hinten geht, um sich zu herstellen.

Einführung des Täuschungsmanövers:
1. Als ein direkter Schlag
2. Als ein ausweichender Schlag
3. Als ein *engagement*
4. Als ein *disengagement*
5. Als *pressure*

Wenn der Gegner nicht auf Täuschungsmanöver reagiert, ist es ratsam, mit geraden oder einfachen Bewegungen anzugreifen.

6. Als explosiver *pressure*
7. Als ein *beat*
8. Als ein *cut-over* (zur Immobilisation)

Parries, um auszuweichen:
1. Einfach
2. Kreisend
3. *Counter* oder verändernd

•••

Die Anzahl der *parries*, um auszuweichen, kann einfach, doppelt oder mehrfach sein.

AUSFÜHRUNG

Gehe in die on-guard Position und komm langsam nach vorne. Beuge schnell dein vorderes Knie, während du nach vorne kommst. Dies erweckt den Eindruck, als ob sich die Arme, genau wie die Beine, bewegen. In Wirklichkeit werden die Arme entspannt und bereitgehalten, als ob sie den *lead* an den Gegner preisgeben.

•••

Mach mit dem Oberkörper eine leichte Bewegung nach vorne, beuge das vordere Knie und bewege die vordere Hand leicht nach vorne. Nimm mit dem vorderen Bein einen größeren Schritt nach vorne, wenn du nach vorne gehst, genauso wie bei dem *quick advance*, und mach einen gestreckten *jab* mit dem *lead*, ohne den Gegner zu treffen. (Sei extra vorsichtig vor *counters*, wenn du nach vorne gehst – sei ökonomisch). Bring aus dieser geschlossenen Position den *lead* zurück zum Körper und mach einen *jab* zum Kinn.

•••

Ein anderes effektives Täuschungsmanöver ist das kurze Einknicken des Körpers oberhalb der hinteren Hüfte, während du dich nach vorne bewegst.

Ein anderes effektives Täuschungsmanöver ist das kurze Einknicken des Körpers oberhalb der hinteren Hüfte, während du dich nach vorne bewegst.

•••

Das *step in / step out* Täuschungsmanöver bedeutet, einen Schritt nach vorne zu machen, als ob du einen *jab* mit dem *lead* machst, aber an Stelle davon trittst du außerhalb der Reichweite indem du dich mit dem vorderen Bein zur Außenseite drehst. Komm jetzt nach vorne, als ob du ein Täuschungsmanöver machst, aber mache einen *jab* mit dem *lead* zum Kinn. Gehe dann sofort zurück. Wiederhole dies, wobei du einmal ein Täuschungsmanöver machst, das nächste Mal wirklich einen *jab* mit dem *lead*. Wenn es möglich ist, mach dann nach dem *jab* mit dem *lead* einen *straight rear thrust* zum Kinn (eins-zwei).

•••

Andere Täuschungsmanöver:
1. Täusche einen *jab* mit dem *lead* zum Gesicht vor und mache einen *jab* zum Bauch.
2. Täusche einen *jab* mit dem *lead* zum Bauch vor und mache einen *jab* zum Gesicht.
3. Täusche einen *jab* zum Gesicht vor, täusche einen *straight rear thrust* zum Gesicht vor und mache dann einen *jab* mit dem *lead* zum Kinn.
4. Täusche einen *straight rear thrust* zum Kiefer vor und mache einen *hook punch* mit dem *lead* zum Körper.
5. Täusche einen *jab* mit dem *lead* zum Kinn vor und mache einen *uppercut* mit der hinteren Hand zum Körper.

ANMERKUNG: Vergleiche die oben genannten Punkte mit Täuschungsmanövern beim Treten. Studiere die vorher erklärten Kopftäuschungsmanöver. Finde ein genaues Abstandsgefühl und eine korrekt balancierte Haltung, während du Täuschungsmanöver machst.

VORBEREITUNGEN

PARRIES

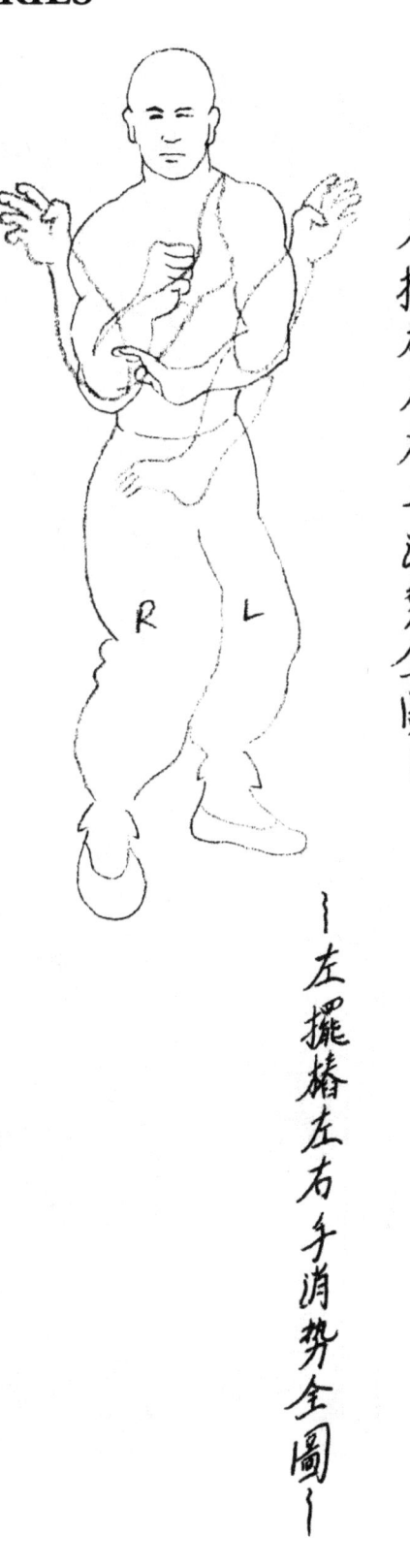

Täusche einen jab mit dem lead zum Gesicht vor und mache einen jab zum Bauch.

VORBEREITUNGEN: PARRIES

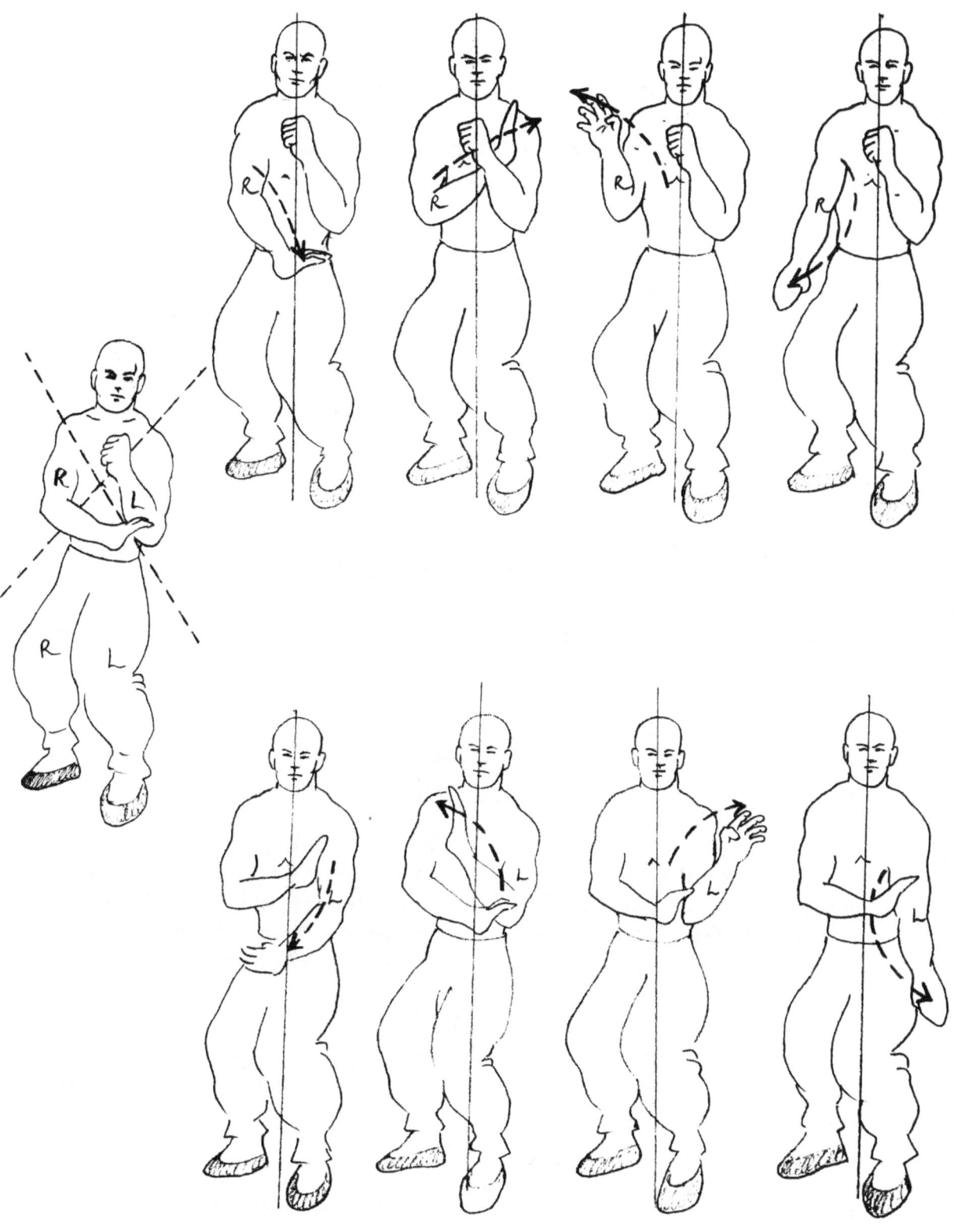

TAO DES JEET KUNE DO

Parrying ist eine plötzliche Bewegung der Hand von innen oder außen nach einem hineinkommenden Schlag, um diesen von seinem ursprünglichen Weg ablenken zu lassen. Es ist eine *leichte*, einfache Bewegung, die mehr von *Timing* als von Kraft abhängt. Ein Schlag wird erst im allerletzten Moment abgewehrt und zwar immer dann, wenn er dicht am Körper ist.

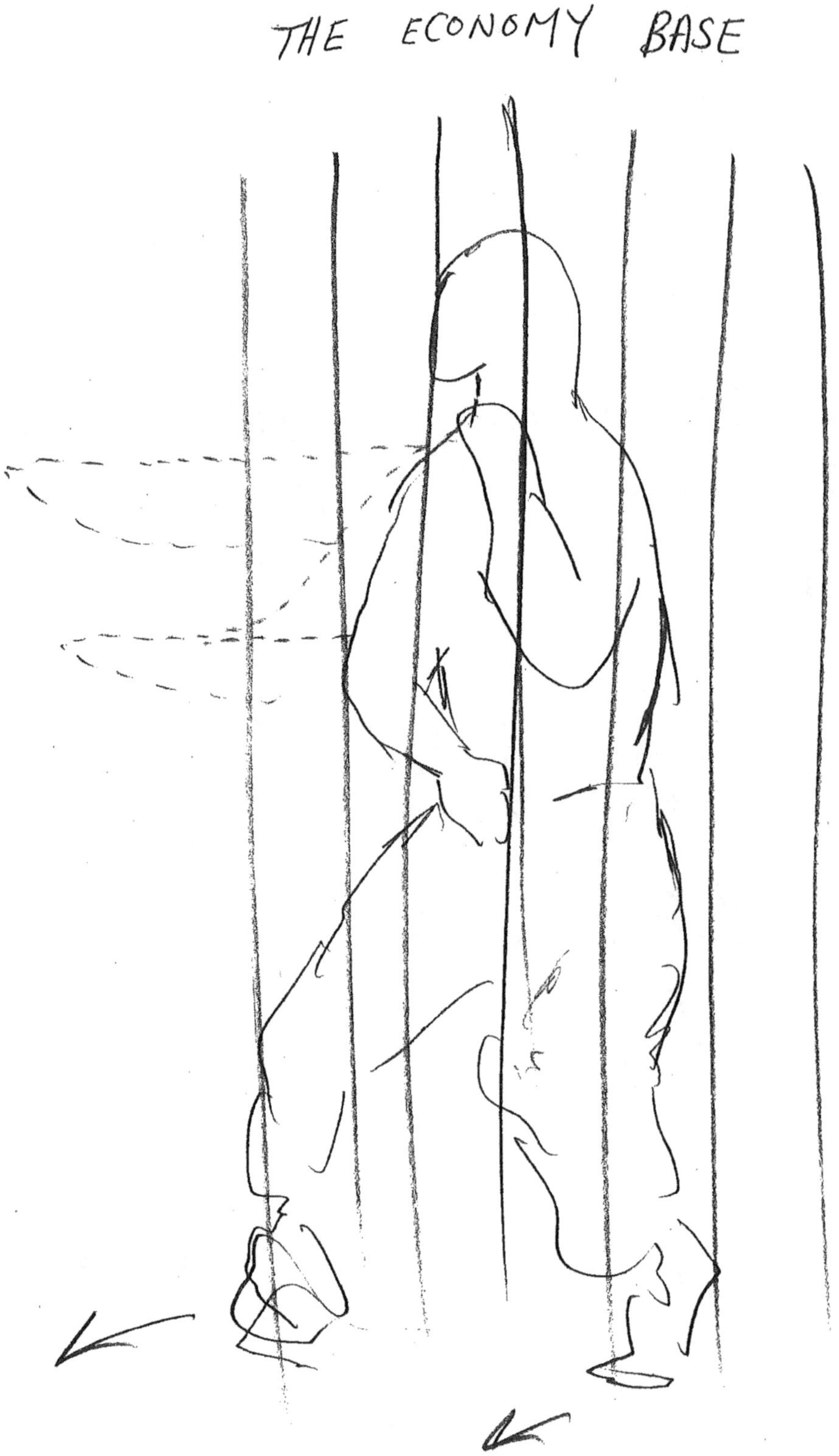

Parrying ist eine plötzliche Bewegung der Hand von innen oder außen nach einem hineinkommenden Schlag,.

THE ECONOMY BASE

VORBEREITUNGEN

Auf eine einfache angreifende Bewegung gibt es drei Arten von *parries* – einfache, halbkreisende und kreisende.

•••

Wenn die Bewegungen des Angreifers grob und schlecht gezielt sind, ist eine *einfache parry* die Antwort (vergiss den *stop-hit* nicht). Einfache *parries* werden in allen Fällen gebraucht, da es instinktive Bewegungen sind. Es muss sehr gut darauf geachtet werden, dass sie gut kontrolliert werden und gerade ausreichend decken. Vermeide, um dich herum zu schlagen oder mit deinen Händen zu schwingen (denk an Einfachheit. Studiere die acht Grundverteidigungspositionen).

•••

Das Ziel der *parry* ist es, eine Bewegung zu machen, die gerade genug ablenken lässt, um das bedrohte Gebiet zu beschützen. Wenn du zu viel beschützt (deine Hand zu sehr zu einer Seite bewegst), bist du direkt vor *disengagement* Angriffen ungeschützt.

•••

Wenn man die Bewegung bei der *parry* eines Schlages zu weit führt, werden nicht nur Öffnungen für *counters* gebildet, sondern es ermöglicht dem Gegner auch, die Richtung seines Schlages zu verändern. Vergiss nicht, *parry* lieber später als früher.

•••

Parrying ist eine sehr nützliche Form der Verteidigung. Es ist einfach zu lernen, einfach auszuführen und muss gebraucht werden, wenn es möglich ist. *Es werden günstige Öffnungen kreiert, die essentiell sind, um counterattacks zu machen.*

•••

Parrying ist eine sehr nützliche Form der Verteidigung.

Parrying ist raffinierter als Blocken, wobei Kraft gebraucht wird und Prellungen von Gewebe, Sehnen und Knochen verursacht werden. Blocken sollte ausschließlich gebraucht werden, wenn es nötig ist, da es die Körperkraft eher verringert als bewahrt. Ein gut platzierter Schlag wird, selbst wenn er blockiert wird, das Gleichgewicht stören, verhindern, dass ein *counterattack* gemacht wird, und Öffnungen für andere Schläge bilden.

•••

Erfolgreiche *parries* werden dadurch zustande gebracht, dass die verteidigende Hand über den Weg des Schlages platziert wird, so dass dieser abgleitet, wenn Kraft dahinter sitzt.

•••

Manchmal muss ein Kämpfer fühlen, dass er beim Ablenken eines Schlages oder Trittes in Wirklichkeit Besitz davon nimmt; dass er durch den Kontakt, den er bekommt, die Reaktionen des Gegners fühlen wird, wenn dieser realisiert, dass sein Angriff misslungen ist.

•••

Gebrauche eine *parry* ausschließlich gegen einen echten Angriff. Auf Scheinangriffe eines Gegners kann man mit halben Positionen reagieren.

•••

ÜBUNGEN

Der Lehrer macht Schläge oder Stöße zu verschiedenen Teilen des Zieles. Der Schüler folgt diesen Bewegungen, aber stoppt, wenn der Lehrer stoppt und wehrt nur die echten Angriffe ab. Anschließend macht der Lehrer dieselben Angriffe, aber der Schüler folgt nicht seiner Hand. Wieder wird die parry ausschließlich gemacht, wenn der echte Schlag oder Stoß kommt. Diese Art von Training bringt dem Schüler bei, nur im letzten Moment eine parry zu machen.

Greife an mit einem *disengagement* (auf einer anderen Linie), wenn die einfache *parry* gemacht wird (d.h. ein seitwärtiges Kreuzen der Hände).

TAO DES JEET KUNE DO

•••

Wenn du einen Gegner dazu bringst, eine *parry* zu machen, um selbst die „*beat*" *parry* auszuführen, sollte deine Hand nicht zu sehr nach rechts oder links schwingen. Schließe nur die Linie oder lass die Hand des Gegners ablenken, gerade ausreichenden Raum offen lassend, um das Ziel zu treffen. Gegen einen alerten und kräftigen Gegner wird die *beat parry* meist durch einen schnellen *counterattack* gefolgt.

•••

Halbkreisende *parries* sind *parries*, die von einem hohen Kontaktpunkt gemacht werden, um einen Angriff, der tief gerichtet ist, abzulenken, oder sie werden von einem tiefen Kontaktpunkt zu einer hohen Linie gemacht. Sie beschreiben einen halben Kreis.

•••

Die *parries* von „octave" (tief an der Außenseite) und „septime" (tief an der Innenseite) sind die *parries*, die zur Verteidigung gegen Angriffe gebraucht werden, die tief gerichtet sind, aber aus taktischen Gründen können sie Alternativen sein für die *parries* „sixte" (hoch an der Außenseite) und „quarte" (hoch an der Innenseite). *Studier die parries vom Fechten.*

•••

Gegen einen sehr schnellen Kämpfer oder einen, der viel größer ist oder eine viel größere Reichweite hat, ist es oft notwendig zurückzutreten, wenn die *parry* gemacht wird. Beim *parrying* mit einem Schritt zurück muss die *parry* gemacht werden, wenn der hintere Fuß sich nach hinten bewegt während der Vergrößerung des Abstandes. Mit anderen Worten, die *parry* muss gemacht werden mit dem Schritt zurück, und nicht, nachdem dieser gemacht wurde.

•••

Der Schritt zurück als eine verteidigende Bewegung muss immer *angepasst* werden an die Länge der angreifenden Bewegungen des Gegners, um zu garantieren, dass der erforderliche Abstand für eine erfolgreiche *parry* und *riposte* eingehalten wird.

•••

Eine kreisförmige *parry* ‚umwickelt' das Handgelenk des Gegners und bringt diesen zurück zur ursprünglichen Linie des Herauslockens, während er dieses vom Ziel ablenken lässt.
Fege den Schlag auf dem kürzesten Weg vom Ziel weg (mit entspannter Schulter) – der *counterattack* von „sixte" wird durch ein Drehen der Hand im Uhrzeigersinn gemacht, während der *counterattack* der „quarte" eine Drehung des Degens entgegen dem Uhrzeigersinn erfordert.

•••

Wenn eine kreisförmige *parry* auf der hohen Linie angewendet wird, startet diese unter der Hand des Gegners; wenn sie auf der tiefen Linie angewendet wird, startet sie über der Hand des Gegners. Der Vorteil von kreisförmigen *parries* gegenüber *opposition* oder *beat parries* ist, dass sie eine größere Anzahl Ziele beschützen und schwieriger zu täuschen sind. Sie sind aber nicht so schnell wie die einfachen *parries*. Die Zeit, die angewendet wird, um sie schneller zu machen, wird sich immer auszahlen.

•••

Wenn du die kreisförmigen *parries* anwendest, sorge dann dafür, dass die Hand einen perfekten Zirkel macht, so dass sie wieder in ihrer ursprünglichen Position endet. Beginn die *parry* nicht zu früh und beende sie auch nicht zu spät, da deine *Hand der Hand des Gegners folgen muss* und seiner Hand, kurz bevor sie das Ziel trifft, begegnen muss.

•••

Gebrauche die kreisförmige *parry* auch, um den Gegner, der Täuschungsmanöver macht, in die Irre zu führen.

•••

Kombinierte parries bestehen aus zwei oder mehr ähnlichen *parries* oder aus einer Kombination von verschiedenen *parries*.

Gebrauche die kreisförmige parry auch, um den Gegner, der Täuschungsmanöver macht, in die Irre zu führen.

VORBEREITUNGEN

•••

Jede einzelne *parry muss beendet werden*, wobei du deine Hand in die „richtige" Position bringst, bevor die nächste *parry* gemacht wird.

•••

Mische deine *parries* und lass sie *variieren*, so dass dein Gegner keinen Angriffsplan aufstellen kann. Durch die Angewohnheit, immer mit derselben *parry* auf Angriffe zu reagieren, wirst du einem aufmerksamen Gegner deutlich in die Hände spielen. Es ist also vernünftig, die *parry*, die während des Wettkampfes gebraucht wird, so viel wie möglich zu variieren, um den Gegner im Ungewissen zu lassen. Dies wird ein gewisses Maß an Zögern bei einem Gegner verursachen, dessen angreifende Aktion nicht genug Selbstvertrauen und Durchdringungsvermögen haben wird.

•••

Was macht parries oder blocken effektiver? – die Körperstellung, Fußarbeit (hineingehen, kreisen etc.), um schnelles *countering* zu erleichtern.

•••

Pass auf vor *counterattacks* des Gegners.

•••

Experimentier mit dem Schwingen der *parry zum Weg des Gegners* (natürliche, einfache Bewegungen).

•••

Untersuche *parries* im Zusammenwirken mit allen Arten von Ausweichen, sich versetzen, *slippen*, *bob and weave*, *ducking*, *snap back* für mögliche Einlagen von Tritten oder einer Kombination von Tritten und/oder Schlägen. Baue Stoppen und Decken mit Tritten und Schlägen ein. Sorge auch dafür, dass du deinen Gegner andauernd mit Einlagen während deutlicher Versetzungen in verschiedene Richtungen (Bloßstellungen) bedrohst, während du selbst immer die on-guard Position bewahren kannst.

MANIPULATIONEN

BEAT

Wenn der Gegner besonders schnell ist und nicht auf Täuschungsmanöver reagiert, kann der *beat* angewendet werden.

•••

Der *beat* ist eine kurze Bewegung der Hand, gemacht gegen die Hand des Gegners, um diesen zur Seite zu schlagen oder um eine Reaktion zu erzielen. Gewöhnlich wird die Reaktion des Gegners zurückzuschlagen dir den Vorteil geben, dass du seinen Bewegungen voraus bist.

•••

Wegen des Abstandes kann der *beat* nicht in jedem Moment angewendet werden. Die richtige Gelegenheit muss abgewartet und ergriffen werden. Die andauernde Veränderung der Handposition des Gegners, oft in der Form von halben Täuschungsmanövern und Scheinangriffen, wird die Hand gut innerhalb der Reichweite eines *beat* bringen.

•••

Wenn der Gegner besonders schnell ist und nicht auf Täuschungsmanöver reagiert, kann der beat angewendet werden.

TAO DES JEET KUNE DO

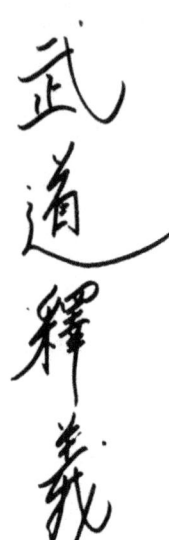

Obwohl ein *beat*, der gleich von einem direkten Angriff folgt, erfolgreich sein kann, verursachen *beats* meist eine verteidigende Bewegung zur Seite, auf der zur Hand geschlagen wurde. Dadurch wird ein direkter Angriff schwierig. Es ist daher ratsam, einen Vorteil aus solchen Reaktionen dadurch zu erzielen, dass dem *beat* ein indirekter oder *compound attack* folgt. Der *beat* muss aus der normalen on-guard Position gemacht werden in der Linie, auf der sich die Hände treffen. Wenn eine Veränderung im Kontakt stattfindet, um einen *beat* in einer anderen Linie zu machen, heißt die Aktion *change beat*.

• • •

Mache den beat hart und so nahe an der Hand wie möglich. Es gibt drei Gründe, um einen beat auf der Hand zu machen:

1. Um die Linie mit Kraft zu öffnen, oder um eine hinterlistige Durchbrechung der Linie zu sichern, mit dem richtigen Maß an Schärfe auf die „gespannte Feder" des Gegners.
2. Als einem Täuschungsmanöver vor einem Angriff
3. Als eine Einladung zu einem Angriff des Gegners, vor allem, wenn du seinen Rhythmus gefunden hast.

• • •

Wenn eine Veränderung im Kontakt stattfindet, um einen beat in einer anderen Linie zu machen, heißt die Aktion change beat.

Im ersten Fall muss der *beat* auf der Hand *hart* und *schnell* gemacht werden; übe *trapping* oder Handimmobilisation mit diesen zwei Eigenschaften, zusammen mit dem kleinen, phasischen Stand mit gebeugtem Knie.

• • •

Im zweiten Fall muss der *beat* sanft und schnell sein, um die Hand schnell zu passieren und den Angriff auszuführen.

• • •

Im dritten Fall muss der *beat* sanft und nicht zu schnell gemacht werden, gleichzeitig bereit, um den Angriff abzuwehren, *counter-time* zu gebrauchen oder mit einem zweiten, leichten *beat* zu folgen, um einen *counterattack* zu machen.

BIND
Wenn die Hände von zwei Kämpfern zusammentreffen, wird die Aktion, wobei die Hand des Gegners *diagonal* von einer hohen zu einer tiefen Linie oder andersherum gebracht wird, „*bind*" genannt. Der *bind* wird beinah so wie die halbrunde *parry* ausgeführt.

CROISE
Die *croise* bringt die Hand des Gegners von einer hohen zu einer tiefen Linie an die gleiche Seite des Aufeinandertreffens und versetzt diese nicht diagonal, wie beim *bind*. Die *croise* wird *nicht* von oben nach unten ausgeführt.

ENVELOPMENT
Das *envelopment* ist eine Aktion, wobei die Hand des Gegners vom Ziel weggeholt wird in einer kreisenden Bewegung und diese danach zurückbringt zur Linie des Aufeinandertreffens.

PRESSURE

Der *pressure* ist die Aktion, wobei auf die Hand des Gegners gedrückt wird, um dies abzulenken oder um eine Reaktion zu erzielen und danach den Kontakt abzubrechen.

•••

Der *beat* wird vor einem direkten Angriff gebraucht oder, um eine Reaktion für einen indirekten Angriff zu erzielen. *Bind, croise, envelopment* und *pressure* sind hauptsächlich Elemente von *trapping* vor einem indirekten Angriff oder werden einfach angewendet, um eine Reaktion zu erzielen.

> **Der beat wird vor einem direkten Angriff gebraucht oder, um eine Reaktion für einen indirekten Angriff zu erzielen.**

BEWEGLICHKEIT

*Komm zur Ruhe, während du dich bewegst,
wie der Mond unter den Wellen,
die immer weiterrollen und in Bewegung bleiben.*

BEWEGLICHKEIT

ABSTAND

Abstand ist eine Beziehung, die sich ständig verändert, abhängig von Schnelligkeit, Behändigkeit und Beherrschung von beiden Kämpfern. Es ist eine konstante, schnelle Versetzung, wobei man nach der kleinsten Annäherung sucht, die die Chance, den Gegner zu treffen, erheblich vergrößern wird.

•••

Das Einhalten des richtigen Kampfabstandes hat einen entscheidenden Effekt auf den Ausgang des Kampfes – eigne dir diese Angewohnheit an!

•••

Es muss eine enge Synchronisation zwischen der Verkleinerung und der Vergrößerung des Abstandes und den verschiedenen Aktionen von Händen und Füßen geben. Kämpfen innerhalb des Kampfabstandes für kurze oder längere Zeit ist nur sicher, wenn du dem Gegner in Bezug auf Schnelligkeit und Behändigkeit weit überlegen bist.

•••

Beim Einnehmen der on-guard Position kann man besser auf Abstand bleiben als zu nahe zum Gegner kommen. Es macht nichts aus, wie schnell du eine *parry* machen kannst, wenn dein Gegner nah genug ist, wird sein Angriff treffen, da es in der Art des Angriffes beschlossen ist, dass der Angreifer den Vorteil der Initiative bekommt (vorausgesetzt, der Abstand stimmt). Genauso wird dein Angriff kein Ziel treffen, wenn du den Abstand nicht gut berechnet hast, wie korrekt, schnell, ökonomisch und getimt dein Angriff auch ist.
Der Kampfabstand ist der Abstand, den ein Kämpfer einhält gegenüber seinem Gegner. Dieser ist derart, dass er nicht getroffen werden kann, es sei denn, der Gegner kommt vollständig nach vorne.

•••

Es ist äußerst wichtig, dass jeder Kämpfer seinen eigenen Kampfabstand kennenlernt. In einem Kampf bedeutet das, dass er seine eigene Behändigkeit und Schnelligkeit und die von seinem Gegner gegeneinander abwägen muss. Das heißt, dass er *konstant außerhalb der Reichweite bleiben muss* in dem Sinn, dass sein Gegner ihn nicht mit einem einzelnen Schlag treffen kann. Auf der anderen Seite muss er den Abstand auch nicht so groß werden lassen, dass er ihn nicht mehr mit einer *kleinen Vorwärtsbewegung* überbrücken kann, um seinen Gegner mit seinem eigenen, kräftigen Angriff zu treffen.

•••

Der Grund, warum Kämpfer in einem Kampf andauernd in Bewegung sind, ist der, das sie probieren, ihren Gegner zu einer Fehleibschätzung der Distanz zu verleiten, während sie sich ihres eigenen Kampfabstandes genau bewusst sind.

•••

Auf diese Weise ist ein Kämpfer andauernd mit dem Verkleinern und Vergrößern des Abstandes beschäftigt in dem Versuch, um die für ihn am besten geeigneten Kampfabstand zu finden. Entwickel den *Reflex*, immer den richtigen Kampfabstand zu bewahren. Es ist äußerst wichtig, dass du instinktiv deinen Kampfabstand anpasst.

•••

Der Kämpfer, der seine Deckung geschlossen hält, bleibt immer gerade außerhalb der Reichweite des Angriffes des Gegners und wartet auf seine Chance, selbst den Abstand zu überbrücken oder *dem Gegner voraus zu sein*, wenn er nach vorne kommt. *Greif an, wenn dein Gegner nach vorne kommt* oder wenn er den Abstand dir gegenüber verändert. Treibe ihn gegen eine Wand, um es unmöglich zu machen, dass er sich zurückzieht, oder zieh dich selbst zurück, um so den Gegner zu einer Vorwärtsbewegung zu verleiten.

•••

Es muss eine enge Synchronisation zwischen der Verkleinerung und der Vergrößerung des Abstandes und den verschiedenen Aktionen von Händen und Füßen geben.

TAO DES JEET KUNE DO

Wenn Fechter sich für einen Angriff bereit machen oder probieren, einem Angriff auszuweichen, kommen die meisten von ihnen abwechselnd nach vorne und ziehen sich zurück. Dies ist nicht ratsam in einem Kampf, da das nach vorne und zurückgehen während eines Angriffes schnell gemacht werden muss, plötzlich und mit unregelmäßigen Intervallen, auf solch eine Art, dass der Gegner die Aktion erst bemerkt, wenn es zu spät ist. Probiere erst, den Gegner ‚einzulullen', danach muss der Angriff so unerwartet wie möglich erfolgen, sich anpassend an die automatischen Bewegungen des Gegners (inklusiv einer möglichen zurückziehenden Bewegung).

•••

Die Kunst von erfolgreichen Tritten und Schlägen ist die Kunst der richtigen Abstandseinschätzung. Ein Angriff muss gerichtet werden auf die Stelle, wo ein Gegner *sein wird*, wenn er merkt, dass er angegriffen wird, und nicht auf die Stelle, wo er sich vor dem Angriff befindet. Der kleinste Fehler kann den Angriff unschädlich machen.

•••

Ein Angriff wird selten erfolgreich sein, wenn du dich selbst nicht auf den richtigen Abstand platzierst in dem Moment, in dem der Angriff gestartet wird. Eine *parry* wird sehr wahrscheinlich gelingen, wenn sie genau in dem Moment gemacht werden kann, wenn der Gegner vollständig nach vorne gekommen ist. Viele Chancen für eine *riposte* werden dadurch verpasst, dass der Verteidiger während der *parry* zu weit nach hinten tritt. Zu diesen Beispielen muss die auf der Hand liegende Bedeutung der Wahl eines guten Kampfabstandes, hinzugefügt werden, genauso wie *Timing* und *Rhythmus*, wenn man den *counterattack* mit einem *stop-hit* oder *time-hit* macht.

•••

Marcelli, der frühere Fechtmeister, hat mal gesagt, „Die Frage, ob es notwendig ist, vorher Tempo und Abstand zu kennen, ist mehr eine Angelegenheit für einen Philosophen als für einen Fechter zu entscheiden. Trotzdem ist es sicher, dass der Fechter gleichzeitig Tempo und Abstand im Auge behalten muss. Will er sein Ziel erreichen, dann muss er während der Aktion *gleichzeitig* beiden Anforderungen entsprechen.

•••

Der Kampfabstand wird auch mitbestimmt durch die Größe des Zieles, das beschützt werden muss (d.h. die Ziele, auf die der Gegner sich konzentriert) und durch die Körperteile, die der Gegner ohne große Mühe treffen kann. Das Schienbein ist sehr empfindlich und wird ständig bedroht. Wenn der Gegner auf Tritte gegen Schienbein/Knie spezialisiert ist, musst du dafür sorgen, dass du nicht in seinem idealen Trittabstand stehst.

•••

Wenn der richtige Abstand erreicht ist, muss der Angriff mit einem augenblicklichen Ausbruch von Energie und Schnelligkeit ausgeführt werden. Ein Kämpfer, der immer körperlich fit ist, ist besser in der Lage, in einem Sekundenbruchteil seine Bewegung einzuleiten und dadurch eine Chance ohne Vorankündigung zu ergreifen.

ABSTAND WÄHREND DES ANGRIFFS

Das erste Prinzip für den schnellstmöglichen Kontakt bei Angriffen auf Abstand ist der Gebrauch der längsten Waffe, um das nächstliegende Ziel zu treffen.

Beispiel:

bei Beinangriffen: der *side kick* mit dem *lead* zum Schienbein oder Knie (dabei etwas nach hinten lehnen)
bei Handangriffen: der *finger jab* zu den Augen
Studier die progressiven Waffenschemata (Siehe Seite 41).

•••

BEWEGLICHKEIT

Das zweite Prinzip ist der ökonomische Einsatz von Bewegung (nicht vorangekündigt). Wende latentes, motorisches Training zur Intuition an.

•••

Das dritte Prinzip ist die gute on-guard Position, um Bewegungsfreiheit zu vereinfachen (Leichtigkeit). Gebrauche den kleinen, phasischen Stand mit gebeugtem Knie.

•••

Das vierte Prinzip ist ständig verändernde Fußarbeit, um den richtigen Abstand zu gewährleisten. Gebrauche *broken rhythm*, um den Gegner zu verwirren bezüglich seines Abstandes, während du deinen eigenen Abstand andauernd unter Kontrolle hast.

•••

Das fünfte Prinzip ist das Bemerken des Schwächemomentes deines Gegners, sowohl körperlich als auch geistig.

•••

Das sechste Prinzip ist der richtige Abstand zum explosionsartigen Durchdringen.

•••

Das siebte Prinzip ist schnelles Zurückkommen nach passenden Folgetechniken.

•••

Das „X" Prinzip ist Mut und Entschlussfähigkeit.

ABSTAND WÄHREND DER VERTEIDIGUNG

Das erste Prinzip zum Gebrauch von Abstand zur Verteidigung ist die Kombination der gefühlsmäßigen Aura mit koordinierter Fußarbeit.

•••

Das zweite Prinzip ist eine gute Einsicht, in wie weit der Gegner nach vorne kommt, ein Gefühl für dessen sich ausstreckende Körperwaffen, um darauf mit dem *half-beat* zu reagieren.

•••

Das dritte Prinzip ist die gute on-guard Position, um Bewegungsfreiheit zu vereinfachen. Gebrauche den kleinen, phasischen Stand mit gebeugtem Knie.

•••

Das vierte Prinzip ist der Gebrauch eines guten Gleichgewichtes (in Bewegung), ohne aus der Position zu gelangen. Studiere Ausweichtechniken.

Du kannst nur ein instinktives Gefühl für Abstand entwickeln, wenn du in der Lage bist, dich geschmeidig und schnell zu bewegen.

FUßARBEIT

Du kannst nur ein instinktives Gefühl für Abstand entwickeln, wenn du in der Lage bist, dich geschmeidig und schnell zu bewegen.

•••

Die Qualität von deiner Technik hängt von deiner Fußarbeit ab, da du Hände und Füße nicht effektiv gebrauchen kannst, bevor deine Füße dich in die gewünschte Position gebracht haben. Wenn deine Fußarbeit träge ist, werden deine Schläge und Tritte es auch sein. Beweglichkeit und schnelle Fußarbeit gehen schnellen Tritten und Schlägen voraus.

•••

TAO DES JEET KUNE DO

In Jeet Kune Do wird sehr viel Wert auf Beweglichkeit gelegt, da der Kampf eine Angelegenheit der Bewegung ist, eine Unternehmung, um ein Ziel zu finden oder um zu verhindern, selbst als Ziel zu fungieren. In dieser Kunst trainierst du nicht drei Jahre in einer unsinnigen, klassischen Pferdestellung, bevor du dich bewegst. Diese Art von nutzlosem, angespanntem Stehen ist nicht funktionell, da du dabei im Grunde Festigkeit in der Unbeweglichkeit suchst. *In Jeet Kune Do findest du die Festigkeit in der Bewegung, und das ist wirklich, einfach und lebendig.* Darum sind Federkraft und Aufmerksamkeit der Fußarbeit wesentliche Punkte.

•••

Während des freien Kämpfens ist ein Sparringspartner andauernd in Bewegung, um seinen Gegner seinen Abstand falsch beurteilen zu lassen, während er ganz sicher von seinem eigenen Abstand ist. Tatsächlich wird die Länge des Schrittes nach vorne oder nach hinten durch den Schritt des Gegners bestimmt. Ein guter Kämpfer behält immer solch eine Position, dass er, während er gerade außerhalb der Reichweite seines Gegners bleibt, doch nahe genug dran ist, um direkt zuschlagen zu können, wenn es eine Öffnung gibt (siehe: Der Kampfabstand). Auf diese Art kann er bei normalem Abstand, durch sein Gefühl für Abstand und Timing, verhindern, dass sein Gegner ihn angreift. Das Resultat ist, dass der Gegner gezwungen ist, den Abstand ständig zu verkleinern, um immer näher heranzukommen, bis er zu nahe ist.

•••

Beweglichkeit ist auch bei der Verteidigung äußerst wichtig, da ein sich bewegendes Ziel schwierig zu treffen ist.

Beweglichkeit ist auch bei der Verteidigung äußerst wichtig, da ein sich bewegendes Ziel schwierig zu treffen ist. Mit guter Fußarbeit kann und wirst du jeden Tritt oder Schlag deines Gegners übertrumpfen. Je besser die Fußarbeit eines Kämpfers ist, desto weniger muss er seine Arme zum Ausweichen von Tritten und Schlägen zu Hilfe nehmen. Durch einen geschickten und zeitigen Schritt zur Seite und durch *slipping* kann er außerhalb der Reichweite von beinah allen Tritten und Schlägen bleiben, und so seine eigenen Waffen, genauso wie sein Gleichgewicht und seine Energie, für *counterattacks* bewahren.

•••

Auch kann ein Kämpfer, der konstant in geringfügiger Bewegung ist, viel schneller eine Bewegung einsetzen als von einer festen Position. Darum ist es nicht ratsam, zu lang auf derselben Stelle stehen zu bleiben. Gebrauche immer kleine Schritte, um den Abstand zwischen deinem Gegner und dir selbst zu verändern. Probiere lieber, die Länge und die Schnelligkeit deines Schrittes zu variieren, um den Gegner noch mehr zu verwirren.

•••

Die Fußarbeit beim Jeet Kune Do ist auf Vereinfachung mit einem Minimum an Bewegung gerichtet. *Lass dich nicht mitreißen und tanze nicht auf deinen Zehen herum, wie der eine oder andere Neppboxer.* Ökonomische Fußarbeit fügt nicht nur Schnelligkeit hinzu, sondern, dadurch, dass du dich gerade genug bewegst, um dem Angriff des Gegners auszuweichen, wird der Gegner vollständig nach vorne kommen, ohne einen Weg zurück. Die Grundidee ist, in eine Position zu kommen, in der du sicher bist, der Gegner aber nicht.

•••

Außerdem sollte Fußarbeit einfach und entspannt sein. Die Füße werden in einem bequemen Abstand zueinander gehalten, abhängig von der Person, ohne einzige Anspannung oder Unbeholfenheit. Die unrealistische Vorgehensweise der traditionellen, klassischen Fußarbeit und Stellungen sollten dem Leser nun langsam deutlich sein. Sie sind langsam und unbequem, und um es geradeheraus zu sagen, niemand bewegt sich so während eines Kampfes. Ein Kampfkünstler muss sich in einem Sekundenbruchteil in jede Richtung bewegen können.

•••

Bewegung wird als Mittel zur Verteidigung eingesetzt, um in die Irre zu führen, um den richtigen Abstand vor einem Angriff zu kreieren und um Energie zu sparen. *Die Kunst des Bewegens ist die Essenz des Kämpfens.*

BEWEGLICHKEIT

•••

Fußarbeit ermöglicht dir, schnell weg zu kommen und eine Abreibung zu verhindern, aus einer bedrängten Position herauszukommen, einen schwereren Gegner sich selbst bis zur Erschöpfung zu bringen in seinem vergeblichen Versuch, einen total zerstörenden Schlag auszuteilen; es setzt auch mehr Kraft hinter deinen Schlag.

•••

Das höchste Stadium der Fußarbeit ist die Koordination von Schlägen und Tritten, während du dich bewegst. Ohne Fußarbeit ist der Kämpfer wie ein unbewegliches Geschütz oder wie ein Polizist am verkehrten Ort im verkehrten Moment.

•••

Der Wert guter Hände und schneller, kräftiger Tritte hängt hauptsächlich vom Gleichgewicht und der Beweglichkeit ihrer Basis ab. Es ist daher von essentieller Wichtigkeit, Gleichgewicht und Stabilität des ‚Unterbaus' zu bewahren, auf dem deine Körperwaffen ruhen. In welche Richtung oder mit welcher Schnelligkeit du dich auch bewegst, dein Ziel ist es, den *fundamentalen Stand*, der sich als am effektivsten erwiesen hat um zu kämpfen, *zu behalten*. Lass den beweglichen ‚Untersatz' so beweglich wie möglich sein.

•••

Der korrekte Kampfstil ist der, der in seiner absoluten Natürlichkeit Schnelligkeit und Kraft von Schlägen mit der besten Verteidigung kombiniert.

•••

Gute Fußarbeit bedeutet gutes Gleichgewicht während der Bewegung, und hieraus entsteht Schlagraft und die Fähigkeit, Abreibung zu verhindern. Jede Bewegung bringt die Koordination von Händen, Füßen und Gehirn mit sich.

•••

Ein Kämpfer muss nicht auf flachen Füßen stehen, sondern muss mit den Fußballen beider Füße den Boden unter sich fühlen, als ob es starke Federn seien, bereit, um Bewegungen zu beschleunigen oder zu verzögern, wenn die verändernden Umstände das erfordern.

•••

Gebrauche deine Füße geschickt zum Manövrieren und kombiniere ausgewogene Bewegungen mit Aggression und Schutz. Bleibe vor allem beherrscht.
1. Die Grundlage ist Empfindsamkeit der Aura
2. Das zweite ist Lebendigkeit und Natürlichkeit
3. Das dritte ist instinktiv Ausmessen (von Abstand und Timing)
4. Das vierte ist korrekte Stellung des Körpers
5. Das fünfte ist eine balancierte Endposition

•••

Gebrauche deine eigene Fußarbeit und die des Gegners zu deinem Vorteil. Achte auf sein Muster von Angriffen und Zurückziehen, falls er es überhaupt hat. Variiere die Länge und Schnelligkeit von deinem eigenen Schritt. Die Länge des *step forward* oder *step back* muss ungefähr an die des Gegners angepasst werden.

•••

Variationen im Kampfabstand erschweren es dem Gegner, seine Angriffe oder Vorbereitungen zu timen. Ein Kämpfer mit einem guten Gefühl für Abstand oder ein Kämpfer, der schwierig zu treffen ist, wenn du angreifst, kann oft dadurch auf den gewünschten Abstand gebracht werden, dass du immer kürzere Schritte nach hinten machst, oder dadurch, dass du näher an ihn herankommst, wenn er nach vorne kommt (das Stehlen eines Schrittes).

•••

Das höchste Stadium der Fußarbeit ist die Koordination von Schlägen und Tritten, während du dich bewegst.

TAO DES JEET KUNE DO

Die einfachste und fundamentalste Taktik, die gegen einen Gegner gebraucht wird, ist die, gerade genug Abstand zu gewinnen, um einen Schlag einfacher zu machen. Die Idee ist, einen oder mehrere Schritte nach vorne zu machen und dann zurück zu treten, wodurch du den Gegner einlädst, dir zu folgen. Lass deinen Gegner einen oder zwei Schritte nach vorne kommen, und dann, *genau in dem Moment, in dem er seinen Fuß hebt, um noch einen Schritt zu machen, kommst* du plötzlich nach vorne.

•••

Ein schwierig zu treffender Gegner kann dadurch getroffen werden, dass man einige progressive Schritte macht – der erste muss einfach und ökonomisch sein.

•••

Kleine, schnelle Schritte werden als die einzige Art empfohlen, perfektes Gleichgewicht zu halten, um einen genauen Abstand zu halten und um in der Lage zu sein, schnell plötzliche Angriffe oder counterattacks zu machen.

•••

Sichere Fußarbeit und Gleichgewicht sind notwendig, um innerhalb oder außerhalb der Reichweite zu kommen, sowohl deiner als auch die des Gegners. Wissen, wann du nach vorne und nach hinten gehen musst, bedeutet auch wissen, wann du angreifen und dich verteidigen musst.

•••

Ein guter Kämpfer stiehlt, kreiert und verändert die essentiellen, räumlichen Verhältnisse, um seinen Gegner in die Irre zu führen.

•••

Ein guter Kämpfer stiehlt, kreiert und verändert die essentiellen, räumlichen Verhältnisse, um seinen Gegner in die Irre zu führen.

Trainiere deine Fußarbeit, um genau den richtigen Abstand zu deinem Gegner zu halten, und bewege dich gerade genug, um dein Ziel zu erreichen. Dadurch, dass du genau Abstand hältst, wird der Gegner sich mehr anstrengen und dadurch wird er ausreichend nahe herankommen, um durch effektive *counters* getroffen zu werden.

•••

Bewegen im richtigen Moment bildet die Grundlage einer großen Fähigkeit beim Kämpfen, sich nicht *nur* im richtigen Moment zu bewegen, sondern auch in der besten Position für Angriff oder *counterattack* zu sein. Das bedeutet Gleichgewicht, aber *Gleichgewicht in Bewegung.*

•••

Wenn du deine Füße in der richtigen Position hast, fungieren sie als Achse für den ganzen Angriff. Man kommt dadurch in die richtige Balance und es fügt ungekannte Kraft an die Schläge zu, genau wie bei Sportarten wie Baseball, wobei Anlauf und Kraft aus den Beinen zu kommen scheinen.

•••

Im Gleichgewicht bleiben während du andauernd dein Körpergewicht verlagerst ist eine Kunst, die nur wenige jemals beherrschen werden.

•••

Korrekte Platzierung deiner Füße garantiert Gleichgewicht und Beweglichkeit – experimentier hiermit. Du musst mit deiner Fußarbeit *fühlen.* Schnelle und einfache Fußarbeit ist eine Frage der richtigen Gewichtsverteilung.

•••

Die ideale Fußposition ermöglicht es dir, dich schnell in jede Richtung zu bewegen, während du so im Gleichgewicht bist, dass du Angriffe von allen Seiten widerstehen kannst. *Denke an den kleinen, phasischen Stand mit gebeugtem Knie.*

BEWEGLICHKEIT

Die Ferse des hinteren Fußes ist hochgezogen, da:

1. du dein vollständiges Gewicht auf das vordere Bein verlagerst, wenn du schlägst. Das ist einfacher, wenn die Ferse des hinteren Fußes etwas hochgezogen ist.
2. wenn du einen Schlag kassierst und etwas zurückweichen musst, du mit deiner hinteren Ferse auf den Boden zurückgehst. Das wirkt wie eine Art Feder und nimmt die Schwere des Schlages heraus.
3. man hierdurch den hinteren Fuß einfacher bewegen kann.

•••

Die Ferse des hinteren Fußes ist der Motor der kompletten Kampfmaschine.

•••

Die Füße müssen sich immer direkt unter dem Körper befinden. Jede Bewegung der Füße, die das Gleichgewicht des Körpers stört, muss eliminiert werden. Die on-guard Position ist eine Haltung, in der das Körpergleichgewicht perfekt ist und die immer eingenommen werden muss, vor allem was die Füße betrifft. *Große Schritte oder Beinbewegungen, die eine andauernde Gewichtsverlagerung von einem Bein auf das andere erfordern, können nicht gebraucht werden.* Während dieser Gewichtsverlagerung gibt es einen Moment, in dem das Gleichgewicht unsicher ist, und dies führt zu einem ineffektiven Angriff oder zu einer ineffektiven Verteidigung. Auch kann ein Gegner deine Gewichtsverlagerung für seinen Angriff timen.

•••

Kleine Schritte bei der Bewegung garantieren Gleichgewicht während des Angriffs. Auch bleibt das Körpergleichgewicht immer bewahrt, so dass jede notwendige angreifende oder verteidigende Bewegung nicht behindert oder eingeschränkt wird, wenn sich ein Kämpfer nach vorne, nach hinten oder um den Gegner bewegt. Beim Überbrücken des Abstandes ist es daher besser, zwei kleinere Schritte an Stelle von einem großen zu machen.

•••

Veränderungen des Kampfabstandes erschweren es dem Gegner, seine Angriffe oder Vorbereitungen zu timen.

> **Die Ferse des hinteren Fußes ist der Motor der kompletten Kampfmaschine.**

•••

Die Verkleinerung und Vergrößerung des Abstandes geschieht immer durch *kleine, schnelle Schritte*, es sei denn, es gibt einen taktischen Grund, es anders zu machen. Eine gute Gewichtsverteilung über beide Beine sorgt für ein perfektes Gleichgewicht, wodurch der Kämpfer in der Lage ist, schnell und einfach starten zu können, wenn der Abstand gut ist um anzugreifen.

•••

Steh leicht auf deinen Füßen, dann kostet es weniger Kraft, um in Bewegung zu kommen. Die beste Art gute Fußarbeit zu erlernen ist, viele Runden Schattenboxen, wobei du besondere Aufmerksamkeit auf Leichtfüßigkeit legst. Allmählich wird diese Bewegungsart natürlich für dich und du machst es einfacher und automatisch, ohne dabei nachzudenken.

•••

Du musst dich wie ein eleganter Tänzer bewegen, der seine Füße, Knöchel und Waden einsetzt. Er gleitet über den Boden.

•••

Der Akzent liegt auf schneller Fußarbeit und der Neigung, mit einem Vorwärtsschritt anzugreifen (Übe! Übe! Übe!), oft kombiniert mit einem Angriff *zur Hand*.

•••

Bei der Fußarbeit sind nur vier Bewegungen möglich:

> **Du musst dich wie ein eleganter Tänzer bewegen, der seine Füße, Knöchel und Waden einsetzt.**

1. Vorwärtsgehen
2. Nach hinten gehen
3. Rechts herum drehen
4. Links herum drehen

•••

Es gibt aber wichtige Variationen bei jeder dieser Bewegungen, genauso wie die Notwendigkeit, jede Grundbewegung mit Schlägen und Tritten zu koordinieren. Hierzu folgen einige Beispiele:

FORWARD SHUFFLE

Dies ist eine Vorwärtsbewegung des Körpers, ohne dass das Gleichgewicht gestört wird, die nur ausgeführt werden kann mit Hilfe einer Serie kleiner Vorwärtsschritte. Diese Schritte müssen so klein sein, dass die Füße überhaupt nicht angehoben werden, sondern über den Boden gleiten. Der ganze Körper behält andauernd die fundamentale Position; dies ist der Schlüssel. Wenn du hierbei das richtige *Körpergefühl* bekommen hast, kannst du die Schritte mit deinen Waffen kombinieren. Der Körper ist für einen plötzlichen Angriff oder eine plötzliche verteidigende Bewegung bereit. Das Hauptziel ist es, Öffnungen zu bilden (durch die verteidigenden Reaktionen des Gegners) und zu *leads* zu verleiten.

BACKWARD SHUFFLE

Das Prinzip ist dasselbe wie das des *forward shuffle*; führe ihn aus, ohne die on-guard Position zu stören. Merke dir, dass beide Füße *immer* auf dem Boden stehen, wodurch das Gleichgewicht für Angriff oder Verteidigung bewahrt bleibt. Der *backward shuffle* wird gebraucht, um zu *leads* zu verleiten oder um den Gegner aus dem Gleichgewicht zu bringen und dadurch Öffnungen zu schaffen.

BEWEGLICHKEIT

QUICK ADVANCE
Merke dir, dass, obwohl es eine schnelle, plötzliche Vorwärtsbewegung ist, das Gleichgewicht bewahrt bleiben muss. Der Körper *bewegt sich eher am Boden* als das er in die Luft springt. Der *quick advance* gleicht in jeder Hinsicht einem großen Vorwärtsschritt, wobei der hintere Fuß direkt in Position gebracht wird. Erlange das richtige Körpergefühl, wenn du die Körperwaffen einsetzt.

STEP FORWARD UND STEP BACK
Den Abstand verkleinern oder vergrößern kann als Vorbereitung eines *Angriffes* gebraucht werden. Der *step forward* wird natürlich gebraucht, um *den richtigen Angriffsabstand zu bekommen*, der *step back* kann gebraucht werden, um den *Gegner innerhalb der Reichweite zu locken*. Das „Locken" des Gegners bedeutet meistens, dass du dich außerhalb des Angriffsbereiches des *leads* des Gegners platzierst, indem du aus den Hüften nach hinten pendelst, oder dass du deine Fußarbeit so einsetzt, dass ein Angriff mit seinem *lead* dich gerade nicht trifft. Das Ziel ist es, den Gegner in einem entscheidenden Moment innerhalb deiner Reichweite zu locken, während du selbst außerhalb seiner Reichweite bleibst.

•••

Der *step forward* bringt zusätzlich Schnelligkeit in den Angriff, wenn er mit einem Täuschungsmanöver (der Gegner wird gezwungen, sich bloßzustellen) oder mit einer Vorbereitung (um die Grenzen festzulegen und zu schließen) kombiniert wird. Wenn der *step forward* gemacht wird und dabei die Linie, in der du deinen Gegner triffst, gedeckt ist, wird der Angreifer in der besten Position sein, einen *stop-hit* abzufangen, der während dieser Bewegung gemacht wird.

•••

Der *step back* kann taktisch gegen einen Gegner gebraucht werden, der die Angewohnheit entwickelt hat, bei jedem Täuschungsmanöver oder einer anderen angreifenden Bewegung sich zurückzuziehen und darum schwierig zu erreichen ist, vor allem, wenn der Gegner groß ist.

•••

Die dauernde Ausführung der sorgfältig abgemessenen Schritte nach vorne und nach hinten können die Absichten eines Kämpfers verhüllen und ermöglichen es ihm, sich selbst mit idealem Abstand für einen Angriff zu platzieren, oft wenn der Gegner nicht im Gleichgewicht ist.

Merke dir, dass, obwohl es eine schnelle, plötzliche Vorwärtsbewegung ist, das Gleichgewicht bewahrt bleiben muss.

CIRCLING RIGHT
Das vordere Bein (rechtes) wird ein beweglicher Drehpunkt, der den ganzen Körper nach rechts drehen lässt, bis die richtige Position wieder eingenommen ist. Der erste Schritt mit dem rechten Fuß kann so lang oder kurz wie nötig sein – je größer der Schritt, desto größer die Drehung. Bewahre immer die Grundposition. Halte deine rechte Hand etwas höher als normal, bereit für einen eventuellen *counterattack* mit links. Nach rechts bewegen kann gebraucht werden, um den rechten *lead hook punch* des Gegners zu neutralisieren. Es kann gebraucht werden, um in Positionen für *counterattacks* mit der linken Hand zu gelangen und auch, um den Gegner aus dem Gleichgewicht zu bringen. Man sollte immer darauf achten, nie die Füße zu kreuzen während eines Schrittes und sich bewusst zu bewegen, ohne überflüssige Bewegungen.

CIRCLING LEFT
Dies ist eine genauere Bewegung, die kleinere Schritte erfordert. Es wird gebraucht, um außerhalb der Reichweite zu bleiben von Angriffen mit der hinteren Hand (linken) eines Kämpfers in Rechtsvorwärtsstellung. Man kommt dadurch auch in eine gute Position, um einen *hook punch* oder *jab* auszuführen. Diese Bewegung ist schwieriger, aber auch sicherer, als sich nach rechts zu bewegen, und muss daher öfter gebraucht werden.

STEP IN / STEP OUT

Dies ist der Beginn einer angreifenden Bewegung, oft als Täuschungsmanöver benutzt, mit der Absicht, eine Öffnung zu bilden. Die Fußbewegung wird immer mit Tritt- und Schlagbewegung kombiniert. Die erste Bewegung (step in) ist direkt nach vorne, mit den Händen nach oben, als ob du schlagen oder treten wolltest, dann sofort wieder heraus, bevor der Gegner seine Verteidigung anpassen kann. ‚Lull' mit dieser Bewegung den Gegner ‚ein', greife an, wenn er motorisch darauf programmiert ist.

QUICK RETREAT

Dies ist eine schnelle, fließende, kräftige Bewegung nach hinten, die es ermöglicht, weiter nach hinten zu gehen, wenn es nötig ist, oder, falls erwünscht, nach vorne zu treten um anzugreifen.

• • •

Wenn es notwendig ist, einen *step back* mit einer *parry* zu kombinieren, kommt dies daher, dass man unter Zeitdruck ist. Die *parry* muss darum *am Anfang* der zurückziehenden Bewegung gemacht werden – d.h. w*enn der hintere Fuß sich bewegt.*

• • •

Wenn der Gegner einen *compound attack* macht, ist die richtige Koordination, die erste *parry* gleichzeitig mit der Bewegung des hinteren Fußes auszuführen, und die übrige *parry*, oder übrigen *parries*, gleichzeitig mit dem Zurückziehen des vorderen Fußes.

• • •

Der *step back* kann erst gemacht werden, wenn der Angriff mit einem *step forward* vorbereitet ist, und nicht, wenn der Angriff mit einem *step forward* gemacht ist.

• • •

Für jemanden mit schneller Fußarbeit und einem guten *lead* ist die Kunst einfach zu erlernen. Es ist ein fortdauernder Prozess von Treffen und Zurückgehen. Wenn dein Gegner nach vorne kommt, fängst du ihn auf mit einem verteidigenden Schlag mit dem *lead*, und du machst direkt einen Schritt zurück; wenn er dann mit einer Folgetechnik kommt, wiederholst du den Prozess, andauernd nach hinten bewegend *durch den Ring*. Kontrollier regelmäßig die Schritte, während du das machst, und stop kurz, um ihn mit einem *straight lead* oder *straight rear thrust* oder manchmal beiden zu treffen.

• • •

Erfolgreich „Schläge platzieren während des nach hinten Gehens" erfordert eine gute Einschätzung des Abstandes und die Fähigkeit, während des nach hinten Gehens schnell und unerwartet zu stoppen. Der am meisten vorkommende Fehler ist es zu schlagen, während du eigentlich noch in Bewegung bist, anstatt eben anzuhalten und die Bewegung auszuführen. Entwickel große Schnelligkeit beim Wechseln von Verteidigung zu Angriff, und dann wieder zurück zur Verteidigung.

• • •

Denke daran: probiere nicht zu schlagen, während du nach hinten gehst. Dein Gewicht muss nach vorne verlagert werden. Tritt nach hinten, stop, schlag dann oder lerne, dein Körpergewicht kurz nach vorne zu verlegen, während der Fuß nach hinten geht.

• • •

Ob du nun angreifst oder dich zurückziehst, du musst danach streben, ein verwirrendes und schwierig zu treffendes Ziel zu sein. Du musst dich nicht gerade nach vorne oder nach hinten bewegen.

• • •

Wenn du deinem Gegner durch Fußarbeit ausweichst oder ihn in eine gewünschte Position manövrierst, bleibe dann so nah wie möglich bei ihm, um *counters* platzieren zu können. Bewege dich leichtfüßig, fühle den Boden wie ein Sprungbrett, klar, um schnell mit einem Schlag, einem Tritt, oder einem counter nach vorne zu kommen.

• • •

BEWEGLICHKEIT

Sich von *Tritte* zurückzuziehen bedeutet, dass man seinem Gegner den Raum gibt, und es ist manchmal sinnvoll, dessen Vorbereitungen im Keim zu ersticken und deswegen mit einem *stop-hit* Zeit zu gewinnen.

SIDESTEPPING

Sidestepping ist eigentlich die Verlagerung des Gewichtes und der Wechsel der Füße ohne Störung des Gleichgewichtes, in einem Versuch, schnell eine bessere Position zu erzielen um anzugreifen. Es wird angewendet, um einem schnellen, frontalen Angriff auszuweichen und um schnell außerhalb der Reichweite des Gegners zu gelangen. Wenn ein Gegner auf einen zustürzt, ist es nicht so sehr diese frontale Bewegung, worauf du einen *side step* machst, sondern *der Tritt oder Schlag*, den er während des nach vorne Kommens macht.

•••

Sidestepping ist eine sichere, zuverlässige und wertvolle verteidigende Taktik. Du kannst es gebrauchen, um einen Angriff dadurch zu vereiteln, dass du dich immer dann wegbewegst, wenn der Gegner bereit ist anzugreifen, oder du kannst es gebrauchen als eine Art, um Schlägen und Tritten auszuweichen. Auch kann *sidestepping* gebraucht werden, um Öffnungen für einen *counterattack* zu kreieren.

•••

Sidestepping kann dadurch ausgeführt werden, dass man den Körper schräg nach vorne verlagert, was „*forward drop*" genannt wird. Dies ist eine relativ sichere Position, bei der der Kopf etwas eingezogen ist, die Hände hoch gehalten werden und du bereit bist, die Weichteile des Gegners anzugreifen, auf seinen Span zu treten, oder um *hook punches* mit beiden Händen auszuführen. Der *forward drop*, auch „*drop shift*" genannt, wird gebraucht, um die Verteidigungsposition an der Innen- oder Außenseite zu bekommen, und ist dadurch eine sehr brauchbare Technik für den Nahkampf oder für *grappling*. Es ist auch ein Mittel, um *counterattacks* zu machen. Es erfordert Timing, Schnelligkeit und Einsicht, um es korrekt auszuführen, und es kann mit dem *jab*, dem linken geraden Schlag und linken und rechten *hook punches* kombiniert werden.

•••

Derselbe Schritt kann auch *direkt* nach rechts, links oder nach hinten ausgeführt werden, abhängig vom Maß der benötigten Sicherheit oder dem Aktionsplan.

•••

Wenn es auf die richtige Weise angewendet wird, ist *sidestepping* nicht nur eine der schönsten Bewegungen, sondern auch eine Manier, allen Arten von Angriffen auszuweichen und einen *counterattack* zu machen, wenn ein Gegner das am wenigsten erwartet. Die Kunst des *sidestepping* ist, genau wie bei *ducking* und *slipping*, sich so spät und so schnell wie möglich zu bewegen. Du wartest, bis der Tritt oder Schlag des Gegners dich beinahe trifft, und dann nimmst du einen schnellen Schritt nach rechts oder links.

•••

In beinahe allen Fällen versetzt du erst den Fuß, der am dichtesten an der Seite steht, wohin du dich bewegen willst. Um den Schritt auf die schnellst mögliche Art zu machen, muss der Körper, bevor der Schritt gemacht wird, sich leicht neigen in die Richtung, wo du hingehst. Der hintere Fuß folgt dann schnell und ganz natürlich, und wenn er einen *side step* auf einen Angriff macht, dreht ein Kämpfer sich direkt und macht einen *counterattack* auf seinen Gegner, wenn der an ihm vorbeischießt.

•••

Der *counter* ist natürlich ganz einfach, wenn du einen side step auf einen *lead* machst. Dies ist nicht der Fall bei einem Vorstürzen des Gegners, da, um effektiv einen *counterattack* machen zu können, ein Kämpfer hierbei sehr nahe an seinem Gegner bleiben muss, sich gerade so viel bewegen muss, um ihn fehlschlagen zu lassen. Danach muss der Kämpfer sich äußerst schnell drehen, um den Gegner treffen zu können, bevor er vorbeigestürmt ist.

> **Sidestepping ist eine sichere, zuverlässige und wertvolle verteidigende Taktik.**

Merke dir, dass, wenn ein Gegner auf einen zustürzt, es nicht so sehr diese frontale Bewegung ist, worauf du den *side step* machst, sondern der bestimmte Tritt oder Schlag, den er während des nach vorne Kommens macht; die Chance ist selbst groß, dass du auf einen *hook punch* oder *swing* läufst, wenn du zur Seite des Gegners trittst, ohne dass du gesehen hast, welchem Schlag du ausweichen musst.

• • •

Sidestepping nach rechts: bringe den rechten Fuß scharf nach rechts und nach vorne, mit einem Abstand von ungefähr 45 cm. Bringe den linken Fuß auf denselben Abstand hinter den rechten. Der Schritt dient dazu, den Körper nach links zu schwingen, wodurch die rechte Seite weiter nach vorne gebracht wird und dichter an die hintere (linke) Hand des Gegners (wenn er in der Rechtsvorwärtsstellung steht). Aus diesem Grund wird der *side step* nach rechts nicht so oft gebraucht wie der nach links. Viel *weaving* und *sidestepping* machst du nach links, dich näher bei seiner rechten Hand aufhaltend und weiter weg von seiner hinteren (linken) Hand. (Diese Situation verändert sich, wenn ein Kämpfer in Rechtsvorwärtsstellung gegenüber einem Kämpfer in Linksvorwärtsstellung steht).

• • •

Ab und zu wird ein *side step* nach rechts gemacht, um die Richtung des *weaving* zu variieren und, weniger häufig, um während des *slippen* auf einen rechten *lead* an die Innenseite davon zu gelangen, um mit links einen *counterattack* zu machen. Es wird gebraucht, um einen linken Schlag zum Körper zu beginnen.

• • •

Ab und zu wird ein side step nach rechts gemacht, um die Richtung des weaving zu variieren.

Sidestepping nach links: bring aus der Rechtsvorwärtsstellung den linken Fuß ungefähr 45 cm scharf nach rechts und nach vorne. Diese Bewegung bringt dich zur Außenseite des rechten *jab* deines Gegners. Du wirst merken, dass in dem Moment, in dem du nach links trittst, die linke Seite deines Körpers nach vorne schwingt und die rechte Seite nach hinten, so dass du dich *zur rechten Flanke deines Gegner drehst*. Wenn du diese halbrunde Bewegung beendest, wirst du sehen, dass dein rechter Fuß wieder auf dem normalen Platz steht vor dem linken Fuß.

• • •

Wenn du einen *side step* nach links gemacht hast, um einem rechten *lead* des Gegners auszuweichen, musst du deinen Körper in Richtung des Schrittes, nach links, schwingen und den Kopf nach unten bringen (ohne aus dem Gleichgewicht zu geraten). Sein Angriff mit rechts wird dann vorbei gehen, über deinen Kopf, in Richtung deiner rechten Schulter. Wenn du dich nun nach rechts drehst zu deinem Gegner, hast du seine ganze rechte Seite bloßgestellt und kannst schnell einen linken Schlag mit einem beeindruckenden Resultat zum Körper oder zum Kiefer machen.

BEWEGLICHKEIT

Merke dir diesen einfachen Gedanken: bewege als erstes den Fuß, der am dichtesten an der Seite steht, wohin du dich hin bewegen willst. Mit anderen Worten, wenn du einen *side step* nach links machen willst, bewege erst den linken Fuß und andersherum. Auch bei allen Handtechniken bewegst du erst die Hand vor dem Fuß. Wenn Fußtechniken gebraucht werden, bewegt sich natürlich erst der Fuß, dann die Hand.

•••

Denke auch daran, immer die Grundposition einzuhalten. Es macht nichts aus, was du mit dem beweglichen ‚Untergestell' machst, das Unterteil, das deine Körperwaffen trägt, muss gut im Gleichgewicht bleiben und eine ständige Bedrohung für deinen Gegner darstellen. Strebe immer danach, dich fliessend zu bewegen, dabei jedoch die Position der Füße zueinander beizubehalten .

•••

Untersuche Fußarbeit für:

1. Körpergefühl und Beherrschung, als Ganzes, in Neutralität
2. Das Vermögen, jederzeit angreifen oder verteidigen zu können
3. Leichtigkeit und Bequemlichkeit in jeder Richtung
4. Anwendung von effizienter Hebelwirkung während aller Stadien der Bewegung
5. Immer ausgezeichnet im Gleichgewicht sein
6. Ungreifbarkeit in einer gut beschützten, passenden Struktur und das Behalten des richtigen Abstandes

•••

Experimentiere mit der folgenden Mechanik und dem Gefühl von Fußarbeit:
1. Fußarbeit muss ausweichend und leicht sein, wenn der Gegner nach vorne stürzt
2. Fußarbeit, um einen Kontaktpunkt zu vermeiden (als ob der Gegner mit einem Messer bewaffnet ist)

•••

Das höchste Ziel ist immer noch, gerade außerhalb der Reichweite der letzten echten Schläge des Gegners zu bleiben.

•••

Merke dir, dass *Beweglichkeit, Schnelligkeit der Fußarbeit* und *Schnelligkeit der Ausführung* die primären Eigenschaften sind. Übe Fußarbeit und noch mehr Fußarbeit.

•••

Fußarbeit kann man auch durch Seilchen springen üben (eine Übung um zu lernen, wie man das Körpergleichgewicht leicht verlegt), oder durch freies Kämpfen (das Lernen von Abstand und Timing bei Fußarbeit) und Schattenkickboxen (Hausaufgaben für freies Kämpfen).

•••

Rennen wird die Beine auch stärken und dich mit unbegrenzter Energie versorgen, um effizient zu arbeiten.

•••

Vergrößere die Kontrolle über die Beine durch leichte Kniebeugen und durch affengleichen Bewegungen (Entengang).

•••

Übe wechselnden Grätschsitz für Flexibilität.

•••

Es macht nichts aus, wie einfach die Schläge, die während des Trainings geübt werden, auch sein mögen, und auch nicht, ob sie einen angreifenden oder verteidigenden Charakter haben, der Schüler muss dazu gebracht werden, sie mit Fußarbeit zu kombinieren. Er muss lernen, nach vorne zu kommen oder sich zurückzuziehen vor, *während* und *nach* der Ausführung des Schlages, den er übt. Auf diese Art wird er ein natürliches Gefühl für Abstand und große Beweglichkeit entwickeln.

> **Das höchste Ziel ist immer noch, gerade außerhalb der Reichweite der letzten echten Schläge des Gegners zu bleiben.**

Übe Fußarbeitvariationen zusammen mit:
1. Fußtechniken
2. Handtechniken
3. Geschützte Hand- und/oder Kniepositionen

AUSWEICHTECHNIKEN

Während des Kampfes werden eine ganze Menge *parries* gemacht, vor allem mit der hinteren Hand, doch ist es besser, Fußarbeit zu gebrauchen, *ducking* und einen *counter* zu machen, *snap back* und zurückzukommen, *slippen* und schlagen.

Es ist möglich, auf einem linken oder rechten lead zu slippen.

SLIPPING

Slipping ist das Ausweichen eines Schlages ohne dabei wirklich den Körper außerhalb der Reichweite zu bewegen. Es wird *hauptsächlich* gegen *straight leads* und *counters* gebraucht. Es erfordert exaktes Timing und Einsicht und, um effektiv zu sein, muss es so ausgeführt werden, dass dem Schlag gerade ausgewichen wird.

•••

Es ist möglich, auf einem linken oder rechten l*ead* zu *slippen*. Eigentlich wird *slippen* am meisten gebraucht bei einem Angriff mit dem l*ead*, da es sicherer ist. *Slippen* zur Außenseite, sich „fallenlassen" in eine Position an der Außenseite des linken oder rechten *leads*, ist am sichersten und gibt dem Gegner keine Chance, sich gegen einen *counterattack* zu verteidigen.

BEWEGLICHKEIT

Slippen ist eine sehr wertvolle Technik, die beide Hände frei lässt, um *counterattacks* zu machen. Es ist die wirkliche Grundlage für die Ausführung von *counterattacks* und wird von Experten gemacht.

•••

Nach innen slippen auf einen linken lead:
Wenn der Gegner mit einem linken, geraden Schlag angreift, lässt du dein Gewicht dadurch auf das hintere Bein zurückfallen (links), dass du schnell deine rechte Schulter und deinen Körper nach links drehst. Dein linker Fuß bleibt auf der Stelle, aber deine rechte Schulter dreht sich nach innen. Diese Bewegung lässt seine linke Hand über deine rechte Schulter gehen, während du die verteidigende Position an der Innenseite bekommst.

連環線冲
(opponent in left stance)

Nach außen slippen auf einem linken lead:
Wenn der Gegner mit dem linken, geraden Schlag angreift, verlagerst du dein Gewicht nach rechts und nach vorne auf dein rechtes Bein und schwingst deine linke Schulter nach vorne. Der Schlag wird über deine linke Schulter gehen. Ein kurzer Vorwärtsschritt mit deinem rechten Fuß nach rechts vereinfacht die Bewegung. Du musst die Hände in einer verteidigenden Position hoch halten.

連環線冲
(opponent in right stance)

Slippen ist eine sehr wertvolle Technik, die beide Hände frei lässt, um counterattacks zu machen.

Nach innen slippen auf einem rechten lead:
Wenn der Gegner mit dem rechten *lead* angreift, verlagere dein Gewicht auf dein vorderes (rechtes) Bein, du bewegst also deinen Körper etwas nach rechts und nach vorne. Bringe die linke Schulter schnell nach vorne. Dadurch wird der Schlag über deine linke Schulter gehen. Sorge dafür, dass sich deine linke Hüfte nach innen dreht und beuge leicht dein linkes Knie. Die Position an der Innenseite ist die beste Position zum Angriff. Nur wenn du dich nicht genug wegduckst, bewegst du deinen Kopf separat.

•••

Nach außen slippen auf einem rechten lead:
Wenn der Gegner mit einem rechten *lead* angreift, lass dein Gewicht auf dein linkes Bein zurückfallen und dreh dann schnell deine rechte Schulter und deinen Körper nach rechts. Dein rechter Fuß bleibt auf der Stelle und dein linker Zeh dreht sich nach innen. Der Schlag wird vorbeigehen, ohne Schaden anzurichten. Lass deine rechte Hand etwas sinken, aber halte sie bereit, um einen *uppercut* zum Körper des Gegners zu machen. Die linke Hand musst du nach oben halten, nahe an deiner rechten Schulter, bereit zu einem *counter* zu seinem Kinn.

•••

Eine andere Methode ist, dein Gewicht auf dein linkes Bein zu verlagern und deine rechte Ferse nach außen zu drehen, so dass sich deine rechte Schulter und dein Körper nach links drehen. Lass deine rechte Hand etwas sinken und halte deine linke Hand nach oben, nahe an deiner rechten Schulter.

•••

Beim *slipping* wird die *shoulder roll* deinen Kopf verlagern – lass deinen Kopf nicht unnatürlich kippen.

•••

Probier beim *slipping* immer zu schlagen, vor allem, wenn du dich nach vorne bewegst. Wenn du auf einen Schlag nach vorne kommst, kannst du härter schlagen als wenn du blockst und einen *counterattack* machst oder eine p*arry* und einen c*ounterattack*.

•••

Der Schlüssel zum erfolgreichen *slippen* liegt oft in einer geringfügigen Bewegung der Ferse. Wenn du z. B. nach rechts auf einen Schlag *slippen* willst, so dass er über deiner linken Schulter steht, musst du deine linke Ferse anheben und nach aussen drehen. Die Verlagerung des Gewichtes auf den rechten Fuß und das Drehen deiner Schultern werden dich in eine günstige Position versetzen um einen *counter* zu machen.

•••

Um einen Angriff mit dem *lead* durch eine verteidigende Bewegung nach links über deine rechte Schulter *slippen* zu lassen, musst du deine rechte Ferse auf eine ähnliche Art drehen. Dein Gewicht wird dadurch auf deinen linken Fuß verlagert und deine linke Schulter ist nach hinten gedreht, wodurch du in einer idealen Position bist, um mit einem rechten hook punch eine *counter* zu machen.

•••

Wenn du dir merkst, dass die Schulter , worüber du einen Schlag *slippen* lassen willst und die Ferse, die gedreht werden muss, an derselben Seite sind, kannst du beinah keinen Fehler machen. Ausnahmen sind Bewegungen, die denen unter „nach außen *slippen* auf einem rechten *lead*" beschriebenen ähnlich sind.

DUCKING
Ducking bedeutet den Körper nach vorne fallenlassen unter *swings* und Haken (Hände oder Füße) zum Kopf. Diese Bewegung wird hauptsächlich aus der Hüfte gemacht. *Ducking* wird als eine Art gebraucht, um Schlägen auszuweichen, und es ermöglicht dem Kämpfer, um innerhalb der Reichweite für einen *counterattack* zu bleiben. *Ducking* auf *swings* und Haken zu lernen ist genauso wichtig wie *slippen* auf gerade Schläge. Beide sind wichtig für die Ausführung von counterattacks.

SNAP BACK
Snap back bedeutet einfach, deinen Körper gerade genug auf einen *straight lead* zurückfedern zu lassen, um den Gegner fehlschlagen zu lassen. Wenn der Gegner seinen Arm entspannt und zurück-

---

Probier beim slipping immer zu schlagen, vor allem, wenn du dich nach vorne bewegst.

BEWEGLICHKEIT

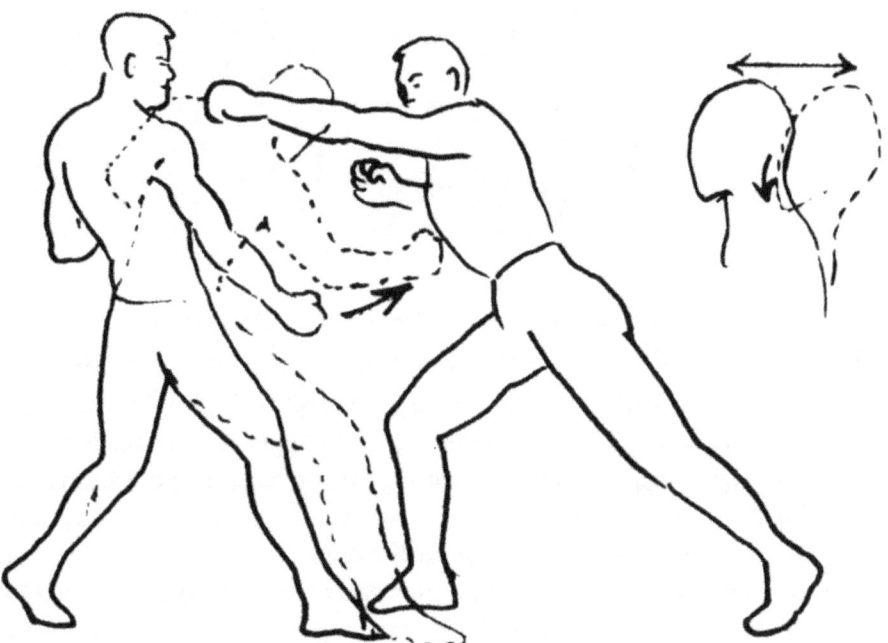

zieht, ist es möglich, mit einem harten *counter* nach vorne zu kommen. Dies ist eine sehr effektive Technik gegen einen *lead jab*, und er kann auch als Basis für eine eins-zwei Schlagkombination gebraucht werden.

ROLLING

Rolling holt die Kraft vollständig aus einem Schlag, indem sich der Körper mit dem Schlag mitbewegt.
➪ Gegen einen geraden Schlag geht die Bewegung *nach hinten*.
➪ Gegen *hook punches* geht die Bewegung *zu einer von beiden Seiten*.
➪ Gegen *uppercuts* geht die Bewegung nach *hinten und davon weg*.
➪ Gegen Hammerschläge ist es eine *runde Bewegung nach unten und zu einer von beiden Seiten*.

SLIDING ROLL

Die essentielle Eigenschaft eines schlauen Kämpfers ist die *sliding roll*. Er sieht den Schlag oder hohen Tritt vielleicht instinktiv ankommen, geht einen Schritt zurück, wobei er seinen Kopf nach hinten und unten bewegt. Er befindet sich nun in einer Position, mit verschiedenen geeigneten Schlägen oder Tritten zu den Öffnungen nach oben zu kommen.

BODY SWAY (BOB AND WEAVE)

Die Kunst des *bob and weave* bewirkt, dass der Kämpfer schwieriger zu treffen ist, und es gibt ihm mehr Kraft, besonders beim *hook punch*. Es ist nützlich, da es die Hände frei hält für den Angriff, die Verteidigung verbessert und Möglichkeiten bietet, hart zuschlagen zu können, wenn eine Öffnung entsteht.

•••

Entspannung ist der Schlüssel zur Schwingbewegung, und es ist einfacher mit einem steifen, unbeweglichen Boxer umzugehen, als mit einem, der ständig *bob and weave* gebraucht.

•••

> **Rolling holt die Kraft vollständig aus einem Schlag, indem sich der Körper mit dem Schlag mitbewegt.**

Weaving bedeutet, den Körper nach innen, nach außen und um einen *straight lead* zum Kopf zu bewegen. Es wird angewendet, um einen Gegner fehlschlagen zu lassen und zur Unterstützung eines *counterattacks* mit beiden Händen. *Weaving* basiert auf *slippen* und ist eine runde Bewegung des Oberkörpers und des Kopfes nach rechts oder links.

•••

Die Bob Technik

1. Sink mit einer perfekt kontrollierten Bewegung unter den *swing* oder *hook punch*.
2. Bringe die Fäuste in die Richtung des Gegners zur Deckung oder zum Angriff.
3. Halte mit deinen Beinen und Füßen eine beinahe normale Schlagposition, selbst am tiefsten Punkt des *bobs*. Gebrauche deine Knie, um diese Bewegung zu ermöglichen.
4. Behalte immer die normale Position von Kopf und Schultern, um *slippen* zu können als Verteidigung gegen rechte Schläge. Es ist äußerst wichtig, dass du in jedem Stadium des *bobs* in der Lage bist zu *slippen*.
5. Mache keinen *counterattack* während eines gerade nach unten ausgeführten *bobs*, außer vielleicht mit einem rechten Schlag in die Weichteile. *Weave*, um ausgestellte *counterattacks* mit wirbelnden geraden Schlägen oder *hook punches* zu machen.

Weaving bedeutet, den Körper nach innen, nach außen und um einen straight lead zum Kopf zu bewegen.

Ziel des weaves:

1. Den Kopf zu einem beweglichen Ziel machen (hin und her)
2. Deinen Gegner verunsichern, nach welcher Seite du *slippen* wirst, wenn er schlägt.
3. Deinen Gegner verunsichern, mit welcher Faust du beim Schlagen kommst.

•••

Nach innen weaven:

Slip zur Außenseite auf einen rechten *lead* (Abb. A). Lass deinen Kopf und Oberkörper sinken, bewege dich nach innen, unter den gestreckten rechten Arm durch, und komm danach wieder in die Grundposition. Der rechte Arm des Gegners ist nun nicht weit von deiner linken Schulter

BEWEGLICHKEIT

(A)   (B)

(Abb. B). Halte deine Hände hoch und nahe am Körper. Im dem Moment, in dem sich dein Körper zur Innenseite bewegt, plazierst du deine offene rechte Hand auf die linke Hand deines Gegners. Später machst du einen *counterattack* mit rechts, wenn du dich wegduckst, danach einen linken und rechten Schlag, wenn der *weave* ausgeführt ist.

•••

Nach außen weaven:

Wenn der Gegner mit einem rechten *lead* angreift, duckst du dich zur Innenseite (Abb. B) und plazierst deine rechte Hand auf die linke Hand des Gegners. Jetzt bewegst du Kopf und Körper nach links und nach oben in einer runden Bewegung, so dass der rechte Arm des Gegners nicht weit von deiner rechten Schulter ist. Dein Körper ist jetzt an der Außenseite des *leads* des Gegners und in der Grundposition (Abb. A). Halte beide Hände hoch und nahe am Körper.

•••

Merke dir, dass *weaving* auf *slippen* basiert, und um gut *slippen* zu können hilft es dir, die Kunst des *weaven* in den Griff zu bekommen. *Weaven* ist schwieriger als *slippen*, aber wenn du es einmal beherrscht, ist es eine sehr effektive Verteidigungsbewegung.

•••

Der weave wird selten allein angewendet.

Der *weave* wird selten allein angewendet. Er wird beinahe immer in Kombination mit dem *bob* gebraucht. Das Ziel von *bob and weave* ist es, *unter* den Angriff des Gegners zu gelangen und ganz nahe zu kommen. Der echte „bobber-weaver" ist immer ein Spezialist in *hook punches*. Es ist der perfekte Angriff gegen größere Gegner. Wenn du ihn gebrauchst, unterbrich dann deinen Rhythmus. *Bob and weave* nicht ständig im selben Rhythmus. Manchmal, wenn du dich auf einen Schlag nach innen duckst, machst du einen schweren *counterattack* in dem Moment, in dem du einen Schritt machst. Ausweichen sollte nicht geübt werden ohne Schläge oder Tritte um einen *counter* zu machen.

•••

Halte außerdem deine Augen immer auf, wenn die Schläge kommen. Die Schläge warten nicht auf dich. Sie schlagen unerwartet zu und sie sind schwierig zu stoppen, es sei denn, du bist gut genug trainiert, um sie ankommen zu sehen.

•••

Ellenbogen und Unterarme werden zum Schutz gegen Schläge zum Körper gebraucht. Schläge zum Kopf werden mit der Hand weggefegt, wenn du nicht ausweichst und einen counter ausführst.

•••

TAO DES JEET KUNE DO

Beinahe jeder Kämpfer erreicht einmal den gefährlichen Moment, in dem er den Griff auf die Situation verliert und sich selbst beschützen muss. Wenn dieser Moment angebrochen ist, ist es klug, wenn er gelernt hat, wie er sich selbst gut verteidigen kann.

Beinahe jeder Kämpfer erreicht einmal den gefährlichen Moment, in dem er den Griff auf die Situation verliert und sich selbst beschützen muss.

ANGREIFEN

Diese Kunst ist nichts Besonderes.
Nimm die Dinge so, wie sie sind.
Schlage, wenn du schlagen musst;
trete, wenn du treten musst.

TAO DES JEET KUNE DO

ANGREIFEN!

Es gibt beim Jeet Kune Do wenig direkte Angriffe. Beinahe alle Angriffsaktionen sind indirekt und werden nach einem Täuschungsmanöver gemacht, oder sie werden als *counterattack* gemacht, nachdem der Angriff eines Gegners abgewehrt oder vorbei ist – es erfordert schnelles Bewegungen, Täuschungsmanöver und die Fähigkeit, den Gegner zu Aktionen zu verleiten, kurzum einen wissenschaftlichen Plan.

•••

Es gibt zwei wichtige Momente, in denen der Angriff gemacht werden kann:
1. Wenn unser eigener Wille den Angriffszeitpunkt bestimmt.
2. Wenn der Moment des Angriffs von der Bewegung des Gegners oder von dessen fehlgeschlagener Aktion abhängt.

•••

Wenn ein Kämpfer sich ausreichend *konzentriert*, den *Moment um anzugreifen spürt* und *drauf schnell und selbstsicher reagiert*, dann sind die Chancen zum Erfolg erheblich vergrößert.

•••

Die Erfolgaussichten sind sogar noch größer, wenn der direkte Angriff dann gemacht wird, wenn der Gegner seinen Arm von der Linie wegbewegt, auf der du angreifen willst. Das ist wichtig.

•••

Es gibt beim Jeet Kune Do wenig direkte Angriffe.

Der geistig-körperliche Prozess des Angriffs

1. **Untersuchung:** Die Untersuchung ist vollständig geistig und kann in zwei Teile eingeteilt werden.

    a. **Definierbar:** z. B. das Einschätzen des richtigen Abstandes zwischen den Kämpfern oder die Erscheinung einer Öffnung.

    b. **Instinktiv:** der Gegner wird entweder angreifen oder sich zurückziehen

2. **Entscheidung:** dies ist auch eine geistige Funktion, aber die Nerven und Muskeln sind zur Vorbereitung auf die Ausführung alarmiert. Während dieser Phase beschließt der Kämpfer, wie er angreifen wird. Muss er z. B. auf dem kurzen Abstand einem direkten Angriff gebrauchen, oder muss er aus großem Abstand einen *compound attack* machen? Eine andere Möglichkeit ist, angreifen zu können mit *second intention* oder auf welche Art, von der er denkt, dass sie erfolgreich sein wird.

3. **Aktion:** die Gehirnzellen haben den Muskeln den Auftrag gegeben, die sie nun ausführen, aber selbst während der Ausführung muss der Kämpfer für ein mögliches Abfangen, *counter*, etc. bereit sein. Es ist daher notwendig und selbstverständlich, dass er während des Kampfes geistig und körperlich alert bleiben muss.

•••

Spar deine Energie, aber greif selbstbewusst, voller Vertrauen und unbeirrbar an.

•••

Primärer und sekundärer Angriff

Primärer Angriff: dies sind Angriffe, die du selbst mit dem Ziel einsetzt, durch *Tempo*, *Täuschung* oder *Kraft* zu treffen.

Tempo: ein direkter Angriff wird auf einen Vorstoss gemacht, um den Gegner mit außergewöhnlichem Können und außergewöhnlicher Schnelligkeit zu treffen, bevor er abwehren kann, ohne einen einzigen Versuch, die Richtung des Angriffs zu verschleiern.

ANGREIFEN

Täuschung: ein indirekter Angriff kann gebraucht werden, um mit der ersten Hälfte des Angriffs zu täuschen oder auszuweichen. Dem Angriff kann ein Täuschungsmanöver vorausgegangen sein, um den Gegner denken zu lassen, dass du ihn über eine bestimmte Linie dadurch angreifst, dass du eine vorhergehende Bewegung machst. Wenn er eine parry macht, um die Linie zu beschützen, kannst du von dieser Linie abweichen und bist frei, den Angriff mit einem Vorstoss auf eine andere Linie zu beenden.

Kraft: wenn dein Gegner gedeckt ist, greifst du seine Hand mit ausreichender Kraft an, um sie zur Seite zu schlagen und so eine Öffnung für deine Hand während des Vorstosse zu schaffen.

Sekundärer Angriff: diese Angriffe dienen dazu, die vom Gegner eingeleiteten Angriffe in der einen oder anderen ihrer verschiedenen Phasen auszumanövrieren oder zurückzuschlagen.

Angriffe während der Vorbereitung: diese Angriffe werden eingesetzt, um die Bewegung des Gegners festzunageln, bevor dessen Angriffsplan ausreift.

Angriffe während der Entwicklung: diese Angriffe sind im Prinzip „Zeit" Angriffe. Nachdem du vorhergesehen hast, auf welcher Linie dein Gegner angreifen wird, fängst du seinen Arm ab, wenn er seinen Angriff startet, und begegnest ihm mit einem gestreckten *counter*.

Angriffe während der Vollendung: diese Angriffe werden gemacht, nachdem der Gegner sich selbst innerhalb des Schlagabstandes gebracht hat während seines Vorstosses. Diese *riposte* werden aus der Position der *parry* gemacht, wie auch immer diese aussieht, sobald der primäre Angriff des Gegners abgewendet ist. Sie können gemacht werden, wenn der Gegner sich während seines Vorstosses ausgestreckt hat oder wenn er sich zurückzieht, aber sie werden beinahe alle ohne Fußbewegung gemacht.

Ein aufmerksamer Kämpfer wird nicht andauernd weiterschlagen mit Schlägen, die nicht mehr die richtigen sind.

ANMERKUNG: Täuschungen oder Scheinangriffe können in jedem dieser drei Stadien gebraucht werden als Vorbereitung für die sekundären Angriffe. So gebraucht, werden sie nicht mit dem Ziel gemacht, den Gegner zu treffen, sondern nur, um ihn zu verleiten, dich auf einer bestimmten Linie anzugreifen, so dass du ihn mit einer kräftigen *parry* aus der Fassung bringst und zu einem effektiven counter hinarbeiten kannst. Diese Angriffe werden deshalb nicht während des Vorstosses gemacht, da eine kleine Fußbewegung (wenn überhaupt) alles ist, was benötigt wird.

•••

Ein Angriff (Hand oder Fuß) wird durch Gebrauch des Schlages oder Trittes gemacht, die im Einklang mit denen des Gegners sind, wobei du den Vorteil erzielst aus der Gelegenheit, sie mit dem richtigen Timing auszuführen. Gegen einen Gegner, der seine Ziele bloßstellt oder wild handelt, sind z. B. das *counter-timen* seines Angriffs, oder ein *stop-kick* auf sein vorgeschobenes Ziel oder auf seine ungeschützten Zonen, wenn er sich nach vorne bewegt, besonders effektiv.

•••

Ein aufmerksamer Kämpfer wird nicht andauernd weiterschlagen mit Schlägen, die nicht mehr die richtigen sind. Viele Kämpfer schreiben das Misslingen eines angreifenden Schlages eher einem Mangel an Schnelligkeit zu als einer falschen Wahl des Schlages. Der Profi weiß es besser.

•••

Deshalb muss Jeder Kämpfer nach den Gesichtspunkten des Stiles, der Taktik und des Rhythmus studiert werden, bevor ein definitiver Aktionsplan mit u.a. der Wahl des Schlages beschlossen wird.

•••

181

Kämpfer können in zwei Hauptgruppen eingeteilt werden: der „mechanische" Kämpfer und der „intellektuelle" Kämpfer. Es ist für den mechanischen Kämpfer einfach, Ratschläge zu geben, da seine Kampftechniken und seine Taktik das Resultat ist von der mechanischen Wiederholung von Schlägen, das Erzeugnis von Unterrichtsstunden, die ganz automatisch waren und wobei eine intelligente Erklärung des *warum, wie* und *wann* fehlte. Ihr Kämpfen verläuft in jedem folgenden Kampf einem ähnlichen Muster.

•••

Der intelligente Kämpfer wird niemals zögern, seine Taktik zu verändern, um die richtigen Schläge zu gebrauchen, um mit seinem Gegner fertigzuwerden. Es muss jetzt deutlich sein, dass die Entscheidung eines Kämpfers, einen speziellen Schlag zu gebrauchen, durch Technik und Kampfmethode des Gegners beeinflusst werden muss.

•••

Die on-guard Position, die lebendige, kontrollierte *parry*, der im richtigen Moment gemachte *simple attack*, einfühlsames und genau reguliertes Vor- und Zurückgehen, plötzliches Vorstossen und schnelles, ausgewogenes Zuückkommen müssen alle gründlich gelernt werden. Erziele die für alle diese Punkte angemessene, neuromuskuläre Wahrnehmungsfähigkeit, so dass sie nur oberflächliche Aufmerksamkeit benötigen und du dich ganz auf den Gegner konzentrieren kannst, auf seine Tricks und deine Lösung für seinen Angriff und seine Verteidigung. Bewegungsfreiheit, Gleichgewicht und Selbstvertrauen gehen Hand in Hand mit einer bestimmten Anzahl Übungen der Grundbewegungen.

•••

Um anzugreifen musst du die schwachen und starken Punkte deines Gegners studieren, und Vorteile aus den schwachen Punkten erzielen, während du die starken vermeidest.

•••

Wenn dein Gegner z.b. gut ist bei der Ausführung von *parries*, müssen ein *beat, press* oder ein äuschungsmanöver, die die Wirkung der *parry* möglicherweise stören können, den Angriffen vorausgehen.

•••

Alle angreifenden Bewegungen müssen so kompakt wie möglich gemacht werden, d.h. mit der kleinsten Abweichung der Hand, notwendig, um den Gegner zu einer Reaktion zu verleiten. Die Vorsicht erfordert es, dass der Angriff vollständig unter Deckung beendet werden muss, oder dass der Angriff durch jede notwendige verteidigende Taktik verstärkt wird, wenn das möglich ist.

•••

Die Art und Weise, worauf ein Angriff ausgeführt wird, wird im Allgemeinen durch die Art und Weise bestimmt, auf die der Gegner sich verteidigt. Mit anderen Worten, zwischen Gegnern, die ungefähr gleich gut sind, wird ein Angriff selten erfolgreich sein, es sei denn, er täuscht oder überlistet die Verteidigung. Ein Beispiel: ein Angriff mit einer kreisenden Bewegung kann nicht gelingen, wenn der Verteidiger diese mit einer einfachen oder seitwärtigen Bewegung in seiner *parry* auffängt. Für einen erfolgreichen Angriff ist es daher essentiell wichtig, korrekt die Reaktion des Gegners zu antizipieren. Deine letztendliche Wahl für einen Schlag muss auf deiner Beobachtung von Reaktionen, Gewohnheiten und Vorzügen des Gegners basieren.

•••

Es ist für einen Kämpfer gefährlich, einen komplizierten *compound attack* auszuführen, wobei es verschiedene Perioden von Bewegungszeit gibt, in denen der Gegner einen *stop-hit* machen kann.

•••

Je komplizierter der Angriff, desto grösser ist die Chance auf einen unvorhersehbaren counterattack, der außerhalb deiner Kontrolle ausgeführt wird. Da das so ist, muss der tatsächliche Angriff immer einfach sein, ungeachtet der Vorbereitung, die vorhergegangen ist.

VORBEREITUNG DES ANGRIFFS

Wegen des großen Abstandes, die der Gegner einhält, muss die Überbrückung davon durch eine Aktion „camoufliert" werden, die die Aufmerksamkeit des Gegners zeitlich ablenken wird. Dies kann sein:
1. Eine Variation des Abstandes
2. Angriffe auf die näher gelegenen Ziele (meist vorderes Bein, ausgestreckte Hand, die Weichteile)
3. Eine Kombination von 1. und 2.
4. Eine Kombination von Angriffen um zu stören.

•••

Eine Vorbereitung des Angriffs ist eine Aktion, die vom Angreifer unternommen wird, um eine Öffnung für seinen Angriff zu bilden. Normalerweise besteht diese aus einer Bewegung, die den *gestreckten lead des angreifenden Gegners ablenken wird oder die eine gewünschte Reaktion (für eine Öffnung) und eine Abstandsveränderung bringen wird.*

•••

Ein aggressiver Gegner kann oft durch eine Serie von Schritten nach hinten, die allmählich kleiner werden, innerhalb der Reichweite gelockt werden; ein vorsichtiger Gegner kann manchmal durch eine Serie von Schritten nach vorne und nach hinten, die nicht gleich groß sind, in dieselbe Position manövriert werden.

•••

Kämpfer wählen Vorbereitungen als letzte Möglichkeit in einem Versuch, irgendeine Reaktion von ihrem Gegner zu bekommen, wenn es mit Täuschungsmanövern nicht gelungen ist.

•••

Täuschungsmanövern, denen *beats* oder *trapping* der Hand vorausgegangen sind, können das Selbstvertrauen des Verteidigers untergraben und ihn gegen seinen Willen zwingen, eine verteidigende Aktion zu machen. Diese Aktion kann dann beim Angriff vorgetäuscht werden.

•••

Beats, change beats, engagements und Veränderungen von *engagements* werden die Hand des Gegners auf eine bestimmte Linie festlegen, wodurch er sich zurückziehen muss und seine Reaktionen verzögert sein werden, oder sie werden ihn schneller eine *parry* ausführen lassen, oder eine *parry* mit weniger Kontrolle als beabsichtigt. Was die Reaktion auch sein mag, es kann den Weg zu einem erfolgreichen *simple attack* frei machen.

•••

Dadurch, dass man die Hand ablenkt oder festsetzt, während man nach vorne tritt, wird die Möglichkeit für den Gegner, einen erfolgreichen *stop-hit* zu machen, verkleinert. Auch Blockierung des Beines als vorbereitender Schritt ist sehr effektiv.

•••

Sorge dafür, dass beim *trapping* die Linien gedeckt werden oder dass sie durch Schwingen des Oberkörpers oder ergänzende Deckung verstärkt werden. Die Bewegungen müssen kompakt sein. Ergreife auch jede Gelegenheit, einen *stop-hit* oder *time-hit* während des *trapping* zu machen.

•••

Trapping der Hand, *beats* oder Wiederstand gegen die Hand können es einem Gegner erschweren, eine *parry* zu machen, da er hierdurch verwirrt wird. Pass auf vor *disengagement*. Wenn er normalerweise den Kontakt abbricht, gib ihm dann einen *stop-hit* dadurch, dass du erst die Vorbereitung vortäuscht und ihn danach festsetzt.

•••

Wenn ein *step forward* und eine Aktion auf die Hand des Gegners gleichzeitig ausgeführt werden, ist dies als zusammengestellte Vorbereitung bekannt. Der Erfolg hängt ab von perfekter Koordination der Hände und Füße. Es muss viel Zeit für Übungen dieser Art aufgewendet werden.

Eine Vorbereitung des Angriffs ist eine Aktion, die vom Angreifer unternommen wird, um eine Öffnung für seinen Angriff zu bilden.

Experimentier mit dem oben genannten mit der Idee, *trapping ökonomisch* zu gebrauchen, um Festzusetzen oder eine Reaktion herauszulocken und danach einen ganz harten Schlag oder Tritt zu einer äußerst empfindlichen Körperstelle zu machen.

• • •

Achte vor allem auf Gleichgewicht und Kontrolle deiner Füße, wenn du zur Vorbereitung auf einen Angriff nach vorne kommst, so dass du deine Vorwärtsbewegung mit einem minimalen Aufwand stoppen kannst. Kurze, schnelle Schritte werden hierfür sorgen, da es weniger wahrscheinlich ist, dass sich dein Schwerpunkt verlagern wird, als wenn du große, hastige Schritte machst. Stürze dich nicht auf deinen Gegner, sondern überbrücke und halte Abstand in einer ruhigen, genauen Art.

• • •

Wenn der Angriff durch Vorbereitung zu oft wiederholt wird, dann hat er eher einen stop-hit als eine *parry* zur Folge. Wenn du also den Angriff zur Vorbereitung gebrauchst, starte diesen dann sehr ökonomisch und öffne die Linien niemals mehr als notwendig um festzusetzen. Probiere die Zeit, in der du verletzbar bist, zu verkürzen.

• • •

Dadurch, dass du daran denkst, dass die Vorbereitung und der Angriff eigentlich zwei getrennte Bewegungen sind, obwohl sie als eine fließende Bewegung gemacht werden, wird der Kämpfer in der Lage sein, Vorsorgemaßnamen gegen mögliche *counterattacks* zu nehmen.

• • •

Wenn der Schüler die Vorbereitung übt, sollte er sie beim Kontakt, beim Wechsel des Kontaktes und bei Täuschungsmanövern des Partners durchführen.

SIMPLE ATTACK

Alle direkten und indirekten Angriffe, die aus einer einzelnen Bewegung bestehen, werden „*simple attacks*" genannt, da ihr Zweck ist, auf dem kürzesten Weg zum Ziel zu gelangen.

• • •

Ein direkter *simple attack* ist ein Angriff, der auf der Kontaktlinie gemacht wird oder auf der entgegengesetzten Linie, indem man einfach schneller ist als der Gegner oder ihn in einem Moment von Verwundbarkeit trifft.

• • •

Ein indirekter *simple attack* ist eine einfache Bewegung, wobei die erste Hälfte eine Reaktion des Gegners hervorruft, so dass die zweite Hälfte gegenüber der ursprünglichen Kontaktlinie in der aufgehenden Linie beendet werden kann.

• • •

Jeder Schlag ist wahrscheinlich erfolgreicher, wenn er gemacht wird, *wenn die Linie sich öffnet*, als wenn diese geschlossen wird. Ein Angriff auf die sich öffnende Linie gewinnt Zeit, da der Gegner sich darauf festgelegt hat, sich in die entgegengesetzte Richtung zu bewegen, und er muss seine Aktion umkehren oder diese wesentlich verändern um zu verteidigen.

• • •

Angreifende Handaktionen bestehen meistens aus halbrunden oder runden Bewegungen, wenn die Hand des Gegners getäuscht wird.

• • •

Bei indirekten Angriffen wird oft Gebrauch gemacht von *disengagement* oder *counter-disengagement*, um die sich öffnende Linie zu erreichen.

• • •

ANGREIFEN

Disengagement ist eine einzelne Bewegung, wobei sich die Hand von der Kontaktlinie zur gegenübergestellten Linie bewegt, von einer geschlossenen zu einer offenen Linie angreifend. Um diese Bewegung zur Ausführung des Angriffes zu timen, bedeutet es, dass sich für einen Moment die Verteidigung in die entgegengesetzte Richtung des Angriffes bewegt. Der Kämpfer muss daher seine angreifende Aktion beginnen, wenn der Arm des Gegners ankommt. Ein ähnliches Timing kann man von einem Kämpfer bekommen, der andauernd den Kontakt abbricht und wiederherstellt.

•••

Anmerkung: Füll *disengagement* an mit einer *parry*, einem Schlag zur Innenseite, einer Kopfbewegung, einer Niveauveränderung, einer Bewegung des Oberkörpers etc.

•••

Wenn du von einer hohen zu einer tiefen Linie gehst oder andersherum, hat ein unterstützendes *disengagement* den Vorzug. Wenn du von rechts nach links gehst oder andersherum, werden Angriffe durch *cut-over* gemacht (diagonal bewegend über die Kontaktlinie des Gegners).

•••

Hier folgen die zwei Arten von sim*ple attack* und die Bewegungen des Gegners, worauf sie getimt werden müssen. Es ist auch eine *Übung*, die regelmäßig wiederholt werden muss.

1. Direkter Angriff auf
    a. die Abwesenheit von Kontakt
    b. das e*ngagement*
    c. die Veränderung des *engagement*
    d. den Schritt nach vorne mit und ohne das obengenannte

2. Indirekter Angriff mit *disengagement* auf
    a. den *beat*
    b. das *engagement*
    c. die Veränderung des *engagement*
    d. die ersten drei ausgeführt mit einem Schritt nach vorne

•••

Counter-disengagement ist die angreifende Bewegung, die der Veränderung des *engagement* oder der *counter-parry* entspricht. Sein Ziel ist es, eine kreisende Bewegung zu täuschen, und keine seitwärtige Bewegung, die das Ziel des *disengagement* ist. Im Gegensatz zum *disengagement* endet *counter-disengagement* nicht in der Linie gegenüber der des Gegners.

Ein Beispiel: der Angreifer macht Kontakt mit seinem Gegner in sixte (Linie des Angreifers hoch an der Außenseite). Der Verteidiger bricht den Kontakt ab mit einer kreisenden Bewegung zur gegenübergestellten Linie. Der Angreifer folgt mit einer kreisenden Bewegung, bringt die Hand des Gegners zur ursprünglichen Linie zurück und greift an.

•••

Merke dir, dass die meisten Menschen schwach in den tiefen Linien sind. Richte deinen *simple attack*, dein *disengagement* und *counter-disengagement* oft zur tiefen Linie. Vergiss auch nicht zu verteidigen, während du angreifst.

•••

Wenn du Gebrauch machen willst von welcher Art Angriffen auch immer, musst du die Angewohnheiten und Vorzüge des Gegners beobachten. Besonders beim *simple attack*, direkt oder indirekt, hängt der Erfolg von der richtigen Wahl ab. *Der Angriff muss mit jeder Bewegung, die der Gegner macht oder machen könnte, übereinstimmen.* Es ist also gefährlich, auf's Geratewohl anzugreifen.

•••

Counter-disengagement ist die angreifende Bewegung, die der Veränderung des engagement oder der counter-parry entspricht.

Der Erfolg des *simple attack* hängt auch von dem richtigen Timing der Bewegung ab, das natürlich *mit dem Rhythmus der Bewegungen des Gegners zusammenhängt*, wenn du nicht damit hineingezogen werden willst.

•••

Sim*ple attacks*, die innerhalb des Bereiches des Gegners gestartet sind, müssen treffen, wenn sie richtig ausgeführt sind, vorausgesetzt, der Gegner ergänzt die *parry* nicht mit Zurückgehen. Um sicher zu sein, musst du also dafür sorgen, dass der Gegner (innerhalb des Kampfabstandes) nach vorne treten muss, und du setzt ihn fest, während er einen Schritt macht, wenn er nur sein Gewicht nach vorne verlagert, oder wenn er ein Zeichen von ‚Gewichtigkeit' zeigt, geistig oder körperlich.

•••

Gebrauche einen „scheinbar unschuldigen und unabhängigen Rhythmus" beim Gegner. Konzentrier dich auf die Entschlossenheit zu treffen mit mechanischer Effizienz und dem richtigen Timing, wenn du einmal angriffen hast.

•••

Koordinier alles in einem kräftigen Angriff, um den Erfolg eines *simple attack* zu garantieren. Bleibe dauernd entspannt und entwickel eine *flüssige*, explosive Schnelligkeit. Entspann dich! Jede Anspannung während du auf die Gelegenheit eines Angriffs wartest (durch den richtig eingenommenen Abstand) wird nur eine kurze, zuckende Bewegung hervorrufen, wird dafür sorgen, dass du dich zu früh bewegst, oder wird den Gegner auf die Spur bringen von dem, was du vorhast. Diese Tatsache kann nicht oft genug betont werden. *Entspannung* wird für *Geschmeidigkeit, Präzision* und *Schnelligkeit* sorgen. Vergiss das nicht.

•••

Bevor du anfängst – Bleibe entspannt, aber im Gleichgewicht und bereit zu Aktionen.
Anfang   Sei ökonomisch; gebrauche eine kontinuierliche Bewegung aus einem neutralen Stand.
In Bewegung   Gebrauche Bewegung und Kraft so ökonomisch wie möglich auf der direktesten Angriffslinie, unterstützt von einer geschlossenen Deckung.
Nach der Aktion Gebrauche eine schnelle, natürliche Bewegung, um in den kleinen, phasischen Stand mit gebeugtem Knie zurückzukommen.

•••

Lege Nachdruck auf wiederholte Übungen von ökonomischer Form, um instinktiven Beginn, Schnelligkeit, Kraftausdauer und Durchdringungsvermögen zu erzielen. Merke dir, dass Beschleunigung durch Übungen und Willenskraft verbessert werden kann. Die Grundlage hierfür ist mechanische Wiederholung. Mache zwei- bis dreihundert Mal einen Vorstoss, jedes Mal schneller.

•••

Es ist wichtig einzusehen, dass keine Wissenschaft den Mangel an Schlagkraft gutmachen kann, und Schlagen ist unnütz, wenn es nicht gut getimt, schnell und präzise ist.

•••

Der erste Schritt, den ein Kämpfer also lernen muss, ist, mit allen Gliedmaßen gut zu schlagen und zu treten. Dies muss auch in Kombination mit Fußarbeit gelehrt werden.

•••

Nichts stört einen Gegner so sehr wie *Variation* von Angriff und Verteidigung, und das ständige Versetzen der Anspannungsbelastung von einer Muskelgruppe auf die andere vermindert die körperliche Belastung.

•••

Auch ist nichts gefährlicher als ein halbherziger Angriff, lass deinem Angriff freien Lauf, beschäftige dich nur mit der korrekten und entschiedensten Ausführung deines Angriffs.

•••

ANGREIFEN

Du musst so aggressiv wie ein Raubtier aussehen, wenn du angreifst – ohne waghalsig zu werden – um so direkt Druck auf die Moral des Gegners auszuüben. Sorge dafür, dass du das Auge des Adlers, die Schlauheit des Fuchses, die Beweglichkeit und Aufmerksamkeit einer mutigen Katze, die Aggression und Unerschrockenheit eines Panthers, die Angriffskraft einer Kobra und den Widerstand eines Mungos besitzt.

•••

Ein *simple attack* wird nicht immer gegen jeden Gegner erfolgreich sein. Auch andere Mittel müssen bedacht werden. Lerne so viel verschieden verteidigende Bewegungen wie möglich und gebrauche so viel wie möglich brauchbare und variierte Schläge; du wirst dann mit den verschieden Stilen, denen du begegnest, umgehen können.

COMPOUND ATTACK

Kämpfer, die gleich gut und schnell sind, und die ständig den Abstand gut einschätzen, können nur sehr schwer einen *simple attack* machen. Der Kämpfer muss das Problem lösen, wie er seinen Nachteil bezüglich des Abstandes kompensiert und gleichzeitig Zeit gewinnt. Durch den Gebrauch eines *compound attacks* kann er das machen.

•••

Compound attacks bestehen aus mehr als einer Aktion und können mit einem Täuschungsmanöver, einer Vorbereitung zur Hand, oder einem Angriff auf ein nähergelegenes Ziel begonnen werden, gleich gefolgt vom echten Angriff.

•••

Die erste Bewegung in einer Kombination muss aus dem kleinen, phasischen Stand mit gebeugtem Knie begonnen werden. Sie muss aus einer ökonomisch fließenden Bewegung ohne vorherige Signale beginnen – eine lockere, unerwartete Fortsetzung.

•••

Eigentlich sind *compound attacks* eine Kombination der vier Formen der *simple attacks*: Schlagen, *simple disengagements*, *counter/disengagements*, und *cut-overs*.

•••

Die Komplexität des *compound attacks*, der gebraucht wird, steht in direkter Beziehung zur Fähigkeit des Gegners, die angreifenden Bewegungen abzuwehren. Bei der Wahl der Schläge, die du in einem *compound attack* gebrauchen wirst, wird der Erfolg von der richtigen Einschätzung der Form der *parry* (vordere oder hintere Hand, seitwärts oder kreisend) abhängen, die der Gegner machen wird als Antwort auf das Täuschungsmanöver oder den ersten Angriff. Bevor du einen *compound attack* gebrauchst ist es daher wichtig, den Gegner zu beobachten und eine Vorstellung von seiner wahrscheinlichen Reaktion zu bekommen.

•••

Täuschungsmanöver müssen ausreichend echt gemacht werden, um den Gegner zu beeindrucken. Probiere auch, so wenig wie möglich Täuschungsmanöver zu gebrauchen, um Erfolg zu erzielen. Je komplizierter die Form des *compound attacks* ist, desto kleiner ist die Chance, dass dieser gelingt. Es ist gefährlich, Angriffe zu machen, die aus mehr als zwei Täuschungsmanövern bestehen.

•••

Einfache *compound attacks*, Angriffe, die nur aus einem Täuschungsmanöver oder einer vorhergehenden angreifenden Aktion (eins/zwei, tief/hoch, etc.) bestehen, werden eine größere Chance haben zu gelingen, wenn sie gemacht werden, wenn der Gegner sich vorbereitet, vor allem während des *step forward*.

•••

> **Kämpfer, die gleich gut und schnell sind, und die ständig den Abstand gut einschätzen, können nur sehr schwer einen simple attack machen.**

TAO DES JEET KUNE DO

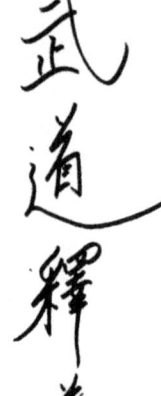

Compound attacks werden nicht gelingen, wenn sie schlecht getimt sind oder eine günstige Gelegenheit nicht benutzt wird.

•••

Viele *compound attacks* misslingen, da der Angreifer vergisst, die *Schnelligkeit seiner Täuschungsmanöver so zu regeln*, dass sie *den angreifenden Bewegung etwas vorauslaufen*. Es ist also wichtig, hinter den Rhythmus und die Vorzüge von der Verteidigung des Gegners zu kommen.

•••

Compound attacks können sein:

1. Kurze, schnelle Kombinationen; *kurz und bündig*.
2. Tiefe, durchdringende (und schnelle) Kombinationen; *nicht kurz und bündig*.

•••

Alle Schläge versuchen, maximale Kraftanwendung zur *Geltung zu bringen* und deshalb benötigen einige unter ihnen kräftigere Unterstützung als andere. Daher die Idee der Kombinationen.

•••

Lass verschiedene Wege von Kombinationen auf dich wirken und sorge dafür, dass du in der Lage bist, die Wege während der Ausführung zu verändern.

•••

Fülle die Lücke in der Kombination mit:

1. *Neutralen Bewegungen*, um den Gegner abzulenken, oder um die Position oder die fließenden Bewegungen zu verbessern.
2. *Subtilität* um zu treffen, ohne allgemeines Gleichgewicht und fließende Bewegung der Kombination zu Nichte zu machen (*finger jab, finger fan, finger flicks, back hand, palm stroke*).

•••

Gebrauche doppelte *leads* gegen jemanden, der sich langsam bewegt oder erschöpft ist.

•••

Einige Boxkombinationen (Täuschungsmanöver vorangegangen);

1. Rechter *jab* – linker *cross* (eins-zwei)
2. Rechter *jab* – rechter *uppercut*
3. Rechter *jab* / linkes *cross* / rechter *hook punch*

> **Compound attacks werden nicht gelingen, wenn sie schlecht getimt sind oder eine günstige Gelegenheit nicht benutzt wird.**

ANGREIFEN

4. Rechter *jab* / rechter *uppercut* / rechter *hook punch*
5. Rechter *jab* / rechter *hook punch*
6. Rechter *jab* / *hook punch* zum Körper
7. Linker Schlag zum Körper / rechter *hook punch*
8. Linker Schlag zum Körper / rechter *hook punch* zum Körper

KOMBINATIONEN MIT FUßTRITTEN

Wähle Tritte, die am ökonomischsten für dich selbst sind und die am direktesten zum Gegner gehen. Gebrauche die on-guard Position als Leitfaden. Tritte in *coumpound attacks* können verschiedene Ziele haben.

•••

Um zu stören:

1. *Hook kick* zum Knie, tiefer, stampfender *side kick, lead finger jab, cross,* oder eine Vorbereitung auf die Hand des Gegners (*trapping*)
2. Direkter schneller *hook kick* zu den Weichteilen, um...
   ⇨ Behalte deinen Gegner immer im Auge
   ⇨ Gehe nicht so weit, dass du nur schwer zurückgehen kannst
   ⇨ Denke an die on-guard Position!
3. *Stop-kick* zum Schienbein / Knie als *counter* ...
   ⇨ Wenn dein Gegner beginnt
   ⇨ Während des Angriffes
   ⇨ Wenn der Angriff gemacht ist (als *riposte*)
4. Tiefer Handangriff gefolgt von hohem *lead hook kick* (gegen Gegner in Rechtsvorwärtsstellung)
5. Tiefer Handangriff gefolgt von hohem *hook kick* (mit dem hinteren Bein)
6. Täuschungsmanöver hoch, *hook kick* tief
7. Vorgetäuschter *hook kick* tief, Schlag hoch
8. Vorgetäuschter *side kick, spin back kick*
9. Vorgetäuschter *side kick,* hook kick (*lead*)
10. Vorgetäuschter *lead straight kick,* hook kick (*lead*)
11. Vorgetäuschte Beinfeger mit dem hinteren Bein, *lead hook kick*

•••

> Wähle Tritte, die am ökonomischsten für dich selbst sind und die am direktesten zum Gegner gehen.

Um aufzureiben:

1. Direkter, schneller *hook kick* zu den Weichteilen und ...
2. Direkter schneller *side kick* zum Schienbein / Knie und ...

•••

Die Folgetechnik hängt davon ab, ob der Gegner getroffen wird, während er still steht oder sich nach hinten bewegt.

•••

TAO DES JEET KUNE DO

Um zu erzwingen:
1. Doppelter *side kick* zum Schienbein / Knie mit Hereinkommen
2. *Side kick* gefolgt von einem *hook punch* mit der hinteren Hand
3. *Hook kick* gefolgt von einem *hook punch* mit der hinteren Hand
4. Aufeinanderfolgende *side kicks* und *hook kicks*

•••

Wenn man Tritt- und Schlagkombinationen studiert, sollte man hinsichtlich möglicher Kombinationen diejenigen Bewegungen genauer untersuchen, die für einen am wirtschaflichsten sind und die den direktesten Weg zum Gegner nehmen. Wechsel dauernd Bein- und Handtechniken ab und variiere auch ihre Höhe, von hoch nach tief, von tief nach hoch, oder mach *safety triples* (tief / hoch / tief, hoch / tief / hoch).

•••

Gebrauche *natürliche* Folgetechniken zwischen der vorderen Hand (*jab, hook punch, backfist, shovel hook punch*) und der hinteren Hand (gerader Schlag, *cross, overhand, hammer*). Finde auch die natürlichen Folgetechniken zwischen dem vorderen Bein (*side kick, hook kick, straight kick,* aufwärtiger, eingedrehter, vertikaler, horizontaler Tritt) und dem hinteren Bein (*straight kick* in verschiedener Höhe, *spin kicks, hook kicks* in verschiedener Höhe). Welches sind die natürlichen Folgetechniken zwischen Hand und Bein oder zwischen Bein und Hand?

•••

Pflege die on-guard Position.

Untersuche die Möglichkeiten aller Arten von Fußarbeit – nach vorne, nach hinten, rechtsherum drehend, linksherum drehend, anfüllende Bewegungen so wie parallel sliding.

•••

Untersuche die natürlichen Folgetechniken für Schläge, die fehlschlagen oder zu kurz sind, und studiere ihre dazugehörende Verteidigung. Studiere die Arten Reaktionen eines Gegners auf Fehlschläge.

•••

Pflege die on-guard Position. Untersuche alle körperlichen Bewegungen, um eine schnelle Rückkehr zur on-guard Position zu vereinfachen und in der Lage zu sein, anzugreifen und zu verteidigen von da aus, wo du endest oder enden könntest.

COUNTERATTACK

(A)

(B)

The use of the left hand in countering the right

ANGREIFEN

Die Durchführung von counterattacks ist eine raffinierte Kunst.

Die Durchführung von *counterattacks* ist eine raffinierte Kunst, *sicherer* für den Kämpfer, der es benutzt, und *schädlicher* für seinen Gegner. Mit Kraft angreifen bewirkt manchmal wenig Schaden, da der Gegner mit der Kraft bewegt. Hierdurch nimmt er dem Schlag seinen Effekt.

TAO DES JEET KUNE DO

Wenn zwei Kämpfer gleichwertig sind, wird derjenige, der einen *counter* macht, im Vorteil sein, da der Kämpfer, der angreift, nichts daran ändern kann, dass er sich mehr bloßstellt als derjenige, der in der on-guard Position stehen bleibt. Jeder Angriff lädt automatisch zu einem *counterattack* ein oder stellt ein Zielgebiet bloß.

Wenn zwei Kämpfer gleichwertig sind, wird derjenige, der einen counter macht, im Vorteil sein.

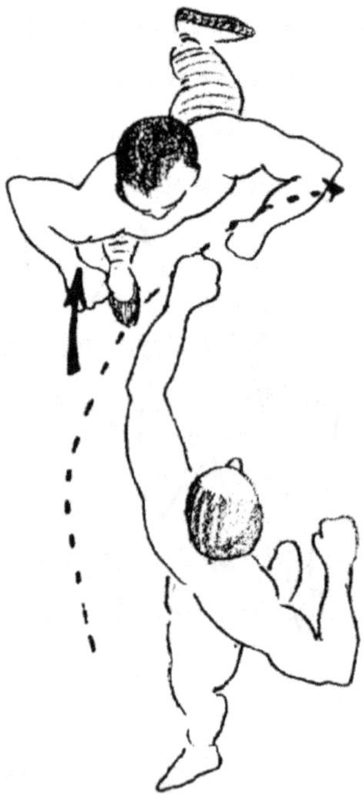

Fig. 1a 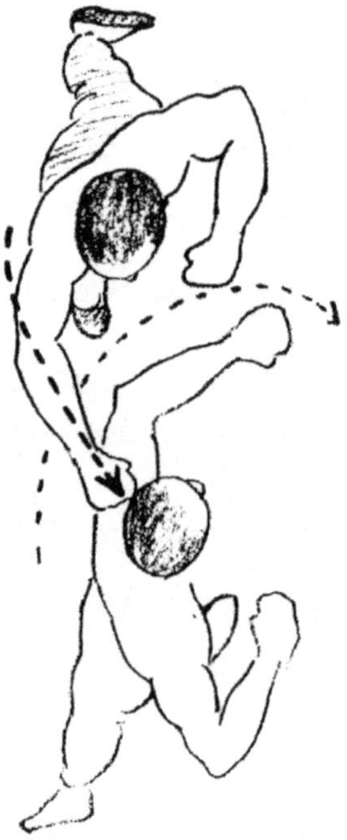 Fig. 1b 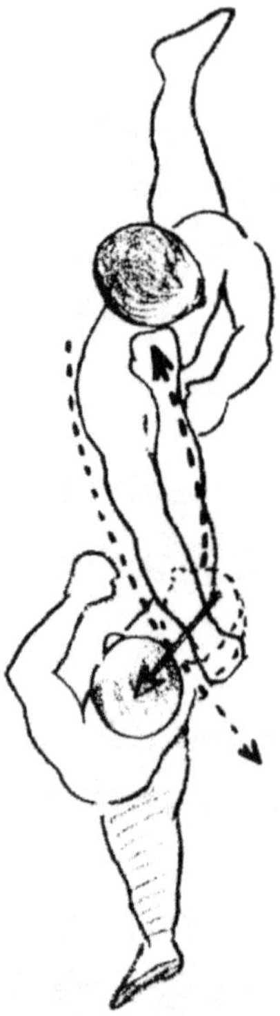 Fig. 2

Fig. 3 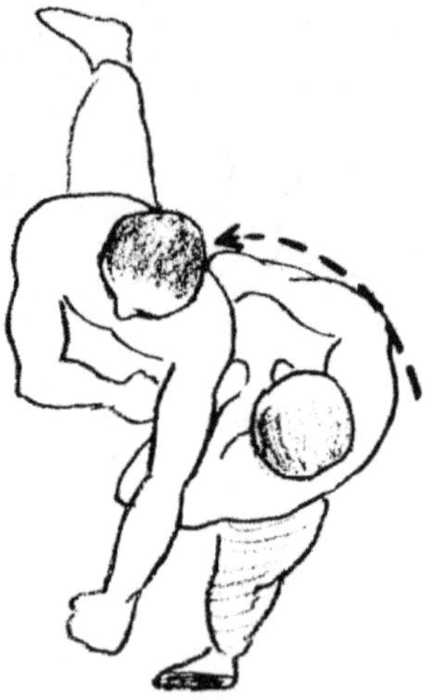 Fig. 4

ANGREIFEN

Anstelle eines Scheinangriffes, einer Veränderung von *engagement, trapping* oder Tippen der Hand kann die Einladung dazu benutzt werden, den Gegner zu einem Angriff zu *provozieren*. Der Angreifer kann dann eine *parry* machen, blocken oder dem Angriff des Gegners ausweichen und mit einem *counterattack* folgen. Ein doppelter Schlag ist das Resultat des Gegners, der dieselbe Taktik gebraucht. Mit dem ersten Schlag lädt er ein und trifft seinen Gegner, wenn dieser versucht, einen *counter* zu machen. Du kannst auch dadurch einladen, dass du ein Zielgebiet absichtlich ungedeckt läßt, während du dich in der Verteidigungsposition befindest.

•••

Um einen *counter* auszuführen musst du vermeiden, selbst getroffen zu werden, und es muss dir gelingen, deinen Gegner zu treffen, wenn er noch außer Position ist wegen des vorbeigegangenen Schlages. Du musst *instinktiv* und *direkt* handeln. Dies ist möglich durch ständiges Üben. Wenn du einmal gelernt hast, instinktiv einen *counter* zu machen, kannst du deine Aufmerksamkeit auf deinen breiten Kampfplan richten.

•••

Gemäß dem Boxen gibt es drei Arten, dem lead des Gegners auszuweichen, der erste Teil der Durchführung von counterattacks:

1. Du kannst den *lead* fehlschlagen lassen durch *slipping, ducking* oder Wegziehen.
2. Du kannst dich gegen gerade Schläge verteidigen oder sie abbiegen lassen dadurch, dass du sie von dir wegdrehen läßt, wodurch sie fehlschlagen und verloren gehen.
3. Du kannst den Schlag mit einem Teil deines Körpers blocken, der diesen Schlag aushält – wenige Blöcke werden empfohlen. Es ist viel besser für dich und ermüdender für den Gegner, wenn er fehlschlägt.

•••

Jedem aktiven Kämpfer kann beigebracht werden, mit Kraft und Schnelligkeit anzugreifen und wieder zurückzugehen, da die Bewegungen mehr oder weniger mechanisch gemacht werden und er seinen eigenen Moment wählen kann, um die „Maschinerie" in Gang zu bringen. Beim counteren ist das ganz anders; der Kämpfer, der als erster angreift, wählt den Moment und auch den Teil seines Zieles, das bloßgestellt wird. Der Kämpfer, der einen *counter* macht, ist in einer ähnlichen Position wie jemand, der einen Wettlauf startet, wenn sein Gegner „Start!" ruft.

•••

Das Geheimnis des *countering* ist Antizipation, und darum verdient es den Vorzug, den Gegner mit Hilfe von Täuschungsmanövern einen *lead* machen zu lassen, gegenüber dem Warten, bis er es von selbst macht.

•••

Ein *counterattack* ist eine angreifende Aktion, die ausgeführt wird, wenn der Gegner angreift, und zwar auf eine solche Art und Weise, dass eine bestimmt Periode „Bewegungszeit" erzielt wird.

•••

Counterattacks sind einfache Kombinationen der meist elementaren verteidigenden und angreifenden Bewegungen.
➪ Vermeidung von dem *lead* des Gegners durch verteidigende Mittel
➪ Die Durchführung von übereinkommenden *counters*

•••

Wenn du *counterattacks* übst, arbeite dann erst an guter Form, danach an Schnelligkeit.

•••

Wende immer Folgetechniken an und nutze deinen Vorteil nach *counterattacks*, bis der Gegner zu Boden geht oder zurückschlägt.

•••

Jedem aktiven Kämpfer kann beigebracht werden, mit Kraft und Schnelligkeit anzugreifen.

Der *counterattack* ist keine verteidigende Aktion, sondern eine Methode, um den Angriff des Gegners als ein Mittel zu gebrauchen, den eigenen Angriff erfolgreich abzurunden. Der *counterattack* ist eine fortgeschrittene Phase des Angriffes, die Vorkenntnis von speziellen Öffnungen erfordert, die nach dem Angriff des Gegners entstehen werden.

•••

Der *counterattack* erfordert das größte Können, die perfekteste Planung und die subtilste Ausführung aller Kampftechniken. Als Waffen gebraucht er alle wichtigen Techniken: blocken, dekken, *parrying, slipping, bobbing and weaving, ducking, sidestepping,* die Ausführung von Täuschungsmanövern, verleiten und versetzen. Er gebraucht alle Phasen von *grappling,* treten und schlagen. Neben der Beherrschung der Techniken erfordert die Ausführung von *counterattacks* genaues Timing, einwandfreie Einsicht und kaltblütige, berechnende Selbstsicherheit. Es bedeutet sorgfältig nachdenken, gewagte Ausführung und sichere Kontrolle. Es ist die größte Kunst beim Kämpfen, die Kunst der Meister.

•••

Es gibt zahllose *counterattacks*, die vor jedem Angriff mit dem *lead* gebraucht werden können, aber für jede einzelne Gelegenheit gibt es einen *counterattack*, der in der Situation am effektivsten ist. Du musst blitzschnell reagieren und dann, wenn es eine große Wahl an Aktionen gibt, ist es schwierig, wenn nicht sogar unmöglich, direkt zu reagieren, es sei denn, die richtige Aktion wurde vorher trainiert. Konditionieren (geleitet von totalem Bewusstsein) wird dann der Eckpfeiler des *counterattacks*.

•••

Konditionieren ist ein Prozess, wobei ein spezifischer Reiz eine spezifische Reaktion hervorruft.

Konditionieren ist ein Prozess, wobei ein spezifischer Reiz eine spezifische Reaktion hervorruft. Ein wiederholter Reiz kreiert schließlich ein Aktionsmuster im Nervensystem. Wenn dieses Muster erst mal entstanden ist, wird allein die Anwesenheit des Reizes die spezifische Reaktion hervorrufen. Derartige Reaktionen geschehen blitzschnell und beinahe unbewusst, was notwendig ist, um effektiv einen *counter* zu machen. Konditionierte Aktion muss das Resultat von intensiver, konzentrierter Übung sein von geplanten Aktionsmustern als Antwort auf jeden *lead*.

•••

Derartige Aktion muss Stunden, Tage, Wochen langsam trainiert werden, immer als Antwort auf bestimmte *leads*. Schließlich wird der Angriff selbst den richtigen *counterattack* produzieren.

•••

Du musst mit deinem Kopf kämpfen, nicht mit deinen Händen und Füßen. Es stimmt, dass du während des wirklichen Kampfes nicht darüber nachdenkst, wie du kämpfen musst, sondern eher über Schwäche oder Kraft des Gegners, mögliche Öffnungen und Chancen. Kämpfen wird niemals das Stadium einer echten Kunst erreichen, es sei denn, die Ausführung der Fähigkeiten ist automatisch und der Cortex ist befreit, um zu denken und zu assoziieren, um Pläne zu machen und zu urteilen. Die höheren Nervenzentren behalten immer die Kontrolle und werden in Aktion treten, wenn es nötig ist. Es ist genau wie das Drücken auf einen Knopf, um eine Maschine zu starten oder zu stoppen.

•••

Mit dem Auge auf der Ausführung von counterattacks gibt es drei Faktoren, die verstanden werden müssen:

1. Der *lead* des Gegners

2. Die Methode, um den *lead* zu vermeiden

3. Der *counterschlag,* Tritt oder *grappling*

ANGREIFEN

Beispiele von counters

Lead	Counter
1. *Jab*	1. *Snap back*, *countering* mit *jab*
2. *Jab*	2. Nach außen *slippen*, *countering* mit *jab*
3. *Lead swing* oder *hook punch*	3. Decken mit dem Unterarm des hinteren Armes, *countering* mit *jab*
4. *Jab*	4. Zur Seite schieben mit der hinteren Hand, *shovel hook punch* mit *lead* zum Körper
5. *Swing* oder *hook punch* mit der hinteren Hand	5. Dem Gegner durch einen schnellen *jab* voraus sein
6. *Jab*	6. Nach innen slippen, als *counterschlag* zum Körper mit der hinteren Hand
7. *Jab*	7. Nach innen *slippen*, linker *cross*
8. *Lead swing* oder *hook punch*	8. Dem Gegner durch einen geraden Schlag mit der hinteren Hand (links) voraus sein
9. *Cross*	9. *Ducking*, *countering* zu den Weichteilen oder *weaven* und einen linken Schlag zum Körper machen
10. *Cross* oder *swing*	10. Decken mit dem Unterarm des vorderen Armes und zurückkommen mit einem linken *jab*

1. *Der lead des Gegners ist wichtig*, da dieser bestimmt, welche Seite des Körpers offen ist um anzugreifen. Ein rechter *lead* legt die rechte Seite des Körpers frei, während ein *lead* mit der hinteren Hand beinahe den ganzen Oberkörper freilegt.
2. *Um leads zu vermeiden*, muss man sich entscheiden, ob der *counterattack* mit einer Hand oder zwei Händen gemacht werden muss. Blocken, decken, stoppen und *parrying* lassen alle eine Hand frei, womit ein *counterattack* gemacht werden muss. Bewegungen so wie *slipping, sidestepping, ducking, bobbing and weaving*, die Ausführung von Täuschungsmanöver, das Verleiten des Gegners und versetzen ermöglichen einen Angriff mit zwei Händen.
3. Der *counterschlag* hängt sowohl von der Methode ab, die gebraucht wird, um dem *lead* des Gegners auszuweichen, als auch vom Angriff selbst.
   Erstens: sorge dafür, dass der Gegner zu weit nach innen gekommen ist und seine Form verliert.
   Zweitens: Pass dich an, um eine einzelne funktionale Einheit zu bilden.
   Drittens: Koordinier alle Kraft, um seine Schwäche anzugreifen

COUNTERATTACKS MIT RECHTEM LEAD GEGEN EINEN RECHTEN STRAIGHT LEAD

Durch blocken oder stoppen
1. Fange den Angriff des Gegners in der linken Hand auf, während du nach rechts trittst, mache danach einen rechten *straight lead* zu seinem Kinn.

•••

Durch parrying
1. Mache eine *parry* zur äußeren Deckungsposition und einen rechten *hook punch* zu seinem Solar Plexus

> Der lead des Gegners ist wichtig, da dieser bestimmt, welche Seite des Körpers offen ist um anzugreifen.

2. Mache eine *parry* zur äußeren Position und einen rechten *hook punch* zu seinem Kinn
3. Mache eine *parry* zur äußeren Position und einen rechten *shovel hook punch* zu seinem Kinn.
4. Mache eine *parry* zur inneren Position und einen rechten *straight lead* zu seinem Kinn.
5. Mache eine *parry* zur inneren Position und einen rechten *hook punch* zu seinem Solar Plexus.
6. Mache eine *parry* zur inneren Position und einen rechten *shovel hook punch* zu seinem Solar Plexus.

•••

Durch slipping
1. *Slip* zur äußeren Deckungsposition und mache einen rechten *hook punch* zu seinem Kinn.
2. *Slip* zur äußeren Position und mache einen rechten *hook punch* zu seinem Solar Plexus.
3. *Slip* zur äußeren Position und mache einen rechten *uppercut* zu seinem Solar Plexus.
4. *Slip* zur äußeren Position und mache einen rechten *straight lead* zu seinem Kinn.

•••

Durch sidestepping
1. *Sidestep* zur äußeren Deckungsposition und mache einen rechten *hook punch* zu seinem Kinn.
2. *Sidestep* zur äußeren Position und mache einen rechten *hook punch* zu seinem Solar Plexus.
3. *Sidestep* zur äußeren Position und mache einen rechten *uppercut* zu seinem Kinn.
4. *Sidestep* zur äußeren Position und mache einen rechten *straight lead* zu seinem Kinn.

COUNTERATTACKS MIT DER HINTEREN HAND (LINKS) GEGEN EINEN RECHTEN STRAIGHT LEAD

Durch parrying
1. Mache eine *parry* zur inneren Deckungsposition mit der linken Hand und einen linken Schlag zum Kinn des Gegners.
2. Mache eine *cross-parry* zur inneren Position mit rechts und dann einen linken geraden Schlag zu seiner Seite.

•••

Durch slipping
1. *Slip* zur inneren Deckungsposition und mache einen linken *hook punch* zu seinem Körper.
2. *Slip* zur inneren Position und mache einen linken geraden Schlag zu seinem Körper.
3. *Slip* zur inneren Position und mache einen linken geraden Schlag zu seinem Kinn.
4. *Slip* zur inneren Position und mache einen linken *hook punch* zu seinem Kinn.
5. *Slip* zur inneren Position und mache einen linken geraden Schlag zu seinem Solar Plexus.

•••

Durch sidestepping
1. *Sidestep* zur äußeren Deckungsposition und mache einen linken *cross* zu seinem Kinn.
2. *Sidestep* zur äußeren Position und mache einen linken Schlag zu seinem Körper.
3. *Sidestep* zur inneren Position und mache einen linken *uppercut* zu seinem Kinn.
4. *Sidestep* zur inneren Position und mache einen linken *shovel hook punch* zu seinem Kinn.
5. *Sidestep* zur inneren Position und mache einen linken *uppercut* zu seinem Solar Plexus.

ANGREIFEN

COUNTERATTACKS MIT LEAD (RECHTS) GEGEN EINEN LINKEN CROSS

Durch parrying
1. Mache eine *cross-parry* zur inneren Deckungsposition mit der linken Hand und einen rechten *hook punch* zu seinem Kinn.
2. Mache eine *cross-parry* zur inneren Position mit der linken Hand und einen rechten *hook punch* in seinen Magen.

•••

Durch slipping
1. *Slip* zur inneren Deckungsposition und mache einen rechten *hook punch* zu seinem Solar Plexus.
2. *Slip* zur inneren Position und mache einen rechten *hook punch* zu seinem Kinn.
3. *Slip* zur äußeren Position und mache einen rechten Schlag zu seinem Kinn oder Körper.

•••

Durch sidestepping
Sidestep zur inneren Deckungsposition und mache einen rechten *straight lead* zu seinem Kinn.

COUNTERATTACKS MIT DER HINTEREN HAND (LINKS) GEGEN EINEN LINKEN CROSS

Durch parrying
1. Mache eine *parry* zur inneren Deckungsposition mit der rechten Hand und einen linken geraden Schlag zu seinem Kinn oder Körper.
2. Mache eine *parry* zur inneren Position mit der rechten Hand und einen linken *hook punch* zu seinem Kinn oder Körper.
3. Mache eine *parry* zur inneren Position mit der rechten Hand und einen linken *uppercut* zu seinem Kinn oder Solar Plexus.
4. Mache eine *parry* zur äußeren Position mit der rechten Hand und einen linken *hook punch* zu seinem Kinn oder Solar Plexus.
5. Mache eine *parry* zur äußeren Position mit der rechten Hand und einen linken *uppercut* zu seinem Kinn oder Solar Plexus.

•••

Durch slipping
1. *Slip* zur äußeren Deckungsposition und mache einen linken *hook punch* zu seinem Kinn oder Körper.
2. *Slip* zur äußeren Position und mache einen linken *uppercut* zu seinem Kinn oder Körper.
3. *Slip* zur äußeren Position und mache einen linken geraden Schlag zu seinem Gesicht oder Körper.
4. *Slip* zur inneren Position und mache einen linken *shovel hook punch* zu seinem Solar Plexus.

•••

Durch sidestepping
1. *Sidestep* zur äußeren Deckungsposition und mache einen linken *hook punch* zu seinem Kinn oder Körper.
2. *Sidestep* zur äußeren Position und mache einen linken *uppercut* zu seinem Solar Plexus.

•••

> Slip zur inneren Deckungsposition und mache einen rechten hook punch zum Solar Plexus des Gegners.

TAO DES JEET KUNE DO

Die inside parry und der rechte jab ist ein rechter Schlag, der so getimt ist, dass er die Öffnung, die durch den *jab* des Gegners entstanden ist, benutzt. Er ist ein essentieller *counter*, der bewusst oder unbewusst von beinahe jedem Kämpfer angewendet wird. Er wird gebraucht, um dem *jab* des Gegners auszuweichen und gleichzeitig den Gegner peinlich zu treffen, zu quälen und herauszulocken. Er wird auch gebraucht, um Öffnungen für andere *counterattacks* zu bilden. *Am besten kann er gegen einen langsamen jab angewendet werden.*

•••

Die outside parry und der rechte jab ist ein *jab*, der gemacht wird, nachdem du den Angriff des Gegners mit dem *lead* über deine rechte Schulter hast gleiten lassen. Es ist eine sichere Art, um einem rechten *lead* auszuweichen, während du gleichzeitig harte Schläge austeilst. Er wird am besten gegen Gegner mit langen Armen eingesetzt, da er dem rechten Arm zusätzliche ‚Länge' verschafft. Der rechte *jab* wird abgewehrt und wird kurz gegen die rechte Schulter gehalten. Je mehr ein Gegner mit seinem *jab* nach vorne kommt, desto härter wird er getroffen. *Er muss in Kombination mit jabs von der Innenseite her angewendet werden.*

•••

Die inside parry und der rechte hook punch zum Körper ist ein unangenehmer, schädlicher Schlag, der angewendet wird, um einen Gegner zu bremsen. Diesen auszuführen ist ziemlich gefährlich, da er den Körper innerhalb des Bereiches der linken Hand des Gegners bringt. Wenn rechte Hand und rechte Schulter sinken, wird die rechte Seite deines Körpers ein Ziel für den Gegner. Darum muss der Schlag plötzlich gebraucht werden, und der Erfolg hängt vollständig von Schnelligkeit und Täuschung ab.

•••

Die outside parry und der rechte hook punch wird angewendet, um die Deckung des Gegners nach unten zu bringen, um Öffnungen für die linke Hand zu bilden, und um einen Gegner abzubremsen. Er ist einfach, sicher und effektiv. Oft wird es eher ein *uppercut* als ein *hook punch*.

•••

Der Block an der Innenseite und der linke hook punch ist an erster Stelle ein Block, und dann ein Schlag.

Der Block an der Innenseite und der linke hook punch ist an erster Stelle ein Block, und dann ein Schlag. Er muss gegen einen langsamen *jab* oder gegen einen Kämpfer gebraucht werden, der seine rechte Hand hoch und weit von seiner Schulter hält. Es ist ein kräftiger Schlag, der mehr Übung und präziseres Timing erfordert als die meisten *counterschläge*. Erst muss ein rechter Schlag mit dem *lead* von der Innenseite her blockiert werden, danach muss das Gewicht nach vorne versetzt und muss ein linker *hook punch* zum Kinn gemacht werden. Es ist nicht ratsam, diese Kombination zu gebrauchen, es sei denn, die Öffnung ist ganz offensichtlich.

•••

Der linke cross ist einer der Schläge, über die am meisten beim westlichen Boxen gesprochen wird, und er ist der *counter*, der von allen Boxern am häufigsten angewendet wird. Wenn der Schlag gut gemacht wird, ist er enorm kräftig. Er ist nur ein linker *hook punch* zum Kiefer, gekreuzt über den gestreckten rechten Arm des Gegners. Du läßt den *jab* des Gegners über deine linke Schulter *slippen* und machst dann mit links einen *hook punch* von der Außenseite zum Kinn. Der Schlag ist einfach auszuführen und er kann den Gegner wirklich fertigmachen.

•••

Der linke gerade Schlag an der Innenseite ist ein Schlag, der getimt ist, um unten und an der Innenseite des rechten *lead* des Gegners zu kreuzen. Dieser Schlag kann am besten gegen einen Gegner gebraucht werden, der gut mit seinem rechten Angriff nach vorne kommt, und vor allem in Kombination mit der *outside parry* und dem rechten *jab*, oder dem rechten *cross*. Es ist ein einleitender Schlag oder einer, der dem Gegner den letzten Rest geben kann, der einfach zu timen und enorm kräftig ist. Die rechte Hand muss hoch gehalten werden, in Position um abzustoppen oder zu verteidigen.

•••

ANGREIFEN

Der linke Schlag an der Innenseite zu den Rippen ist ein unerwarteter Schlag, da er von einer natürlichen Öffnung Gebrauch macht, die von jeden rechten *lead* kreiert wird. Es ist schwirig, sich hiergegen zu verteidigen. Er ist ein gerader linker Schlag, der getimt ist, um unter den rechten Arm des Gegners hindurchzugehen, wenn dieser einen *jab* macht. Er wird angewendet, um einen Gegner abzubremsen, oder um „seinen Armschlag zu verkürzen".

•••

Um die Gefahr eines counters zu minimalisieren:
1. Mache Täuschungsmanöver, um den Rhythmus des Gegners zu stören; dies sorgt dafür, dass er nicht mehr bereit ist und auch eine Periode von Bewegungszeit verliert.
2. Veränder deine Körperposition während des Angriffs dadurch, dass du nach links oder nach rechts slippst, plötzlich das Niveau veränderst (*ducking*), schwingst (*bob and weave*).
3. Gebrauche eine andauernd verändernde Vielfalt von Angriffen und Verteidigungen.

RIPOSTE

Eine *riposte* ist ein Angriff (oder genauer gesagt ein *counterattack*), der nach einer *parry* gemacht wird.

•••

Welche *riposte* du wählst, wird, genau wie die Wahl des Angriffs, durch die Art der verteidigenden Bewegung bestimmt, wovon du denkst, dass der Gegner die dagegen anwenden wird. *Die Reaktionen des Gegners können nur festgestellt werden durch die Beobachtung der Handbewegung, die er normalerweise macht, um nach einem missglückten Angriff zurückzugehen.*

Eine riposte ist ein Angriff der nach einer parry gemacht wird.

•••

Direkte *riposte* wird auf derselben Linie wie die *parry* gemacht. Sie besteht nur aus einer direkten Bewegung (decken von den Linien der Innenseite her, anfüllende Verteidigung, Bewegungen des Oberkörpers, etc). Die Wahl, eine direkte *riposte* zu gebrauchen, basiert auf der Reaktion und den Gewohnheiten des Gegners – beobachte, ziehe die richtigen Schlussfolgerungen und gebrauche den richtigen Schlag.

•••

Indirekte *riposte* (durch *disengagement*, *counter-disengagement*, *cut-over*) wird auf der der *parry* entgegengesetzten Linie dadurch gemacht, dass die Hand unter, über oder um die Hand des Gegners herumgeführt wird. Sie wird gegen einen Kämpfer angewendet, der deckt, nachdem er abgewehrt wurde. Mache sie geschmeidig, ökonomisch und gedeckt.

•••

Arten von riposte
1. EINFACHE RIPOSTE
    a. Direkt
    b. Indirekt
2. KOMBINIERTE RIPOSTE
    a. Bestehend aus einer oder mehreren Täuschungsmanövern
3. Einfache oder kombinierte *riposte* endend auf der tiefen Linie

•••

Alle diese *riposte* können *direkt* nach einer *parry* oder *mit Verzögerung* ausgeführt werden. Auch kann die *riposte* mit oder ohne Hilfe eines Vorstosses gemacht werden. Ob der Vorstoss gebraucht werden muss, hängt ganz von der Schnelligkeit des Gegners beim Zurückkommen nach einem Angriff ab.

•••

Im Allgemeinen ist die *direkte riposte* am effektivsten, da er den Gegner in die Verteidigung zwingt. Um ihre Effektivität zu gewährleisten, müssen *parry* und *riposte* gemacht werden, wenn der Angriff endet und bevor der Gegner die Chance hat, von Angriff auf Verteidigung zu wechseln. Diese Form ist bekannt als „Abwehren und Ausführen einer *riposte* am Ende des Angriffs". Das bedeutet, dass der Verteidiger so gut wie sicher ist, auf welcher Linie der Angriff enden wird. Die direkte *riposte* am Ende eines Angriffs kann kurz und bündig gemacht werden, in einer direkten Kombination, oder nicht kurz und bündig, um am Gegner zu bleiben und ihn zu lähmen.

•••

Bei der *verzögerten riposte* zögert der Kämpfer, welche *riposte* er nach der *parry* gebrauchen soll, wartend auf die Reaktion des Gegners. Der Gegner, der an eine direkte *riposte* gewöhnt ist, kann automatisch eine *parry* machen, und wenn er keiner Hand begegnet, ist er geneigt, durch diese Veränderung des Rhythmus in Verwirrung zu geraten, und verliert ein wenig die Kontrolle über seine Verteidigung. Die verzögerte *riposte* kann ein *compound attack* oder ein Angriff mit einem Täuschungsmanöver sein.

•••

Anwendungen der einfachen riposte:

1. Die *direkte riposte* wird gegen einen Kämpfer angewendet, der bei seinem Vorstoss den Fehler begeht, seinen Arm zu beugen, bevor er zurückkommt. Hierdurch ist er auf der Linie der *parry* ungedeckt.
2. Die *indirekte riposte* (durch *disengagement* oder *cut-over*) wird gegen einen Gegner eingesetzt, der die Linie deckt, auf der er abgewehrt worden ist, da er eine direkte *riposte* erwartet. Manchmal deckt er mit Absicht; oft ist es nur eine instinktive Bewegung. Wenn die Deckung, aus welchen Gründen auch immer, erfolgreich ist, muss die Person, die die *riposte* macht, der Deckung voraus sein und sie durch ein einfaches *disengagement* täuschen.
3. Die *riposte durch counter-disengagement* wird gegen einen Gegner gemacht, der, wenn er einen Vorstoss macht oder zurückgeht, nicht auf der Linie der *parry* bleibt, sondern sein *engagement* verändert – mit anderen Worten einen *counter* macht. Das *counter-disengagement* täuscht seine Veränderung von *engagement* vor. Diese Form von *riposte* lässt sich sehr gut aus der Rechts-Vorwärtsstellung gegen einen Gegner in der Links-Vorwärtsstellung einsetzen.
4. Die *riposte auf der tiefen Linie* wird gegen einen Gegner gewählt, der seine Angriffe korrekt gedeckt beendet, und der mit einem gestreckten Arm zurückgeht, wodurch er nur seine unteren Körperpartien offen läßt.

•••

Die kombinierte riposte ist eine gegenangreifende Bewegung nach einer parry, die aus ein oder mehreren Täuschungsmanövern besteht.

Die *kombinierte riposte* ist eine gegenangreifende Bewegung nach einer *parry*, die aus ein oder mehreren Täuschungsmanövern besteht.

Zum Beispiel: kombinierte *riposte* von eins-zwei, nach der *parry* von counter-sixte – der Angreifer, der durch den *counter* auf die Linie der sixte zurückgebracht wurde und der die direkte *riposte* erwartet, deckt in sixte. Derjenige, der die *riposte* macht, täuscht ein *disengagement* vor, während er seinen Arm gebogen hält, lockt des Angreifers *parry* von quarte heraus, und täuscht die *parry* noch immer mit gebogenem Arm vor, und schlägt schließlich mit der *riposte* in sixte zu.

•••

Wiederum ist Timing von äußerster Wichtigkeit. Parry und *riposte* sind am effektivsten, wenn sie am Ende eines Angriffs gemacht werden. In dem Moment ist die verfügbare Zeit des Gegners, um von Angriff auf Verteidigung zu wechseln, auf ein Minimum reduziert. Die *riposte* hat also die meiste Chance zu gelingen, bevor der Angreifer sie abwehren kann.

•••

ANGREIFEN

Indem man absichtlich auf die ‚*erkundenden' Bewegungen* des Gegners in einer bestimmten Weise reagiert, ist es oft möglich, ihn zu einem bestimmten Schlag zu verleiten. Wenn man diesen Schlag kennt, wird es nicht schwierig sein, diesen zu timen und ihn in der Richtung zu verändern, um selbst seinen Vorteil davon zu erzielen.

•••

Die *counter-riposte* ist eine angreifende Bewegung, die nach einer erfolgreichen *parry* der *riposte* erfolgt. Sie kann sowohl vom Angreifer als auch vom Verteidiger gemacht werden, einfach oder kombiniert. Sie lässt sich beim Vor- und Zurückgehen, nach dem Zurückgehen oder ohne Vorgehen, je nach Abstand, ausführen.

•••

Eine *counter-riposte* kann die Folge von *second intention* sein. Mit *second intention* ist gemeint, dass der ursprüngliche Angriff nicht gemacht wird mit dem Ziel zu treffen, sondern nur, um eine *parry* und *riposte* des Verteidigers herauszulocken, um darauf mit einer *riposte* zu reagieren. Diese Aufeinanderfolge von angreifenden und verteidigenden Aktionen des Angreifers wird meistens gegen einen Gegner angewendet, dessen erste Verteidigung sehr stark ist. Man hofft, dass die zweite angreifende Aktion ihn unvorbereitet trifft.Nach dem einteitenden Scheinangriff kann der Angreifer entweder halb zurückgehen oder sein Körpergewicht auf das hintere Bein verlagern, wenn er eine *parry* macht. Damit bringt er sich selbst außerhalb des Bereiches der gefährlichen *riposte*. Dann kann er eine *counter-riposte* machen mit einem halben Vorstoss oder durch Vorbeugen des Körpers.

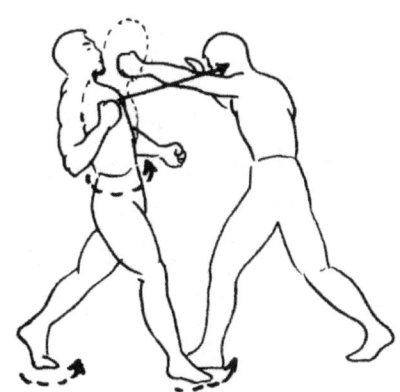

ERNEUTER ANGRIFF

Wenn sich der Gegner einfach ohne Abwehr zurückzieht, kann die Verdoppelung (beim Boxen) oder die Remise (beim Fechten) nützlich sein. Es ist ein erneuter Angriff oder das erneute Setzen der Waffe auf das Ziel auf dieselbe Linie wie die der ursprünglichen angreifenden oder gegenangreifenden Aktion. Es ist ein Schlag, der auch auf ein vorausgeschobenes Ziel gerichtet werden kann, so wie das Knie oder Schienbein. Dieser Schlag ‚bestraft' einen Gegner, der sich selbst bloßstellt bei der Ausführung einer indirekten oder kombinierten *riposte*, da er seine Bewegungen zu weit macht.

•••

Der erneute Angriff ist sehr effektiv gegen Kämpfer, die, obwohl sie eine starke Verteidigung haben, zögern, eine *riposte* zu machen, oder träge sind, wenn sie eine machen. Das ist oft der Fall, wenn sie versuchten, eine *parry* abzuwehren, aber dabei aus dem Gleichgewicht geraten.

•••

Viele Kämpfer begehen den Fehler, sich nach hinten auf den hinteren Fuß zu lehnen, wenn sie sich selbst verteidigen, anstelle eines kleinen Schritts nach hinten zu machen. In solchen Fällen sollte man das hintere, Gewicht-tragende Bein angreifen.

•••

Der Erfolg des erneuten Angriffs hängt zu einem sehr großen Teil von der Schnelligkeit des Nachvornekommens ab (wieder Fußarbeit!). Der Gegner darf seinen Gleichgewichtsverlust (körperlich und geistig) oder die Kontrolle, die ihn der erste Angriff gekostet hat, nicht wieder gut machen.

•••

Wenn sich der Gegner einfach ohne Abwehr zurückzieht, kann die Verdoppelung (beim Boxen) oder die Remise (beim Fechten) nützlich sein.

TAO DES JEET KUNE DO

Im Allgemeinen wird das Nachvornekommen von einem Angriff auf die Arme begleitet. Die Vorteile sind:

1. Ausfüllung der Zeitlücke beim Nachvornekommen.
2. Die Aufmerksamkeit des Gegners während dieser Zeit festhalten und so das Risiko vermindern, dass dieser doch noch einen *stop-hit* oder eine *riposte* macht.
3. Finden eines Maßes an Unterstützung durch das Festhalten des Armes des Gegners während der Wiederherstellung.

•••

Obwohl ein spontaner erneuter Angriff möglich ist, wird hiermit nicht garantiert, dass eine Periode von *Bewegungszeit* erzielt werden wird. In den meisten Fällen ist der Gebrauch davon als Schlag vorher geplant als Folge der Beobachtung von Gewohnheiten und Taktiken des Gegners.

•••

Folgend auf das Nachvornekommen kann der erneute Angriff selbst die folgenden Beispiele umfassen:

1. *Straight thrust*
2. Täuschungsmanöver eines *straight thrust* gefolgt von einem indirekten *simple attack* oder einem *compound attack*
3. Eine Vorbereitung auf die Hand (*beat, trapping*) gefolgt von einem *simple* oder *compound attack*

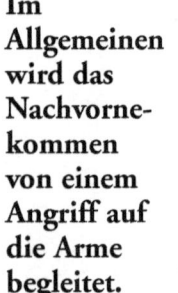
Im Allgemeinen wird das Nachvornekommen von einem Angriff auf die Arme begleitet.

ANGREIFEN

TAKTIKEN

Body Blows

The two basic body blows

The Combination of Low & High Right -- setting the timing with the opponent

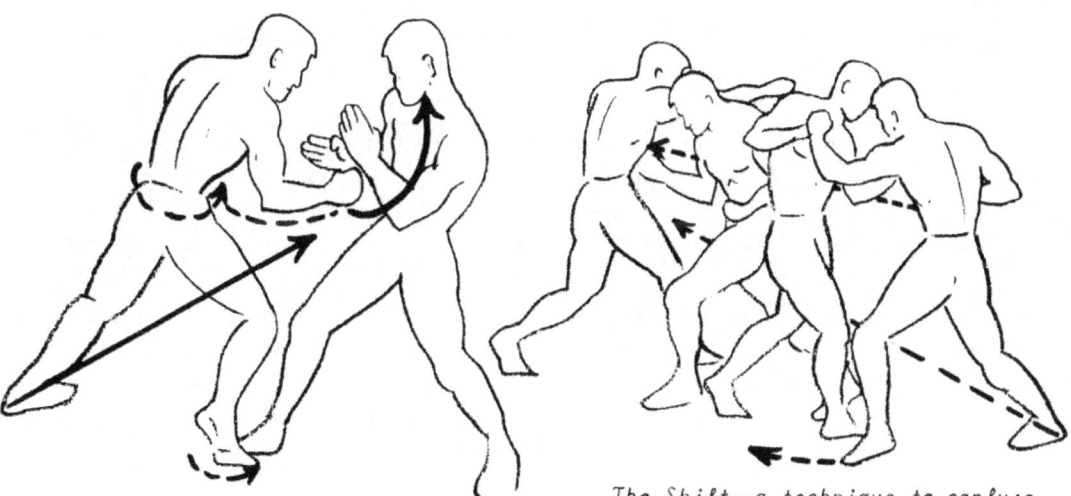

The body feint as a mean to increase the power of right to chin

The Shift--a technique to confuse the opponent as well as to adding power to the punch

TAO DES JEET KUNE DO

Taktik gehört zur Kopfarbeit beim Kampf. Sie basieren auf Beobachtungen und Analysen des Gegners und auf intelligente Wahlen von Aktionen gegen ihn. Die taktische Vorgehensweise besteht aus drei Teilen: Voranalyse, Vorbereitung und Ausführung.

•••

Voranalyse: das Ziel der Voranalyse ist es, eine Basis dadurch aufzubauen, dass man die Angewohnheiten, die starken und schwachen Seiten des Gegners genau beobachtet. Der Kämpfer muss wissen, ob sein Gegner angreifend oder verteidigend ist, ob er gerne rechtzeitig in Aktion tritt und welches seine favorisierten Angriffe und *parries* sind. Beobachte ihn genau, denn selbst wenn du ihn kennst, kann der körperliche und geistige Zustand eines Kämpfers von Tag zu Tag variieren. Der taktische Kämpfer muss den Abstand verkleinern und vergrößern, und muss Scheinangriffe anwenden, die überzeugend genug sind, den Gegner zu zwingen, die Qualität und Schnelligkeit seiner Reaktionen zu enthüllen.

•••

Vorbereitung: während der Vorbereitung der Aktion sucht jeder Kämpfer nach Hinweisen und probiert, seinen Gegner zu überlisten. Es gibt unendlich viele Variationen, aber ein paar Beispiele seien hier genannt. Zum Beispiel: der Kämpfer, der vorhat, während des Angriffs zu punkten, muss die Initiative übernehmen und den Kampf unter Kontrolle halten. Er probiert, seinen Gegner in die Irre zu führen durch einen Scheinangriff, gefolgt von einem echten Angriff zu einem anderen Ziel oder das gleiche Zielgebiet. Die Linien und Positionen müssen variieren, um dem Gegner keine Möglichkeit zu geben, die Initiative zu übernehmen.

•••

Die Vorbereitung des Angriffs muss vorsichtig sein, und der Kämpfer muss immer bereit sein, eine *parry* zu machen, wenn der Gegner versucht, einen plötzlichen *stop-hit* oder *counterattack* zu machen.

•••

Ausführung: die Ausführung des echten Angriffs muss mit dem richtigen Timing, schnell und ohne Pause oder Zögern gemacht werden. Es muss eine bewusste, beschleunigte, entschlossene und entscheidende Bewegung sein. Überraschung ist sehr wichtig und der Kämpfer muss an das erfolgreiche Resultat glauben. Wenn der Gegner die Initiative übernimmt, muss man ihn entmutigen durch konstante Drohungen mit *counterattacks,* durch kurze Stöße oder Schläge, durch Schlagen auf seine Deckung, oder durch andere Mittel, die seine Konzentration stören werden.

•••

Wenn Kämpfer körperlich gleich stark sind, kann intellektuelle Superiorität helfen zu gewinnen.

Wenn Kämpfer körperlich gleich stark sind, kann intellektuelle Superiorität helfen zu gewinnen. Wenn Kämpfer gleich schlau sind, kann mechanische und technische Kenntnis den Ausschlag geben.

•••

Ein Kämpfer muss ein ziemliches Niveau von technischem Können erreichen, bevor er erfolgreich Taktik einsetzen kann. Der Geist kann sich erst auf die Entdeckung von Reaktionen des Gegners konzentrieren, seine Absichten vorhersehen und Strategie und Taktik entwickeln, ihn zu besiegen, wenn Techniken automatisch gemacht werden können.

•••

Taktiken erfordern kaltblütige Einsicht, Einschätzung, Opportunismus, Bluff und Gegenbluff und die *Fähigkeit, wenigstens eine Bewegung vorauszudenken.* Diese werden mit Mut und kontrollierten Reaktionen von Muskeln und Gliedmaßen kombiniert, die es dem Kämpfer ermöglichen, einfache oder kombinierte Bewegungen auszuführen, wenn die Situation das in einem bestimmten Moment erfordert.

•••

Es wird gesagt, dass die Gedanken und Aktionen des Kämpfers wie ein Blitz sein müssen. Koordination von Geist und Körper ist sicher das Geheimnis des Erfolges im Kampf. Mechanische Perfektion in einem Kampf ist nutzlos ohne die Fähigkeit zu denken, und auch wird die intelligenteste Analyse des Spieles des Gegners keine Erfolgsgarantie sein, es sei denn, der erforderte Schlag kann ausgedacht und auf die richtige Art angewendet werden.

ANGREIFEN

•••

Der Schlüssel zu Kampftechniken ist es, den Vorteil aus der Schwäche des Gegners zu erzielen.

•••

Würdest du einen Gegner angreifen, wenn dieser vollständig vorbereitet ist, gut im Gleichgewicht steht und in einem angespannten, heftigen Rhythmus oder in einem gut kontrollierten, entwickelten Rhythmus ist? Würdest du einem bösen, anstürmenden Gegner frontal entgegentreten? Natürlich nicht! Ein Topkämpfer wird erst den Abstand beherrschen durch angepasste Fußarbeit, und danach weitermachen, den Rhythmus des Gegner durch Täuschungsmanöver, Scheinangriffe und ökonomische Klapse zu diktieren.

•••

Man sollte der vom Gegner bevorzugten Taktik immer die entgegengesetzte Taktik entgegenstellen (boxe gegen einen Kämpfer, kämpfe gegen einen Boxer). Es ist natürlich nicht schlau, andauernd einen Kämpfer anzugreifen, der sich auf seine Verteidigung stützt, während du ohne Verzögerung einen Gegner angreifen musst, der starke, schnelle Angriffe bevorzugt. *Counter-time* ist die Antwort auf einen Gegner, der jedesmal den *stop-hit* macht, und der *stop-hit* ist ein *counter* für den Kämpfer, der viele Täuschungsmanöver gebraucht.

•••

Ein Kämpfer mit einem großen Bereich oder einem, der andauernd erneute Angriffe macht oder Angriffe mit einem Schritt nach vorne, benötigt im Allgemeinen einen großen Abstand. Es ist falsch, immer zurückzutreten, wenn man angegriffen wird, oder wenn Vorbereitungen für einen Angriff getroffen werden, da dies dem Gegner helfen wird, den Raum zu bekommen, die er benötigt um sich zu bewegen. Ein derartiger Gegner wird wahrscheinlich aus dem Konzept gebracht und seine Genauigkeit verlieren, wenn der Abstand verkleinert wird durch einen Schritt nach vorne, wenn er angreift.

•••

Der kleinere Kämpfer versucht, seinen kleineren Bereich dadurch zu kompensieren, dass er zur Vorbereitung Angriffe auf die Hand gebraucht, oder Angriffe auf vorgeschobene (näher gelegene) Ziele, oder dadurch, dass er in den Nahkampf geht, wenn er stärker ist.

•••

Spiele mit deinem eigenen Rhythmus, um den Gegner zu verwirren, und beschleunige deine Bewegungen dann plötzlich explosionsartig. Die Grundtaktik ist, den Gegner nach vorne kommen zu lassen und anzugreifen, wenn er einen Schritt macht.

•••

Ein Kämpfer kann nicht dieselben Aktionen gegen jeden Gegner gebrauchen. Ein guter Kämpfer variiert sein Spiel mit *simple* und *compound attacks* und mit *counterattacks* mit Abstandsveränderungen, etc.

•••

Gegen einen ruhigen, stillen Kämpfer müssen die Täuschungsmanöver länger sein, gegen einen angespannten Kämpfer müssen sie kürzer sein. Mit einem ruhigen Kämpfer musst du ruhig bleiben; der angespannte Kämpfer muss gereizt werden (während der Kämpfer selbst versuchen muss, ruhig zu bleiben). Große Kämpfer sind meistens langsamer, aber ihr großer Bereich ist gefährlich, also ist es wichtig, auf sicherem Abstand zu bleiben (bis die innere Position eingenommen werden kann).

•••

Unkonventionelle Kämpfer gebrauchen große, manchmal unerwartete Bewegungen. Gegenüber solchen Kämpfern musst du Abstand halten, und die *parries* müssen im allerletzten Moment gemacht werden. Unorthodoxe Kämpfer gebrauchen meistens einfache Aktionen, und diese werden beinahe immer im selben Tempo ausgeführt. Die Angriffe werden mit weiten Bewegungen gemacht, und bieten dadurch die Möglichkeit, getimte Schläge oder *stop-hits* zu machen. Wenn man gegen einen solchen Gegner den Kampf verliert, deutet das häufig auf die Inflexibilität des Kämpfers und sein Unvermögen, seinen Stil an die Erfordernisse des Moments anzupassen.

Der Schlüssel zu Kampftechniken ist es, den Vorteil aus der Schwäche des Gegners zu erzielen.

TAO DES JEET KUNE DO

•••

Bei einem Gegner, der immer mit einer perfekt getimten Vorbereitung zur Hand angreift, sollte man ohne Kontakt und mit abwechselndem Kampfabstand kämpfen (anstatt die Hand zu exponieren oder die on-guard Position mit ausgestreckter Hand zu verwenden), wodurch dieser gestört und in seinem Spielraum eingeengt wird.

•••

Gegen einen Kämpfer, der in der on-guard Position gut gedeckt bleibt, der außerhalb des Bereiches bleibt und jedem Versuch, eine Vorbereitung zu machen, ausweicht, ist es unklug, direkt anzugreifen. Solche Kämpfer machen im Allgemeinen genaue *stop-kicks* und *stop-hits*. Die vor der Hand liegende Antwort ist, seinen *stop-hit herauszulocken* mit drohenden Täuschungsmanövern und einen *second-intention attack* zu beenden, seine Hand zu ergreifen, vielleicht um zu ringen.

•••

Bevor du einen Gegner, der fechtet, ohne Kontakt zu machen, angreifst, können Scheinangriff oder deutliche Täuschungsmanöver eingesetzt werden, um eine Reaktion von ihm zu erzielen. Wenn das ein *stop-hit* ist, kannst du in *counter-time* weitermachen, vorzugsweise die Hand ergreifend. Wenn er mit einer *parry* reagiert, kannst du einen *compound attack* beenden oder mit einer *counter-riposte* punkten. Auf der anderen Seite kann es den Effekt haben, dass er wieder Kontakt macht, wenn ein geeigneter Angriff gemacht werden kann.

•••

Der Rhythmus des Anfängers, wahrscheinlich unregelmäßig, ist schwierig abzuschätzen, und macht lange Phrasen gefährlich, da es unwahrscheinlich ist, dass er auf den Angriff reagiert, den er bekommt. Er wird sicher schnell in Panik geraten und bei der kleinsten Anleitung eine *parry* machen. Diese zu schnellen und schlecht kontrollierten *parries* werden oft peitschenartig und richtungslos geschlagen, und können unter Umständen den Arm des Angreifers treffen. Darum gibt es jeden Grund, vorsichtig zu sein und *nicht mit compound attacks gegen einen Anfänger anzugreifen, sondern die Gelegenheit abzuwarten, eine einfache, schnelle und ökonomische Technik einzusetzen.*

•••

Der Anfänger wird ohne Absicht Angriffe im *broken rhythm* machen, wodurch der mehr erfahrene Kämpfer zum Narren gehalten wird, da er einen derartigen Rhythmus nicht erwartet. Es ist daher wichtig, um einen sehr sorgfältig eingeschätzten Abstand einzuhalten, der den Anfänger schließlich zwingen wird, zu weit nach vorne zu kommen um zu schlagen.

•••

Eine Faustregel besagt, nie mehr kombinierte Bewegungen zu gebrauchen als notwendig, um das gewünschte Resultat zu erzielen. Beginn mit einfachen Bewegungen, und gebrauche nur kombinierte Bewegungen, wenn du anders nicht schlagen kannst. Einen würdigen Gegner mit kombinierten Bewegungen zu treffen, verschafft Genugtuung und zeigt die Beherrschung von Techniken an; denselben Gegner mit einer einfachen Bewegung zu treffen ist ein Zeichen von Größe.

•••

Der Kampf ist schon halb gewonnen, wenn du weißt, was dein Gegner macht. Wenn die Aktion misslingt, trotz der Tatsache, dass du die übereinstimmenden Bewegungen richtig ausgewählt hast, muss das an unvollkommenen Techniken liegen.

•••

Wiederhole! Ein guter Kämpfer kennt jeden Schlag.

•••

Wissend, dass Gegner andauernd auf deine Gewohnheiten und Schwächen achten, ist es deutlich, dass du einen bewussten Versuch machen musst, um Variation in dein Spiel zu bringen (inklusive den Gebrauch der Vortäuschung von bestimmten Gewohnheiten und Schwächen).

•••

Eine Faustregel besagt, nie mehr kombinierte Bewegungen zu gebrauchen als notwendig, um das gewünschte Resultat zu erzielen.

ANGREIFEN

Rechtshänder gegen Linkshänder: Der rechte *hook punch* ist sehr effektiv als angreifender Schlag und als *counterschlag*, der direkt nach einem kleinen Hüpfer nach hinten gemacht wird. Merke dir, dass ein linkshändiger Boxer, der seine rechte Hand effizient zusammen mit seiner normal effektiven linken Hand gebraucht, schwierig zu besiegen ist.

•••

Der Rechtshänder muss seine rechte Hand etwas höher halten und schneller sein als der Linkshänder mit einem scharfen linken Schlag, oder er muss ein Täuschungsmanöver mit einem linken Schlag machen, einen kleinen Hüpfer nach hinten und dann einen *counter* mit einem scharfen linken Schlag, gefolgt von einem rechten *hook punch*.

•••

Bei einer anderen Variante bewegt man sich ständig nach rechts, die rechte Hand wird viel zur Verteidigung, und die linke Hand zu Angriffen nach Kopf und Körper gebraucht, vor allem zum Körper.

•••

Es ist gut, um zur Außenseite zu *slippen* auf den gestreckten linken Arm eines Kämpfers in Links-Vorwärtsstellung, oder nach außen zu *slippen* auf seinem linken *lead* und mit einem langen linken *hook punch* zum Körper einen counter zu machen.

•••

Das Hereingleiten, um den Gegner während des Kontaktes auf der äußeren Linie zu blockieren empfiehlt sich vor einem tiefen *side kick* gegen ein vorne liegendes Ziel. Lehne dich gut nach hinten, weg von seiner vorderen Hand, während du den *side kick* machst. Ein ökonomisch-fließender Beginn muss seinen *counter* mit dem vorderen Bein ausschalten, vor allem, wenn die fließende Bewegung getimt ist, wenn er sein Gewicht nach vorne verlagert. Achte darauf, dass seine Gewichtsverlagerung keine Vorbereitung ist für einen knallenden *front kick* mit dem hinteren Bein. Wenn das geschieht, musst du zur rechten Seite wegdrehen, wenn du hereingleitest. Du kannst dann noch einen *lead backfist* machen oder was auch immer in einer anderen Bewegungsperiode.

Setze eine parry und counter-parry zu deiner hohen Linie an der Innenseite gegen ihn ein.

•••

Ein *beat* während des Kontaktes auf der äußeren Linie kann als Vorbereitung für einen Täuschungstritt zum Schienbein/Knie gebraucht werden, wobei du gleich den *one-and-a-half* Rhythmus gebrauchst, um den Schlag mit der vorderen Hand zum Gesicht des Gegners, über seine Hand, zu beenden. Gebrauche für sein *disengagement* auf einen linken *hook punch* oder auf einen rechten *cross* eine übereinstimmende, anfüllende Deckung.

•••

Während *glides* und *beats* während des Kontaktes auf der inneren Linie des Linkshänders vor jedem Angriff musst du vor seinem rechten Bein und *cross* aufpassen. Du kannst die Gefahr seiner geraden Schläge mit der hinteren Hand dadurch minimalisieren, dass du ökonomisch startest während der ersten paar Zentimeter deiner Bewegung. Drehe dich dann weg zur rechten Seite, während du die Vorbereitung deines Angriffs gebrauchst.

•••

Setze eine *parry* und *counter-parry* zu deiner hohen Linie an der Innenseite gegen ihn ein.

•••

Studier das *slippen* auf einen linken *jab* eines linkshändigen Kämpfers, während du mit deiner rechten Faust zu seiner bloßliegenden Achsel schlägst.

•••

Mache Kontakt auf der hohen Linie an der Innenseite mit ihm, um den Kontakt abzubrechen und zurückzukehren auf seine hohe oder

207

tiefe Linie an der Außenseite. Dies wird ihn zwingen, seine schwachen *parries* einzusetzen – seine hohe *parry* an der Außenseite oder die trägere, runde hohe *parry* an der Innenseite. Wenn der Angriff auf seine tiefe Linie an der Außenseite gerichtet ist, wird er eine tiefe *parry* gebrauchen, wodurch er sich selbst auf der hohen Linie ungedeckt läßt. Dies kann sehr effektiv sein, wenn der Angriff zur tiefen Linie ein Täuschungsmanöver war.

•••

Um erfolgreich zu boxen, musst du alles sehen, was im Laufe des Kampfes geschieht. Kämpfen ist ein Spiel von Timing, Taktiken und Bluff. Zwei von den effektivsten Mitteln hierfür sind:

1. **Der simple attack aus der Unbeweglichkeit heraus.** Dies wird den Gegner oft überraschen, vor allem, nachdem eine Serie Scheinangriffe oder Täuschungsmanöver ausgeführt wurden. Der Verteidiger erwartet unbewusst eine Vorbereitung oder komplexere Bewegungen, und versäumt, rechtzeitig auf die geschmeidigen und unangekündigten einfachen Bewegungen zu reagieren.
2. **Die Variation in Rhythmus oder Kadenz vor oder während eines Angriffes.** Dies kann denselben Überraschungseffekt haben; zum Beispiel eine Serie vorsichtig verzögerter Täuschungsmanöver und das langsame Verkleinern und Vergrößern des Abstandes kann gebraucht werden, um „den Gegner einzuschläfern". Eine letzte Bewegung, die plötzlich mit höchster Schnelligkeit explosionsartig ausgeführt wird, wird ihn oft überfallen. Wieder werden einzelne schnelle Täuschungsmanöver, gefolgt von einer absichtlich verzögerten Bewegung oder einer letzten Bewegung gemacht in gebrochener Zeit, einen wachsamen Gegner oft aus dem Konzept bringen.

Beobachte deinen Gegner!

•••

Einige Kämpfer machen eine Gewohnheit daraus, Hand oder Fuß zurückzuziehen, wenn diese mit einem Schlag oder Tritt angegriffen werden. Solche Kämpfer sind für eine direkte Erneuerung des Angriffs durch einen schnellen Vorstoss verletzbar.

•••

Manchmal kann eine Anzahl von Täuschungsmanövern auf der hohen Linie den Weg zu einem plötzlichen *disengagement* zum Knie bahnen.

•••

Vorbereitung auf das Knie und *trapping* von Hand oder Fuß, während du das Bein des Gegners blockierst, werden oft gebraucht, um den Bewegungszeitfaktor zu verkleinern. Umgekehrt sind Angriffe während der Vorbereitung besonders effektiv.

•••

Ein *broken-time attack*, wobei vor der letzten Bewegung eine Pause gemacht wird, kann sehr effektiv sein, den Gegner über die eigenen Absichten zu täuschen.

•••

Eine einfache Art, dahinter zu kommen, wie der Gegner reagiert, ist ein *simple attack* zu machen gerade außerhalb der Reichweite, so dass er doch noch eine *parry* machen muss. Warte auf seine *riposte*, lenke diese ab und wähle sorgfältig das Zielgebiet für die *counter-parry*.

•••

Beobachte deinen Gegner! Gucke während des Kampfes ständig nach ihm. Um erfolgreich kämpfen zu können, musst du alles sehen, was im Laufe des Kampfes geschieht. Während des Kampfes mit langem Abstand musst du deinem Gegner in die Augen gucken. Achte darauf, wonach Tiere gukken, wenn sie kämpfen. Wenn du im Nahkampf bist, guck dann zu den Füßen oder der Taille deines Gegners.

•••

Nimm deinem Gegner die Initiative und probiere, ihn in die Verteidigung zu bekommen; lass ihn raten, was du anschließend machen wirst. Probiere, ihm keine Pause zu gönnen, wenn es gelingt.

ANGREIFEN

Schlage aus allen Winkeln. Wenn du einen rechten *jab* machst, mach dann gleich zwei. Entdecke die schwachen Seiten deines Gegners. Finde heraus, was ihn am meisten stört. Konzentrier deinen Angriff auf die schwachen Seiten in seiner Verteidigung und mache es ihm nicht einfach. Sorge dafür, dass er sich in einer Art Wettkampf befindet, in dem er am schlechtesten kämpft. Bleibe in Bewegung, dadurch verhinderst du, dass er bereit ist zu schlagen, und sorgst du dafür, dass er nicht trifft. Wenn er vorstösst, drehe dich dann weg oder mache einen *side step*. Wenn er aus dem Gleichgewicht kommt, sei sofort mit allen Mitteln da. Mache weiter, wenn du die Oberhand hast.

•••

Vergeude keine Bewegung. Jede Aktion von Täuschung, Verteidigung oder Angriff muss ein Ziel haben. Lass vorher nicht erkennen, dass du schlagen wirst.

⇨ Greife voll Vertrauen an.
⇨ Greife genau an.
⇨ Greife sehr schnell an.

•••

Im nachhinein betrachtet sind alle aggressiven Armaktionen, so einfach oder kompliziert sie auch sind, auf ein oder mehrere der drei Grundschläge zurückzuführen: Der *beat* oder Vorbereitung auf vordere Hand oder Fuß des Gegners, *disengagement*, der einfache Schlag.

•••

Jeder elementare Angriff oder jede elementare Verteidigung kann unter den richtigen Umständen durch die richtige Strategie und *ring generalship* in Kämpfen auf dem höchsten Niveau eingesetzt werden.

> **Vergeude keine Bewegung. Jede Aktion von Täuschung, Verteidigung oder Angriff muss ein Ziel haben.**

TRAININGSHILFSMITTEL

Während der Unterrichtsstunden wird der Meister dafür gesorgt haben, dass er überzeugend die taktische Anwendung von jedem Schlag erklärt hat, ob der nun zum Angriff, zur Verteidigung oder zum counterattack eingesetzt wird. In jedem Fall wird er betont haben:
WIE ... es gemacht wird
WARUM ... es gemacht wird
WANN ... es gemacht wird.

Wenn die Unterrichtsstunden die verschiedenen Umstände beinhalten, wann ein Schlag gebraucht werden muss, ist es weniger wahrscheinlich, dass der Schüler durch eine unbekannte Aktion überrascht wird.

•••

Wenn du den Partner wechselst, bist du nicht auf eine bestimmte Taktik oder einen bestimmten Rhythmus festgelegt.

•••

Nochmals, merke dir, dass ein erfolgreicher Kämpfer jemand ist, der gelernt hat, *fehlerlos* die Schläge auszuwählen, die ihm gelehrt wurden.

•••

Eine der wichtigsten Lektionen ist es, Kombinationen in den Griff zu bekommen (Hände, Füße oder beides, etc.). Danach musst du den Stil deines Gegners studieren, bevor du dich entscheidest, durch welche Kombination er zu schlagen ist.

FIVE WAYS OF ATTACK

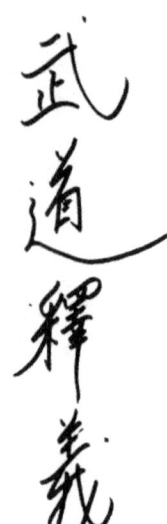

Anmerkung des Herausgebers: Die *Five Ways of Attack* waren die letzten Aufzeichnungen, die Bruce gerade vor seinem Tod gebrauchte, um seine Bewegungen zu erklären. Die Unvollständigkeit seiner Aufzeichnungen ist hier sehr deutlich, wenn sie mit den ausführlichen Erklärungen verglichen werden, die er seinen eigenen Schülern gab.

Merke dir, dass ein erfolgreicher Kämpfer jemand ist, der gelernt hat, fehlerlos die Schläge auszuwählen, die ihm gelehrt wurden.

THE FIVE WAYS OF ATTACK

1. SIMPLE ANGLE ATTACK (S.A.A.)
(CHECK THE EIGHT BASIC BLOCKING POSITIONS)
1) LEADING WITH THE RIGHT, GUARDING WITH LEFT, WHILE MOVING TO THE RIGHT
2) LEADING RIGHT STOP KICK — (GROIN, KNEE, SHIN)
3) BROKEN TIMING ANGLE ATTACK (B.T.A.A.)

2. HAND IMMOBILIZING ATTACK (H.I.A.)
(CLOSE OWN BOUNDARIES WHILE CLOSING DISTANCE — WATCH OUT FOR STOP HIT OR KICK — READY TO ANGLE STRIKE WHEN OPPONENT OPENS OR BACKS UP) — USE FEINT BEFORE IMMOBILIZE

1) 虛攻下門疾手封　2) 虛腿疾手封
3) 變位封外門鈎擊　4) 標指問手封
5) 搭擸掛搜封

3. PROGRESSIVE INDIRECT ATTACK (P.I.A.)
(MOVING OUT OF LINE WHENEVER POSSIBLE — BOUNDARIES CLOSE ACCORDINGLY)

1) HIGH TO LOW
   a) R. STR. TO LOW R. THRUST
   b) R. STR. TO R. GROIN TOE KICK
   c) R. STR. TO L. STR. (OR KICK)
   d) L. STR. TO R GROIN TOE KICK

2) LOW TO HIGH
   a) R. STR. TO HIGH R. STR. (OR HOOK)
   b) R. GROIN KICK TO HIGH R. STR.
   c) R. GROIN KICK TO HIGH HOOK KICK
   d) L. STR. TO R. HIGH STR.

ANGREIFEN

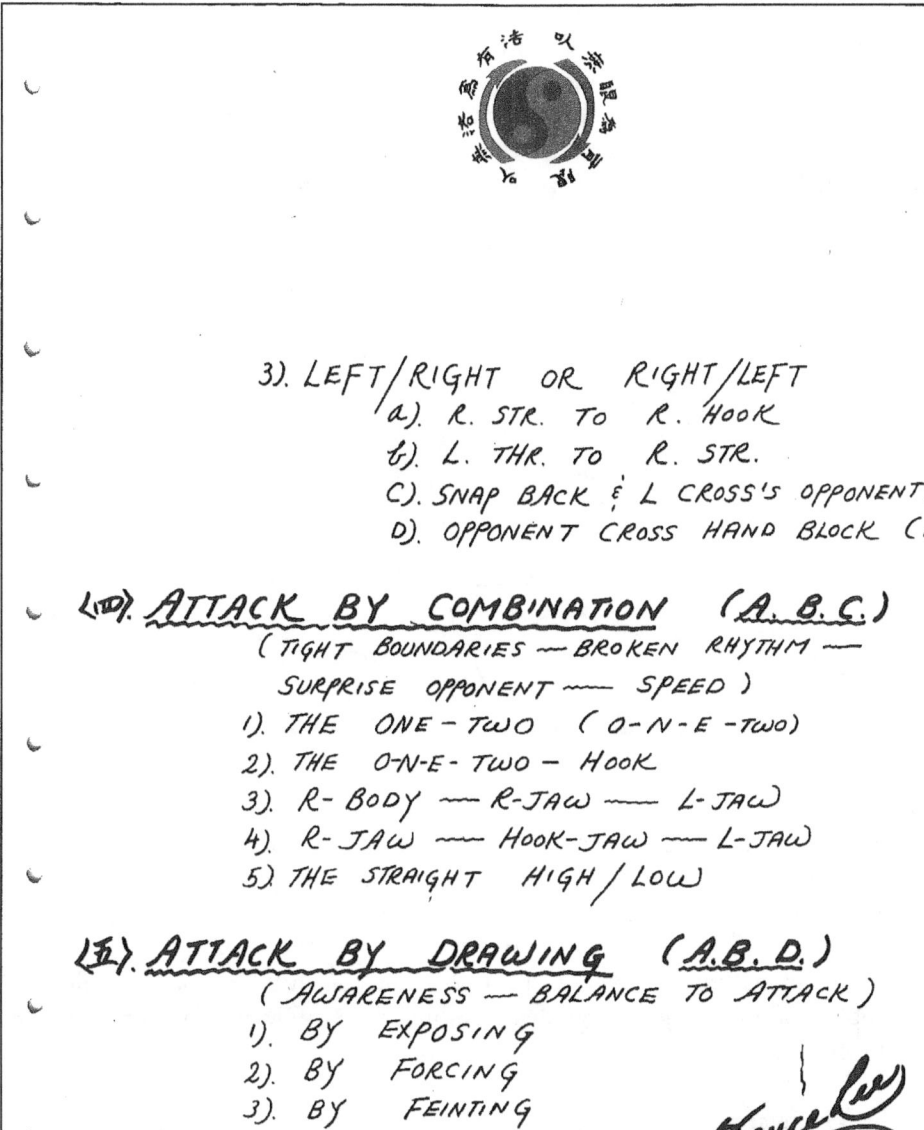

> Der simple angle attack ist jeder einfache Angriff, der aus einem unvorhergesehenen Winkel gemacht wird, dem manchmal ein Täuschungsmanöver vorausgeht.

SIMPLE ANGLE ATTACK

SAA: der *simple angle attack* ist jeder einfache Angriff, der aus einem unvorhergesehenen Winkel gemacht wird, dem manchmal ein Täuschungsmanöver vorausgeht. Der Angriff wird oft dadurch eingeleitet, dass der Abstand von neuem mit Fußarbeit angepasst wird. Studier den *ungreifbaren lead* und den *simple attack*.

TAO DES JEET KUNE DO

IMMOBILIZATION ATTACK

IA: Der *immobilization attack* wird durch die Anwendung einer immobilisierenden Vorbereitung (*trapping*) auf den Kopf (Haare) des Gegners, seine Hand oder sein Bein ausgeführt, wenn du die Grenze zum wirklichen Kontakt überschreitest. *Trapping* hält den Gegner davon ab, diese Körperteile zu bewegen, wodurch du eine Sicherheitszone erhältst, von der aus du schlagen kannst. *Immobilization attacks* können vorbereitet werden (aufgestellt), dadurch, dass man jede der vier anderen Arten um anzugreifen benutzt, und *trapping* kann nur alleine oder in Kombination ausgeführt werden. Studier auch den *stop-hit*.

Entwickle für deinen Unterarm Körpergefühl, um ihn als vernichtende Waffe gebrauchen zu können.

Immobilisierung kann auch als präventive Maßnahme gebraucht werden, wenn man mit einer Hand angreift, in dem man mit der anderen festsetzt. Es kann auch als präventive Maßnahme angewendet werden bei *slipping* oder *countering*.

• • •

Der Gebrauch von Immobilisation, wenn ein Gegner tatsächlich einen Schlag machen will, erfordert Kenntnis darüber, wann der Gegner angreifen wird, und die Ausführung davon hängt ab von Schnelligkeit und Können.

• • •

Entwickle für deinen Unterarm *Körpergefühl*, um ihn als vernichtende Waffe gebrauchen zu können. Verwende ihn zusammen mit Ellenbogentechniken wie einen lockeren, schnappenden Stock.

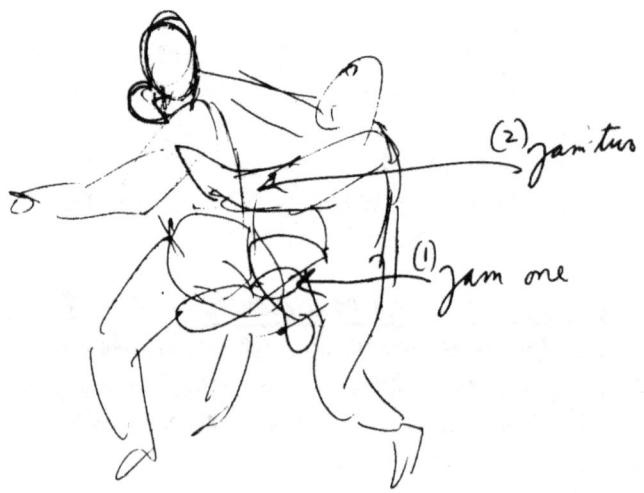

PROGRESSIVE INDIRECT ATTACK

PIA: Dem *progressive indirect attack* geht ein Täuschungsmanöver oder ein nicht vollständig ausgeführter Schlag voraus, die entworfen sind, um die Aktionen oder Reaktionen des Gegners in die verkehrte Richtung zu lenken, um die sich öffnenden Linien zu schlagen, oder um eine Periode von Bewegungszeit zu gewinnen. Der *progressive indirect attack* wird in einer einzelnen Bewegung ausgeführt ohne zurückzuziehen, im Gegensatz zu einem *simple angle attack*, dem ein Täuschungsmanöver vorhergeht, aber eigentlich zwei Bewegungen sind. Studier *Täuschungsmanöver* und *disengagement*.

• • •

Der *progressive indirect attack* wird hauptsächlich gebraucht, um einen Gegner zu besiegen, dessen Verteidigung zu stark ist und der schnell genug ist, um einen *simple direct attack* zu stoppen. Er wird auch angewendet, um dein Angriffsmuster zu variieren.

ANGREIFEN

∴

Merke dir, dass jeder *progressive indirect attack* in einer einzelnen Vorwärtsbewegung ausgeführt wird, obwohl PIA Täuschungsmanöver und *disengagement* gebraucht werden. Er ist progressiv, um Abstand zu überbrücken. Um den Abstand zu verringern, muss dieser sicher *um die Hälfte* mit dem ersten Täuschungsmanöver überbrückt werden. Halte deine Täuschungsmanöver an, um dem Gegner die Zeit zu geben zu reagieren. Gebrauche deine zweite Bewegung für die *zweite Hälfte* des Abstandes. Warte nicht auf den Block, bevor du den Angriff beendest; sei dem Block immer voraus.

∴

In dem Moment, in dem sich der Arm des Gegners diagonal, nach unten, nach oben, etc. bewegt, musst du deine angreifende Aktion beginnen. Das bedeutet, dass sich seine Verteidigung für einen Moment in die entgegengesetzte Richtung deines Angriffes bewegt. Darum wird dein Angriff dadurch gemacht, dass der Kontakt unterbrochen wird.

∴

Außer in seltenen Fällen müssen alle Bewegungen so klein wie möglich gemacht werden, d.h. mit der kleinsten Abweichung der Hand, die nötig ist, um den Gegner reagieren zu lassen. So müssen *disengagements* auch ganz nahe die Hand des Gegners passieren.

∴

Um PIA mit dem Bein effektiver zu machen, musst du den *one-and-a-half beat* ausprobieren.

O-N-E: der erste Angriff ist tief, plötzlich, ökonomisch, gut gedeckt und vor allem im Gleichgewicht ausgeführt. Unterscheide zwischen Ansatz für Kraft (mit z. B. dem *reverse hook kick*) und einem direkten Ansatz.

AND-A-HALF: die zweite Hälfte muss ein Tritt sein, der schnell und kräftig ist, und der nicht zu viel von der on-guard Position abweicht, da der Nahkampf beginnen kann.

∴

Um das Ziel zu erreichen, muss der Angreifer die vorwärtsbewegende Balance des Gegners, sein Geleichgewicht im Stand, seine Deckung und *parries* täuschen und ihn in einem Augenblick von körperlicher und geistiger Unvorbereitheit treffen.

∴

Gehe bei Angriffe mit Täuschungsmanövern in der ersten Phase *locker* über zu *second intention*. Achte vor allem auf den effizienten Übergang zwischen den zwei Bewegungen, um Schnelligkeit und Kraft zu erzielen.

In dem Moment, in dem sich der Arm des Gegners diagonal, nach unten, nach oben, etc. bewegt, musst du deine angreifende Aktion beginnen.

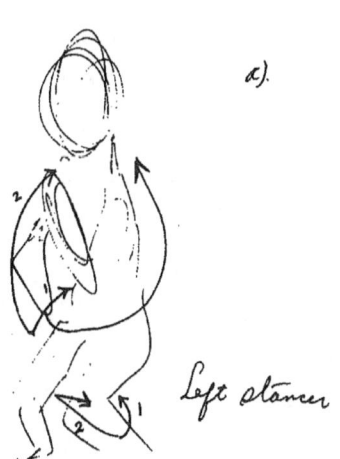
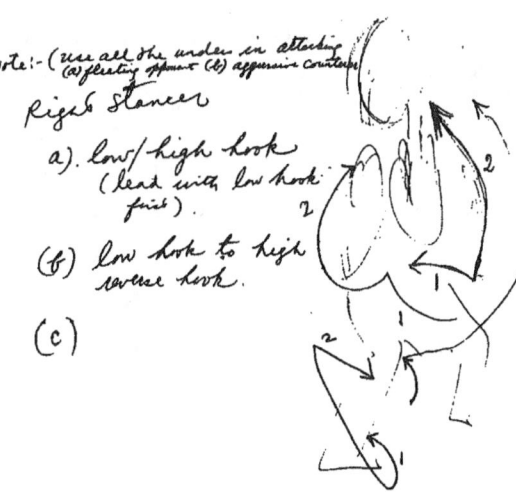

TAO DES JEET KUNE DO

ATTACK BY COMBINATION

ABC: *Attack by combination* ist eine Serie von Schlägen, die natürlich aufeinanderfolgen und normallerweise zu mehr als einer Linie gemacht werden. Studier *compound attack* und die Durchführung von *Kombinationsschlägen*.

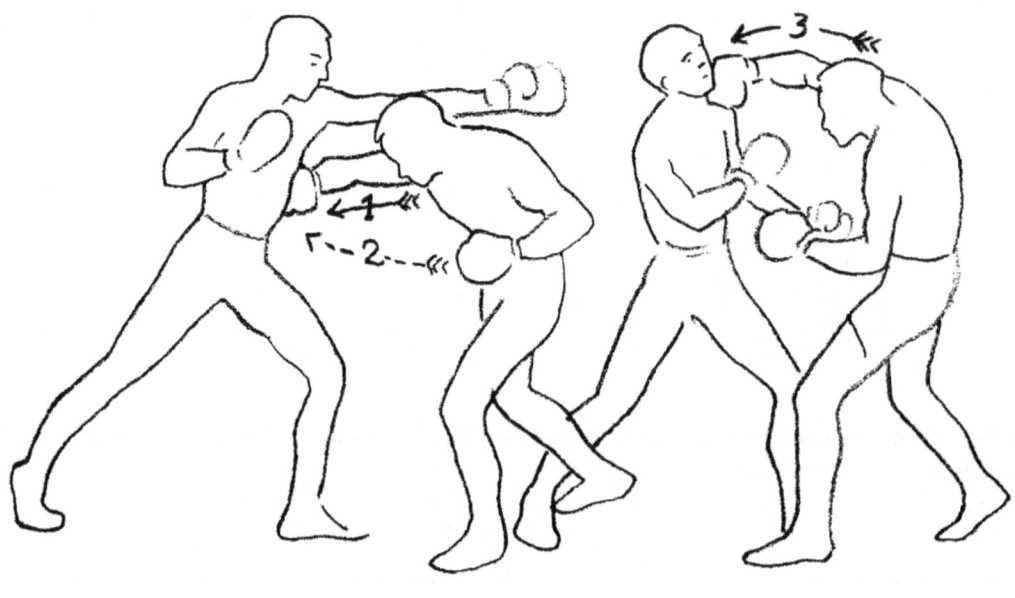

Die attacks by combination bestehen normalerweise aus set-ups.

•••

Die *attacks by combination* bestehen normalerweise aus *set-ups*. Der Term ‚set-ups' weist auf eine Serie von Schlägen und/oder Tritten, die in natürlicher Aufeinanderfolge gemacht werden. Das Ziel davon ist es, den Gegner in solch eine Position hineinzumanövrieren oder solch eine Öffnung zu kreieren, dass der letzte Schlag der Serie eine empfindliche Stelle trifft. Kombinationen locken den Gegner in eine Position für einen beendigenden KO-Schlag oder Tritt.

•••

Der Unterschied zwischen einem Experten und einem beginnenden Kämpfer ist der, dass der Experte von jeder Gelegenheit Gebrauch macht und bei jeder Öffnung weitermacht. Er benutzt seine empfindliche und überherrschende Aura und seinen beeindruckenden Rhythmus. Er macht seine Schläge und/oder Tritte in gut geplanten Serien, wobei jede Öffnung eine andere kreiert, bis zum Schluss ein sauberer Schlag erzielt wird.

•••

Einige Schläge scheinen „Folgeschläge" zu sein, da sie nach bestimmten Angriffen kommen. Der linke, gerade Schlag z. B. ist ein Folgeschlag für den rechten *jab*, und ein rechter *hook punch* ist ein Folgeschlag für einen linken, geraden Schlag.

•••

Es scheint natürlich zu sein, gerade zu schlagen und dann einen *hook punch* zu machen, und es scheint natürlich zu sein, erst zum Kopf zu schlagen und danach zum Körper.

ANGREIFEN

•••

Folgeschläge oder *set-ups* haben als Grundlage *Rhythmus* und Gefühl. Rhythmisch schlagen ist ein wichtiger Faktor bei westlichem Boxen.

•••

Dreifache Schläge sind beim ABC ganz normal. Sie können dadurch gemacht werden, dass man erst zur Außen- oder Innenseite *slippt* und danach zwei Schläge zum Körper macht, gefolgt von einem Schlag zum Kopf. Die ersten zwei Schläge werden die Deckung des Gegners nach unten bringen, wodurch er für den letzten Schlag verletzbar wird.

•••

Eine andere Version des dreifachen Schlag *set-ups* ist als *safety triple* bekannt. Der *safety triple* besteht aus einer Serie von Schlägen, bei denen auf der Grundlage eines bestimmten Rhythmus zuerst zum Körper, und danach zum Kopf geschlagen wird, oder umgekehrt. Wichtig zu merken ist, dass der letzte Schlag an derselben Stelle wie der erste Schlag gemacht wird. Wenn der erste Schlag zum Kiefer gemacht wird, wird der letzte Schlag auch zum Kiefer gemacht.

•••

Studier auch die eins-zwei Variationen.

Folgeschläge oder set-ups haben als Grundlage Rhythmus und Gefühl.

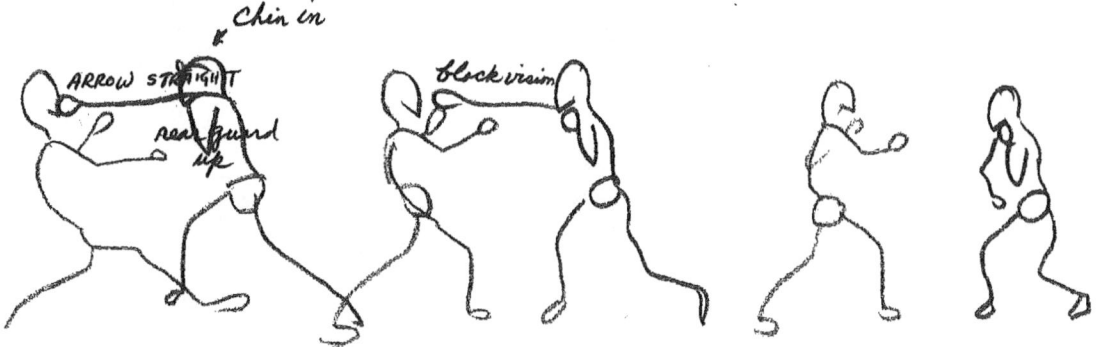

Sorge dafür, dass du an die verschiedenen Wege der Kombinationen bloßgestellt wirst, und sorge dafür, dass du den Weg während der Ausführung verändern kannst.

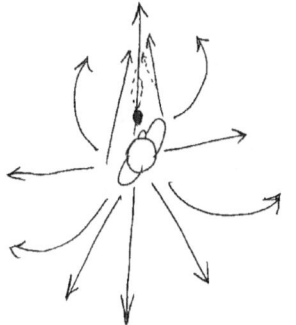

Be expose to the various paths of combinations and to change path during one path.

ATTACK BY DRAWING

ABD: Der *attack by drawing* ist ein Angriff oder *counterattack*, der eingesetzt wird, nachdem du den Gegner dazu gebracht hast, sich dadurch bloßzustellen, dass du ihm eine deutliche Öffnung gegeben hast oder dadurch, dass du Bewegungen gemacht hast, die er probiert zu timen und darauf einen *counter* zu machen. *Attack by drawing* kann von den vier vorhergehenden Arten Anzugreifen Gebrauch machen. *Studier Timing und die acht Grundverteidigungspositionen.*

•••

Es ist normalerweise gut, den Gegner zu einem Angriff zu verleiten, wenn es möglich ist, bevor du selbst angreifst. Wenn man den Gegner zwingt, sich selbst auf einen bestimmten Schritt *festzulegen*, kannst du ziemlich sicher davon sein, was er machen wird. Sein Einsatz wird ihm die Möglichkeit nehmen, seine Position zu verändern und sich flexibel genug zu decken, um jeden Angriff, den du selbst machst, erfolgreich aufzufangen.

•••

Allein schon durch die Tatsache, dass er ausholt, wirst oder solltest du die eine oder andere Öffnung bekommen. Du musst ihn dazu bringen, dass er dir ein angemessenes Ziel verschafft, worauf du zielen kannst.

•••

Das Wichtigste von Allem ist, dass du sehr große Kraft von ihm entliehen haben wirst zusätzlich zu der Kraft deiner eigenen *counter*. Merke dir, dass das ganze Geheimnis, hart zu schlagen, in genauem Timing, richtiger Plazierung und Hingabe des Geistes liegt.

•••

Bleibe aufmerksam und im Gleichgewicht um anzugreifen, nachdem du ihn dazu verleitet hast, sich dadurch bloßzustellen, dass du ihm ein Ziel anbietest, dass du zwingst (hereingehen mit oder ohne Immobilisation, langsam oder schnell) und dadurch, dass du einen Scheinangriff machst, den er versuchen wird mit einem *counter* zu beantworten.

Es ist normallerweise gut, den Gegner zu einem Angriff zu verleiten, wenn es möglich ist, bevor du selbst angreifst.

JEET KUNE DO

Gebrauche keinen Weg als Weg;
Habe keine Beschränkung als Beschränkung

KREIS OHNE UMFANG

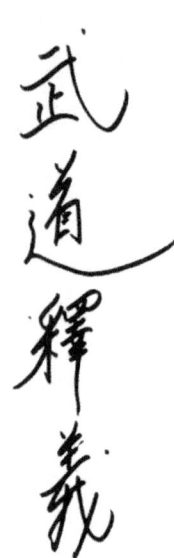

Jeet Kune Do ist schließlich keine Sache von ordinärer Technik, sondern eine von hochentwickelter persönlicher Spiritualität und Konstitution. Es ist keine Frage der Entwicklung von dem, das schon entwickelt wurde, sondern des Zurückfindens con dem, was zurückgelassen wurde. Diese Dinge sind immer bei uns, in uns gewesen, und sind niemals verlorengegangen oder entglitten, außer durch unsere falsche Manipulation davon. Jeet Kune Do ist daher keine Frage der Technologie, sondern von spiritueller Einsicht und Training.

•••

Die Geräte befinden sich in einer unbestimmten Mitte eines Kreises, der keinen Umfang hat, sich bewegend, und doch nicht bewegend, gespannt, und doch entspannt, alles sehend und doch furchtlos vor dem Ergebnis des Gesehenen, ohne zielbewussten Plan, ohne bewusste Berechnung, ohne Antizipation und ohne Erwartung – kurz gesagt, unschuldig wie ein neugeborenes Kind und doch, mit aller Schläue, List und scharfer Intelligenz eines vollkommen reifen Geistes.

•••

Lass die Weisheit hinter dir und begebe dich noch einmal zum gewöhnlichen Menschlichsein zurück. Komm zurück und lebe an dieser Seite, nach dem du gelernt hast, die andere Seite zu begreifen. Nach dem Kultivieren des Nichtkultivierens sind deine Gedanken von den phenomenalen Dingen befreit, du bleibst aber mitten in dem Phenomenalem, und doch losgelöst davon.

•••

Sowohl der Mensch als auch seine Umgebung werden ausgeschaltet. Dann sind weder der Mensch noch seine Umgebung ausgeschaltet. Mach weiter!

•••

Jemand kann niemals der Meister seines technischen Könnens sein, wenn nicht alle seine geistigen Behinderungen entfernt sind und man seinen Geist nicht in einen Zustand der Leere (Strömung) bringen kann, in dem alle erlangten Techniken ausgelöscht sind.

•••

Wenn sich das ganze Training im Wind auflöst, wenn sicg der Geist seines eigenen Arbeitens nicht mehr bewusst ist, wenn sich das eigene Selbst irgendwo verflüchtigt, dann hat die Kunst des Jeet Kune Do ihre höchste Perfektion erlangt.

•••

Je mehr du dir bewusst bist, desto mehr fällt von Tag zu Tag von dir ab, was du gelernt hast, so dass dein Geist immer frisch und von vorausgegangener Konditionierung frei ist.

•••

Das Erlernen der Techniken stimmt überein mit einem intellektuellen Begriff der Zenphilosophie, und sowohl im Zen als auch im Jeet Kune Do deckt eine intellektuelle Fähigkeit nicht das ganze Gebiet des Faches. Beide erfordern das Erreichen der letzten Realität, die die Leere oder das Absolute ist. Das letzte übertrifft alle Formen von Relativität.

•••

Im Jeet Kune Do muss man jede Technik vergessen, und das Unbewusste muss in Ruhe gelassen werden, um mit der Situation fertigzuwerden. Die Technik wird dann ihre Wunder automatisch oder spontan zur Geltung bringen. Sich in der Totalität treiben zu lassen, keine Technik zu besitzen bedeutet alle Techniken besitzen.

•••

Die Kenntnisse und Fähigkeiten, die du erworben hast, sind dazu bestimmt, wieder „vergessen" zu werden, so dass du bequem in Leere treiben kannst, ohne Widerstand. Gelehrtheit ist wichtig, aber werde kein Sklave davon. Vor allem, hege nichts Äußerliches und Überflüssiges – der Geist ist das Wichtigste. Jede Technik, so wertvoll und wünschenswert auch immer, wird zu einer Krankheit, wenn der Geist davon besessen ist.

Die sechs Krankheiten:

1. Das Verlangen zu gewinnen.

2. as Verlangen, Zuflucht zu technischen Fähigkeiten zu nehmen.

3. Das Verlangen, alles, was man gelernt hat, zu zeigen.

4. Das Verlangen, dem Feind Respekt einzuflößen.

5. Das Verlangen, eine passive Rolle zu spielen.

6. Das Verlangen, jede Krankheit, die einen befallen hat, loszuwerden.

•••

„Zu verlangen" ist eine Verpflichtung. „Zu verlangen, um nicht zu verlangen" ist auch eine Verpflichtung. An nichts hängen bedeutet dann direkt frei zu sein von beiden Behauptungen, positive und negative. Dies wird gleichzeitig sowohl „ja" als auch „nein" sein, was intellektuell absurd ist. Jedoch nicht im Zen.

•••

Nirvana bedeutet bewusst unbewusst sein, oder unbewusst bewusst. Darin liegt das Geheimnis. Die Handlung ist so direkt und unmittelbar, dass Rationalisierung nicht zwischen beides kommen kann und Verteilung in die Handlung bringen kann.

•••

Der Geist ist ohne Zweifel das kontrollierende Element unserer Existenz. Dieses unsichtbare Zentrum kontrolliert jede Bewegung in jeder möglichen äusseren Situation, die sich ergibt. Darum muss der Geist extrem beweglich sein, nie auf einem Platz oder in einem Moment „stoppend". Bewahre diesen Zustand von geistlicher Freiheit und Nicht-Bindung, sobald du die Kampfstellung einnimmst. Sei „Herr im Haus".

•••

Es ist das Ego, das starr gegenüber Einflüssen von außen steht, und es ist diese „Starrheit des Egos", die es für uns unmöglich macht, alles zu akzeptieren, womit wir uns konfrontiert sehen.

•••

Kunst lebt, wo totale Freiheit ist, denn wo keine Freiheit ist, kann es keine Kreativität geben.

•••

Suche nicht die angelernte Unschuld eines klugen Geistes, der unschuldig sein will, sondern verkehre eher im Zustand der Unschuld, in dem weder Verneinung noch Bejahung gibt, und wo der Geist einfach sieht, was da ist.

•••

Alle Ziele losgelöst von den Mitteln sind Illusionen. Werden ist eine Verneinung des Seins.

•••

Wenn ein Fehler jahrhundertelang wiederholt wird, dann stellt die Wahrheit, die Gesetz oder Glauben wird, Hindernisse in den Weg zur Kenntnis. Die Methode, die in ihrem echten Wesen Unwissenheit ist, schliesst dann die Wahrheit wie in einem Teufelskreis ein. Wir müssen solch einen Kreis durchbrechen, nicht durch die Suche nach Kenntnis, sondern durch die Entdeckung von der Ursache der Unwissenheit.

•••

Erinnerung und Erwartung sind gute Bewusstseinseigenschaften, die den menschlichen Geist von dem der niedrigen Tiere unterscheidet. Wenn jedoch Aktionen direkt über Leben und Tod entscheiden, müssen diese

> **Kunst lebt, wo totale Freiheit ist, denn wo keine Freiheit ist, kann es keine Kreativität geben.**

Aktion ist unser Verhältnis zu allem.

•••

Eigenschaften zugunsten der Beweglichkeit des Denkens und blitzschnellem Handeln aufgegeben werden.

•••

Aktion ist unser Verhältnis zu allem. Aktion ist keine Frage von richtig oder falsch. Es gibt nur richtig und falsch, wenn Aktion partiell ist.

•••

Lass deine Aufmerksamkeit nicht festnageln. Überwinde das zwiespältige Verstehem einer Situation. Gib das Denken auf, als ob du es nicht aufgibst. Beobachte die Techniken, als ob du sie nicht beobachtest. Gebrauche die Kunst als Mittel, um Fortschritte im Studium des Weges zu machen.

•••

Bewegungslose „prajna" bedeutet nicht Unbeweglichkeit oder Gefühllosigkeit. Es bedeutet, dass der Geist mit dem Vermögen von unendlicher, augenblicklicher Bewegung, die keine Behinderung kennt, ausgestattet ist.

•••

Mache die Werkzeuge sehend. Alle Bewegungen kommen hervor aus der Leere, und der Geist ist der Name, der diesem dynamischen Aspekt der Leere gegeben wurde. Sie ist direkt, ohne egozentrische Motivation. Die Leere ist Aufrichtigkeit, Echtheit und Ehrlichkeit, nichts zulassend zwischen ihr selbst und ihren Bewegungen. Jeet Kune Do besteht in deinem Nichtsehen von mir, und meinem Nichtsehen von dir, wobei Yin und Yang sich selbst noch nicht differenziert haben.

•••

Jeet Kune Do hält nichts von der Beschränkung auf einen Teil oder einen Ort. Totalität kann allen Situationen die Stirn bieten.

•••

Wenn der Geist beweglich ist, ist der Mond im Strom, wo er gleichzeitig beweglich und unbeweglich ist. Die Gewässer sind andauernd in Bewegung, aber der Mond bleibt ruhig. Der Geist bewegt sich in Reaktionen auf zehntausende Situationen, aber bleibt immer derselbe.

•••

Die Stille in der Stille ist nicht die echte Stille; nur wenn Stille in Bewegung ist, wird der universelle Rhythmus öffentlich. Verändern mit Veränderung ist der unveränderliche Zustand. Nichts kann nicht eingeschränkt werden, der weicheste Gegenstand kann nicht gebrochen werden.

•••

Erlange die *ursprüngliche Reinheit*. Um deine angeborenen Aktivitäten bis zum äußersten zur Schau zu stellen, musst du alle psychischen Hindernisse entfernen.

•••

Wenn man doch nur direkt mit den Augen schlagen könnte! Wieviel geht auf dem langen Weg vom Auge durch den Arm zur Faust verloren!

•••

Schärfe die geistige Kraft des Sehens, um gleich handeln zu können in Übereinstimmung mit dem, was du siehst. Sehen geschieht mit dem inneren Geist.

•••

Da das eigene Selbstbewusstsein oder Ichbewusstsein zu auffallend anwesend ist in seinem Aufmerksamkeitsbereich, behindert es die freie zur Schaustellung jeder Fähigkeit, die er bis dahin erworben hat oder erwerben wird. Man sollte dieses sich aufdrängende Selbst- oder Ichbewusstsein ausschalten und sich in die Arbeit hineinknien, die getan werden muss, als ob in dem Moment nichts Besonderes geschähe.

•••

Von keinem Geist sein bedeutet den alltäglichen Geist annehmen.

•••

Der Geist muss weit offen sein, um frei in Gedanken zu funktionieren. Ein beschränkter Geist kann nicht frei denken.

•••

Ein konzentrierter Geist bedeutet nicht ein aufmerksamer Geist, nur ein Geist, der sich in einem Zustand von Bewusstsein befindet, kann sich konzentrieren. Bewusstsein ist nie ausschließend; es umfasst alles.

•••

Nicht angespannt, sondern bereit, nicht denkend, aber auch nicht träumend, nicht starr, sondern flexibel – dies bedeutet völlig und ruhig zu leben, bewusst und alert, bereit für alles, was kommen wird.

•••

Der Jeet Kune Do Mann muss bereit sein für die Auswechselbarkeit von Gegensätzlichkeit. Sobald sein Geist bei einem von beiden „stoppt", verliert er seine eigene Beweglichkeit. Ein JKD Mann muss seinen Geist immer im Zustand der Leere halten, so dass seine Freiheit in Aktion niemals behindert wird.

•••

Die verbleibende Phase ist der Punkt, an dem der Geist zögert zu verbleiben. Er hängt sich selbst an ein Objekt und stoppt den Strom.

•••

Der irregeführte Geist ist der Geist, der gefühlsmäßig vom Intellekt belastet wird. Er kann sich darum nicht bewegen ohne zu anzuhalten und ohne über sich selbst nachzudenken. Dies behindert seine ursprüngliche Beweglichkeit.

•••

Ein Rad dreht sich, wenn es nicht zu fest an der Achse befestigt ist. Wenn der Geist festgelegt ist, fühlt er sich bei jeder gemachten Bewegung behindert, und er kann nichts mehr spontan ausführen. Sein Werk wird von geringer Qualität sein oder es wird niemals beendet.

Ein Rad dreht sich, wenn es nicht zu fest an der Achse befestigt ist.

•••

Der Geist ist natürlich nicht frei, wenn er an einen Mittelpunkt festgebunden ist. Er kann sich nur innerhalb der Grenzen des Mittelpunktes bewegen. Wenn man isoliert ist, ist man tot; man ist in der Festung seiner eigenen Ideen gelähmt.

•••

Wenn du dir vollständig bewusst bist, gibt es keinen Raum für einen Begriff, ein Schema, „der Gegner und ich"; dort gibt es nur totale Übergabe.

•••

Wenn es keine Behinderung gibt, sind die Bewegungen des JKD Mannes blitzschnell oder wie ein Spiegel, der Bilder wiederspiegelt.

•••

Wenn das Unwesentliche und das Wesenliche nicht festgelegt und definiert sind, wenn es keinen Weg gibt, das zu verändern, was ist, dann hat man die formlose Form gemeistert. Wenn es ein Anhängen an der Form gibt, wenn der Geist an etwas haftet, dann ist das nicht der wahre Weg. Wenn Technik aus sich selbst heraus entsteht, dann hat man den richtigen Weg.

•••

Jeet Kune Do ist die Kunst, die nicht auf Techniken oder Doktrinen beruht. Sie ist genau wie du bist.

•••

Wenn es keinen Mittelpunkt und keinen Umfang gibt, dann ist dort Wahrheit. Wenn du dich frei ausdrückst, bist du der totale Stil.

ES IST NUR EIN NAME

Die meisten von uns haben ein kräftiges Verlangen, sich selbst als Instrumente in den Händen von anderen zu sehen, um sich von der Verantwortlichkeit für Taten zu befreien, die aus unseren eigenen zweifelartigen Neigungen und Impulsen resultieren. Sowohl die Starken als auch die Schwachen gebrauchen dieses Alibi. Die Letztgenannten verbergen ihre Bösartigkeit hinter der Tugend der Gehorsamkeit. Auch die Starken fordern dadurch Vergebung, indem sie verkünden, dass sie die gewählten Werkzeuge einer höheren Macht seien – Gott, Geschichte, Schicksal, Staat oder Menschheit.

•••

So haben wir auch mehr Vertrauen in dasjenige, was wir imitieren, als in das, was wir selbst hervorbringen. Wir können kein Gefühl von absoluter Sicherheit von allem, was in uns wurzelt, ableiten. Das bitterste Gefühl von Unsicherheit kommt vom Alleinsein, und wenn wir imitieren, sind wir nicht alleine. So geht es den meisten von uns; wir sind das, was andere von uns sagen. Wir kennen uns selbst vornehmlich vom Hörensagen.

•••

Angst entsteht aus Unsicherheit.

Um zu verändern von dem, was wir sind, müssen wir uns einigermaßen bewusst sein von dem, was wir sind. Ob dieses anders Sein ausläuft zu Heuchelei oder einer echten Bekehrung, kann nicht realisiert werden ohne Selbstbewusstsein. Doch ist es bemerkenswert, dass gerade diese Menschen, die am meisten enttäuscht sind von sich selbst, die am stärksten nach einer neuen Identität verlangen, am wenigsten selbstbewusst sind. Sie haben sich von einem ungewünschten Selbst abgewendet, und haben es daher niemals gut untersucht. Die Folge davon ist, dass die meisten enttäuschten Menschen weder heucheln noch ihr Herz wirklich verändern können. Sie sind durchschaubar, und ihre ungewollten Eigenschaften bestehen durch alle Versuche von Selbstdramatisierung und Selbsttransformation. Es ist der Mangel an Selbstbewusstsein, der uns durchsichtig macht. Die Seele, die sich selbst kennt, ist undurchdringbar.

•••

Angst entsteht aus Unsicherheit. Wenn wir absolut sicher sind, sei es über unseren eigenen Wert oder unsere eigene Wertlosigkeit, sind wir beinahe gegenüber Angst unempfindlich. Ein Gefühl von absoluter Wertlosigkeit kann daher eine Quelle sein, aus der wir Mut schöpfen. Alles scheint möglich zu sein, wenn wir vollständig hilflos oder übermächtig sind – und beide Zustände stimulieren unsere Leichtgläubigkeit.

•••

Stolz ist ein Gefühl von Wert, das sich von etwas ableitet, das nicht ursprünglich Teil unseres Wesens war, während Gefühl von Eigenwert den Möglichkeiten und Erfolgen des Selbst entnommen ist. Wir sind stolz, wenn wir uns mit einem imaginären Selbst identifizieren, einem Führer, einer heiligen Sache, einem kollektivem Körper oder Besitztümern. Im Stolz liegt Angst und Unverträglichkeit, er ist empfindlich und unbeugsam. Je weniger Versprechungen und Möglichkeiten es im Selbst gibt, desto notwendiger ist die Bedürftigkeit nach Stolz. Der Kern von Stolz ist das Verwerfen des Selbst. Es ist jedoch wahr, dass Stolz zur Versöhnung mit dem Selbst und zur Erlangung eines wirklichen Eigenwertes führen kann, wenn durch ihn Energien freigesetzt werden und er als Reiz zum Erfolg dient.

•••

Heimlichkeit kann eine Quelle von Stolz sein. Es ist ein Paradox, dass Heimlichkeit dieselbe Rolle spielt wie Angeberei – beide beschäftigen sich mit der Kreation einer Vermummung. Durch Angeberei wird versucht, ein imaginäres Selbst zu kreieren, während Heimlichkeit uns das aufmunternde Gefühl gibt, eine Prinzessin vermummt in Sanftmütigkeit zu sein. Heimlichkeit ist von den beiden schwieriger und effektiver. Für die Person, die sich selbst beobachtet, resultiert Angeberei in Selbstverachtung. Doch ist es genau, wie Spinoza sagte: „Nichts ist für Menschen schwieriger zu beherrschen als ihre Zunge, und sie können ihre Wünsche mehr mäßigen als ihre Worte". Bescheidenheit ist jedoch keine nonverbale Ablehnung von Stolz, sondern der Ersatz des Stolzes durch Selbstbewusstsein und Objektivität. Erzwungene Bescheidenheit ist falscher Stolz.

•••

Wenn das Individuum in „die Freiheit seiner eigenen Machtlosigkeit" entlassen wird und sein Bestehen durch seine eigenen Bemühungen rechtfertigen muss, wird ein katastrophaler Prozess in Gang gesetzt. Das Individuum selbst, das danach strebt, sich selbst zu realisieren und seinen Wert zu beweisen, hat alles geschaffen, was in Literatur, Kunst, Musik, Wissenschaft und Technologie Grösse besitzt. Dieses autonome Individuum ist auch ein Nährboden für Frustration und Saat für die bis in die Grundfesten gehenden Erschütterungen unserer Welt, wenn es weder sich selbst realisieren noch seine Existenz durch seine eigenen Anstrengungen rechtfertigen kann.

•••

Das autonome Individuum ist nur so lange stabil, wie es von Eigenwert erfüllt ist. Die Instandhaltung des Eigenwert ist eine ständige Aufgabe, die alle Kraft und inneren Mittel des Individuums abverlangt. Wir müssen unseren Wert beweisen und jeden Tag aufs Neue unser Bestehen rechtfertigen. Wenn, aus welchen Gründen auch immer, Eigenwert nicht erzielt werden kann, wird das autonome Individuum ein sehr explosives Wesen. Es kehrt sich von einem nicht hoffnungslosen Selbst ab und stürzt sich in das Streben nach Stolz, dem explosiven Ersatz für Eigenwert. Alle soziale Unruhe und Unordnung haben ihre Wurzeln in den Krisen von individuellem Eigenwert, und die große Anspannung, wohinter sich die Massen einfach vereinigen, ist eigentlich eine Suche nach Stolz.

Handeln ist ein sicherer Weg zu Selbstvertrauen und Selbstachtung.

•••

Wir eignen uns also ein Gefühl von Eigenwert an, indem wir uns unserer Talente bewusst werden, indem wir uns ständig beschäftigen oder uns selbst mit etwas außerhalb von uns identifizieren – ob das nun ein Grund, ein Führer, eine Gruppe, Besitzungen oder was auch immer sind. Der Weg zur Selbstverwirklichung ist der schwierigste. Er wird nur dann eingeschlagen, wenn andere Wege zu einem Gefühl von Wert mehr oder weniger blockiert sind. Menschen mit Talent müssen stimuliert und angespornt werden, um sich mit kreativer Arbeit zu beschäftigen. Ihr Stöhnen und Wehklagen hallt über die Jahrhunderte wider.

•••

Handeln ist ein sicherer Weg zu Selbstvertrauen und Selbstachtung. Wo dieser Weg offen ist, fließt alle Energie dorthin. Er kommt einfach zu den meisten Menschen und seine Belohnungen sind fühlbar. Die Entwicklung des Geistes ist ungreifbar und schwierig, und das Streben danach ist selten spontan, während es viele Gelegenheiten zum Handlen gibt.

•••

Der Hang zum Hndeln ist symptomatisch für eine innerliche Unausgeglichenheit. Ausgeglichen sein bedeutet mehr oder weniger in Ruhe sein. Handlen ist auf dem Boden – ein Schwingen und Schlagen mit den Armen, um dein Gleichgewicht wiederzufinden und treibend zu bleiben. Und wenn es wahr ist, so wie Napoleon an Carnot schrieb, „die Kunst des Regierens ist es, die Menschen in Bewegung zu halten", dann ist es eine Kunst des Ungleichgewichtes. Der entscheidende Unterschied zwischen einem totalitärem Regime und einer freien, sozialen Klasse liegt vielleicht in den Methoden des Ungleichgewichtes, wodurch ihre Menschen aktiv und kämpfend bleiben.

•••

TAO DES JEET KUNE DO

Uns ist gesagt, dass Talent seine eigenen Gelegenheiten schafft. Aber manchmal scheint es, dass ein intensives Verlangen nicht nur seine eigenen Möglichkeiten bildet, sondern auch seine eigenen Talente.

•••

Die Zeiten der drastischen Veränderungen sind Zeiten von Leidenschaften. Wir können nie geeignet und bereit sein für etwas, das ganz neu ist. Wir müssen uns anpassen, und jede radikale Anpassung ist eine Krise in dem Gefühl des Eigenwertes: wir unterziehen uns einer Prüfung, wir müssen uns selbst beweisen. Eine Bevölkerung, die drastischen Veränderungen unterworfen ist, ist somit eine Bevölkerung von gesellschaftlichen Außenseitern, und sie leben und atmen in einer Atmosphäre von Leidenschaft.

•••

Wenn wir etwas leidenschaftlich nachjagen bedeutet das nicht immer, dass wir es wirklich wollen oder dass wir eine spezielle Veranlagung dafür haben. Oft ist dasjenige, dem wir leidenschaftlich hinterherjagen, nichts anderes als ein Ersatz für dasjenige, das wir wirklich haben wollen und nicht bekommen können. Meistens kann man vorhersagen, dass die Erfüllung eines übermäßig gehegten Wunsches wahrscheinlich unser nagendes Verlangen nicht stillen wird. In jeder leidenschaftlichen Jagd zählt die Jagd mehr als das Objekt, dem hinterhergejagt wird.

•••

Unser Gefühl für Macht ist lebendiger, wenn wir den Geist eines Mannes brechen als wenn wir sein Herz gewinnen, denn wir können das Herz eines Mannes den einen Tag gewinnen, und es den anderen Tag verlieren. Aber wenn wir einen stolzen Geist brechen, erreichen wir etwas, das definitiv und total ist.

•••

Es ist eher Mitleid als das Prinzip der Gerechtigkeit, das uns davor bewahrt, unseren Mitmenschen Unrecht anzutun.

Es ist eher Mitleid als das Prinzip der Gerechtigkeit, das uns davor bewahrt, unseren Mitmenschen Unrecht anzutun.

•••

Es ist zweifelhaft, ob so etwas besteht wie impulsive oder natürliche Toleranz. Toleranz erfordert eine geistige Anstrengung und Selbstbeherrschung. Auch Taten von Freundlichkeit sind selten ohne Überlegung und „Bedächtigkeit". Es scheint, dass eine gewisse Geziertheit, sich Anstellen und so tun als ob, untrennbar von jeder Handlung oder Haltung ist, die eine Einschränkung von unseren Begierden oder unserer Selbstsucht mit sich bringt. Wir sollten uns von Menschen bewusst sein, die nicht denken, dass es notwendig ist so zu tun, als ob sie gut oder anständig seien. Ein Mangel an Heuchelei in solchen Angelegenheiten weist auf die Fähigkeit einer eher verdorbenen Erbarmungslosigkeit hin. So tun als ob ist oft ein unentbehrlicher Schritt zur Erlangung von Aufrichtigkeit. Es ist eine Form, in der aufrechte Neigungen fließen und darin ihre feste Form finden.

•••

Die Kontrolle über unser Sein ist der Kombination eines Tresors nicht unähnlich. Durch nur eine Drehung des Knopfes wird der Tresor selten geöffnet; jeder Vor- und Zurückgehen ist ein Schritt in die Richtung des endgültigen Erfolges.

•••

Jeet Kune Do ist nicht dazu da um zu verletzen, sondern es ist einer der Wege, wodurch das Leben seine Geheimnisse uns offenbart. Wir können andere nur durchschauen, wenn wir uns selbst durchschauen können, und Jeet Kune Do ist ein Schritt zur Selbsterkenntnis.

•••

Selbsterkenntnis ist die Grundlage des Jeet Kune Do, da es effektiv ist, nicht nur für die Kampfkunst des Individuums, sondern auch für sein Leben als Mensch.

•••

Das Erlernen des Jeet Kune Do ist keine Frage der Suche nach Kenntnis oder des Anhäufens von stilisierten Mustern, sonder des Entdeckens der Ursache von Unwissenheit.

•••

Wenn die Leute sagen, dass Jeet Kune Do sich unterscheidet von „diesem" oder „jenem", dann lass den Namen Jeet Kune Do verschwinden, damit es ist, was es ist, nämlich nur ein Name. Mache davon bitte kein großes Aufheben.

> **Das Erlernen des Jeet Kune Do ist keine Frage der Suche nach Kenntnis oder des Anhäufens von stilisierten Mustern, sonder des Entdeckens der Ursache von Unwissenheit.**

NACHWORT

EIN FINGER, DER ZUM MOND ZEIGT
Von Shannon Lee

Ich erinnere mich, dass mein Sifu, Ted Wong, mir immer erzählte, dass die meist gestellte Frage, die ihm über das Buch Tao des Jeet Kune Do gestellt wurde, war, „Was ist es?". Das Tao ist ein äußerst einmaliges Buch, da es eine wachstümliche Sammlung von Geschriebenem ist, das dazu da ist, die Essenz von Bruce Lee's Kunst des Jeet Kune Do zu übermitteln. Es ist nicht ein „Wie man …" Buch. Es gibt keine erklärende Prosa über das, was der Leser mit dem Material machen soll. Es gibt keine Fotos von Techniken. Das Buch ist eine Anomalie.

Wenn Leute das Tao zum ersten Mal lesen, vor allem wenn dies ihre erste Begegnung mit Jeet Kune Do ist, sind sie nicht wirklich sicher, was sie mit dem Text machen sollen. Auf den ersten Blick wird jedoch gleich deutlich, dass das Buch bedeutungsvoll ist. Es gibt Perlen der Weisheit und tiefsinnige Ausdrücke im ganzen Text, aber die Sprache ist manchmal sehr undurchdringlich und oft mit einem offenen Ende. Das Buch fordert den Leser auf, mit seinem eigenen Verständnis zu arbeiten. Und das ist auch so beabsichtigt. Du solltest ein aktiver Teilnehmer sein, um jeden Vorteil herauszuholen.

Und dazu sage ich „Super!" zu den Leuten, die dieses Buch auf diese Weise zusammengestellt haben, denn dies ist genau, worum es geht. Dir wird nicht gesagt, was du damit machen sollst. Du sollst es selbst herausfinden. Du sollst es wieder und wieder lesen, und jedes Mal wirst du ein bisschen mehr Einsicht gewinnen. Du sollst die manchmal heftigen und esoterischen Passagen lesen und dich darüber wundern – wundern darüber, was sie für dich bedeuten könnten. Du musst versuchen, die Techniken, die beschrieben stehen, in Aktionen umzusetzen und du musst sehen, was dein Körper dazu zu sagen hat. Du sollst integrieren und interpretieren und verdauen und testen und erwägen und es dir zu eigen machen.

Tao des Jeet Kune Do ist selbst eine Reise. Es ist eine Sammlung von Geschriebenem, das von meinem Vater geschrieben wurde, aber nicht notwendigerweise beabsichtigt, in dieser Form publiziert zu werden, wenn überhaupt. Mein Vater hat immer gekämpft mit seinem Verlangen, seine Gedanken über Kampfkunst zu teilen. Er war immer dabei, ein Buch zu schreiben, und hat es dann **nicht** veröffentlicht aus Angst, die Schönheit und Lebendigkeit seiner Kunst zu ruinieren. Er schrieb, stellte Hypothesen auf und forschte, jedoch ohne notwendigerweise ein Ende in Sicht. Er gab jedoch niemals auf; er machte weiter, versuchte weiter, sich selbst auszudrücken, und dann ist er ganz plötzlich gestorben.

Es ist wahrscheinlich sehr gut, dass die Publikation des Buches meines Vaters über Jeet Kune Do aus seinen Händen genommen wurde. Es ist wahrscheinlich das Beste, dass er es selbst niemals vollendete. Schließlich hat Jeet Kune Do kein Ende. Die Brillanz des Tao des Jeet Kune Do ist, dass es absichtlich gebildet wurde ohne jede scharfe Kanten, ohne Schlussfolgerungen. Es ist die Sicht auf das, was den Geist meines Vaters beschäftigte – wie er dachte. Es ist eine Sammlung von Wegweisern, oder „um sehr Bruce Lee darüber zu sein", es ist eine Sammlung von Fingern, die zum Mond weisen. Aber der Mond bedeutet nicht wirklich Jeet Kune Do. Der Mond bedeutet du selbst. Konzentriere dich also nicht auf die Finger, sonst wirst du all die glückselige Glorie verpassen, die du bist!

GESCHICHTE DES JEET KUNE DO

TAO DES JEET KUNE DO: WARUM ER ENTSTANDEN IST
Von Linda Lee Cadwell

Die Veröffentlichung des *Tao des Jeet Kune Do* war die Idee von Linda Lee. Nachdem ihr Mann gestorben war, blieb sie übrig als Steward von einem Schatz an Schriften und Informationen hauptsächlich über Ideen ihres Ehemannes über seine Kampfkunst, *Jeet Kune Do*. Zu Lebzeiten arbeitete er an einem Buch über Jeet Kune Do, aber kämpfte immer mit sich, ob er es veröffentlichen würde. Er befürchtete, dass das Buch als eine Art Bibel benutzt werden würde – ein Ding in Stein gemeißelt, eine Gospelwahrheit, die letztendlich den Leser begrenzen würde anstelle ihn zu befreien.

Aber nachdem Bruce gestorben war, war Linda etwas unsicher darüber, was sie machen sollte, um die Erinnerung an ihren Mann und sein Lebenswerk am besten zu würdigen. Sie entschied sich, dass es das Beste wäre, dieses Geschenk mit der Welt zu teilen. Sie telefonierte mit den Herausgebern von *Black Belt*, mit denen ihr Mann eine lange Beziehung während seines Lebens hatte, und fragte sie, ob sie ihr helfen würden, dieses Buch zu veröffentlichen. Natürlich war die Antwort ein kräftiges Ja!

Gil Johnson wurde ausgewählt, um das Projekt von Seiten des Black Belts zu leiten, und er zeigte große Begeisterung und Hingabe für das Projekt. Ihm wurde eine monumentale Aufgabe übergeben. Er durchforstete sprichwörtlich Hunderte von Seiten Text und Notizen und versuchte, diesen eine zusammenhängende und organische Struktur zu geben. Linda arbeitete mit ihm eng zusammen während des Redigierens des Buches, um sicher zu stellen, dass es nach ihren Vorstellung geschehen würde, d.h. sicherzustellen, dass es KEIN Handbuch mit Instruktionen werden würde, sondern ein Buch, das die vielseitigen Dimensionen von Bruce Lee zeigte, dem Künstler, dem spirituellen Menschen, dem Philosophen, dem Techniker der Künste, dem körperlichen, geistlichen und emotionalen Menschen.

Das Format für das Buch wurde so gewählt, dass es nicht mit einem Leitfaden verwechselt werden konnte. Und obwohl einige das Tao über Jahre manchmal so gebraucht haben, wird das Buch im Allgemeinen als mehr als ein Trainingsbuch mit Instruktionen angesehen. Es hat Generationen von Kampfkünstler genauso beeinflusst wie Nichtkampfkünstler, um ihren eigenen tieferen Weg zur Selbstverwirklichung zu verfolgen.

Das Buch ist rein Bruce Lee vom Anfang bis zum Ende. Es enthält absichtlich keine Technikfotos. Alles auf den Seiten kommt direkt von dem Mann selbst. Es ist ein großes Werk von fachmännischem Können und Zweck, und wir sind Gill sehr dankbar für seine harte Arbeit und Linda dafür, dass sie die Ideen ihres Mannes und die Gesamtheit seiner Fähigkeiten mit der Welt teilt.

TAO DES JEET KUNE DO: DIE NEUE ERWEITERTE AUSGABE
Von Shannon Lee

Über die Jahre wurde das *Tao des Jeet Kune Do* ein respektierter Text innerhalb der Kampfkunstgemeinschaft, und wenn die Zeit gekommen war, es anzupassen und zu aktualisieren, haben wir uns darüber Sorgen gemacht, wie wir es revidieren sollten, und dabei möglichst nahe am originalen Text zu bleiben. Wir waren sehr vorsichtig, das Buch nicht zu sehr oder radikal zu verändern. Was haben wir also gemacht?

Erstens haben die Redakteure von Black Belt Books und das Personal von Bruce Lee Enterprise das Buch gelesen und es gewissermaßen „gesäubert". Wir haben nach Stellen gesucht, wo der Gedanke auf der Seite scheinbar verdeutlicht werden könnte durch Verbesserung der Grammatik

und Zeichensetzung. Dann haben wir viele der originalen Skizzen und Notizen gescannt und vergrößert. Bei vorherigen Drucken war einiges des originalen Materials zu klein und undeutlich zu lesen, so haben wir alle originalen Notizen aus dem Archiv herausgeholt und mit größerer Stärke und Deutlichkeit für diese neue Ausgabe reproduziert.

Die Randnotizen auf jeder Seite sind dem Text selbst entnommen, und bieten dem Leser großartige kleine Juwelen an Weisheiten. Die Notizen bleiben in dieser Ausgabe, aber einige wurden ausgetauscht mit längeren Versionen. Wie im Original erscheinen die markierten Notizen im Text selbst, so dass nichts verlorengegangen ist. Da wir viele der Illustrationen verstärkt und vergrößert haben, entschieden wir uns außerdem, KEINE Randnotizen auf den Seiten hinzuzufügen, die von originalen handgeschriebenen Skizzen oder Texten dominiert wurden. Hier ließen wir Bruce eigenen Charme die Seiten dominieren.

Eine Neuigkeit bei dieser Edition ist, dass alle Trainingshilfsmittel und Übungen deutlich in Kastentext geschrieben sind, so dass der Leser sie schnell und einfach erkennen kann. Wir organisierten auch alle Tabellen und Listen in einer durchgehend konsistenten Form. Um konsistent zu bleiben, haben wir einige Überschriften bei Abschnitten hinzugefügt, die vorher nicht existierten. Auch haben wir die allgemeine Form geordnet und modernisiert, damit das Buch einfacher zu lesen ist.

Das „Werkzeug" Kapitel bedeutete die größte Herausforderung, da es die meiste Bearbeitung erforderte, um es konsistent und deutlich zu machen. Eine der größeren Veränderungen, die du finden wirst, ist, das jetzt „Schlagen" vor „Treten" kommt.

Es gibt einen kleinen Abschnitt „Verweisungen" im Buch, der schon immer bestand, aber den Autoren wurde niemals die Ehre erwiesen, die ihnen gebührte. Wir erkennen alle anderen Autoren und Arbeiten dankbar an, die nicht in den Verweisungen enthalten sind.

Als letzte, und vielleicht größte Erneuerung, die zugefügt wurde, ist die Einschließung des letzten Abschnittes. Das neue Material kommt hinter den originalen Text, so dass das Tao des Jeet Kune Do intakt bleibt und nicht gestört wird. Dieser neue Abschnitt enthält ein Nachwort, Übersetzungen von allen vorherigen nicht-übersetzten Chinesischen Texten im Buch, und eine kurze Geschichte über das Buch. Angesehen der vielen Jahrzehnte, die seit der ersten Veröffentlichung des Tao des Jeet Kune Do vergangen sind, wurde eine kleine Geschichte und eine kleine Perspektive von einem Durchschnitt der Jeet Kune Do Familie in dieser neuen Ausgabe hinzugefügt. Viele JKD Sportler der ersten und zweiten Generation haben auch an den neuen Hinzufügungen beigetragen, wodurch eine wertvolle Perspektive zu dem Platz des *Tao des Jeet Kune Do* in der Geschichte hinzugefügt wurde.

Wir hoffen, dass dir die neue erweiterte Ausgabe des Tao des Jeet Kune Do gefällt. Die Seele des originalen Manuskriptes bleibt in dieser neuen Ausgabe intakt, ob du einverstanden oder nicht einverstanden bist mit den Entscheidungen, die wir getroffen haben. Im Geiste des Jeet Kune Do, MACHE WEITER!

BEWAHRUNG VON LEE'S NACHLASSENSCHAFT FÜR ZUKÜNFTIGE GENERATIONEN: KONSERVIERUNG DER ORIGINALEN NOTIZEN DES TAO DES JEET KUNE DO
Von Tommy Gong

„He, Leute," sagte Linda Lee Cadwell lässig, „ da ist etwas auf dem Tisch, an dem ihr wahrscheinlich interessiert seid".

Es war während der späten 90iger Jahre, und ich besuchte Linda. Ich näherte mich dem Tisch, auf dem ich eine große Dose sah. Als ich die Dose öffnete, sah ich mehrere schwarze Ordner, von denen jeder 300 – 400 Seiten enthielt. Die Eröffnungsseite des ersten Ordners hatte den Titel *Commentaries on the Martial Way*, Volume 1. Dies war das Quellenmaterial, die originalen sieben

GESCHICHTE DES JEET KUNE DO

Teile von Bruce Lee's persönlichen Notizen, aus denen das *Tao des Jeet Kune Do* entstanden ist. Diese sieben Teile wurden zu einem Teil gekürzt für das Tao, der die ursprüngliche Bruce Lee Veröffentlichung ist.

Natürlich hatte ich während meines Trainings und während der Jahre mit meinem *Sifu* Ted Wong das *Tao des Jeet Kune Do* mehrere Male gelesen und diskutiert. Als ich die Seiten der Ordner umblätterte, wurden die Worte lebendig. Die Notizen in ihrer originalen Form – in seiner Handschrift – hatten eine enorme Wirkung auf mich. Ich fühlte, als wäre ich in der Lage, Lee's GedankenProzess über die Kampfkunst ungefiltert zu bezeugen. Welch ein Glück, dass, als Lee seine Rückenverletzung erlitt, er seinen Intellekt dadurch trainierte, dass er seine Gedanken über Kampfkünste aufzeichnete. Wenn er nicht durch diese Verletzung gehindert worden wäre, hätten wir wahrscheinlich niemals den kompletten Umfang des Genies Bruce Lee gesehen.

Der KonservierungsProzess

Während all der Jahre war ich bei Gemeindebehörden angestellt, wo ich auch für die ländlichen offiziellen Daten zuständig war. Wenn eine Person in dem Bezirk geboren wurde, heiratete, Besitz kaufte oder starb, wurde das in meinem Büro festgehalten. Durch Technologie werden viele der heutigen Dokumente elektronisch festgehalten, aber meine Abteilung hat auch alte Dokumente bewahrt. Einige dieser alten Dokumente wurden restauriert, so wie die spanischen offiziellen Dokumente, als Kalifornien während der Mitte des 18. Jahrhunderts unabhängig wurde. Als Ted Wong und ich 2009 die Ordner wieder angeschaut hatten, bemerkten wir, dass die Seiten begannen, dunkel zu werden. Das war ein Beweis dafür, dass die Seiten schlechter wurden. Ich wusste, dass ich etwas dagegen unternehmen musste. Ich informierte mich bei einer Firma, die Dokumente konserviert – Brown's River Marotti Co. – und fand heraus, dass wir den AlterungsProzess verlangsamen mussten. Die Seiten mussten entsäuert werden, was bedeutete, dass wir die Säuren entfernen mussten, die Papier mit der Zeit trocken und brüchig macht. Anfassen der originalen Seiten musste auf ein Minimum reduziert werden. Wenn sie angefasst wurden, mussten die Leute weiße Handschuhe tragen, da Öle von Händen zum Alterungsprozess beitrugen. Und Seiten sollten eingepackt werden zum weiteren Schutz. Wir haben auch gelernt, dass die Seiten digitalisiert werden konnten, so dass sie elektronisch angesehen werden konnten. Durch Konservierung der sieben Ordner würden wir ihre Langlebigkeit von ca. 50 Jahre auf 300 - 400 Jahren verlängern. All diese Elemente passten natürlich zu den Zielen der Bruce Lee Foundation, nämlich dem Instandhalten von Bruce Lee's Nachlassenschaft.

Das größte Hindernis war Geld. Die Kosten für Entsäuerung und Restauration sind nicht gering. Zum Glück hat Brown's River Marotti Co. angeboten, ihren Service, den ersten Teil zu vollenden, gratis anzubieten. Ich nannte Shannon Lee das großzügige Angebot, und wir waren im Rennen. Schätzungen wurden gemacht, um die übrigen Teile zu restaurieren, und ein guter Freund von mir machte das großzügige Angebot, die nächste Restauration zu bezahlen. Obwohl er kein Kampfkünstler war, war jedoch mein Freund erheblich von Lee's Schriften beeinflusst, und er wollte seine Dankbarkeit zeigen, in dem er etwas zurückgab. Ich fragte mehrere andere Individuen für gleiche Schenkungen, und bevor wir es wussten, hatten wir das Geld zusammen! Als Geste der Dankbarkeit hat Shannon die Sponsorennamen auf eine Widmungsplatte schreiben lassen, die auf der Innenseite des Covers jedem neuen Ordner hinzugefügt wurde. Die Sponsoren sind Linda Lee Cadwell, ihr Ehemann Bruce Cadwell, Shannon Lee, Ted Wong, Allen Joe, Gregory B. Smith Sr., Jeff Pisciotta, Louis Awerbruck und ich.

Beendigung des Konservierungsprojektes

Der erste vollendete Teil wurde während des Bruce Lee Foundation Events im November 2009 gezeigt. Es hat sehr positive Beurteilungen erhalten. Die neuen Buchumschläge, die die restaurierten Teile enthielten, sind passend beeindruckend für den Inhalt, den sie enthalten. Während des folgen-

TAO DES JEET KUNE DO

den Jahres wurden die übrigen Teile behandelt, und das ganze Projekt war 2010 vollbracht. Eine immense Dankbarkeit sei dem Brown's River Marotti Co. und den Sponsoren gezollt, die diesen Teil von Bruce Lee's Nachlassenschaft für viele folgende Generationen bewahrten. Mit der Vollendung dieses Projektes wird das Hauptquellenmaterial für das *Tao des Jeet Kune Do* für immer bewahrt sein.

ANMERKUNGEN

TAO DES JEET KUNE DO: LEBEN IMITIERT KUNST
Von Linda Lee Cadwell

In den Jahrzehnten, nachdem das *Tao des Jeet Kune Do* zum ersten Mal veröffentlicht wurde, entdeckten Generationen von Lesern, dass Bruce Lee sehr tiefsinnig war, der seine Liebe zur Kampfkunst in eine Manier, gut zu leben, übersetzte. Das Tao ermutigte die Sportler jeder Disziplin zu fragen, zu forschen und physische Prinzipien auf Lebensweisheit anzuwenden. Die inspirierende Mitteilung des Tao ist, „sich selbst zu kennen", um als Kampfkünstler und als Mensch effektiv zu sein.

Der Geist meines Mannes Bruce arbeitete immer in Harmonie mit seinem Körper, und vice versa. Als er an eine Kampfkunsttechnik dachte, konnte er dann den physischen Akt in die Idee umsetzen, sich intensiv bewusst zu sein und sich auf seine gewünschten Errungenschaften auf jedem Gebiet zu konzentrieren. Auf der anderen Seite wendeten sich Bruce' Gedankenströme oft zu Aspekten von menschlichem Verhalten, dass er dann auf seine Kampfkunst anwendete. Zum Beispiel haben viele Menschen mehr Vertrauen in das, was sie imitieren, als in das, was sie selbst hervorbringen. Also ist es oft so, dass Leute eine Kampfkunst erlernen durch einfaches Hineinhämmern und Wiederholen von dem, was seit Jahrhunderten überliefert ist. In *Jeet Kune Do* ist das Ziel, Selbsterkenntnis zu erlangen durch das Losbrechen von ungeprüften Traditionen und vollständig involviert zu sein in die Realität des Momentes, ohne an vorgeschriebener Routine zu hängen.

Da Bruce in der Lage war, von einer Situation in die andere überzugehen, lernte auch ich, Umstände aus verschiedenen Winkeln zu betrachten, anstatt „festgelegt zu sein", auf eine Art zu reagieren. Er hat mir beigebracht, dass, wenn etwas nicht auf eine Art funktionierte, ich eine andere Art ausprobieren musste. Ich sah, wie Bruce das wieder und wieder machte. Anstelle zu akzeptieren, was das Leben ihm vorsetzte, fand er eine neue Art, bedachte einen neuen Weg. Zum Beispiel, als Hollywood immer wieder seine Türen vor ihm schloss, ging er nach Hong Kong, um Filme zu machen und zeigte der Welt, dass er internationale Anziehungskraft besaß.

Viele Leute haben mir über Jahrzehnte geschrieben, um zu sagen, dass sie das Tao zuerst gelesen haben wegen seines Unterrichtsmaterials. Als sie ihn lasen, bekamen sie eine wage Idee davon, wie Bruce Lee's Geist funktionierte, und so begannen sie zu sehen, wieso er sich von allen anderen Kampfkünstlern unterschied. Sie erzählten mir auch, wie die philosophischen Abschnitte im Tao schließlich eine sogar größere Bedeutung in ihrer eigenen Entwicklung als Mensch annahmen als die Kampfkunsttechniken.

Es gibt Ausdrücke im Tao, die in meinem Leben signifikant waren. Jetzt denke ich über das, was das *Tao* über das *Verstehen* einer Situation oder einer anderen Person sagt. Anstelle mit einer Schlussfolgerung zu beginnen, wie z.B. „Ich mag nicht, wie diese Person handelt", ist es viel besser, sich durch Beobachtung zu befreien, nicht gebunden zu sein an einer sofortigen Wahrnehmung. Beobachten erfordert ein ständiges Bewusstsein, einen ständigen Zustand von Untersuchung ohne Schlussfolgerungen. Durch Beobachten auf diese Weise könntest du herausfinden, dass eine Person in einer bestimmten Art und Weise handelte aus Gründen, die nicht gleich offensichtlich sind, und so wird Mitgefühl in die Beobachtung mitgenommen. Ich versuche immer, mich an diese Idee zu erinnern, wenn ich mich in herausfordernden Situationen befinde.

Das Tao betont, dass diese Formel für das Verstehen prinzipiell auf sich selbst zutreffend ist, da, wie Bruce sagte, „Selbsterkenntnis ist die Grundlage, um das Leben effektiv zu leben", und ich muss zufügen, glücklich.

Jedes Mal, wenn ich die Seiten des Tao öffne, denke ich an das Bild in meinen Gedanken an Bruce, über seine Bücher gebeugt mit seinem Stift in der Hand. Ich denke über seine Intensität sei-

ner Gedanken nach, während Chaos – Kinder, Hunde, Geräusche von Draußen – um ihn herum war. Ich bin immer wieder erstaunt über die Tiefe seiner Erkundung über das Funktionieren von menschlichem Geist, Körper und Herz. Er ließ mich mit einem Schatz von goldenen Gedanken zurück, um mir beim Überwinden schwieriger Zeiten zu helfen. Ich lernte von Bruce, dass der Kampf gegen Rückschläge wie der Kampf gegen einen Gegner ist. Du musst alles geben, was du hast, ohne Gedanken an eine Niederlage.

Wenn das *Tao* niemals veröffentlicht wäre, wäre der Name von Bruce Lee vielleicht nur eine Fußnote in den Annalen der Kampfkunst und der Filmgeschichte. Aber das glaube ich nicht! Ich kann jedoch sagen, dass das *Tao des Jeet Kune Do* viel zu Wachstum und Blüte von Individuen beigetragen hat, und dass er die Anerkennung der Leute von Bruce als Mann mit Substanz und tiefsinnigen Gedanken verstärkt hat. Die Veröffentlichung des *Tao* war es wert!

TED WONG: DIE FRÜHEN JAHRE MIT DEM TAO DES JEET KUNE DO
Von Krina Wong

Mein Mann Ted Wong hat von Beginn seiner Kampfkunstunternehmungen bis zum Ende seines Lebens das *Tao des Jeet Kune Do* studiert. Er trainierte sehr oft, experimentierte und verfeinerte mit Bruce viele der Techniken, die später im *Tao* gefunden wurden. Als Bruce 1973 starb, war Ted erschüttert durch den Verlust seines *Sifus* und besten Freundes. Von dem Moment an schaute er nicht außerhalb von Jeet Kune Do, um andere Kampfstile oder Kampfkünste zu erlernen. Er blieb bei Jeet Kune Do, da, wie Bruce oft sagte, „Wenn du ein echter JKD Mann/Person bist, brauchst du nicht weiter zu suchen. Alles ist hier".

Nach Bruce' Tod studierte Ted gewissenhaft das *Tao des Jeet Kune Do*. Vor Bruce' Tod hatte Ted verstanden, was Bruce meinte. Er verstand, was Bruce versuchte zu machen. Er verstand, was Bruce mit Kampfkünsten und der Gemeinde machen wollte. Er sagte, dass Bruce Lee den Menschen wissen ließ, dass JKD keine einfache Aufgabe sei. Und aus diesen Gründen ist es keine leichte Aufgabe, das *Tao des Jeet Kune Do* zu lesen. Mit Ted's Worten „Bruce ist ein sehr tiefsinniger Denker. Man versteht seine Aufzeichnungen nicht, wenn man nicht eben aufhört nachzudenken und versucht, es herauszufinden. Man muss studieren und auf die Details achten." Da Bruce' Aufzeichnungen tiefgehend und kompliziert waren, ist es leicht für Menschen, die Bedeutung von einzelnen Worten oder Phrasen zu übersehen.

In den 1970iger, 80iger und 90iger Jahren hat Ted das Tao oft nach dem Abendessen gelesen. Oft entdeckte er Dinge im Tao und schrie, „Zieh deine Schuhe an und komm heraus in den Garten." Ich wusste, dass es „Ausprobierzeit" war. Seine üblichen Worte waren, „Bleib still stehen und bewege keinen Muskel." Ich, die Trainingspartnerin, wurde manchmal von seinem Fuß berührt oder von seiner Hand gestreift, aber es geschah selten. Eines der Dinge von JKD ist die absolute Selbstkontrolle, die ein Sportler in der Praxis benötigt. Normalerweise zog Ted Fuß oder Hand zurück, Zentimeter / Millimeter bevor er das Ziel erreichte. Oft probierte Ted Techniken aus von Material, das er im Tao entdeckt hatte.

Ted Wong glaubte, dass Lesen des *Tao des Jeet Kune Do* beinah so wäre, als ob sein Lehrer, Bruce Lee, privat zu ihm spräche. Nicht viele Leute verstanden, was Bruce versuchte auszudrücken, und Ted glaubte, dass es beinahe seine Pflicht sei, es der Welt mitzuteilen. Er studierte den Text immer wieder und machte Notizen auf den leeren Seiten im Buch. Manchmal schrieb er auf etwas, was gerade vor ihm lag, wie z. B. Schmierpapier, ein alter Notizblock oder sogar einige Briefumschläge. Einmal, als ich gerade den Kaffetisch säuberte, sammelte ich dieses Schmierpapier ein und legte es in die Schuhdose zum Altpapier. Dann fand ich heraus, dass Ted es suchte. Er fragte und fragte, wo es sei. Diese Notizen vom Tao und von anderen Büchern, die er gelesen hatte, gaben ihm einige Einsicht in das, was sein Lehrer versuchte, der ganzen Kampfkunstwelt mitzuteilen. Wie Ted oft

ANMERKUNGEN

sagte, „Manchmal kann ich in Bruce' Kopf gelangen und wissen, was er versuchte mitzuteilen." Er blieb dabei zu schreiben und sammelte all diese Aufzeichnungen und begann, diese in seinen Unterricht einzubauen.

Manchmal diskutierten wir über bestimmte Wörter oder Ausdrücke, die Bruce gebrauchte oder sagte, warum er etwas in einer bestimmten Art und Weise oder in einer bestimmten Situation sagte. Nach der Diskussion kam Ted normallerweise zu keiner Schlussfolgerung, doch hinterher, wenn er die Aktionen ausprobierte, wurde es deutlich. Ted hat sich zu einem Kampfkünstler entwickelt durch seine wissenschaftliche Forschung, um Jeet Kune Do zugänglicher und einfacher verstehbar zu machen für jeden, der es lernen wollte. Ted glaubte, dass es seine Pflicht sei, die Öffentlichkeit zu informieren und den Unterricht so, wie er ihn von seinem Sifu bekommen hat zu bewahren. Er wollte zu jedem Kontakt haben, der interessiert war. Dadurch, dass er Bruce Lee's philosophische Perspektive gebrauchte und diese mit seinem wissenschaftlichen Geist kombinierte, hat Ted geholfen, das Buch zu interpretieren und durch seine Aktionen zum Leben zu erwecken. Ted machte es für jeden einfach, Jeet Kune Do zu verstehen und auszuführen.

DAS DILEMMA DES TAO UND DER JEET KUNE DO ANHÄNGER
Von Tommy Gong

Was würde Bruce Lee über den momentanen Zustand von Jeet Kune Do denken? Wie gut ist es seinen direkten Studenten und nachfolgenden Generationen gelungen, seinen Unterricht fortzuführen? Wir werden niemals genau wissen, wie Lee seine Kunst entwickelt haben wollte oder fortgesetzt haben wollte, aber seine ikonische Präsenz in den Kampfkünsten und seine immer weiter wachsende Popularität in der ganzen Welt fordert, dass Jeet Kune Do in der einen oder der andern Art fortgesetzt wird. Aber was sollte für zukünftige Generationen bewahrt werden?

Mein *Sifu* Ted Wong sagte gerne, dass das *Tao des Jeet Kune Do* es einer Person ermöglichte, in Bruce Lee's Kopf zu gelangen und seinen Gedankenprozess zu beobachten: was er dachte, was ihn beeinflusste, und was wichtig für ihn war. Wong hat oft nach dem Tao als Straßenkarte verwiesen, die Lee hinterlassen hat. Während er nicht in der Lage war, seine Reise zu vollenden, führte Lee den Leser in die Richtung, die er eingeschlagen hat.

Wenn Lee sein *Tao* vollendet hätte, hätte er das *Tao* mit etwas Ähnlichem wie seinem Artikel „Liberate Yourself from Classical Karate" eingeleitet. Er wollte nicht, dass die Leser blindlings nachmachten, was er tat oder sogar mit seinen Gedanken übereinstimmten, sondern er wollte, dass sie untersuchten, was er tat, es in Frage stellte und ihre eigenen Rückschlüsse zögen. Was er schließlich für Kampfkünstler wollte, war, dass sie im Kampf keine Vorurteile hatten und nicht auf eine bestimmte Art zu Handeln beschränkt waren.

Lee hatte am Eingang seiner Schule in Los Angeles Chinatown einen Miniaturgrabstein, auf dem die folgende Botschaft eingraviert war: „In memory of a once fluid man, crammed and distorted by the classical mess". Es symbolisiert die Unterdrückung, die starre Traditionen und formelle Stile auf Studenten hatten. „Organisierte Verzweiflung", wie Lee es nannte, trug zum „Tod" von unabhängiger Untersuchung bei und behinderte die komplette Entwicklung des Kampfkünstlers. Schließlich folgerte Lee, dass Stile die Kampfkünstler entzweiten an Stelle sie zu vereinigen, und dabei das Wachstum des Einzelnen einschränkte.

Mit der philosophischen Grundlage von Flexibilität und Anpassungsfähigkeit als sein zentrales Thema war Lee unerbittlich, er hat keinen neuen Stil erfunden, was Jeet Kune Do betrifft. Dagegen war seine allgemeine Auffassung von Kampfkunst, Kampfkünstler dadurch zu vereinigen, dass er sich auf das Kämpfen „wie es ist" konzentrierte und dabei das Bedürfnis an Stilen, Traditionen und Formalitäten, die auf festgesetzten Mustern beruhen, eliminierte. Und wegen seiner Abneigung gegen stringente Traditionen kann Jeet Kune Do alle Wege benutzen, aber ist an keine gebunden.

TAO DES JEET KUNE DO

Philosophisch gesehen hat Lee die Dualität von „Für oder Gegen" eliminiert.

Das ist jedoch nicht einfach zu erreichen. Während wir einige Freiheit genießen, um andere Stile zu erkunden, liegt es in der menschlichen Natur, Sicherheit in einem getesteten System zu suchen, auf das wir uns verlassen können. Wir versuchen auch, erfolgreiche Individuen nachzuahmen, die wir bewundern oder sogar anbeten. Wir lieben Helden sogar mehr als Stile, und es ist einfach, Bruce Lee zu einem Champion zu machen, da seine ewige Jugend und seine „rebellische" Annäherung zu den Kampfkünsten für immer ikonisch sein wird. Um jedoch zu verhindern, dass Kampfkünstler in diese Falle treten, sagte Lee, dass ein Stil nur Teil der Totalität des Kampfes sei, egal wie effektiv dieser ist: „Sobald du einen Weg hast, liegt darin die Beschränkung". Das ist der Grund, warum Lee Jeet Kune Do einen Stil „ohne Stil" nannte.

Einige Fragen, die ein Sportler fragen könnte, sind folgende:
- Wenn du nur Jeet Kune Do ausübst, beschränkst du dich dann?
- Wenn du auf deinem eigenen Weg weitermachst, machst du dann noch immer Jeet Kune Do?
- Liegen die Antworten, wie vieles andere, irgendwo zwischen den Extremen?

Nach Lee's Tod 1973 begannen einige Schülere von ihm, Jeet Kune Do auf ihre eigene einmalige Art zu unterrichten, was in verschiedene Interpretationen der Kunst resultierte. Während traditionelle Stile dadurch fortgesetzt werden, dass man an den selben Techniken und Prinzipien von einer zur nächsten Generation festhält, führte und führt der fließende Charakter von JKD und die Freiheit zu erkunden oft zu diversen und gegensätzlichen Sichtweisen unter Lee's Schülern. Während eine Gruppe kritisiert wurde für das Unterrichten von etwas, das wenig Ähnlichkeit mit Lee's Kunst hat, wird eine andere Gruppe angeklagt, zu „puristisch" zu sein und es in einen statischen Stil zu verändern.

Linda Lee Cadwell und ihre Tochter Shannon Lee gründeten die Bruce Lee Foundation, um die Nachlassenschaft von Bruce Lee für zukünftige Generationen festzulegen und zu bewahren. In bezug auf seine Kunst wollten sie einen Weg finden, die Integrität von Jeet Kune Do dadurch zu behalten, dass sie ein deutliches und akkurates Bild von Lee's Entwicklung in den Kampfkünsten geben und auch dass die Foundation als lebendes Repositorium seines Lebenswerkes dient. Aber während die Organisation Lee's Lebensgeschichte in der Kampfkunst als definitive Fallstudie für Jeet Kune Do gebraucht, bleibt es Anhänger inspirieren, um ihr eigenes persönliches Wachstum zu stimulieren, da es in der Natur von JKD liegt, unabhängige Forschung zu ermutigen.

Wenn jedoch Individuen sich dadurch selbst ausdrücken, dass sie sich von Lee's Unterricht fortentwickeln, werden sie ermutigt, das, was sie auf eine persönliche Art machen, zu benennen, und es von Lee's Arbeit unterscheiden, genau wie es Lee machte, als er Jeet Kune Do kreierte und benannte. Diese Unabhängigkeit kann sehr schwierig sein, sogar für einige beängstigend, aber wenn eine Person den Mut hat, seinen eigenen Weg zu finden, sollte er selbstversichert sein und nicht auf das zurückfallen, wovon er sich entledigt hat.

Wenn man obengenannte Fragen betrachtet, wie muss Jeet Kune Do dann festgelegt werden? Die zwei Hälften von einem Ganzen ist die Fusion von der Dualität der Fortsetzung des exakten Unterrichtes von Lee, und gleichzeitig die Ermutigung der Anhänger von Lee's Unterricht, auf ihrem Weg weiterzumachen. Und doch müssen wir sogar das JKD Etikett abwerfen, um wirklich uns selbst zu sein. Genau wie Bruce Lee erkannte, dass er viele seiner frühen Leistungen dem Training in *Wing Chun* zu danken hatte, fand er seinen eigenen Weg und nannte ihn Jeet Kune Do. Während du Lee oder Jeet Kune Do vielleicht Anerkennung gibst für den Start auf deinem Weg, findest du dich vielleicht schließlich auf deiner eigenen Reise zu persönlichem Wachstum. Das *Tao des Jeet Kune Do* ist nur ein Anfang, aber um dich wirklich selbst zu verwirklichen und um dein volles Potential zu erreichen, könnte es sein, dass du das abwirfst, worauf du dich verlassen hast, einschließlich des Namens.

ANMERKUNGEN

TAO DES JEET KUNE DO: LESEN IST NICHT GENUG
Von Jari Nyman

„Every lesson I teach, I ask myself, 'would he approve?'"
–Ted Wong

Bevor ich vor 20 Jahren begann, die Kunst des *Jeet Kune Dos* zu praktizieren, wusste ich nicht, wer Bruce Lee war. Aber jetzt, durch seine Kunst und durch die Bekanntschaft mit seiner Familie, seinen Studenten und vor allem seinen Aufzeichnungen in seinen Büchern, habe ich gelernt, ihn zu mögen, anzuerkennen, zu respektieren und sogar zu lieben.

Tao des Jeet Kune Do ist ein Teil einer Straßenkarte, die Lee für uns hinterlassen hat um zu folgen. Es war mein erstes Buch mit Beziehung zu JKD, und es war nicht einfach zu lesen. Wie Lee von seiner Kampfkunst sagte, sei nur eine Person von 10.000 in der Lage, damit umzugehen. Im Grunde ist Jeet Kune Do keine Massenkunst. Für manche Dinge, die ich gelesen habe, dauerte es Tage oder sogar Wochen, es zu verstehen, bevor es mir deutlich wurde. Zum Glück hatte ich jedoch meinen Sifu Ted Wong in der Nähe, um die Fragen zu beantworten und die Zweifel zu vermindern, mit denen ich ihn ständig konfrontierte.

Das Kapitel über Beweglichkeit – Fußarbeit – lag Ted sehr am Herzen. Wenn ich es heute lese, kann ich die Worte meines Sifus, seine Rede, hören. Er sagte, „Fußarbeit ist wie die Reifen deines Autos. Ohne Reifen kommst du nirgendwo hin, selbst wenn du einen Ferrari hast." „Ohne Fußarbeit hast du nur eine Dimension." „Fußbreit macht den Unterschied. Jeder kann laufen, aber gute Fußarbeit ist das Schwierigste." „Mit guter Fußarbeit kannst du gleichzeitig schlagen und dich bewegen." „Kraft kommt von der Fußarbeit." „Fußarbeit gibt dir viel mehr Optionen." „Fußarbeit hält dich innerhalb/außerhalb der Reichweite." „Fußarbeit gibt dir Kraft." „Fußarbeit gibt dir lange Lebensdauer – du lebst ein besseres Leben." „Fußarbeit gibt dir Gleichgewicht in Bewegung." „Die Essenz des Kämpfens ist die Kunst zu bewegen." „Derjenige, der den Abstand beherrscht, beherrscht den Kampf." „Fußarbeit kann jeden Schlag oder Tritt – jeden Angriff – schlagen." „Fußarbeit hat erste Priorität." „Fußarbeit startet etwas." „Fußarbeit wird dich in eine gewünschte Position bringen." „Bewegen und schlagen – das ist das Wichtigste."

Ein Sportler kann dadurch, dass er das *Tao* liest, Lee's Gedanken verstehen, in seinen Kopf gelangen und seinen originalen Unterricht festlegen. Es ist jedoch wichtig zu bedenken, dass Lesen nicht genug ist. Anstelle davon ist es ein „Finger, der zum Mond zeigt." Viele der Gedanken und Ideen im *Tao* können auch in anderen Aspekten des Lebens gebraucht werden. Für mich war das *Tao* in meinem ganzen Leben extrem nützlich. Mit Hilfe des *Tao* kannst du sehen, wie einzigartig und tiefsinnig Jeet Kune Do ist – es ist nicht nur eine körperliche Aktivität. Je mehr du weißt, desto mehr du verstehst und desto mehr du lernst. Das *Tao* ist ein Nachschlagwerk für jeden ernsthaften Jeet Kune Do Sportler und eine wahre Inspiration, um immer wieder aufzustehen, wenn du gefallen bist.

ÜBERLEGUNGEN ZUM TAO DES JEET KUNE DO: MEIN FREUND GILBERT JOHNSON
Von Chris Kent

Tao des Jeet Kune Do wurde ungefähr zwei Jahre nach Bruce Lee's frühzeitigem Tod veröffentlicht. Ungefähr zwei Jahrzehnte vor dem Erscheinen der gemischten Kampfkünste war es eine Zeit, in der die Mehrzahl der Leute, die Kampfkünste trainierten, nur einen Stil ausübten. Gelegentlich begegnete eine Person jemandem, der mehr als einen Stil zur selben Zeit trainierte, aber das war eher die Ausnahme als die Regel. Oft wurde es jedoch als Ketzerei angesehen, und die Person wurde aus ihren Schulen verbannt, da sie mehr als einen Stil trainierten.

Als das *Tao* zum ersten Mal veröffentlicht wurde, zeigte er den Leute die Länge und Breite von Bruce Lee's Kampfkunststudien. Er gab auch Einblicke in die Tiefe seiner Forschung und Untersuchung nach allen Formen von unbewaffnetem Kampf – nicht nur physische Techniken und Aktionen, sondern auch die zugrundeliegenden philosophischen Prinzipien. Außerdem führte er die Kampfkünstler in eine Richtung: die Richtung zur Freiheit und persönlicher Befreiung für sich selbst. Während einige es vorzogen, innerhalb der Sicherheit der „Herde" zu bleiben und sich weigerten, auch nur nach dem Buch zu schauen, beachteten es viele und begannen, es zu lesen. Als Resultat begannen sie, ihre Perspektive zu erweitern, Barrieren zu entfernen und Barrieren zu durchbrechen, die ihr Wachstum als Kampfkünstler behinderte. Obwohl Bruce nicht länger physisch unter uns ist, unterstützt das *Tao des Jeet Kune Do* noch immer seine Ziele und Ideale dadurch, dass er als „Finger dient, der einen Weg zum Mond zeigt".

Aber wie nimmt man etwas, das lebendig und dynamisch ist, und setzt es fest auf Papier, ohne seine Essenz zu zerstören? Mein Freund Gilbert Johnson hatte diese Aufgabe, als er ausgewählt wurde, Bruce Lee's Notizen und Zeichnungen in eine zusammenhängende Form für das Buch zu bringen, das Tao des Jeet Kune Do genannt werden sollte. Ich glaube, er tat nicht nur, was von ihm gefragt wurde, sondern er übertraf sich bewunderungswürdig.

Ich lernte Gil kennen, nach dem Dan Inosanto ihn den Mitgliedern der Senioren JKD Klasse bei der Filipino Kali Academy vorstellte, wo ich auch Mitglied war. Dan informierte uns, dass Gil Bruce's Aufzeichnungen als Buch zusammenstellen würde, und aus dem Grunde hat er ihn eigeladen, sich der Gruppe anzuschließen, um ihm zu helfen, besser zu verstehen, worum es bei *Jeet Kune Do* ginge. Außer einem talentierten Autor war Gil auch ein Kampfkünstler, der einen schwarzen Gürtel in Karate hat, obwohl ich mich nicht erinnere, in welchem Stil oder System. Gil schloss sich der Klasse an, und ich werde niemals einige seiner Sparringssitzungen vergessen mit Leuten wie Daniel Lee und Richard Bustillo. In kurzer Zeit wurden Gil und ich Freunde. Zusätzlich zum Training an der Kali Academy trainierten wir auch zahllose Male in dem Garten seines Apartments in West Hollywood. Durch die Tatsache, dass ich zu dieser Zeit arbeitslos war, ging ich oft zum Büro von Black Belt in San Fernando Valley, um Gil zu besuchen, der an dem Buch arbeitete. Ich fand ihn oft mit Bruce' Aufzeichnungen und Zeichnungen verbreitet über den ganzen Flur, während er versuchte, sie in zusammenhängende Abschnitte einzuteilen. Wir sprachen darüber, wie das Projekt verlief, und manchmal fragte er mich, ob ich dachte, dass eine bestimmte Notiz auf diesen oder den anderen Stapel gehörte.

Gil war unbeugsam in seinem Wunsch, so dicht wie möglich an der Wahrheit zu bleiben von dem, was er glaubte, sei Bruce' ursprüngliche Absicht für das Material. Linda, Bruce' Witwe, wollte das *Tao des Jeet Kune Do* nicht umgewandelt in eine Art von „Wie-mache-ich-es" Buch, und Gil arbeitete steinhart um sicherzustellen, dass das nicht geschehe. Ich erinnere mich an eine Notiz, die er mir schrieb, während er an dem Buch arbeitete. Während die Notiz in der Zeit verlorengegangen ist, sind die Worte in meinem Gehirn festgeschrieben: *Präsentiere Jeet Kune Do als Überbleibsel eines Mannes, und es will mit dem Mann sterben und mit seiner Erinnerung verblassen.* Anstelle, zeige es lebendig, grün und wachsend. Ich werde für immer in seiner Schuld sein, nicht nur für seine Freundschaft, sondern auch für die Arbeit, die er verrichtete, das *Tao* ins Leben zu bringen, um ihn mit der Welt zu teilen.

ÜBERLEGUNGEN ZUM TAO DES JEET KUNE DO
Von Diana Lee Inosanto

Als ich gefragt wurde, um etwas zu der neuen Edition von Tao des Jeet Kune Do beizutragen, saß ich zusammen mit meinem Vater, Dan Inosanto, und wir dachten nach über die zeitlosen Aufzeichnungen und Ideen von diesem einzigartigen und speziellen Buch. Es war ein Glücksfall des

Schicksals, dass ich in eine Welt von ikonischen Kampfkünstlern hineingeboren wurde, von denen einer von ihnen mein Vater war. Es ist sogar eine noch größere Besonderheit, dass der Mann, den die Welt als Bruce Lee kannte, eine bekannte Figur in meiner Kindheit war, jemand, nach dem mein Vater mich benannt hat – Diana Lee – und den ich „Onkel Bruce" nannte.

Es war auch zufällig, dass ich in der Nähe von dem originalen *Tao des Jeet Kune Do* Editor, Gil Johnson, aufwuchs. Er wurde von Linda Lee Cadwell ausgewählt, um die kostbaren philosophischen Worte, Gedanken und Beobachtungen zum *Tao des Jeet Kune Do* ihres verstorbenen Mannes vorsichtig zu vervollständigen und zu bearbeiten. Wie Saat, die in Erde gepflanzt wird, verstand Gil, dass *Jeet Kune Do* erst wachsen und sich entwickeln musste, sonst würde es sterben und verloren gehen. Einmal schrieb er meinem Vater: „Zeige, dass es wächst, und JKD würde und wird überleben und aufblühen." Es ist mehr als drei Jahrzehnte später, und die Kunst und Philosophie von Jeet Kune Do ist aufgeblüht seit der Herausgabe des *Tao des Jeet Kune Do*.

Aber in den frühen Jahren glaubte mein Vater – nach dem Tod meines Onkels – dass, um JKD erblühen zu lassen, es nötig wäre, in der Welt herumzureisen und die Menschen mit Hilfe von Seminaren über seinen wichtigsten Lehrer und Freund zu informieren. Er würde dir sagen, das Problem, das er in diesen Jahren sah, war, dass viele Leute Bruce Lee „nur" als einen Filmstar ansahen und nicht als einen echten Kampfkünstler. Mein Vater machte mir und seinen Schülern immer deutlich, dass durch Lesen des *Tao des Jeet Kune Dos* die Leute darüber informiert wurden, dass Bruce Lee ein echter Kampfkünstler war und ein tiefsinniger Philosoph.

Heute haben Bruce Lee's Worte einen unauslöschbaren Einfluss innerhalb der Kampfkunstwelt und darüber hinaus hinterlassen. Von Musik bis zur Politik wurden viele durch ihn inspiriert, Aktion innerhalb ihrer eigenen Passion und einzigartigen Berufung zu unternehmen. Als Filmemacherin habe ich gelernt, seine Philosophie anzupassen, um meinem eigenen Weg der Wahrheit zu folgen. Auch glaube ich, dass seine Ideen wiederspiegeln, dass er ein großer idealistischer Denker war, der immer eine intensive universelle Verbindung zu allen Menschen hatte.

Mein Lieblingszitat von ihm im *Tao des Jeet Kune Do* ist: „Es ist eher Mitgefühl als das Gerechtigkeitsprinzip, dass uns dagegen schützen kann, ungerecht gegen unsere Mitmenschen zu sein". Diese Inspiration von ihm half mir, meinen Focus zu gebrauchen, um schließlich meinen eigenen Film, *The Sensei*, zu schreiben und zu inszenieren. Es ist die Lebenskraft dieses Mannes und seine Lehre, die Menschen weltweit geholfen haben, einen Schritt in Richtung Selbsterkenntnis zu nehmen. Die Aufzeichnungen im *Tao des Jeet Kune Do* sind Fingerabdrücke von Bruce Lee's Seele, und ich glaube, sie werden weiterhin zukünftige Generationen beeinflussen.

TAO: DIE ULTIMATIVE REALITÄT
Von Yori Nakamura

Im Alter von 14 Jahren war ich so sehr von dem Film *The Game of Death* beeinflusst, dass ich sofort alle Bücher von Bruce Lee gekauft und mich entschlossen habe, Kampfkunst zu trainieren. Zuerst lernte ich Karate, Kickboxen, Westliches Boxen und Kung Fu. Sechs Jahre später begann ich, *shooto* zu lernen, Japan's erste gemischte Kampfkunst, im Februar 1984, an dem Tag, an dem es zum ersten Mal für das Publikum verfügbar war. Ich habe das erste Turnier gewonnen, das in Tokio im Juni 1986 stattfand, wobei ich shooto Techniken und die Taktiken von Jeet Kune Do angewendet habe. Die Lehre von Jeet Kune Do war das Hauptelement für meinen Sieg, und ich kann dir jetzt sagen, dass, während gemischte Kampfkunst ein intensiver Kampfsport ist, Jeet Kune Do der Weg zu wirklichem Kämpfen ist.

Ich wollte mehr von Lee's Kunst lernen, so habe ich mich später in dem Jahr einer Gruppe von Dan Inosanto's Schülern angeschlossen. Jeet Kune Do Lernen wurde so wichtig für mich, dass ich einige Jahre später nach Amerika umzog, um ein Ganztagsschüler an der Inosanto Academy of

TAO DES JEET KUNE DO

Martial Arts zu werden. *Sifu* Inosanto wusste, dass ich ein *shooto* Meister war und er fragte mich, ob ich ihm die Kunst beibringen wollte. Ich war überrascht, dass ein großer Kampfkünstler wie mein Sifu shooto lernen wollte von einem Kampfkünstler, der weniger als halb so alt war wie er selbst – ich! Aber Sifu's Annäherung zu Training verkörpert die Worte von Lee: „Leere den Becher, so dass er gefüllt werden kann". In der Kampfkunst und im Leben ist dieses Prinzip unentbehrlich.

Sifu Inosanto machte Hunderte von Notizen über Techniken und Philosophie, während er mit Lee trainierte. Wenn wir übten, zeigte mir Sifu die Notizen, und dann führten wir die Techniken aus. Mehr als 20 Jahre später lerne ich noch immer.

In der Kultivierung der Kampfkunst muss es ein Gefühl von Freiheit geben. Wenn eine Person sich nicht selbst ausdrückt, ist sie nicht frei. Jeet Kune Do's letztendliches Ziel ist die formlose Form. Jedoch keine Form zu haben, entwickelt sich aus Form haben und ist der höchste Zustand individuellen Ausdrucks.

So gibt es drei Stadien der Evolution in dem Training einer Person im Jeet Kune Do:
- Zum Nukleus halten
- Befreiung vom Nukleus
- Rückkehr zur originalen Freiheit.

Der Jeet Kune Do Schüler lernt zuerst die Grundlagen. Wenn der Schüler die Grundlagen verstehen und absorbieren kann, ist seine Technik von dieser Grundlage befreit und geht zum nächsten Niveau – das der Feinjustierung abhängig von den Fähigkeiten jedes einzelnen Individuums. Durch diesen Prozess der Selbstverbesserung kreiert der Schüler seine eigene Wahrheit. Diese Wahrheit kann sich unterscheiden von der Wahrheit anderer, da Leute sich unterscheiden in ihrer Art zu denken, in ihrem körperlichen Zustand, ihrer Größe und ihren Fähigkeiten. Zusätzlich muss sein Ausdruck der Wahrheit flexibel bleiben und sich von Moment zu Moment verändern, da Menschen konstant in Bewegung sind. So drückst du dich im Jeet Kune Do aus.

Lee schrieb: „Die Wahrheit hat keinen Weg. Wahrheit ist lebend und ändert sich daher. Sich zu verändern mit einer Veränderung ist der veränderungslose Zustand." „Menschen sollten immer wachsen. Wenn eine Person durch bereits definierte Gedanken und Aktionen eingeschränkt ist, entwickelt er oder sie sich nicht weiter. Mit anderen Worten, es gibt kein Endziel, und es gibt kein Ende auf dem Weg zu Jeet Kune Do bis zum Tode. Jeet Kune Do ist wie ein Spiegel, da es als Weg zu Selbsterkenntnis und Selbstausdruck gebraucht werden kann.

Sijo Lee hinterließ eine Menge Jeet Kune Do Material, wissend, dass das Material nicht so wichtig ist wie die Weisheit es anzuwenden. Während es wichtig ist, wieviel du lernst, ist es wichtiger, wieviel du von dem begreifst, was du gelernt hast.

Der JKD Mann muss stark sein und darf niemals jede Mühe vernachlässigen, den Sieg zu erringen. Da der echte Straßenkampf unvorhersehbar ist und dein Feind ein Experte in jedem Kampfstil sein kann, darfst du in einem Kampf nicht überrascht sein. Daher ist es wichtig, jeden Kampfstil zu untersuchen und zu verstehen um zu gewinnen. Wie Sun Tzu sagte, „Kenne deinen Feind und kenne dich selbst, und habe keine Angst in 100 Kämpfen.

Also muss der Sportler vorsichtig sein, sich nicht zu sehr auf das Zählen der Techniken zu fokussieren, die er kann. In Übereinstimmung mit der Philosophie von Jeet Kune Do muss der Sportler aufnehmen, was für ihn effektiv ist, und alle unnötige Kenntnis wegwerfen, um seine eigene Wahrheit zu bilden. Eine Person muss die Hauptprinzipien lernen und die Philosophie verstehen, wenn er seinen eigenen Ausdruck von Jeet Kune Do kreiert. Wenn er das macht, kann er die unwichtigen Elemente, die er gelernt hat, weglassen, bis nur noch die Essenz übrig ist.

Die Kunst von Jeet Kune Do ist einfach zu vereinfachen. Zum Beispiel, der *simple direct attack* ist sehr effektiv beim richtigen Kämpfen. Er ist jedoch nicht immer einfach in seiner Einfachheit. Daher ist es notwendig, viel zu trainieren, um die Einfachheit zu erlangen.

Die Bewegungen des JKD Mannes sind so schnell wie ein Blitz und wie die Reflektion in einem

Spiegel. Wenn der Sportler die Konzepte beherrscht, wird die richtige Reaktion automatisch und spontan auftreten. Keine Technik zu haben bedeutet, alle Techniken zu haben, und keinen Weg zu haben bedeutet, alle Wege zu haben. Jeet Kune Do bevorzugt Formlosigkeit, um alle Formen anzunehmen, und keinen Stil, um sich an alle Stile anzupassen.

JKD wurde entwickelt, um im Straßenkampf effektiv zu sein, aber es beinhaltet keine Waffen. Der Grund ist, dass das wirkliche Ziel von Jeet Kune Do mehr ist als Techniken und Taktiken, deren einziges Ziel die Besiegung des Feindes ist. Anstelle davon maximalisierst du dein volles Potential durch die Kampfkünste und das kontinuierliche Training. Diese Reise (Tao) ist ein Ende an sich. Es ist eine Reise, um deine eigene ultimative Wirklichkeit zu finden, die im Zustand existiert, wo das Negative mit dem Positiven harmoniert, bis sie verschwinden – kong (Leere).

Die Seele von den Kampfkünsten liegt im physischen, mentalen und emotionalen Training, das zu spirituellem Training wird. Obwohl er niemals darüber spricht, verpasst mein Sifu Dan Inosanto niemals einen Trainingstag, obwohl er schon über 70 Jahre alt ist. Er trainiert mehr als jeder seiner Schüler, wie es auch Sijo Lee gemacht hat. Jeder Lehrer sollte danach streben, ihrer Selbstdisziplin nachzueifern.

Wir können Tao lernen von der Lehre des Jeet Kune Do, da einer der Hauptelemente von Jeet Kune Do Tao ist. Der JKD Mann sollte vollständig aufrichtig und ehrlich zu sich selbst sein. Die Philosophie und die Ideen von Jeet Kune Do können Menschen aus jedem Gebiet helfen sich zu entwickeln, von Kampfkünstlern bis zu Musikern, von Schauspielern bis zu Wissenschaftlern, und von Illustratoren bis zu Geschäftsleuten.

Lass uns „weitermachen!".

TAO DES JEET KUNE DO: EIN UNSCHÄTZBARES HILFSMITTEL
Von Jerry Poteet

Vor Jahren, als ich mit Bruce Lee trainierte, erwähnte er, dass er ein Buch über Kampfkunst schrieb. Ich war einer der ungenießbaren Schüler, die fragten: „Wann werden wir es sehen, Sifu?" Er lächelte nur und sagte, „Ich bewahre es für Brandon." Wie konnte ich wissen, dass ich unter ganz anderen Umständen Zugang zu den ausführlichen Aufzeichnungen meines Lehrers bekommen würde.

Ich bin immer erstaunt über die Tiefe und Reichweite von Bruce' Aufzeichnungen. *Tao des Jeet Kune Do* ist nicht nur eine Sammlung von Notizen. Die Aufzeichnungen des jungen Meisters beinhalteten alles von Bewusstseinstraining zu nichttelegraphischer Bewegung zu Fitness. Diese Methoden waren so fortgeschritten, dass professionelle Sportteams erst jetzt viele von diesen Prinzipien annehmen, die er im Tao umriss. Eigentlich ist das *Tao des Jeet Kune Do* eine vereinigte Feldtheorie von Kampfkünsten und kinetischer Bewegung. Und doch ist er so viel mehr.

Tao des Jeet Kune Do bietet uns einen Weg – oder *Tao* –, um jede Situation, Fragen oder Probleme im Leben zu untersuchen. Kurzum, es ist Bruce Lee's Vision, wie man alles am effizientesten machen kann. Das *Tao* gibt den Lesern eine Methode und eine zeitlose Annäherung, mühelos und einfach zum Kern zu gelangen von dem, was wichtig ist im Leben. Du kannst diese Methode gebrauchen, um einen Gegner hilflos zu machen, eine Mahlzeit zu bereiten oder ein Bild zu malen. Die Wahl liegt bei dir.

Ich bin sehr stolz, dass ich an einem kleinen Teil bei der Herstellung des *Tao* beteiligt war, in dem ich vor mehr als 30 Jahren eine Quelle für Gil Johnson war und Fragen beantwortete, die er über Bruce Lee's Notizen hatte. *Tao des Jeet Kune Do* ist eine unschätzbare Quelle für Kampfkünstler und solche, die es werden wollen.

TAO DES JEET KUNE DO

TAO DES JEET KUNE DO: PHILOSOPHIE IN BEWEGUNG
Von Octavio Quintero

Tao des Jeet Kune Do öffnete mir die Augen über die Möglichkeiten im Leben jenseits des Horizontes der alltäglichen Welt.

Als junger Mann war ich frustriert wegen meiner Umstände und suchte nach einem Ventil. Die Kampfkunst war dafür eine vorzügliche Wahl. Ich war in der Lage, meine Spannung und negative Energie herauszulassen, aber ich verlangte nach mehr. Ich wusste, dass ich mich verändern und viel mehr als physische Fähigkeiten entwickeln musste, wenn ich wachsen wollte.

Dann begegnete ich Bruce Lee's *Tao des Jeet Kune Do*. Auf den ersten Blick schien es nur ein Buch über Kampfkunst zu sein. Aber was für ein Buch! Natürlich ist das Tao ein Buch über Strategie, Kampf und physische Perfektion. Aber je mehr ich gelesen habe, desto mehr realisierte ich, dass das *Tao des Jeet Kune Do* eine Vorlage dafür war, wie man sein wahres Vermögen erkennen kann. In der Kunst des Jeet Kune Do musst du Flexibilität, Anpassungsfähigkeit, Einfachheit und Beherrschung bewahren.

Tao des Jeet Kune Do gibt dir die Schlüssel, um es zu machen, und du kannst diese Einsichten gebrauchen, um dein Leben auf jedem Gebiet zu verstärken. Ich habe versucht, diese Kenntnis auf meine Karriere, Familie und Freundschaften anzuwenden. Erstaunliche Dinge geschahen in meinem Leben, die ich mir nicht hätte träumen lassen. Und je mehr ich die Prinzipien aus dem *Tao* anwende, desto besser ist die Expression meiner physischen Kunst vom *Tao des Jeet Kune Do*. Ich hoffe, dass ich eines Tages so werde wie mein Lehrer, Jerry Poteet, der die zugrundeliegenden Elemente des *Tao des Jeet Kune Do* verkörpert, die in diesem unbezahlbaren Buch gefunden werden.

Das *Tao* hat mich auf solch eine positive Art beeinflusst, indem er Bewusstsein in mein Leben gebracht hat und in das von denjenigen, die mir nahe stehen. Ich hoffe, dass das Tao des Jeet Kune Do weiterhin Leser inspiriert, wie er das jahrzehntelang gemacht hat, Leben zum Besseren verändert in physischer, mentaler und geistlicher Art. Das *Tao des Jeet Kune Do* ist wirklich Philosophie in Bewegung. Wenn du dich einmal auf die Reise dieses Buches begeben hast, wirst du über die Orte, wohin er dich bringt, erstaunt sein.

TAO DES JEET KUNE DO: DER WEG ZUR ORIGINALITÄT
Von Richard S. Bustillo

Ich hatte das Glück, einer von denen zu sein, die zur Herstellung des *Tao des Jeet Kune Do* etwas beitragen konnten. Der Haupteditor, der verstorbene Gil Johnson, war ein Student an der Filipino Kali Academy, wo Dan Inosanto und ich Partner waren. Gil Johnson untersuchte sehr viel über Jeet Kune Do, um seine Kenntnis ausreichend zu vermehren, um das Buch genau zu organisieren.

Viele wissen nicht, dass das *Tao des Jeet Kune Do* aus Bruce Lee's persönlichen Notizen über Kampfkünste aufgebaut ist. Die Aufzeichnungen und die Kampfkunsttexte von Lee bleiben eine wertvolle Quelle an Informationen und ein echter Schatz. Nach Lee's Tod sammelten *Black Belt* Herausgeber Mito Uyehara und Lee's Witwe Linda Lee Lee's Aufzeichnungen und entschlossen sich, seine Kampfkunsterfahrungen mit jedem zu teilen als Botschaft für jedes Alter in allen Ecken der Welt.

Das *Tao des Jeet Kune Do* ist für mich wie eine Bibel. Er ist eine reiche Quelle an Informationen und ein Nachschlagewerk, das ich für mein Jeet Kune Do Training und für meinen Unterricht gebrauche. Ich denke, dass die meisten Kampfkünstler durch das *Tao des Jeet Kune Do* beeinflusst sind wegen Lee und seiner Kampfkunstreise. Sie wollen alles über seinen inneren Geist lernen und wissen, wie er dachte. Studenten wollen alle Bewegungen, Manierismus und persönliche Charakterzüge von Lee imitieren. Studenten in aller Welt stellen noch immer Fragen über einige

ANMERKUNGEN

Phrasen im *Tao des Jeet Kune Do*. Diese handeln von der Definition seiner *Yin-Yang*-Terminologie, der Bedeutung einiger Ausdrücke oder seiner Trainingsübungen und -methoden.

Das Konzept, gleich auf eine bedrohliche Aktion mit natürlichen Reaktionen zu reagieren, ist eine wichtige Art und Weise, auf die das *Tao des Jeet Kune Do* mich beeinflusst hat. Oft verlieren wir unsere kreative und originale Art von den Kampfkünsten aus dem Auge. Das *Tao des Jeet Kune Do* bringt uns zurück zu unserem originalem und kreativem individuellem *Jeet Kune Do*.

DER GEIST EINES KAMPFKUNSTGENIES
Von Tim Tackett

Ich studierte *Jeet Kune Do* in Dan Inosanto's Hinterhofgruppe, als Bruce Lee 1973 starb. Nachdem er gestorben war, gab mir mein *Sifu* Inosanto einige Kopien von Lee's Aufzeichnungen in seiner eigenen Handschrift. Inosanto sagte mir, dass dies nur einige der Aufzeichnungen und Texte wären, die Lee während seiner Zeit in den USA geschrieben hat. Ich erinnere mich daran, dass ich dachte, es wäre gut, wenn diese Aufzeichnungen zu einem Buch zusammengestellt werden könnten. Man kann sich vorstellen, wie aufgeregt ich damals war, als ich hörte, dass viele dieser Aufzeichnungen in einem einzigen Buch veröffentlicht werden würden, im *Tao des Jeet Kune Do*.

Während einiges der Philosophie in dem Buch aus alten asiatischen Religionen stammte, wie Buddhismus und Taoismus, scheint es, dass Lee auch von der mehr moderneren Philosophie von J. Krishnamurti beeinflusst war, der die Notwendigkeit für nicht fixierte Muster betonte, wenn man versucht, die Wahrheit zu verstehen. Lee's Aufzeichnungen zeigen auch den Einfluss des Westens, wie z.B. sein Interesse an der wissenschaftlichen Methode einens westlichen Philosophen, wie z.B. Rene Descartes. Lee kombinierte all diese philosophische Inspiration und Kenntnis mit seinen eigenen Ideen zu den philosophischen Fundamenten von Jeet Kune Do. Diese Ideen halfen Lee, eine Kampfkunst zu bilden, die an keinen vorherigen Stil gebunden war und daher frei war.

Zusätzlich zeigt das Buch, an welchen Kampfwaffen Lee interessiert war – wie z.B. der Wert westlicher Kampfkünste wie Boxen und Fechten. Lee war in der Lage zu sehen, wie Boxen ihm mehr Winkel und Waffen gab um anzugreifen. Es half ihm außerdem, sein Training realistischer zu machen mit vollem Körperkontakt. Vom Fechten fügte er die Idee eines stop-hits hinzu, das eine Hauptmethode der Verteidigung beim Jeet Kune Do ist.

Trotz des oben genannten erinnere ich mich daran, als ich das *Tao* zum ersten Mal öffnete. Mir wurde schnell bewusst, dass das Tao viel mehr war als ein Buch mit Bruce Lee's Aufzeichnungen. Es war ein Spiegel von dem, was Lee in seiner persönlichen Lebensreise interessierte, und auch ein Spiegel von den Elementen des Kampfes, worin er am meisten interessiert war, sie zu untersuchen, um die ultimative Form vom unbewaffnetem Kampf zu bilden. Durch das Lesen des *Tao* können wir Einsicht in den Geist eines Mannes bekommen, der ein Kampfkunstgenie war.

WIE DIE SEITEN DES TAO DES JEET KUNE DO DIE SUCHE EINES WAHRHEITSSUCHENDEN AUSDRÜCKEN
Von Cass Magda

Das *Tao des Jeet Kune Do* ist der Werkzeugkasten des intelligenten Kampfkünstlers. Die Werkzeuge an sich bilden keinen Stil, sondern müssen gebraucht werden, um den Stil des Individuums zu bilden. Für den Kampfkünstler, der daran interessiert ist, an die Wurzel der Kampfeffizienz zu gelangen und versucht zu verstehen, wie er seine eigene Kreativität benutzen kann, um seine Fähigkeiten zu verbessern und zu vergrößern, wird das *Tao des Jeet Kune Do* ein persönliches Entwicklungsnotizbuch über Kampfkunst.

TAO DES JEET KUNE DO

Im *Tao* untersucht Bruce Lee verschiedene Bereiche, wie z.B. körperliches Training, Kampfkunstmethoden, Sportwissenschaften, Psychologie, Philosophie und Spiritualität. Das zeigt uns, dass wir viele „Wege" in Erwägung ziehen müssen, um an unserer Entwicklung zum Kampfkünstler beizutragen. Es zeigt uns auch, dass die Wahrheit ein wegloser Weg ist, der für jedes Individuum verschieden ist. Das *Tao* zeigt, wie Lee seine Forschung unternommen hat, in dem er Fragen stellte, um später untersucht zu werden, und in dem er Notizen machte über das, was er zu der Zeit als wahr für sich selbst sah. Wir müssen uns fragen, „Warum hat er diese Ideen und Fragen ausgesucht?". Die Aufzeichnungen enthüllen Ziel, Richtung, Selbstbetrachtung, Meinung, verschiedene Qualitäten und unbeantwortete Fragen. Das Buch bietet weder festgelegte Lösungen noch schreibt es ein „in Stein gemeißeltes" Produkt vor, dass der Leser versuchen muss zu erreichen. Das *Tao* dient vielmehr als Modell für das, was ein Sportler für sich selbst als Kampfkünstler tun kann.

Das *Tao des Jeet Kune Do* regt zu Fragen an, leitet den Leser an, in sein Inneres zu gelangen und seine Kampfkunsterfahrung auf wechselnden Arten und Weisen zu verstehen. Wie kannst du deine Erfahrungen mit der Kenntnis anpassen, so dass du dein eigenes Jeet Kune Do verwirklichen kannst? Das Ego muss heraus. Oft sind Kampfkünstler sehr dogmatisch und neigen dazu, zu sehr an einem bestimmten Stil festzuhalten, und sind dadurch nicht mehr für andere Methoden und Systeme aufgeschlossen. Die Sicherheit der Stile hinter sich zu lassen ist nicht einfach, da du nie sicher weißt, ob das, was du machst, richtig ist. Das ist genau der Ort, wo JKD Sportler sein wollen: sich komfortabel fühlen im Unkomfortabelen. Dann erfolgt Wachstum. Dies ist ein andauernder Prozess, der entwickelter und intuitiver wird, wenn der Kampfkünstler sein Training fortsetzt. Persönliche Befreiung hält an und ist wie ein sich bewegendes Ziel. Es hält niemals wirklich still. Es wird niemals fest. Du kannst nie sagen,

„Ok, ich hab's! Das ist es!". Gerade wenn du denkst, dass du „es" völlig beherrschst, bewegt „es" sich wieder. Diese Unsicherheit anzunehmen und mit Zeit, Umgebung und den Veränderungen in dir selbst mitzugehen, ist eine Schlüssellektion des *Jeet Kune Do* und eine, die im *Tao* ausgedrückt ist.

Persönliche Evolution ist die allerletzte Botschaft des *Tao*. Das *Tao* repräsentiert eines den Kampfkünsten hinterherjagenden Individuums zur Selbstverwirklichung. Es gibt nichts Effektiveres für die menschliche Entwicklung und Exzellenz in der Kampfkunst.

WAS IST DAS TAO?
Von Thomas Carruthers

Ich begann 1974 mit dem Studium des *Jeet Kune Do*, und das *Tao des Jeet Kune Do* war eines der ersten Bücher über Kampfkünste, das ich kaufte. Es ist mehr als 30 Jahre her, seitdem ich das Buch gekauft habe, und ich glaube, dass ich jetzt erst viele Dinge verstehe, über die Bruce Lee in dem Buch gesprochen hat. Ich verstehe, was er versucht hat zu sagen.
Das ist der Grund, warum ich mich entschlossen habe, etwas von philosophischer Art für die neue Ausgabe des *Tao des Jeet Kune Do* zu schreiben. Letztendlich hat das Buch selbst eine philosophische Vorgehensweise zu den Kampfkünsten, und es ist nur ein Punkt, um deine Reise zu beginnen. Das Buch ist ein Wegweiser für den Start.
Ich wünsche allen Kampfkünstlern viel Glück und gute Gesundheit auf ihrer Kampfkunstreise. Ich hoffe, dass sie voll mit Belohnungen ist. Denke daran, nur den Wegweisern zu folgen, und du wirst an deinem Bestimmungsort ankommen.

ANMERKUNGEN

Was ist das Tao?

Is das Tao der Weg?

Was ist der Weg?

Kann das das Tao sein?

Woher weiß ich, dass es der echte Weg ist?

Gibt es so etwas wie echt?

Ist die Wahrheit das, was wir suchen?

Kann das der Bestimmungsort sein?

Ohne Bestimmungsort

Gibt es keine Reise?

Ist also die Reise das Tao?

Woher wissen wir, dass wir uns auf dem richtigen Weg befinden?

Wir folgen den Wegweisern

Die uns auf dem richtigen Weg halten.

Wenn wir die Wegweiser nicht mehr lesen,
haben wir uns verlaufen.

Das Tao zeigt nur den Weg.

Es liegt an uns, die Reise zu unternehmen

Und dem Weg zu folgen

In die Richtung des Bestimmungsortes

Wo wir, als Folger des Weges
die ganze Bedeutung des Wortes Tao,

Tao des Jeet Kune Do,
verstehen werden.

DAS TAO UND DU

Über die Jahre hin ist das *Tao* für mich ein „gehe zu" Buch geworden. Ich habe mehrere Kopien an mehreren Orten, und ich gebrauche es oft als Quelle zur Inspiration und Führung. Ich habe es als

Student von *Jeet Kune Do* gebraucht und habe es als Student vom Leben gebraucht. Wie du sehen kannst, hat das *Tao* auch im Leben vieler Studenten meines Vaters und deren Studenten einen großen Einfluss gehabt. Aber die wichtigste Person, die man fragen muss über seinen Einfluss, bist du. Ich hoffe, dass du an diesem Buch genausoviel Freude hast und es genauso inspirierend findest, wie viele andere. Ich hoffe, dass du es immer bei dir hast, dass du es oft nachschlägst, dass du Notizen im Buch machst, und dass du ein Exemplar an jemand anderen gibst. Aber hauptsächlich fordere ich dich auf herauszufinden, was das *Tao* für dich bedeutet.

Im Geist von Jeet Kune Do…

—*Shannon Lee*

ANMERKUNGEN DES ÜBERSETZERS

Von Eric Shen

Ich traf Shannon Lee zum ersten Mal vor ungefähr 10 Jahren, als die Golden Harvest Produzenten, vor allem Cory Yuen, mich fragten, ihren neuen Star für Actionfilme zu trainieren. Shannon war eine eifrige Studentin und gab alles in jeder Sitzung. Letztendlich entwickelte sich unsere Beziehung zu einer Freundschaft, und wegen unseres stärkeren Bandes bin ich seit dem mit Shannon und einigen ihrer Projekten involviert.

Als ich Bruce Lee's Text vom *Tao des Jeet Kune Do* übersetzte, war der auffälligste Aspekt für mich das Gefühl, das ich bekam, dass Lee wusste, dass er dabei war, eine große Entdeckung zu machen. Es war eine aufregende Zeit in seinem Leben, da er ein kompletter Kampfkünstler war – er hatte nicht nur körperliches Können, sondern auch Intellekt, eine Kombination ohne ihres Gleichen. Er war auch der Beste in den Kampfkünsten, und kombinierte sein chinesisches Kung Fu Erbe mit seiner westlichen, philosophischen Erziehung und seiner technischen Innovation. Er überschritt alle Grenzen.

Als neuer Übersetzer dieser Ausgabe des *Tao des Jeet Kune Do* befürworte ich wortwörtliche Übersetzungen. Chinesischer Text kann geschrieben und gelesen werden von rechts nach links oder von links nach rechts, und ich übersetzte Lee's Text von oben nach unten, von rechts nach links, oder von links nach rechts, seiner Logik folgend. Die Übersetzungen jedoch erscheinen in der Standardform, die den westlichen Lesern am meisten vertraut ist.

In Bezug auf die Übersetzung der originalen Ausgabe hat sich David Koong Pak Sen einige Freiheiten genommen. Seine Richtung über Lee's allgemeine Absicht ist sehr gut, aber, wie gesagt, ich übersetzte lieber mehr wörtlich, um die Interpretation dem Leser zu überlassen. In Folge dessen habe ich diese Seite nicht im Widerspruch mit dem ursprünglichen Übersetzer übersetzt, sondern ich habe Lee's Text eher Wort für Wort übersetzt. In Bezug auf die Akupunkturstellen auf Seite 41 stimmte Bruce Lee's Text nicht überein mit dem medizinischen Text traditioneller chinesischer Akupunkturstellen. Ein von Bruce Lee handgeschriebener chinesischer Charakter war nicht lesbar auf Seite 53, wodurch er nicht übersetzt werden konnte.

Bruce Lee war einzigartig, da ihm traditioneller Hintergrund, Disziplin und Respekt in seinen Charakter und sein Training eingeprägt wurde. Zur gleichen Zeit wagte es Bruce Lee, dem Establishment, den Autoritäten und der Tradition zu trotzen bei seiner Suche nach der endgültigen Kampfmethode: der Wahrheit. Ich habe die Ehre, über die Jahre mit Linda Lee, Shannon Lee und Bruce Lee Enterprises' Projekten verbunden zu sein. Ich bin hingebungsvoll und will weiterhin an zukünftigen Projekten beitragen, wie diese neue Ausgabe des *Tao des Jeet Kune Do*, mit Shannon, der Lee Familie und Bruce Lee Enterprises.

ÜBERSETZUNG

SEITE 43 – ÜBERSETZUNG

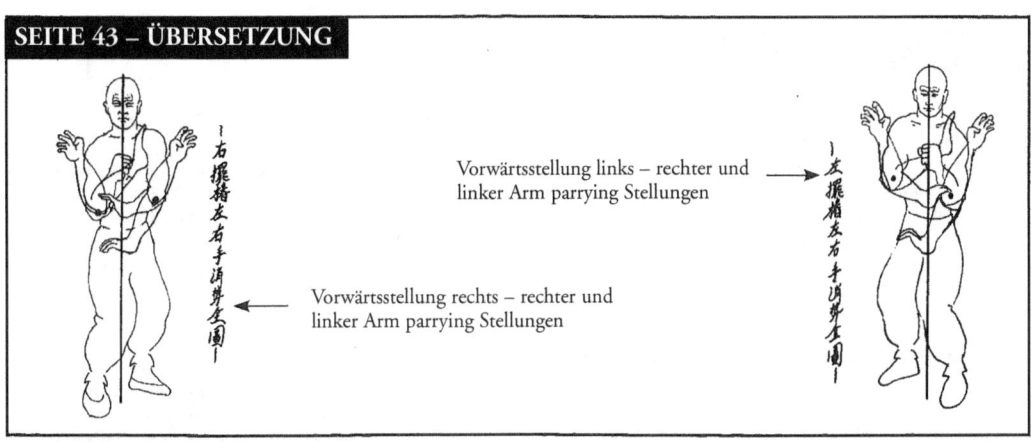

Vorwärtsstellung links – rechter und linker Arm parrying Stellungen

Vorwärtsstellung rechts – rechter und linker Arm parrying Stellungen

SEITE 44 – ÜBERSETZUNG

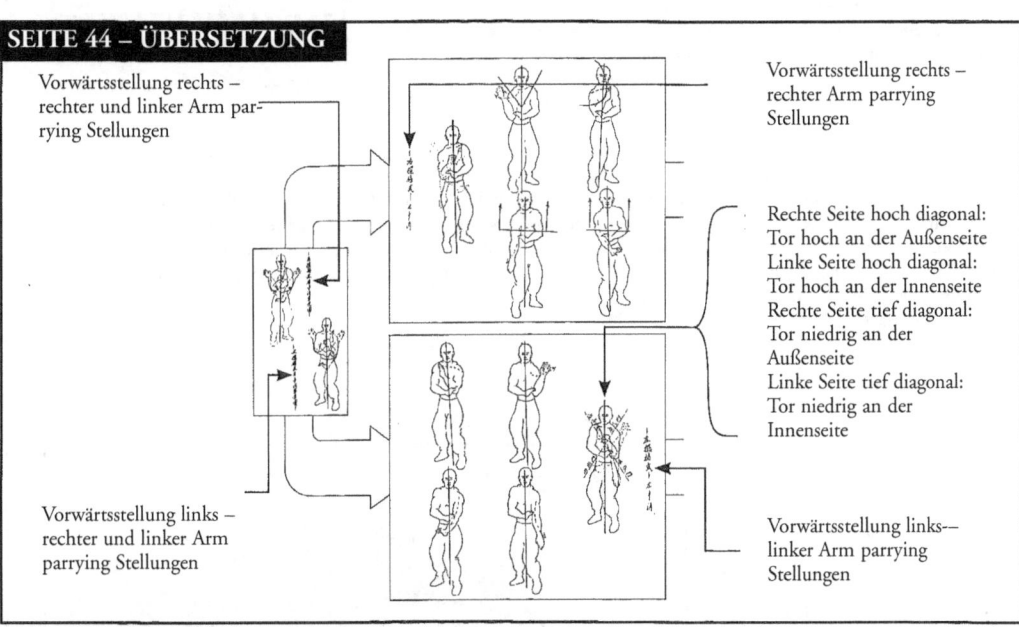

Vorwärtsstellung rechts – rechter und linker Arm parrying Stellungen

Vorwärtsstellung rechts – rechter Arm parrying Stellungen

Rechte Seite hoch diagonal: Tor hoch an der Außenseite
Linke Seite hoch diagonal: Tor hoch an der Innenseite
Rechte Seite tief diagonal: Tor niedrig an der Außenseite
Linke Seite tief diagonal: Tor niedrig an der Innenseite

Vorwärtsstellung links – rechter und linker Arm parrying Stellungen

Vorwärtsstellung links – linker Arm parrying Stellungen

SEITE 45 – ÜBERSETZUNG

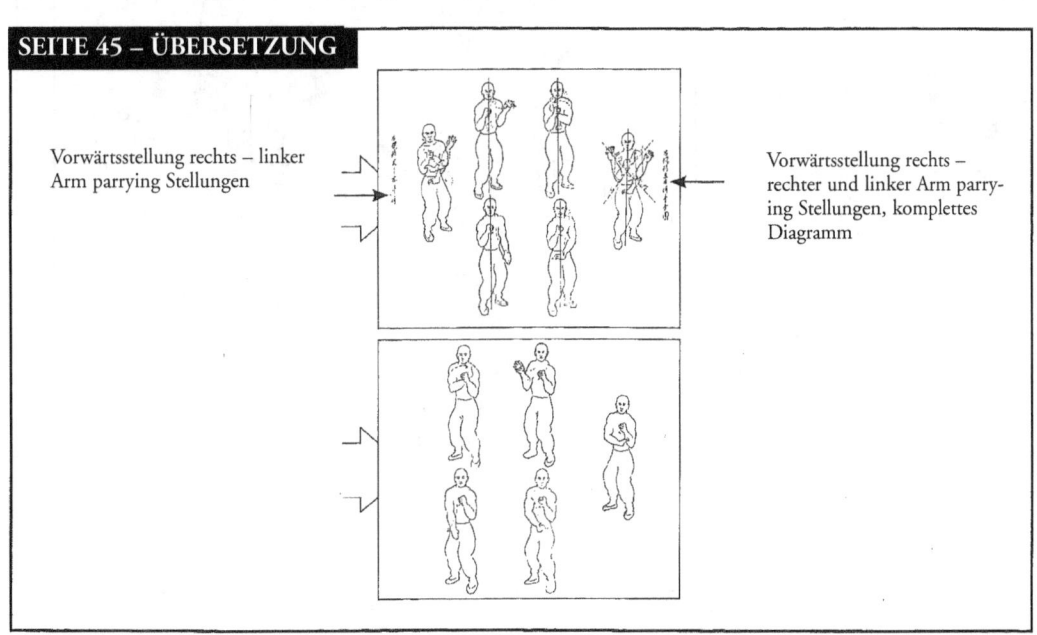

Vorwärtsstellung rechts – linker Arm parrying Stellungen

Vorwärtsstellung rechts – rechter und linker Arm parrying Stellungen, komplettes Diagramm

245

TAO DES JEET KUNE DO

SEITE 46 – ÜBERSETZUNG

Lehrer unterrichtet in "Leben und Tod Mantra"
Man muss wissen, dass Leben und Tod bestimmt sind durch Timing, genau gemäß der Tagesstunde und Jahreszeit. Handel nicht als Reaktion auf unwichtige Angelegenheiten. Es kann notwendig sein, diesen Stil anzuwenden, wenn man auf Verbrecher trifft in unbekannten Situationen oder auf verräterischen Wegen, aber töte nicht diejenigen, die nicht bösartig sind. Die Essenz dieses Stiles liegt in den drei Spitzen: Tiger Spitze, Handflächenspitze, Augenbrauenspitze. Gebrauche es mit Entschlossenheit, um keine Fehlschläge zu machen. Anfänger müssen den Mantra singen, wenn sie diesen Stil anwenden während sie Kraft und Fähigkeiten des Gegners entschlüsseln. Während es schwierig sein könnte, keine Fehlschläge zu machen, muss Vorsicht angewendet werden, wenn man diesen Stil gebraucht. Die Angelegenheit erzwingen wird in einen Misserfolg enden. Obwohl sogar dieser Stil erfordert, dass Tigerspitze und Handflächenspitze die Augenbrauenspitze und Handflächenspitze des Gegners treffen, darf er nicht angewendet werden, um aufs Geratewohl zu töten. Willkürlich jemanden zu verletzen ist gegen die Instruktionen des Lehrers, und löscht das Gewissen aus. Dieses Mantra darf nicht denjenigen gelehrt werden, die keine Ethik und Moral haben! Die Bedeutung dieses Punktes muss unterstrichen und markiert werden. Ein Gedicht von Lehrer lautet: Wiederhole keine Mantras, die du lernst, weder zu Freunden noch zu verwandten; wenn den Skrupellosen beigebracht, werden deine sieben Öffnungen bluten. Menschen haben 18 wichtige Akkupressurstellen und 54 weniger wichtige Akupressurstellen. Die acht „Himmel-Erde" Stellen plus vier andere wichtige Stellen sind fatale Gebiete. Die weniger wichtigen Stellen sind an den „vier Gliedmaßen lokalisiert. Die totale Anzahl von Akkupressurstellen im menschlichen Körper ist 72, während es auch 72 verschreibungspflichtige Medikamente gibt, die diesen Stellen heilen können. Wenn du an einem unbekannten Ort bist, rede nicht und mache keine Witze mit Leuten, die du kaum kennst, um zu vermeiden, dass man sich gegen dich verschwört. Sei sozial und freundlich. Sei aufmerksam und erfindungsreich.

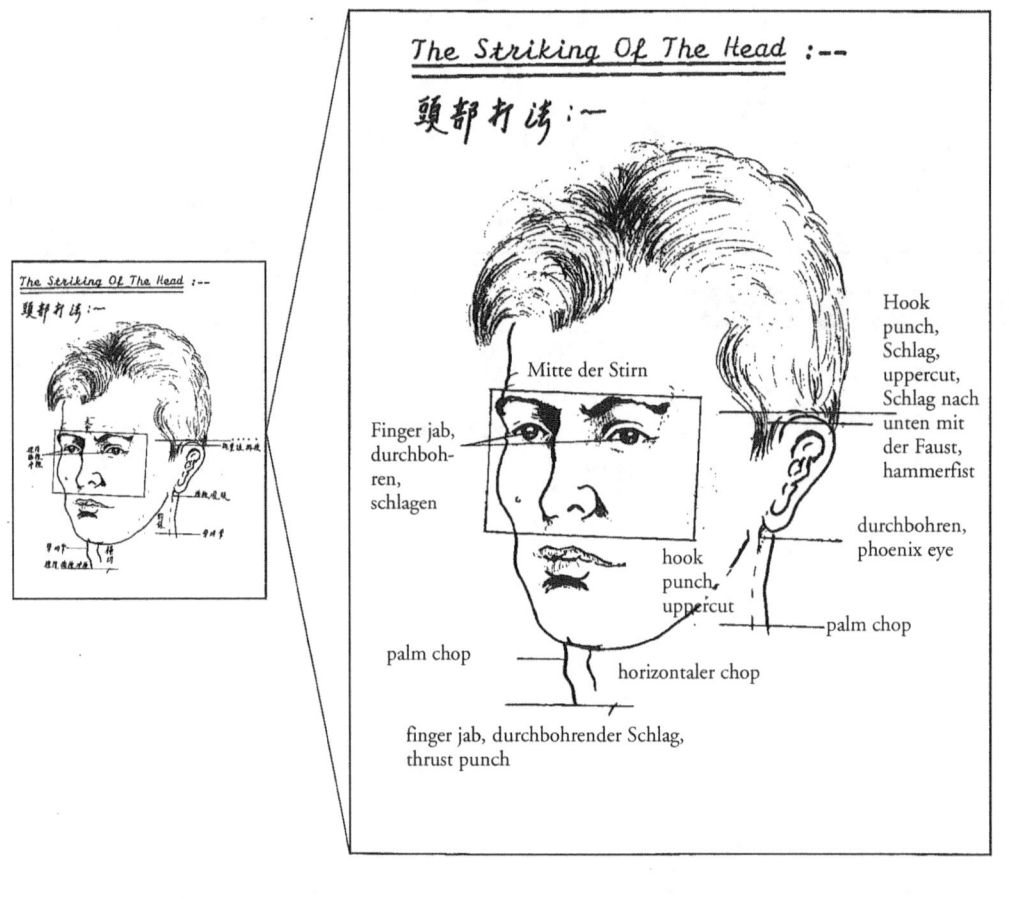

ÜBERSETZUNG

SEITE 46 – ÜBERSETZUNG

Tanglang Pai
螳螂拳 (Praying Mantis)

Acht Schlag- und acht verbotene Schlagstellen (Todesstellen)
1. Schläfen
2. Mitte der Kehle
3. Solar Plexus
4. Brustkorb
5. Weichteile
6. Nieren und Herz
7. Steissbein und Oberkante der Wirbelsäule
8. Ohren

Acht Druckpunkte des Taiji Systems:
1. Oberkante des Kopfes
2. Ohren
3. Kehl
4. Solar Plexus
5. Brust/Rippen
6. Weichteile
7. Nieren
8. Steissbein

Acht Schlagstellen
1. Oberhalb der Augen
2. Oberhalb der Oberlippe
3. Kiefer
4. Obere Teil des Rückens
5. Brustfläche
6. Becken
7. Knie
8. Alle Knochen

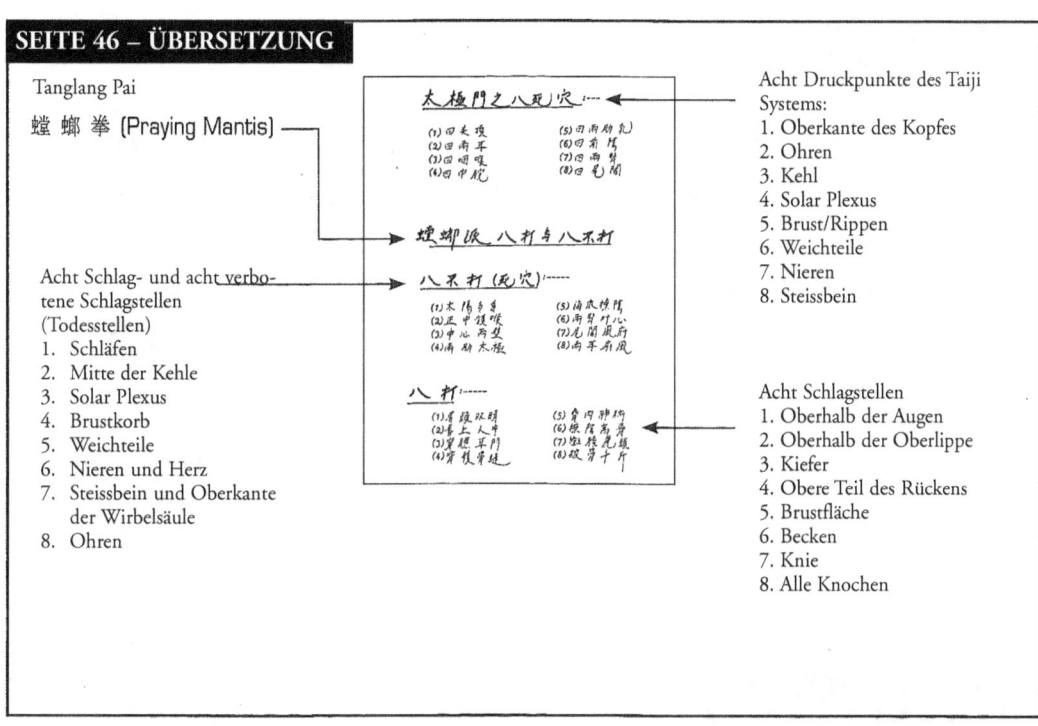

SEITE 47 – ÜBERSETZUNG

Shaolin Wing Chun System Dim Mak (Druckpunkt) Vier Jahreszeiten Diagramm
- Frühling Meridian Diagramm
- Sommer Meridian Diagramm
- Herbst Meridian Diagramm
- Winter Meridian Diagramm

Hocher Schlag – auf die Augen zielen
Tiefer Schlag – auf die Weichteile zielen

Vitale Stellen des Körpers

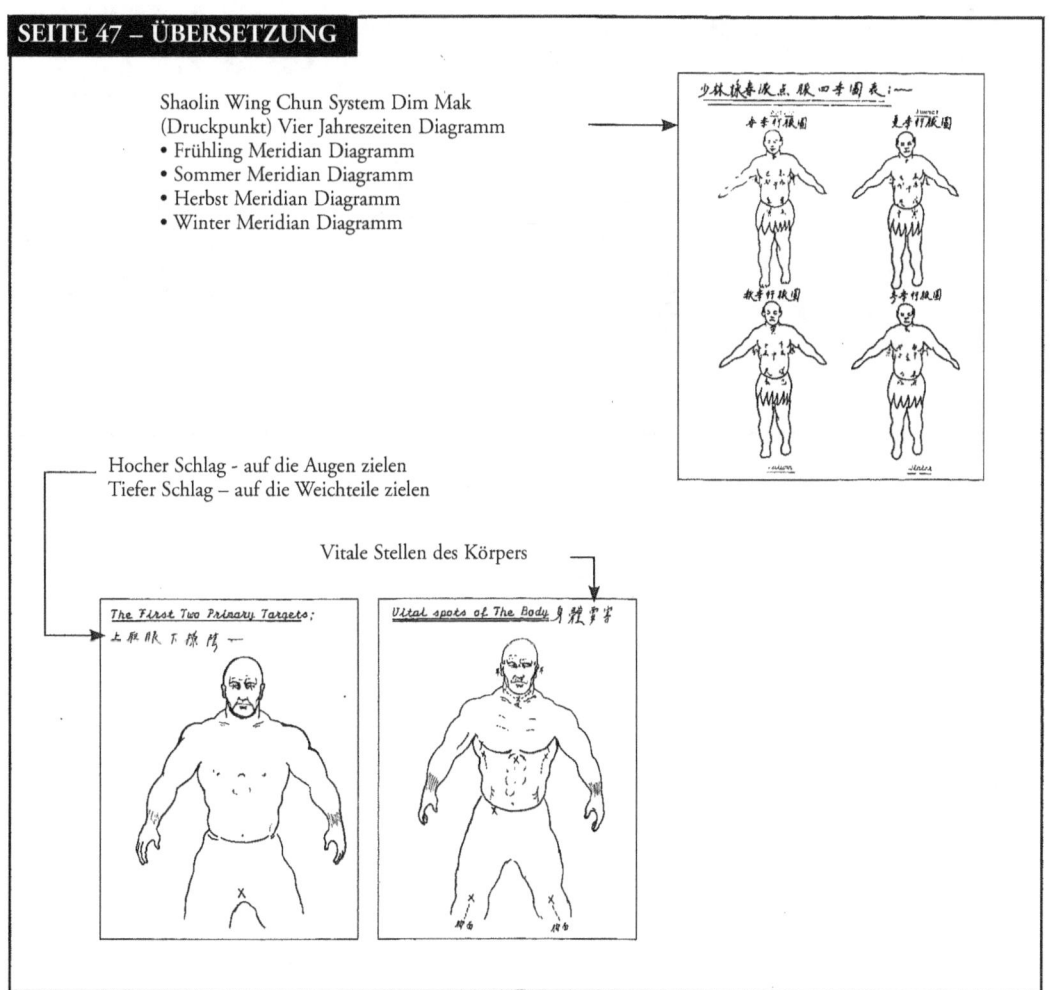

TAO DES JEET KUNE DO

SEITE 47 – ÜBERSETZUNG

Siehe die Anmerkungen des Übersetzers

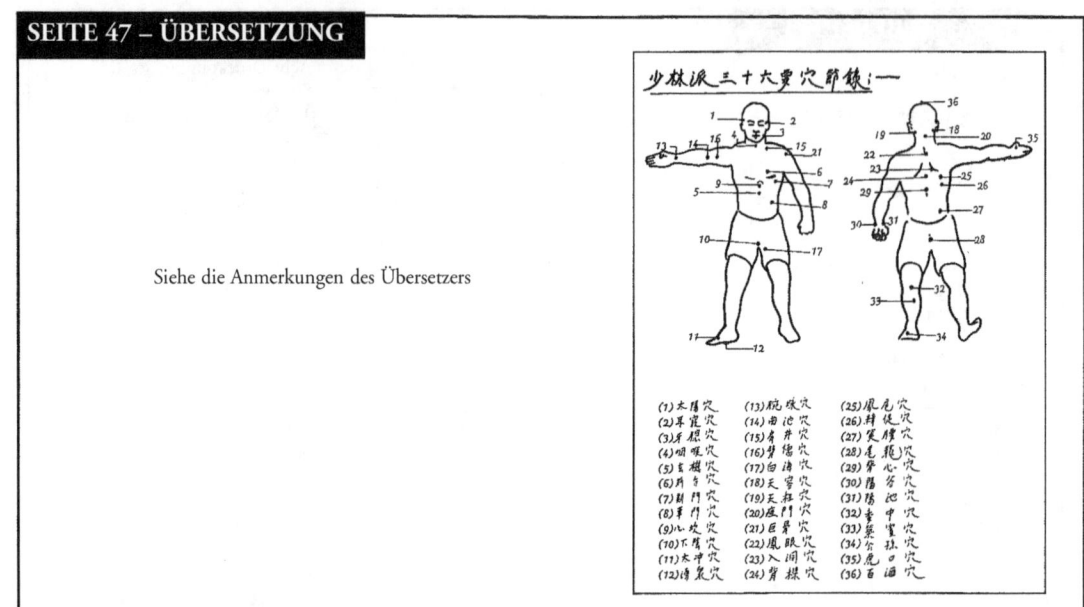

SEITE 54 – ÜBERSETZUNG

Hoch-tief und lang-kurz yin-yang

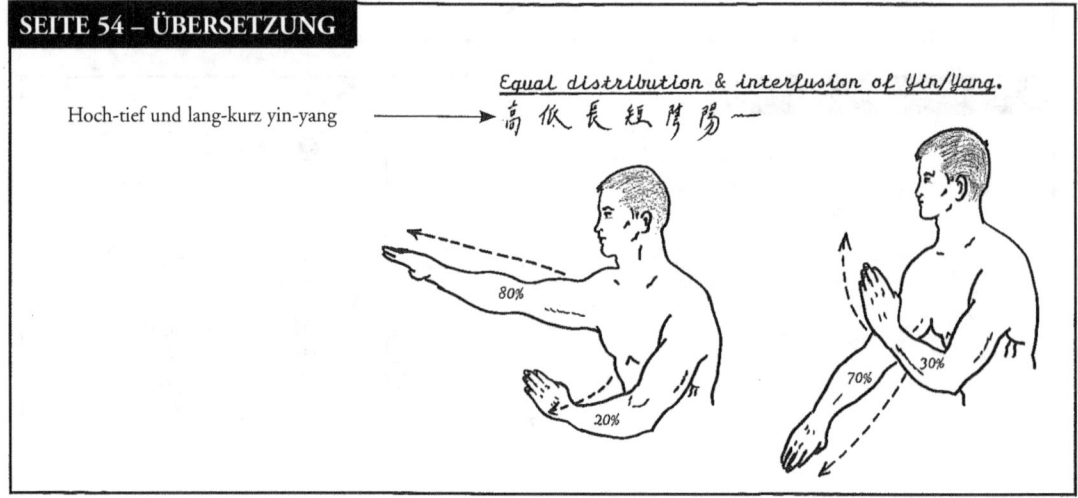

ÜBERSETZUNG

SEITE 57 – ÜBERSETZUNG

Mein persönliches

Den Gegner betreffend

(siehe die Anmerkung des Übersetzers)

Rechter, gerader Schlag, linker gerader Schlag, Uppercut, hookpunch, Schlag nach unten

Rechter, gerader Stoß:
1) außerhalb der Reichweite,
2) Angriff ohne Verteidigung, 3) Körperadsorption,
4) tiefe Position gerader Stoß,
5) Fehlschlag (zurückziehen, verändern)

Linker, gerader Schlag: 1) slip, rechter Schlag, 2) treffe mit Zurückziehen, Stoß, 3) rechter Klaps, linker Schlag (Rippe), 4) Gegner rechter Block, 5) treffe den Gegner mit links, ausweichen, nach vorne gehen mit linkem Stoss

Uppercut: 1) ausweichen, nach vorne gehen mit links, rechter Schlag, 2) des Gegners linke Hand schlägt auf meine Hand oder fasst meine Hand, 3) tiefer uppercut

Hammerparry: Gegner drückt meinen Arm nach unten oder nach links (elbow press parry)

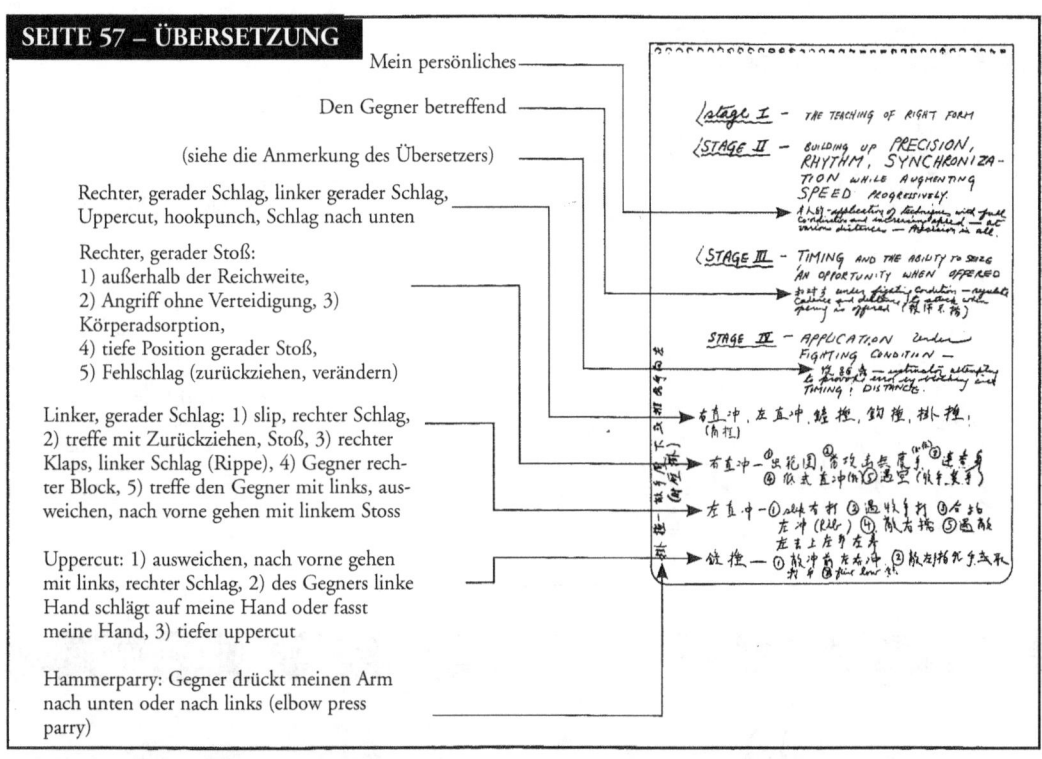

SEITE 118 – ÜBERSETZUNG

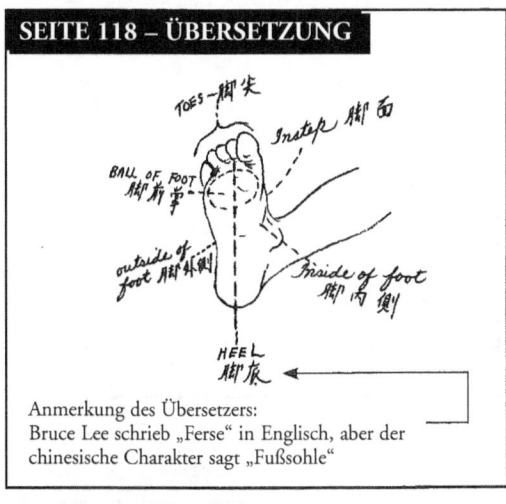

Anmerkung des Übersetzers: Bruce Lee schrieb „Ferse" in Englisch, aber der chinesische Charakter sagt „Fußsohle"

SEITE 133 – ÜBERSETZUNG

Schlag

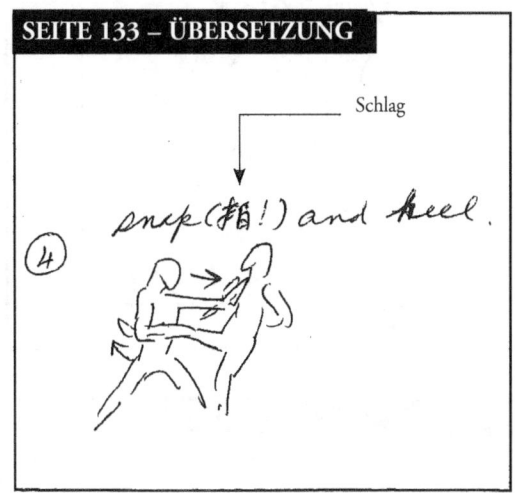

SEITE 149 – ÜBERSETZUNG

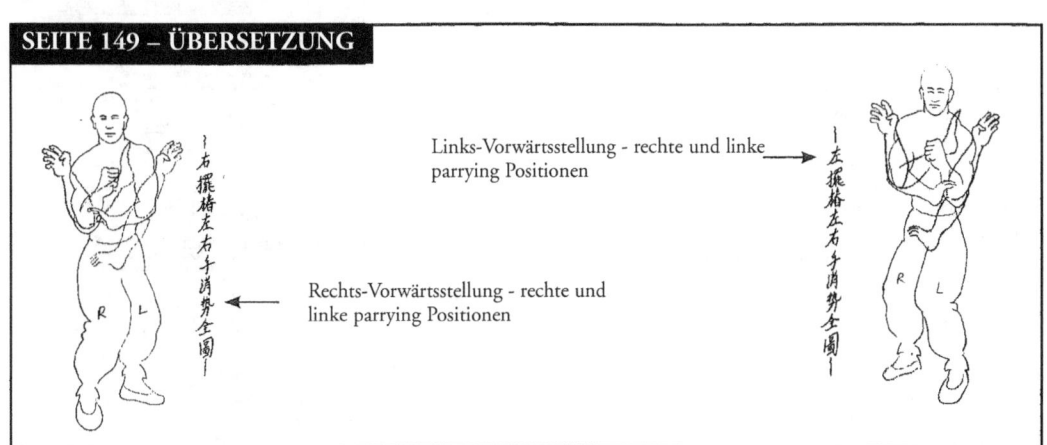

Links-Vorwärtsstellung - rechte und linke parrying Positionen

Rechts-Vorwärtsstellung - rechte und linke parrying Positionen

TAO DES JEET KUNE DO

SEITE 173 – ÜBERSETZUNG

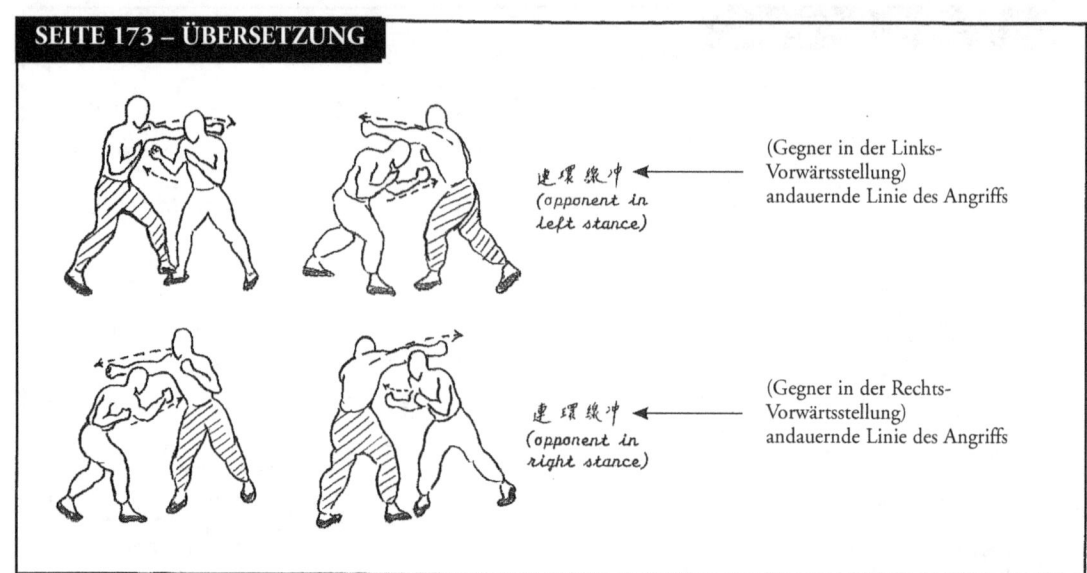

(Gegner in der Links-Vorwärtsstellung)
andauernde Linie des Angriffs

(Gegner in der Rechts-Vorwärtsstellung)
andauernde Linie des Angriffs

SEITE 191 – ÜBERSETZUNG

Links stiehlt das Herz

ÜBERSETZUNG KAPITELERÖFFNUNGEN

Interpretation der Kriegsmethodologie

SEITE 210 – ÜBERSETZUNG

1) Täuschungsmanöver zum niedrigen Tor, abschließen mit trapping auf der Hand
2) Scheinangriff auf das Bein, abschließen mit trapping auf der Hand
3) Wechsel Position, abschließen des äußeren Tores, Angriff mit Haken
4) Fingerstich, abschließen mit trapping auf der Hand
5) Hammerschlag nach unten, abschließen

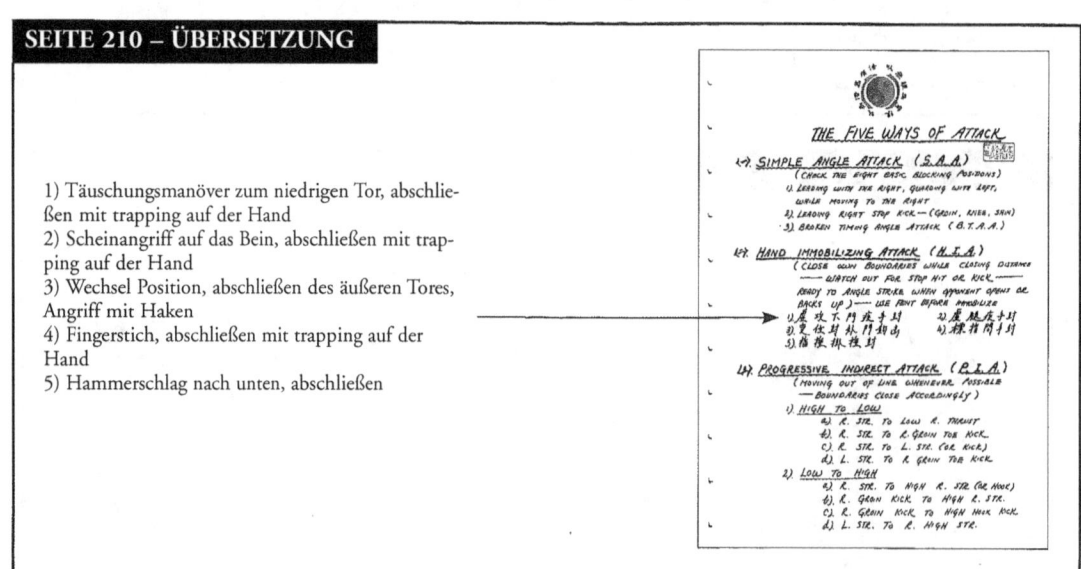

VERWEISUNGEN

Für diese Ausgabe fügen wir die originalen Zitate hinzu, wie sie im originalen Tao des Jeet Kune Do erschienen:

Dankbare Anerkennung zu den Besitzern der Urheberrechte für die Erlaubnis, das Folgende wiederzugebrauchen oder anzupassen: Boxing, by Edwin L. Haislet, 1940, The Ronald Press, Seite 33-34, 47, 72, 97-99, 106, 128, 149-150, 154-155, 158-159, 173, 178-180. Fencing, by Hugo and James Castello, 1962, The Ronald Press, Seite 139-140, 144, Fencing with the Foile, by Roger Crosnier, 1951, A.S. Barnes and Co., Seite 132-135, 137-139, 168, 170-171, 182-184. The Theory and Practice of Fencing, by Julio Martinez Castello, 1933, Charles Scribner's Sons, Seite 43-44, 62-63, 125, 127, 133-136, 139, 145, 168, 191.

ERKLÄRENDE WÖRTERLISTE

Arm blast: Schlag auf den Arm
Arm drag: Der arm drag wird gebraucht, um den Arm des Gegners wegzuziehen, um danach nach vorne gehen zu können
Attack By Combination: eine Serie von Schlägen und/oder Tritten, die einander natürlich folgen und normalerweise nach einer Linie gemacht werden
Attack By Drawing: Der attack by drawing ist ein Angriff oder counterattack, der eingesetzt wird, nachdem du den Gegner dazu gebracht hast, sich bloßzustellen dadurch, dass du ihm eine deutliche Öffnung gegeben hast oder dadurch, dass du Bewegungen gemacht hast, die er probiert zu timen und zu counteren
Back kick: rückwärtiger Tritt
Backfist: Schlag mit der Rückseite der Faust
Backhand: Schlag mit der Rückseite der Hand
Backward shuffle: kleiner Schritt nach hinten: du versetzt erst den hinteren Fuß, und dann schiebst du den vorderen Fuß nach
Beat: kurze Bewegung der Hand, ausgeführt gegen die Hand des Gegners, um diese zur Seite zu schlagen oder um eine Reaktion herauszulocken
Beat parry: bei der Ausführung einer parry wird normalerweise keine Kraft gebraucht, aber bei der beat parry wird Kraft eingesetzt, um Arm oder Bein des Gegners wegzuschlagen, um so eine Öffnung für deinen counter zu bilden, oder um eine bestimmte Reaktion des Gegners herauszulocken, die du zu deinem eigenen Vorteil gebrauchen kannst
Bind: wenn die Hand kontakt macht, wird die Aktion, wobei die Hand des Gegners diagonal von einer hohen zu einer tiefen Linie, oder andersherum gebracht wird, bind „genannt"
Block through the man: den Gegner mit einem so großen Moment wie möglich angreifen, als ob du mitten durch ihn hindurch musst
Bob and weave: genau wie beim ducking ist das Hauptziel von *bob and weave*, unter swings und hook punches zu ducken. Beim bob beugst du den Oberkörper in dem Moment nach vorne, in dem der Schlag gemacht wird. Der Schlag wird ohne zu stoppen über deinen Kopf gehen. Beim weave kommst du wieder nach oben, und du bewegst dabei in der entgegengesetzten Richtung der Kraft des Stosses.
Body sway: siehe *bob and weave*
Bottom fist: Schlag mit der Unterseite der Faust
Broken rhythm: Kämpfer haben oft die Angewohnheit, um in einem bestimmten Rhythmus anzugreifen. Das Ziel des gebrochenen Rhythmus ist es, um eben nicht rhythmisch anzugreifen, sondern mit gebrochenem Rhythmus, z.B. zwei langsame Schläge gefolgt von einem schnellen Schlag.
Broken-time attack: Angriff, wobei vor der letzten Bewegung eine Pause gemacht wird.
Change beat: wenn eine Veränderung im Kontakt stattfindet, um einen beat auf einer anderen Linie zu machen
Circling left: nach links drehen
Circling right: nach rechts drehen
Compound attack: kombinierter Angriff
Corkscrew finger fan: ein Schwung mit den Fingern, meistens zu den Augen des Gegners gerichtet; im letzten Moment drehst du deine Hand 90 oder 180 Grad.
Corkscrew hook punch: dieser Stoss wird genau wie der straight lead gemacht, jedoch kurz bevor Kontakt gemacht wird, wird der Ellenbogen nach oben gedreht, wodurch sich die Faust umdreht. Kontakt wird mit den unteren drei Knöcheln der Hand gemacht.
Counter(attack): Gegenangriff
Counter-disengagement: die angreifende Bewegung, die auf die Veränderung des Kontaktes oder

ERKLÄRENDE WÖRTERLISTE

auf die counter-parry reagiert; sein Ziel ist es, eine runde Bewegung vorzutäuschen, und keine seitwärtige Bewegung, die das Ziel des disengagement ist. Im Gegensatz zum disengagement endet das counter-disengagemnet nicht in der Linie gegenüber der des Gegners.

Counteren/Countering: einen Gegenangriff machen

Counter-parry: parry, die in einem Kreis bewegt, und in derselben Position endet, in der sie begann;

Counter-riposte: eine angreifende Bewegung, die nach einer erfolgreichen parry von der riposte folgt

Counterschlag: Gegenangriff in der Form eines Schlages

Counter-time: Angriff, der als Reaktion auf einen counterattack des Gegners geplant ist

Croise: die croise bringt die Hand des Gegners von einer hohen zu einer tiefen Linie an derselben Seite des Kontaktes, und versetzt diese nicht diagonal wie bei dem bind.

Cross: rechter Schlag mit der hinteren Hand

Cross stomp: kräftiger Tritt auf den Span mit dem hinteren Bein

Cross-parry: parry, wobei man von außen nach innen, oder von innen nach außen abwehrt

Cut-over: ein simple attack, der an der anderen Seite des Armes des Gegners gemacht wird und darüber hinaus

Dead lift: Technik, wobei man eine Langhantel aufhebt, mit den Füssen schulterbreit auseinander. Man geht tief in die Knie und fasst die Langhantel mit einer Hand von oben, mit der anderen Hand von unten. Die Hände müssen etwas weiter auseinander sein als die Füsse. Dann beugt man sich mit vollständig gestreckten Armen nach vorne und streckt anschließend Beine und Rücken, bis man aufrecht steht.

Disengagement: eine einzelne Bewegung, wobei die Hand von der Kontaktlinie zur gegenübergestellten Linie bewegt, von einer geschlossenen zu einer offenen Linie angreifend

Drop shift: den Körper schräg nach vorne versetzen

Duck/ing: bücken, in die Knie sacken unter swings und Haken (Hand und Fuß) zum Kopf

Elbow throw-by: wird gebraucht, wenn der Gegner aus einer Kontaktsituation versucht, seinen Arm von außen nach innen zu versetzen; sobald er sich bewegt, drückst du seinen Arm gegen seinen Körper, womit du ihn zeitweilig festsetzt.

Engagement: Kontakt machen mit dem Gegner

Envelopment: Aktion, bei der die Hand des Gegners in einer runden Bewegung vom Ziel weggenommen und diese zur Kontaktlinie zurückgebracht wird

Finger fan: ein Schwung mit den Fingern, meistens zu den Augen des Gegners gerichtet

Finger flick: Klaps mit den Fingern

Finger jab: Stich mit den Fingern, hauptsächlich auf Augen und Kehle gerichtet

Five Ways of Attack: Fünf Arten um anzugreife, die Angriffsstrategien von Jeet Kune Do

Forward drop: den Körper schräg nach vorne verlagern

Forward shuffle: kleiner Schritt nach vorne; du verlagerst erst den vorderen Fuß, dann schiebst du den hinteren Fuß nach

Front kick: Tritt nach vorne

Glide: Schlag, wobei Kontakt gehalten wird mit dem Arm des Gegners; der Arm gleitet dort entlang

Grappling: greifen

Half-beat: wenn ein Angriff auf dem half-beat ausgeführt wird, wird dieser auf halbem Wege von der Bewegung des Gegners gemacht

Hammer blow / fist: Hammerschlag

Hand immobilization: das zeitliche Festsetzen der Hand des Gegners

Hand Immobilization Attack: Angriff, der ausgeführt wird durch die Anwendung einer immobilisierenden Vorbereitung (trapping) auf die Hand des Gegners

Head butt: Kopfstoß
Heel kick: Fersentritt
Hook punch: Haken
Hook kick: runder Tritt
Hooking heel kick: Fersentritt mit einer Hakenbewegung, mit gestrecktem oder gebogenem Bein
Immobilization Attack: Angriff, der ausgeführt wird durch die Anwendung einer immobilisierenden Vorbereitung (trapping) auf den Kopf (Haar) des Gegners, seine Hand oder sein Bein, wenn du die Grenze zum wirklichen Kontakt überschreitest
Indirect simple attack: eine einzelne Bewegung, wovon die erste Hälfte eine Reaktion des Gegners hervorruft, so dass die zweite Hälfte beendet werden kann gegenüber der ursprünglichen Linie des Kontaktes in der sich öffnenden Linie
Inside parry: abwehren an der Innenseite
Inside slipping: nach innen wegducken
Jab: kurzer, schneller, gerader Schlag
Knee kick: Tritt zum Knie
Knee thrust: Kniestoß
Lead: vorderer Arm/Bein; Angriff mit vorderem Arm/Bein
Leverage bar twist: Übung mit einer Kurzhantel, an der die Gewichte an einer Seite entfernt sind (an der Seite hältst du die Hantel fest); auf einem Knie sitzen und die Hantel auf das höhere Knie legen, wobei die Handinnenfläche zum Boden gerichtet ist; dann die Hantel im Uhrzeigerzinn zur anderen Seite des Knies bewegen und danach gleich wieder zurück;
Loop hit: doppelter Schlag
Octave: Grundposition beim Fechten; korrespondiert mit der tiefen Linie an der Außenseite
One-and-a-half beat: wenn ein Angriff auf dem one-and-a-half beat ausgeführt wird, wird dieser auf halbem Wege der zweiten Bewegung vom Gegner gemacht
Opposition parry: parry, die ausgeführt wird, in dem der hereinkommende Angriff opponiert wird
Outside parry: abwehren an der Außenseite
Outside slipping: nach außen wegducken
Palm hook: schneller Haken mit offener Hand, die mit der Handinnenfläche trifft
Palm stroke: Palm Angriff
Parallel sliding: parallel über den Boden bewegen (im Gegensatz zu Hüpfen)
Parry: Abwehr: eine verteidigende Bewegung der Hand, die gebraucht wird, um einen Angriff des Gegners abbiegen zu lassen
Parrying: abwehren: parries machen
Pivot step: Drehschritt
Press: Druck auf den Arm des Gegners ausüben, um Raum für einen Angriff zu machen
Press lockout: isometrische Übung, ausgeführt mit Hilfe eines sogenannten „power rack" (kann auch ausgeführt werden mit einem Stange an einer Kette, die am Boden festgemacht ist). Du bringst deine beinahe gestreckten Arme unter eine Stange, die sich über deinem Kopf befindet, und drückst 6-12 Sekunden dagegen.
Press start: dieselbe Übung wie oben beschrieben, jedoch ist die Startposition nicht über deinem Kopf, sondern auf der Höhe deines Halses
Pressure: Aktion, bei der auf die Hand des Gegners gedrückt wird, um diese abbiegen zu lassen, oder um eine Reaktion zu bekommen und danach den Kontakt zu lösen
Progressive Indirect Attack: dem progressive indirect attack geht ein Täuschungsmanöver oder ein nicht vollständig ausgeführter Schlag voraus, die entworfen sind, um die Aktionen oder Reaktionen des Gegners in die verkehrte Richtung zu lenken, um die sich öffnenden Linien zu schlagen, oder um eine Periode von Bewegungszeit zu gewinnen
Quarter swing: ein Schlag, der mit gebogenem Arm ausgeführt wird

ERKLÄRENDE WÖRTERLISTE

Quarte: Grundposition beim Fechten: korrespondiert mit der hohen Linie an der Innenseite

Quick advance: eine schneller Version des forward shuffle; es gibt tatsächlich einen Unterschied zur forward shuffle: quick advance wird mit dem hinteren Bein eingesetzt; wird auch oft push step genannt

Quick retreat: eine schnellere Version der backward shuffle; es gibt tatsächlich einen Unterschied zur backward shuffle: quick retreat wird mit dem vorderen Bein eingesetzt; wird auch oft push step genannt

Rear cross / thrust: rechter Schlag zum Kopf mit der hinteren Hand

Reverse heel (kick): umgekehrter Fersentritt

Reverse hook kick: umgekehrter hook kick

Ring generalship: das Vermögen eines Boxers, um das Tempo, den Stil und die Taktik während eines Wettkampfes zu bestimmen

Riposte: counterattack nach einer parry

Roling: rollen, holt die Kraft vollständig aus dem Schlag, indem der Körper mit dem Schlag bewegt

Safety triple: eine Serie von Schlägen, die Rhythmus als Grundlage dadurch haben, dass erst zum Körper geschlagen wird, danach zum Kopf, oder andersherum

Second intention: mit second intention ist gemeint, dass der ursprüngliche Angriff nicht mit dem Ziel zu treffen gemacht wird, sondern nur, um eine parry und riposte von dem Verteidiger herauszulocken, worauf du eine riposte machst

Second-intention attack: siehe counter-time

Septime: Grundposition beim Fechten: korrespondiert mit der tiefen Linie an der Innenseite

Set-ups: eine Serie von Schlägen oder Tritten, die in natürlicher Aufeinanderfolge gemacht werden; das Ziel hiervon ist es, den Gegner in solch eine Position zu manövrieren oder eine solche Öffnung zu kreieren, dass der letzte Schlag der Serie eine gefühlvolle Stelle trifft

Shin-kick: Tritt zu den Schienbeinen

Shoulder roll: wegrollen mit der Schulter

Shovel hook punch: shovel hook punches werden „nach innen" gemacht mit dem Ellenbogen dicht am Körper, fest gegen die Hüften gepresst bei Schlägen zum Körper und fest gegen die untersten Rippen gedrückt bei Schlägen zum Kopf; sie werden aus der on-guard Position gemacht und sind sehr geeignet für den Nahkampf; sorge dafür, dass du keine Spannung in Ellenbogen, Schultern oder Beinen hast, bis die Drehung beginnt; die Hüfte kommt mit einem kräftigen, schiebenden Schub nach oben und die Hand ist in einem 45 Grad Winkel plaziert; der Schlag ist gebogen, um durch die Deckung eines Gegners dringen zu können

Side kick: Tritt zur Seite

Side step(ping): Schritt zur Seite (machen): wenn du dich nach links bewegst, versetzt du erst das linke Bein, dann schließt das rechte Bein an; wenn du dich nach rechts bewegst, versetzt du erst das rechte Bein, dann schließt das linke Bein an;

Simple Angle Attack: jeder einfache Angriff, der aus einer unerwarteten Ecke heraus gemacht wird, manchmal anschließend an Täuschungsmanöver

Simple attack: direkter oder indirekter Angriff, der aus einer einzelnen Bewegung besteht

Simple direct attack: ein Angriff, der auf der Kontaktlinie oder der entgegengesetzten Linie dadurch gemacht wird, dass man einfach schneller ist als der Gegner, oder dass man ihn in einem Moment von Verletzlichkeit trifft

Sixte: Grundposition beim Fechten: korrespondiert mit der hohen Linie an der Außenseite

Slide-in drop side kick: seitwärtiger Tritt vom Boden aus nach oben oder parallel am Boden gemacht

Sliding roll: ausweichen eines hohen Schlages oder Trittes dadurch, dass man einen Schritt zurückgeht und mit dem Kopf nach hinten und unten durch schwingt

Slippen/ing: wegducken, das Ausweichen eines Schlages, ohne den Körper wirklich außerhalb der Reichweite zu bewegen
Snap back: zurückfedern mit dem Kopf
Spin back kick: gedrehter Tritt nach hinten
Spin back wheel kick: gedrehter Tritt nach hinten, wobei man sich 360 Grade dreht
Spin blow: gedrehter Schlag
Spin kick: gedrehter Tritt
Step back: zurücktreten: erst wird der hintere Fuß versetzt, der vordere Fuß schiebt nach
Step forward: vorwärts treten: erst wird der vordere Fuß versetzt, der hintere Fuß schiebt nach
Step in: nach vorne kommen: erst wird der vordere Fuß versetzt, der hintere Fuß schiebt nach
Step out: zurücktreten: erst wird der vordere Fuß versetzt, der hintere Fuß schiebt nach
Stop-hit: ein getimter Schlag gegen einen Gegner in dem Moment, in dem er einen Angriff startet
Stop-kick: ein getimter Tritt gegen einen Gegner in dem Moment, in dem er einen Angriff startet
Straight kick: Tritt nach vorne
Straight lead: gerader Schlag mit der vorderen Hand
Straight rear thrust: gerader Schlag mit der hinteren Hand
Straight thrust: gerader Schlag
Swing: Schwung (mit Hand oder Fuß)
Three-and-a-half beat: wenn ein Angriff auf dem three-and-a-half beat ausgeführt wird, wird dieser auf halben Wege von der vierten Bewegung des Gegners ausgeführt
Thrust kick: Schubs-Tritt
Time hit: ein stop-hit, der trifft, während er gleichzeitig verhindert, dass dein Gegner dich trifft; der Unterschied zum stop-hit ist, dass er antizipiert, auf welcher Linie der Gegner angreift und den Angriff des Gegners auf dieser Linie abfängt
Trappen/ing: zeitweiliges Festklemmen von Arm/Bein des Gegners
Uppercut: Aufwärtshaken
Weave: eine runde Bewegung von Oberkörper und Kopf nach rechts oder links
Weaven/ing: den Körper nach innen, nach außen und um einen geraden Schlag zum Kopf hinbewegen

www.ingramcontent.com/pod-product-compliance
Lightning Source LLC
Chambersburg PA
CBHW080729230426
43665CB00020B/2673